Einblicke 5
Mathematik

Lehrerband

von
Ilse Burkhardt
Sabine Conrad
Christoph Heidinger
Melanie Stein

D1719988

Ernst Klett Schulbuchverlage
Stuttgart   Leipzig

Einblicke 5, **Lehrerband**, Mathematik für Hauptschulen, Nordrhein-Westfalen

Bildquellenverzeichnis:
U1: ZEFA (E. Breed), Düsseldorf – 9.1: Ernst Klett Verlag (K.D. Busch), Stuttgart –
116.1: Reinhard-Tierfoto, Heiligkreuzsteinach

1. Auflage

1 ^{5} ^{4} ^{3} ^{2} ^{1} | 10 09 08 07 06

Alle Drucke dieser Auflage sind unverändert und können im Unterricht nebeneinander
verwendet werden. Die letzten Zahlen bezeichnen jeweils die Auflage und das Jahr des Druckes.

© Ernst Klett Verlag GmbH, Stuttgart 2006.
Alle Rechte vorbehalten.
Internetadresse: www.klett.de

Autoren: Ilse Burkhardt, Sabine Conrad, Christoph Heidinger, Melanie Stein
Redaktion: Tina Benedix, Martina Müller
Mediengestaltung: Jörg Adrion, Tina Keppeler

Zeichnungen / Illustrationen: Uwe Alfer, Waldbreitbach; Maren Barber, Berlin;
Helmut Holtermann, Dannenberg;

Reproduktion: Meyle + Müller, Medien-Management, Pforzheim
DTP / Satz: media office gmbh, Kornwestheim
Druck: Offsetdruck Gutmann + Co. GmbH, Thalheim
Printed in Germany

ISBN-13: 978-3-12-746453-5 (Lehrerband)
ISBN-10: 3-12-746453-3

Einblicke 5

Mathematik

von
Petra Abele
Joachim Becherer
Ilse Burkhardt
Günther Fechner
Rudolf Haubner
Sabine Kliemann
Rosemarie Mrasek
Gabriele Oelfin
Alfred Stephan
Hartmut Wallrabenstein

bearbeitet von
Gertrud Geukes, Ennigerloh
Axel Kruse, Dannenberg
Tanja Sawatzki, Wipperfürth

Ernst Klett Schulbuchverlage
Stuttgart   Leipzig

Einblicke 5, Mathematik für Hauptschulen, Nordrhein-Westfalen

Begleitmaterial:
Arbeitsheft 5, mit CD (ISBN-10: 3-12-746455-X, ISBN-13: 978-3-12-746455-9)
Arbeitsheft 5 (ISBN-10: 3-12-746456-8, ISBN-13: 978-3-12-746456-6)
Mathetrainer 5 (ISBN-10: 3-12-114822-2, ISBN-13: 978-3-12-114822-6)

1. Auflage   1 5 4 3 2 1 | 10 09 08 07 06

Alle Drucke dieser Auflage sind unverändert und können im Unterricht nebeneinander verwendet werden. Die letzten Zahlen bezeichnen jeweils die Auflage und das Jahr des Druckes.

Autoren: Petra Abele, Joachim Becherer, Ilse Burkhardt, Günther Fechner, Rudolf Haubner, Sabine Kliemann, Rosemarie Mrasek, Gabriele Oelfin, Alfred Stephan, Hartmut Wallrabenstein
Beratung: Norbert Burghaus, Franz Frye, Matthias Geukes, Gregor Hohaus, Hans-Georg Hunger, Wolfgang Kargel, Angelika Opitz, Hermann Schmid, Wolfram Schmidt, Karlheinz Schneider, Gisela Wahle
Am Gesamtwerk beteiligt: Manfred Brech, Ralf Moll, Achim Roßwag,
Prof. Hans-Dieter Gerster
Redaktion: Tina Benedix, Kerstin Leonhardt-Botzet, Constance Blocher, Martina Müller
Mediengestaltung: Ulrike Glauner

Zeichnungen / Illustrationen: Uwe Alfer, Waldbreitbach; Maren Barber, Berlin;
Helmut Holtermann, Dannenberg;
Bildkonzept Umschlag: soldan kommunikation, Stuttgart
Umschlagfoto: ZEFA, Düsseldorf

Reproduktion: Meyle + Müller, Medien-Management, Pforzheim
DTP / Satz: media office gmbh, Kornwestheim
Druck: Aprinta, Wemding
Printed in Germany

ISBN-13: 978-3-12-746451-1
ISBN-10: 3-12-746451-7

9 783127 464511

Mehr als ein Schulbuch – die Einblicke Mathematik Familie für Ihren Unterricht

Mit den neuen Bildungsstandards werden an den Mathematikunterricht vielfältige neue Anforderungen gestellt. Um Sie im Umgang mit den neuen Aspekten zu unterstützen und Ihnen die Unterrichtsvorbereitung und -durchführung zu erleichtern, bieten wir Ihnen neben dem neu entwickelten Schülerbuch ein umfangreiches und differenziertes Begleitmaterial. Das **Schülerbuch**, das nach wie vor die solide Grundlage des Unterrichts darstellt, wird ergänzt durch den vorliegenden **Lehrerband**, die **Serviceblätter** und die **Service-CD**. Alle vier Materialien sind passgenau aufeinander abgestimmt und bilden die Einblicke Mathematik Familie, für den modernen Mathematikunterricht an der Hauptschule.

Das Schülerbuch

Das Schülerbuch Einblicke Mathematik hilft dabei den Mathematikunterricht weiterzuentwickeln. Es baut auf dem Vorwissen aus der Grundschule auf und verknüpft mathematisches Denken mit Alltagsdenken. Die Inhalte und Aufgaben des Schülerbuches bieten viele Anlässe zum praktischen Handeln und zur Auseinandersetzung mit der Mathematik. Den Schülerinnen und Schülern werden nicht nur grundlegende Kenntnisse und Fähigkeiten vermittelt, sondern sie lernen ihre verschiedenen Lösungswege zu reflektieren und das, was sie tun, zu hinterfragen. Sie werden immer wieder aufgefordert, ihre Lösungen mit anderen zu diskutieren und vorzustellen. Treten Rechenfehler oder falsche Lösungswege auf, können diese Anlass für vertiefende Auseinandersetzungen sein, die zum besseren Verständnis führen.

Das Buch Einblicke Mathematik 5 bietet Zugänge aus Bereichen wie Natur, Kunst, Technik und Sport. Es knüpft immer wieder an die Erfahrungswelt der Schülerinnen und Schüler an und fordert sie auf, die Mathematik auf unterschiedlichen Wegen kennen zu lernen. Dabei werden nicht nur die kognitiven Fähigkeiten der Kinder angesprochen, sondern sie werden immer wieder zum Handeln und Erforschen aufgefordert.

Durch veränderte Aufgabenstellungen wird die Eigenverantwortung der Kinder gestärkt und das selbstständige Lernen gefördert.

Der Lehrerband

Der Lehrerband bietet Ihnen mit seinen Kommentaren und Hinweisen – sowie den Lösungen selbst – einen zuverlässigen und weitreichenden Service für den Mathematikunterricht. Er unterstützt Sie sowohl bei Ihrer Unterrichtsvorbereitung, als auch bei der Durchführung des Unterrichts. Im Lehrerband steht neben jeder Schülerbuchseite unmittelbar die zugehörige Lehrerbandseite. Dies bietet eine übersichtliche Zuordnung von Kommentaren und Lösungen und der Lehrerband ermöglicht es Ihnen mit einem einzigen Buch zu arbeiten.

Kapitel

Der Lehrerband ist wie das Schülerbuch in fünf **Kapitel** unterteilt, die jeweils mit einer **gelben doppelten Auftaktseite** beginnen. Die Auftaktseiten knüpfen an das Wissen aus der Grundschule an und fordern die Kinder auf, sich auf Neues aus den Bereichen Natur, Architektur, Technik, aber auch auf innermathematische Themen, einzulassen. Im Lehrerband wird der Kapitelaufbau, die mathematische Intention der Auftaktseiten, sowie ihr Einsatz im Unterricht erläutert.

Lerneinheit

Auf die Auftaktseiten folgen die **Lerneinheiten**, die Ihnen zunächst einen **Einstieg** in den Unterricht anbieten. Die → **Impulse** und → **Weiter geht's** liefern Anregungen und Ideen, die das Unterrichtsgespräch unterstützen. Mit diesen Anregungen werden die Kinder zum selbstständigen und zum gemeinsamen Denken und Arbeiten angeregt, wodurch sie sich die wesentlichen Erkenntnisse der Lerneinheit selbst erarbeiten. Die Ziele dieser Anregungen werden im Lehrerband explizit erläutert.

Es folgen die **Aufgabenseiten** mit einer großen Vielfalt an Aufgaben zum Üben und Verstehen. Dieses Überangebot gibt Ihnen als Lehrkraft die Möglichkeit je nach Leistungsstand Ihrer Klasse unterschiedliche Aufgaben auszuwählen.

Die Aufgaben sind in **drei Schwierigkeitsgrade** unterteilt und so gestellt, dass die Kinder auf unterschiedliche Weise Erfolge erzielen, Sicherheit gewinnen und ihr Selbstbewusstsein gestärkt wird.

Aufgaben mit einem grünen Kästchen bei der Aufgabenziffer fordern und fördern speziell die allgemeinen mathematischen Kompetenzen (handlungsorientiert, prozessbezogen).

⚇/⚇ Im Schülerbuch finden Sie eine Vielzahl von Aufgaben, die in **Partner-** (⚇) oder **Gruppenarbeit** (⚇) durchgeführt werden. Dies fördert die sozialen Kontakte innerhalb der Klasse und regt die Kinder zur Diskussion und zum Ideenaustausch an. Sie kommunizieren miteinander und suchen gemeinsam nach Lösungswegen.

@ Aufgaben, für die eine Recherche z.B. im **Internet** erforderlich ist, sind besonders gekennzeichnet und werden im Lehrerband mit zusätzlichen Informationen unterstützt. Der Lehrerband liefert mit vielen weiteren Aufgaben Anregungen und Hilfestellungen zum Interneteinsatz.

▤ Aufgaben, bei denen der **Taschenrechnereinsatz** möglich ist, sind bewusst im Schulbuch nicht ausgewiesen. Im Lehrerband sind sie mit dem Symbol des Taschenrechners gekennzeichnet.

◰ Aufgaben, die eine **Brücke zu anderen Fächern und Fächerverbünden** schlagen, sind mit einer Brücke und dem entsprechenden Fach gekennzeichnet.

Unter **Weiteres Angebot** bietet der Lehrerband viele zusätzliche Aufgaben und Ideen für den Unterricht. Hier finden Sie weitere Angebote zum Knobeln, kopfgeometrische Aufgaben, Ideen für eine Körperausstellung in der Klasse und vieles mehr. Die Überschrift lässt erkennen, worum es sich dabei handelt.

Zu allen Aufgaben bietet der Lehrerband neben den ausführlichen **Lösungen**, wichtige Tipps und Hinweise für leistungsschwache Schülerinnen und Schüler, sowie weitere Herausforderungen für besonders starke Schülerinnen und Schüler.

An unterschiedlichen Stellen der Lerneinheiten befinden sich die **Merkkästen** und **Informationen** mit den grundlegenden mathematischen Kenntnissen und Inhalten der Lerneinheiten. Dabei wird weitestgehend auf Formeln verzichtet, da den Kindern die Möglichkeit gegeben sein soll, die mathematischen Gesetzmäßigkeiten selbstständig zu entdecken. Im Lehrerband sind die Gesetzmäßigkeiten, die sich die Kinder erarbeiten sollen, formal dargestellt.

Die Rubrik **Nobody is Perfect!** fordert die Kinder zum konstruktiven Umgang mit Fehlern auf. Die Kinder werden aufgefordert eine Alternative zu formulieren.

Innerhalb der Lerneinheiten finden Sie viele Anregungen unter dem Motto **Spielen, Basteln, Knobeln** und **Lesen**. Der Lehrerband unterstützt Sie mit weiteren Informationen und Hinweisen, wie die im Buch angebotenen Ideen im Unterricht umgesetzt werden können.

Die **Trainingsmatt(h)en** fordern immer wieder dazu auf, Wissen aus vergangenen Lerneinheiten aufzufrischen und Grundfertigkeiten zu festigen.

Eine besondere Lerneinheit am Ende des Kapitels bildet **Üben – Wiederholen**. In dieser Lerneinheit werden in weiteren Aufgaben die wesentlichen Inhalte der vorangegangenen Lerneinheiten wiederholt und untereinander sowie mit anderen Kapiteln vernetzt. Sie können entweder als weiterer Fundus dienen oder als Wiederholungsaufgaben vor dem Test im Schülerbuch oder vor Klassenarbeiten eingesetzt werden. Die Schüler können selbstständig mit Üben – Wiederholen arbeiten, da die Lösungen im hinteren Teil des Schülerbuchs abgedruckt sind.

Besondere Aufgabenseiten

Zwischen den Lerneinheiten finden Sie die **grünen Besonderen Aufgabenseiten**, diese haben je nach Rubrik unterschiedliche Intentionen.

Die Seite **Auf geht's** holt die Schülerinnen und Schüler bei ihrem momentanen Kenntnisstand ab und bereitet sie auf die kommenden Lerneinheiten vor. So werden z. B. auf den Seiten „Lauter Vierecke" viele Vierecke betrachtet, sortiert und unterschieden, bevor sie in den Lerneinheiten konkret behandelt werden.

Die **Mathematische Reise** behandelt innermathematische Themen wie die „Römischen Zahlen rund um den Limes".

Unter der Rubrik **Thema** werden viele Aufgaben zu Alltagsthemen inhaltlich vernetzt, wie z. B. auf den Seiten „Menschen, Länder, Kontinente".

Nach dem Behandeln der **Projekt**seiten halten die Kinder ein selbstgemachtes Produkt in Händen, wie z. B. die Klassenzeitung nach den Seiten „Wir präsentieren unsere Klasse" oder selbstgebaute „Kantenmodelle".

Test

Der **Test** am Ende des Kapitels bietet den Kindern die Möglichkeit ihren Wissensstand selbstständig zu überprüfen. Dazu sind die Lösungen der Tests im Schülerbuch abgedruckt. Je nachdem wie sicher sich die Kinder fühlen, wählen sie unterschiedlich schwierige Aufgaben, dabei können sie von Aufgabe zu Aufgabe im Schwierigkeitsgrad springen.

Aufgabenvorschläge für Klassenarbeiten

Der Lehrerband bietet am Ende eines jeden Kapitels Aufgaben, die für **Klassenarbeiten** verwendet werden können.

Die Serviceblätter

Die **Serviceblätter** sind Kopiervorlagen, deren Abfolge der des Schülerbuches entsprechen. Sie sind **selbsterklärend** und können ohne größere Anweisung als Kopie an die Schülerinnen und Schüler verteilt werden. Die Serviceblätter sind als **Erweiterung**, **Variation** und **Differenzierung** der Inhalte des Schülerbuches zu verstehen.

Sie finden auf den Serviceblättern weitere Übungen in Form von vertiefenden Aufgaben, Spielen, Knobeleien, aber auch in Form von Partner- und Gruppenaufgaben.

Die Serviceblätter bieten eine Vielzahl von unterschiedlichen Materialien: Es gibt **Ringdominos** mit denen das Runden geübt wird, **Dominospiele** zu römischen Zahlen, **Tandembögen** zum Schreiben von Zahlwörtern und **Rätsel** zu den verschiedensten mathematischen Themen. Ein **Grundrechen-Führerschein** hilft die Fähigkeiten beim Schriftlichen Rechnen zu überprüfen.

Die Gewichte werden mithilfe von **Stationen lernen** erarbeitet. Flächen mit unterschiedlichen Inhalten verbergen einen geheimen Text.

Die Serviceblätter liefern außerdem **Blanko-Kopiervorlagen** mit Koordinatensystemen, in die die Kinder Ihre Lösungen zu den Aufgaben aus dem Schülerbuch eintragen können. Auch magische Quadrate zum Einzeichnen der Lösungen zu den Aufgaben der Schülerbuchseite „Magie oder Mathematik?" werden angeboten.

Um Ihnen eine individuelle Anpassung der Serviceblätter an Ihren Unterricht zu ermöglichen, finden Sie die **Serviceblätter im Dateiformat Word** auf der **Service-CD** wieder.

Die Service-CD

Der Einzug des Computers in den Unterricht und die Entwicklung grundlegend neuer Fähigkeiten im Umgang mit den neuen Medien ist nicht mehr allein Aufgabe eines einzelnen Lehrgangs. Die **informationstechnische Grundbildung** soll im Zusammenspiel der verschiedenen Fächer und Fächerverbünde erworben werden. Diesem Ansatz will die neue Service-CD Rechnung tragen. Die CD bietet eine Fülle von Materialien, die Sie in der Vorbereitung und Durchführung Ihres Unterrichts unterstützen können:

Die **Serviceblätter**, die auch in Buchform vorliegen, sind auf der CD im praktikablen Wordformat zu finden. So können Sie die angebotenen Inhalte nach Ihren Bedürfnissen verändern und aus vorhandenen Aufgaben neue Kopiervorlagen zusammenstellen.

Ebenso bietet Ihnen die CD **Interaktive Arbeitsblätter** in den Datei-Formaten Word, Excel, html oder auf Basis der interaktiven Mathematiksoftware Geonext, die im Lieferumfang enthalten ist. Diese Arbeitsblätter sind für den Einsatz im Unterricht konzipiert und technisch so auf der CD abgelegt, dass sie schnell und komfortabel auch ins Schulnetz überspielt werden können.

Werkzeuge, die Ihnen beim Erstellen von Vorlagen behilflich sind, werden ebenfalls zur Verfügung gestellt. So können Sie beispielsweise einen Zahlenstrahl, verschiedene Koordinatensysteme und Netzdarstellungen von Körpern einfach erstellen und als Kopiervorlage ausdrucken.

Simulationen, **Animationen** und **Fotos** können Gesprächsanlass sein, um komplexe Fragestellungen anschaulich zu machen.

Die Service-CD ist so aufgebaut, dass Sie die **zum Unterricht passenden Medien** problemlos und schnell finden können. Eine komfortable Suchfunktion, Vorschaugrafiken auf die Medien und die Nutzung der freigeschalteten Medien im Schulnetz runden das Konzept ab.

Leitideen, kindgerecht

Das A und O der neuen **Bildungsstandards** sind die **Leitideen**. Um den Kindern selbst die Leitideen näher zu bringen, könnte man ihnen die Inhalte der Leitideen, die den Band 5 betreffen, mit folgenden Worten erklären.

Leitidee Zahl
An Zahlen denken die meisten Menschen als erstes, wenn sie das Wort Mathematik hören. Zählen, Rechnen mit natürlichen Zahlen, der Umgang mit Brüchen, später auch mit Dezimalzahlen und ganzen Zahlen, usw. sind unter dieser Leitidee zusammengefasst. Bei Rechnen werden gelernte Rechentechniken angewandt und Rechenvorteile genutzt.

Leitidee Messen
Geld, Zeit, Gewicht, Länge, Volumen – vieles wird gemessen und verglichen. Dafür werden Maßeinheiten festgelegt und mit den gemessenen Größen gerechnet. Hat man ein Gefühl für eine Größe entwickelt, so kann man diese gut einschätzen. Manche Berechnungen werden immer nach dem gleichen Schema durchgeführt, für solche Berechnungen notiert man Formeln und stellt Regeln auf.

Leitidee Raum und Form
Bestimmten Figuren, Mustern und Formen begegnet man in der Umwelt, der Kunst und in der Architektur, also überall: Vierecke, Kreise, Würfel, Quader, Prismen, usw. Ihre Eigenschaften und Besonderheiten werden untersucht, sie werden teilweise selbst gezeichnet und es wird mit ihren Maßen gerechnet.

Leitidee funktionaler Zusammenhang
Viele Informationen werden mit Diagrammen dargestellt, um viele Daten auf einen Blick sichtbar zu machen. Oft sind zwei Größenbereiche voneinander abhängig, solche Abhängigkeiten werden mithilfe von Schaubildern und Tabellen dargestellt. Dazu können anschließend Aussagen gemacht werden.

Leitidee Modellieren
Alltägliche Erscheinungen müssen wir manchmal erst in die Sprache der Mathematik übersetzen um sie untersuchen zu können und Fragen dazu zu beantworten. Die Mathematik dient uns als Werkzeug, Antworten zu finden, die wir dann wieder in die Alltagssprache übersetzen um überprüfen zu können, ob unsere Antwort auch alltagstauglich ist.

Leitidee Daten und Zufall
Um bestimmte Fragen beantworten zu können, werden Daten gesammelt, erfasst, geordnet, übersichtlich dargestellt und ausgewertet. Hat man die Daten zusammengetragen, so kann man Aussagen zu diesen treffen.

Wir wünschen auch Ihnen viel Spaß und Erfolg mit Ihrem Lehrerband
Einblicke Mathematik!

Liebe Schülerin, lieber Schüler,

wenn du diese Seite liest, kannst du besser mit deinem Mathematikbuch lernen. Wir zeigen dir hier, wie dies funktioniert:

Jedes Kapitel beginnt mit einer **gelben Doppelseite**, auf der es viel zu entdecken gibt.

Jede Lerneinheit beginnt mit einem Beispiel aus eurem Alltag und → **Fragen**, die euch zum Nachdenken oder zum Ausprobieren anregen. Im **Merkkasten** kannst du wichtige Begriffe nachlesen. → **Weiter geht's** mit ersten Übungen zum neuen Stoff.

Danach folgen viele **Aufgaben** zum Üben. Oft lernst du dabei etwas, was dir auch außerhalb des Mathematikunterrichts weiterhilft. Der **Infokasten** enthält zusätzliche Informationen oder Lerntipps.

Infokasten

Aufgaben zur Kompetenzentwicklung

Aufgabe, bei der du deine Lösung begründen, eigene Fragestellungen entwickeln, Werkzeuge richtig einsetzen oder ein wenig knobeln musst

@ *Aufgabe, die du mit dem Internet lösen kannst*

⛌ *Partneraufgabe*

⛌ *Gruppenaufgabe*

Differenzierung

1 *Leichtere Aufgabe*

2 *Mittlere Aufgabe*

3 *Schwierige Aufgabe*

Grüne Seiten bieten spannende Themen und Aufgaben zur Kompetenzentwicklung.

Dann findest du weitere Aufgaben zum Üben. Damit du das, was du in diesem Kapitel gelernt hast, ganz sicher nicht wieder vergisst.

Am Kapitelende kannst du dein Wissen prüfen. Je nachdem wie sicher du dich fühlst, entscheidest du dich für leichtere, mittlere oder schwierige Aufgaben.

Üben und Wiederholen

Test

Immer wieder findest du **blaue Kästen** mit Anregungen zum Lesen, Spielen und Experimentieren. Oder du findest **grüne Kästen** zum Trainieren des Grundwissens aus vergangenen Kapiteln.

Am Anfang des Buches stimmt dich das **Training** mit Knobelaufgaben ins neue Schuljahr ein. In der Mitte und am Ende findest du Übungsaufgaben, mit denen du das wiederholen kannst, was du schon in Klasse 5 und 6 gelernt hast.

Training

Am Ende des Buches findest du **Lösungen** der Aufgaben aus Üben und Wiederholen, Test, Training und aus den grünen Kästen. Damit kannst du dich selbstständig auf Prüfungen vorbereiten. **Zum Nachschlagen** fasst alles Wichtige zusammen.

Lösungen

Zum Nachschlagen

Wir wünschen dir viel Spaß und Erfolg mit deinem Buch Einblicke Mathematik!

Inhaltsverzeichnis

Training

Liebe Schülerin, lieber Schüler!
Zum Start findest du Aufgaben zum „Aufwärmen" – wie beim Sport. Hier wirst du einiges aus der Grundschule wiedererkennen. Außerdem kannst du knobeln und mit der Mathematik experimentieren. Viel Spaß!

1 Addiere im Kopf.
a) 45 + 4   b) 34 + 6
   72 + 7   53 + 9
   40 + 20   46 + 8
   60 + 34   67 + 5
c) 14 + 15   d) 340 + 90
   60 + 46   70 + 230
   70 + 70   52 + 245
   36 + 22   289 + 43

2 Ergänze die Tabelle im Heft.

+	40	28	250	137
13				
65				
320				
224				

3 Wie heißt die fehlende Zahl?
a) 67 + ☐ = 74   b) ☐ + 120 = 154
c) 146 + ☐ = 248   d) 35 – ☐ = 18

4 Subtrahiere im Kopf.
a) 38 – 7   b) 84 – 6
   56 – 4   73 – 8
   46 – 20   68 – 19
   69 – 50   93 – 15
c) 180 – 40   d) 340 – 55
   530 – 70   458 – 60
   145 – 35   760 – 34
   876 – 48   713 – 75

5 Ergänze die Tabelle im Heft.

–	4	20	37	49
50				
100				
268				
599				

6 Fülle die Zahlenmauern aus.

a)
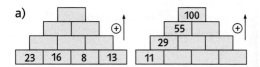

b) Achtung, hier musst du subtrahieren!
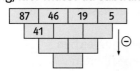

7 Fülle die Zahlenhäuser aus.

a)   b)
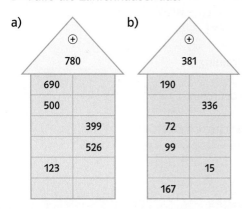

Die Lösungen findest du auf Seite 164.

Training

Das Training bietet Aufgabenangebote zur Sicherung der Jahrgangs- und kapitelübergreifenden Basisfertigkeiten und Kompetenzen. Es kommt dreimal im Buch vor: hier, nach Kapitel 2 und am Ende des Buches.

Aufgaben

1 a) 49; 79; 60; 94   b) 40; 62; 54; 72
c) 29; 106; 140; 58   d) 430; 300; 297; 332

2

+	40	28	250	137
13	53	41	263	150
65	105	93	315	202
320	360	348	570	457
224	264	252	474	361

3 Die Schülerinnen und Schüler sollten hier auch beschreiben, wie sie auf die Lösungen kommen.
a) 7   b) 34
c) 102   d) 17

4 a) 31; 52; 26; 19   b) 78; 65; 49; 78
c) 140; 460; 110; 828   d) 285; 398; 726; 638

5

−	4	20	37	49
50	46	30	13	1
100	96	80	63	51
268	264	248	231	219
599	595	579	562	550

6

a)

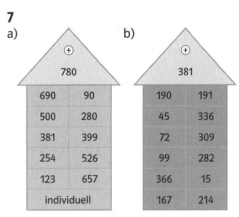

b)

7

a)   b)

a)

780	
690	90
500	280
381	399
254	526
123	657
individuell	

b)

381	
190	191
45	336
72	309
99	282
366	15
167	214

8 a) 12; 36; 45; 21; 48
b) 30; 81; 56; 72; 15
c) 14; 16; 27; 70; 100
d) 60; 42
e) 66; 57
f) 90; 100

9

·	3	5	9	8
2	6	10	18	16
4	12	20	36	32
6	18	30	54	48
9	27	45	81	72

10 a) 8; 4; 5; 3; 7
b) 4; 8; 8; 7; 7
c) 11; 20; 11; 5; 6

11 a) 6 R 1; 6 R 1; 7 R 2
b) 10 R 5; 3 R 4; 6 R 6
c) 20 R 1; 9 R 3; 6 R 3

12 a) 6; 7; 9; 11   b) 4; 9; 5; 3
c) 42; 21; 63; 77   d) 9 R 2; 35; 4 R 2; 65

13 Die Folgezahl wird immer aus der Summe der beiden vorangehenden Zahlen gebildet:
a) $5 + 3 = 8$; $8 + 3 = 11$; $11 + 8 = 19$ usw.
b) 7; 4; 11; 15; 26
c) 3; 5; 8; 13; 21
d) 2; 8; 10; 18; 28
e) z. B. 10; 10; 20; 30; 50 oder 4; 14; 18; 32; 50

14 *Bei dieser Aufgabe hilft der Hinweis, dass nur natürliche Zahlen als Lösungen infrage kommen. Die Kinder kommen durch Probieren auch ans Ziel. Wichtig ist, dass sie erkennen, dass nicht alle Zahlen eingesetzt und ausprobiert werden müssen.*
a) Um dieses schwierige Rätsel zu lösen, können alle neun verschiedenen Fälle ausprobiert werden, was ziemlich lange dauert. Besser ist, man lenkt die Aufmerksamkeit der Kinder auf die letzte Zeile.
Eine Zahl durch sich selbst geteilt, ergibt immer 1, d.h. ◯ = 1. Man setzt die 1 in die erste Zeile ein und erhält $10 - ● = 1$,

somit ist ● = 9 $10 - 9 = 1$
und in der dritten Zeile $0 \cdot 9 = 0$
◑ · 9 = ◑ ergibt ◑ = 0. $9 : 9 = 1$
b) Hier gibt die erste Zeile den entscheidenden Tipp: ▽ = 1. Dies kann in die letzte Zeile eingesetzt werden. Daraus ergibt sich
△ = 49. $7 : 1 = 7$
Somit erhält man für die $7 \cdot 7 = 49$
zweite Zeile ▲ = 7. $50 - 49 = 1$
c) Bei dieser Aufgabe startet man am besten mit der letzten Zeile. Die Zahl, die mit sich selbst multipliziert 10 000 ergibt, ist 100.
Ähnlich löst man die erste Zeile. Die Zahl, die mit sich selbst multipliziert 100 ergibt, ist 10.
Nun kann man diese Zahlen $10 \cdot 10 = 100$
in die zweite Zeile einsetzen $100 \cdot 10 = 1000$
und erhält die Lösung. $100 \cdot 100 = 10\,000$.
Da es hierbei für die dritte Gleichung nur eine Lösung gibt, ist dieses Rätsel leicht zu lösen.
d) Eine Zahl der letzten Zeile erhält man sofort.
△ = 1, da eine Zahl durch sich selbst geteilt 1 ergibt.
Da 125 nur die Teiler 1; 5; 25 und 125 hat, müssen nur diese vier Fälle in der ersten Gleichung untersucht werden, um zur Lösung zu gelangen.
1. Fall: ⊗ = 1.   2. Fall: ⊗ = 5.
Daraus folgt ⊠ = 125   Daraus folgt ⊠ = 25
und man kommt in   und ⊗ = 5.
der zweiten Zeile nicht $125 : 5 = 25$
weiter. $25 : 5 = 5$
    $5 : 5 = 1$
3. Fall: ⊗ = 25.   4. Fall: ⊗ = 125.
Daraus folgt ⊠ = 5   Daraus folgt ⊠ = 1 und
und man kommt in   man kommt in der
der zweiten Zeile nicht   zweiten Zeile nicht weiter.
weiter.

15

[1] 1	[2] 3	6	[3] 8	
[4] 5	4	[5] 6	4	[6] 9
[7] 2	0	[8] 4		9
	[9] 1	[10] 2	[11] 1	
[12] 9		[13] 1	1	0	[14] 0
[15] 7	2		3	9

16 Die Schülerinnen müssen hier jeweils die Umkehroperation bilden und ausgehend von dem Ergebnis 8 die gedachte Zahl 5 finden.

8 Multipliziere im Kopf.

a) 3·4 b) 5·6 c) 2·7
6·6 9·9 2·8
9·5 7·8 3·9
7·3 8·9 10·7
8·6 5·3 10·10
d) 5·12 e) 6·11 f) 5·18
3·14 3·19 4·25

9 Ergänze die Tabelle im Heft.

·	3	5	9	8
2				
4				
6				
9				

10 Dividiere im Kopf.

a) 32:4 b) 28:7 c) 33:3
12:3 40:5 40:2
10:2 64:8 66:6
27:9 28:4 25:5
49:7 63:9 48:8

11 Hier bleibt ein Rest.

a) 37:6 b) 65:6 c) 41:2
25:4 31:9 39:4
23:3 48:7 33:5

12 Übertrage ins Heft und ergänze.

a)

	:6
36	
42	
54	
66	

b)

	:9
36	
81	
45	
27	

c)

	:7
	6
	3
	9
	11

d)

	:8
74	
	4 R 3
34	
	8 R 1

13 Finde die Regel dieser Ketten heraus. Es gilt immer die gleiche Regel.

a)

5	3	8	11	19

b)

7	4		15	

c)

3	5			

d) Suche die Zahlen durch Probieren.

2			18	

e)

				50

14 Löse das Zahlenrätsel. Gleiche Zeichen bedeuten gleiche Zahl.

a)
$10 - \bullet = \bigcirc$
$\leftmoon \cdot \bullet = \leftmoon$
$\bullet : \bullet = \bigcirc$

b)
$\blacktriangle : \triangledown = \blacktriangle$
$\blacktriangle \cdot \blacktriangle = \triangle$
$50 - \triangle = \triangledown$

c)
$\blacksquare \cdot \blacksquare = \square$
$\square \cdot \blacksquare = \blacksquare$
$\square \cdot \square = 10\,000$

d)
$125 : \otimes = \boxtimes$
$\boxtimes : \otimes = \otimes$
$\otimes : \otimes = \triangle$

15 Kreuzzahlrätsel

Waagerecht:
1) 95 + 41
3) 56:7
4) 9·6
5) 410 + 239
7) 4·51
9) 11·11
13) 10 000 − 8900
15) 67 + 5

Senkrecht:
2) 582 − 242
6) 11·9
8) 687 − 276
10) 600 − 387
11) 100:10
12) 38 + 59
14) 81:9

16 Denke dir eine Zahl, multipliziere sie mit 4, addiere 20, dividiere dann durch 5 und du erhältst die Zahl 8.

Ameisen sind Insekten, die in organisierten Staaten leben. In einem Nest können 100 oder bis zu 20 000 000 Tiere zusammenleben.

Auf dem Foto siehst du künstliche Ameisen. Sie „wanderten" durch die Landesgartenschau in Kronach. Wollte man alle Tiere einer Ameisenkolonie zählen, müssten sie sich alle hintereinander auf einer Ameisenstraße vorwärts bewegen. Bei der großen Anzahl ist es hilfreich, nur jedes zehnte oder sogar nur jedes hundertste Tier aufzuschreiben.

1 Zahlen

Übersicht

Aufbau und Intentionen des Kapitels

Aus der Grundschule bringen die Schülerinnen und Schüler schon viel Wissen über Zahlen mit. Die Zahlen bis eine Million sind den Kindern in der Regel bekannt. Zur Weiterentwicklung des **Zahlbegriffs** muss der Arbeit mit der Stellenwerttafel und der linearen Zahldarstellung an **Zahlenstrahlen** vorab genügend Bedeutung beigemessen werden. Danach kann der neue **Zahlenraum** über eine Million erfasst werden.
Die **römischen Zahlen** als Mathematische Reise gewähren Einblick in ein Zahlensystem, das kein Stellenwertsystem ist.
Das **Runden von Zahlen** bietet zunächst die wichtige Voraussetzung für das **Darstellen von** (teils gerundeten) **Daten** in geeigneten Schaubildern und die Grundlage für das durchgängige **Prinzip des Überschlagens**.
Die Projektseiten **Wir präsentieren unsere Klasse** ermöglichen eine zusammenfassende Thematisierung der Zahlendarstellung.
Die Grundvorstellung über **Brüche und Bruchteile**, die auch bereits aus der Grundschule bekannt sind, wird aufgegriffen, aber erst im Band 2 durch Rechnen mit Brüchen weitergeführt.
In der Einheit **Üben – Wiederholen** und dem **Test** werden alle Lerninhalte im Sinne des **kumulativen Lernens** systematisch wiederholt.

Die **Trainingsmatte** dieses Kapitels übt sowohl das logische Denken, als auch das Kopfrechnen.

Die Weiterentwicklung des Zahlbegriffs von natürlichen Zahlen und Brüchen erfolgt durch:
- Zahlen runden, überschlagen und veranschaulichen.
- Daten erfassen und darstellen.
- Daten mittels Fragebogen und Strichlisten ermitteln, in Tabellen übertragen und in Schaubildern darstellen.
- Diagramme lesen.
- Einfache Brüche darstellen und Bruchteile von Größen bestimmen.

Im Aufgabenteil wechseln sich drei Aufgabentypen ab: Verständnisaufgaben, solche bei denen die Kinder ihre mathematischen Erfahrungen anwenden und Aufgaben zum Üben der mathematischen Fähigkeiten. Hat ein Kind eine Verständnisaufgabe nicht gelöst, kann es zunächst die mathematischen Techniken vertiefen und dann die Aufgabe noch einmal probieren.

Werkzeugkasten

Zum handlungsorientierten Arbeiten und effektivem Üben sind folgende Dinge hilfreich:
- Ziffernkärtchen, Streichhölzer, Würfel, Stellenwerttafeln als Kopiervorlage,
- Klebeband zur Markierung eines Zahlenstrahls mit passenden Zahlenkarten,
- Metermaß, Maßband, Lineal zur Veranschaulichung des Zahlenstrahls,
- Bruchkreise zur Darstellung der gängigsten Brüche

Weiteres Angebot

Weitere Zahlen wie z. B. die Besucherzahlen eines Schwimmbades oder Kinos, sowie Zahlen aus dem Internet, wie sie z. B. beim Statistischen Landesamt oder Bundesamt zu finden sind, können ausgewertet werden. Zwar ist die Diagrammdarstellung hier vielfältiger, aber das ist in der Regel mithilfe der Lehrkraft lösbar.

Kleine Tiere ganz groß

In der Mathematik wird nicht nur gerechnet und gezeichnet, es können auch Zugänge zur Mathematik über Formen und Phänomene aus der Tier- und Pflanzenwelt geschaffen werden. Dadurch wird die umfassende Bedeutung der Mathematik deutlich. Die Fotos und die Informationen zu den Ameisen bieten Gesprächsanlass für den Unterricht.

Rund um das Thema Ameisen können viele Fragestellungen gefunden werden, dabei taucht die Mathematik dieses Kapitels immer wieder auf.

⌂ Biologie

Mögliche Fragen und Impulse für den Umgang mit dieser Auftaktseite könnten sein:

- Wer hat schon einen Ameisenhügel beobachtet und kann der Klasse darüber berichten?
- Aus wie vielen Tieren besteht solch ein Ameisenhügel? Vergleiche mit der Einwohnerzahl großer Städte. (Bis zu 20 000 000 Ameisen leben in einem Ameisenhaufen. Die größte Stadt der Welt ist Tokio mit rund 29 400 000 Einwohnern.)
- Warum ist es hilfreich beim Zählen von großen Ameisenkolonien nur jede zehnte Ameise zu zählen? Ist es überhaupt möglich, alle Ameisen eines Haufens zu zählen? (Würde man jedes Tier zählen, käme man mit dem Zählen nicht hinterher, deshalb wird mit Listen gearbeitet. Wollte man alle Ameisen zählen, so müsste man die Tiere unterscheiden können.)
- Wie alt sind die ältesten gefundenen Ameisen? (Sie sind 90 Millionen Jahre alt und in Bernstein eingeschlossen.) Was ist Bernstein? (Bernstein ist versteinerter Baumharz.)
- Ameisen gehören zu den Insekten, nenne fünf weitere Insekten. (Bienen, Käfer, Heuschrecken, Mücken, Fliegen, Schmetterlinge, …)
- Zeichne drei kleine Ameisen mit 0,8 cm Länge und drei große Ameisen mit 7 cm Länge in dein Heft. (Hierzu können die Kinder die Fotos oder die Grafiken der Seite zuhilfe nehmen.)
- Haben die Kinder alle Informationen gesammelt, können sie ein Plakat anfertigen.

Weiteres Angebot   Raster-Methode

Das Thema Ameisen kann auch Anregung sein, sich mit weiteren Phänomenen aus der Tierwelt, in Form eines Projektes, auseinanderzusetzen. Die Kinder können im Internet nach Ameisenfotos suchen, auf denen die Ameisen gut zählbar sind. (Bitte beachten Sie die aktuelle Rechtslage hinsichtlich des Urheberrechts, wenn Sie veröffentlichte Fotos verwenden.) Haben die Kinder Fotos mitgebracht, auf denen eine schlecht überschaubare Menge von Bienen, Sonnenblumen, Zuschauern oder Autos auf einem Parkplatz zu sehen ist, so müssen sie sich überlegen, wie sie die Anzahl der Dinge auf dem Foto bestimmen. Hier kann man z. B. die Raster-Methode einsetzen. Dabei wird das Bild durch ein Raster in einzelne Felder eingeteilt, wobei ein Feld so groß gewählt wird, dass die Anzahl leicht bestimmt werden kann. Zählt man die Dinge in einem einzelnen Feld, so kann man die Gesamtzahl ermitteln, indem man die Anzahl eines Feldes mit der Anzahl der Felder multipliziert.

Bei diesem Bild zählt man 10 Reissbrettstifte in einem Feld, also sind es ingesamt etwa 100 Reissbrettstifte.

Diese Methode kann auch verwendet werden, um die Linsen oder Erbsen in einem Glas zu zählen. Zunächst schätzen alle Kinder, wie viele Linsen in dem Glas sind. Anschließend werden die Linsen auf den Tisch geschüttet und in Felder oder etwa gleich große Häufchen eingeteilt. Nun dürfen die Kinder erneut schätzen, viele der Kinder schätzen dabei ganz anders als beim ersten Mal. Anschließend bekommt jedes Kind einen Teil der Linsen und die Klasse zählt gemeinsam, wie viele Linsen in dem Glas waren.

1 Zahlen

Kleine Tiere ganz groß

Wenn du aufmerksam durch den Wald gehst, siehst du manchmal einen großen Hügel zwischen den Bäumen. Dies ist das Zuhause der Waldameisen. Diese Tiere leben in großer Anzahl in Gemeinschaften zusammen.

Ameisen gibt es auf der ganzen Welt. In Europa leben etwa 200 Arten, weltweit werden 4500 bis 15000 verschiedene Arten geschätzt.

Die ältesten nachgewiesenen Ameisen, die in Bernstein eingeschlossen sind, lebten vor über 90 Millionen Jahren.

Ameisen werden je nach Art 0,8 bis 70 Millimeter groß.

Ausblick

In diesem Kapitel findest du:
- Zahlen im Alltag
- Darstellungen von Zahlen
- Darstellungen am Zahlenstrahl
- Große Zahlen
- Diagramme
- Brüche und Bruchteile von Größen

1 Ziffern und Zahlen

Jeden Tag begegnen uns Zahlen.
→ Welche Bedeutung haben die Zahlen auf den Bildern?
→ Wie unterscheiden sich die Zahlen, was haben sie gemeinsam?

Mit den beiden Kärtchen kannst du Zahlen bilden.
→ Lege aus den beiden Kärtchen verschiedene Zahlen. **7** **8**
Was haben die Zahlen gemeinsam, was unterscheidet sie?
→ Nimm das dritte Kärtchen hinzu und bilde eine möglichst große und eine **3**
möglichst kleine Zahl. Was musst du beachten?

Zahl
‾‾
42
⁄ \
Ziffer Ziffer

> Mit den Ziffern 1; 2; 3; 4; 5; 6; 7; 8; 9 und 0 lassen sich alle Zahlen
> unseres Zehnersystems darstellen. Unser Zahlensystem heißt **Zehnersystem.**
> Das Zehnersystem ist ein **Stellenwertsystem.** _oder Dezimal-_
> _system_

Weiter geht's
→ Trage die folgenden Zahlen in deinem Heft in eine Stellenwerttafel ein:
3; 32; 364; 3802. Wofür steht die Ziffer 3 in den verschiedenen Zahlen?

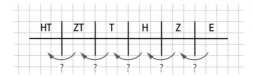

→ Wie kommst du von den Einern (E) zu den Zehnern (Z), von den Zehnern zu den
Hundertern (H), von den Hundertern zu den Tausendern (T) usw.?

1 Ziffern und Zahlen

In dieser Lerneinheit sollen die Kinder erkennen, wo Zahlen in ihrer Umgebung vorkommen und dass alle natürlichen Zahlen aus den Ziffern 0; 1; ...; 9 bestehen. Der Wert einer Zahl hängt davon ab, an welchen Stellen die Ziffern stehen, daher sprechen wir von einem Stellenwertsystem. Hierbei wird auf den Kenntnissen der Grundschule aufgebaut. Durch operative und differenzierte Aufgabenstellungen werden die Voraussetzungen für das Verständnis von schriftlichen Rechenverfahren geschaffen. Damit ist die Erweiterung des Zahlenraumes über eine Million hinaus möglich.

Einstieg

Die Fotos verdeutlichen das vielfache Vorkommen von Zahlen in fast allen Lebensbereichen.
Die Tatsache, dass viele Schülerinnen und Schüler einen unterschiedlich entwickelten Zahlbegriff haben, liegt an den verschiedenen Aspekten des Zahlbegriffs, welche häufig verwechselt werden:

a) **Kardinalzahlaspekt**
Zahlen beschreiben die Anzahl von Elementen, z.B. drei Äpfel oder fünf Möglichkeiten.

b) **Ordinalzahlaspekt**
Zahlen beschreiben den Rangplatz eines Elementes in einer Reihe, z.B. Monika ist beim Wettlauf Fünfte geworden.

c) **Maßzahlaspekt**
Zahlen dienen als Maßzahl für Größen, z.B. 5 km oder 3 h.

d) **Operatoraspekt**
Zahlen beschreiben die Vielfachheit einer Handlung, z.B. Moritz läuft dreimal in den Keller.

e) **Rechenzahlaspekt**
Zahlen lassen sich durch Ziffernreihen darstellen, z.B. beim Rechnen der Aufgabe 158 + 95 = 253.

f) **Codierungsaspekt**
Zahlen werden zur Bezeichnung von Objekten genutzt, z.B. bei Telefonnummern oder bei Postleitzahlen.

Ebenfalls Schwierigkeiten bereitet vielen Kindern die scheinbar unlogische Bezeichnung der Zahlen ab 20 (einundzwanzig statt zwanzigundeins).

Impulse

→ Wo könnte der Ausschnitt dieser Anzeigentafel hängen? (Am Flughafen oder am Bahnhof.)
Was können wir diesem Ausschnitt entnehmen und was steht sonst noch auf solchen Anzeigetafeln? (Am Flughafen kann man die Flugnummern der Flüge, ihre Verspätung, den Flugsteig und die Fluggesellschaft ablesen. Am Bahnhof liest man den Zugtyp, die Haltestellen und das Gleis, auf dem der Zug abfährt, ab.)

→ Die anderen Fotos geben Gelegenheit Zahlen aus dem Alltag zu nennen. (Z.B. Was machst du normalerweise um 3 Minuten vor 12 Uhr? Welcher Termin ist der wichtigste im Jahr?)

→ Alle Zahlen haben gemeinsam, dass sie aus den Ziffern 0; 1; ...; 9 bestehen. Es unterscheiden sich die Auswahl und die Anordnung der Ziffern.

→ 78 und 87; beide Zahlen bestehen aus den Ziffern 7 und 8.

→ 378, von klein nach groß sortiert und 873 von groß nach klein sortiert.

! **Merkkasten**

Wir sprechen von einem Stellenwertsystem, weil der Wert einer Ziffer von ihrer Stellung innerhalb der Ziffernfolge abhängt. Zum besseren Verständnis des Unterschieds einer Zahl und einer Ziffer können unterschiedliche Farben für die einzelnen Stellenwerte verwendet werden.

Weiter geht's

→ Zur Wiederholung und zum besseren Verständnis wird das Eintragen in eine Stellenwerttafel geübt.

HT	ZT	T	H	Z	E	Wert der Ziffer 3
					3	3
				3	2	30
			3	6	4	300
	3	8	0	2		3000

→ In der Stellenwerttafel erhöht sich der Wert einer Ziffer, wenn sie eine Spalte weiter links steht, immer um den Faktor 10, sprich mal 10.

Aufgaben

1 19 < 91; 33 = 33; 51 > 15; 85 > 58;
89 < 98; 91 > 19; 97 > 79; 99 = 99

2 a) 9999
b) 111111
c) Die Zahl aus Teilaufgabe b) ist größer, weil sie
zwei Stellen mehr hat als die Zahl aus a).

3 Die Zahl 987 ist die größte, die Zahl 133 die
kleinste dreistellige Zahl, die man legen kann. Dabei
sortiert man die Ziffernkärtchen der Größe nach von
links nach rechts.

4 a) *Hier darf man die Kärtchen nicht der Größe nach
sortieren, sondern muss auf die Stelle achten, an der
die Ziffern stehen. 441212 ist die Größte, 122414 ist
die kleinste Zahl.*
b) Man kann die Zahlen nach der Größe sortiert aufschreiben: 358; 385; 538; 583; 835; 853.

5 a) Die kleinste Zahl, die aus allen Kärtchen gelegt
werden kann, heißt 13458, die größte 85431.
b) Benutzt man nicht alle Karten, so liegen 4851 und
5134 am nächsten an 5000. An 44444 liegen 45138
und 43851 am nächsten.

Knack die Nuss!   Knobeln

1 Der Trick in dieser Aufgabe ist, dass die Zahl 4 als
Zahlwort „VIER" mit Streichhölzern gelegt wird.

2 a) ...; 12; 14; 16; 18; 20; ... Vergleicht man die
Zahlen, so fällt auf, dass jeweils 2 addiert wird.
b) ...; 32; 64; 128; 256; 512; ...
Die Zahl wird immer verdoppelt.
c) ...; 42; 49; 56; 63; 70; ...
Hier stehen die Vielfachen der Zahl 7.
d) ...; 59; 54; 50; 47; 45; 44; 44.
Hier wird 10; 9; 8; 7; 6; 5; 4; 3; 2; 1; 0 subtrahiert.
e) *Um sicherzustellen, dass die Kinder ihre Zahlenreihe
verstanden haben, können sie selbst eine Regel formulieren.*

3 *Schwächere Schülerinnen und Schüler können sich
das Alphabet aufschreiben.*
a) ...; M; O; Q; S; U; W; Y
Es wird immer ein Buchstabe ausgelassen.
b) ...; P; S; U; X; Z
*Es werden abwechselnd zwei und ein Buchstabe über-
sprungen.*
c) ...; G; J; I; L; K; N; M; P; O; R; Q; T; S; V; U;
X; W; Z; Y
Es gilt zwei Buchstaben vor und einen zurück.
*Auch hier können sich die Kinder selbst Buchstaben-
folgen ausdenken.*

4 a) ←, ↖, ↑, ↗, →, ↘, ↓
Der Pfeil dreht sich immer um 45° nach rechts.
b) ☹, ☺, ☺, ☺, ☹, ☺, ☺
Nach „neutral" kommt „traurig" oder „lustig".
c) 🕐, 🕐, 🕐, 🕐, 🕐, 🕐
*6.00 Uhr – 11.00 Uhr – 16.00 Uhr. Es werden immer
5 Stunden übersprungen.*

5 a) Bei Figur (1) kommt immer eine Reihe mit einem Quadrat mehr dazu.
Die Anzahl der Quadrate lautet: 1; 3; 6; 10; 15; 21;
28; 36; 45; 55; 66; 78; ...

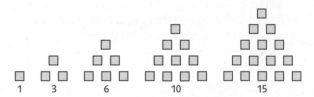

Bei Figur (2) kommt immer die obere Kette dazu.
Die Anzahl der Punkte lautet:
5; 12; 22; 35; 51; 70; 92; 117; ...

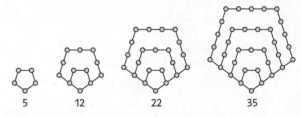

b) *Auch hier sollten die Kinder beim Erfinden eigener
Aufgaben eine Regel aufschreiben oder formulieren.*

6 Jedes Kind erhält eine Banane. Ein Kind erhält seine Banane auf dem Teller.

1 Vertausche bei den folgenden Zahlen die Ziffern und vergleiche sie mithilfe der Zeichen < (kleiner), = und > (größer).
Beispiel:
16 < 61; lies 16 ist kleiner als 61.
19; 33; 51; 85; 89; 91; 97; 99

2 a) Wie heißt die größte Zahl, die aus vier gleichen Ziffern besteht?
b) Bilde die kleinste Zahl, die aus sechs gleichen Ziffern besteht.
c) Welche der zwei Zahlen aus den Teilaufgaben a) und b) ist größer. Warum?

3 Lege mit den Zahlenkärtchen die größtmögliche und kleinstmögliche dreistellige Zahl. Was musst du beachten?

4 a) Wie musst du die Kärtchen legen, damit eine möglichst große Zahl entsteht? Wie erhältst du eine möglichst kleine Zahl?

b) Lege aus den Zahlenkärtchen alle möglichen dreistelligen Zahlen.

Wie kannst du sinnvoll vorgehen?

5 a) Bilde mit den fünf Kärtchen die größte und die kleinste Zahl. Wie heißen sie?

b) Lege verschiedene Zahlen, die möglichst nah an 5000 liegen. Wie lauten die Zahlen, die möglichst nah an 44 444 liegen?

1 Lege die Zahl 4 mit elf Streichhölzern.

2 Wie geht es bei diesen Reihen weiter?
a) 0; 2; 4; 6; 8; 10; …
b) 1; 2; 4; 8; 16; 32; …
c) 7; 14; 21; 28; 35; …
d) 99; 89; 80; 72; 65; …
e) 🙎 Erfinde Zahlenreihen und lass sie von deinem Nachbarn fortsetzen.

3 Auch mit Buchstaben kannst du experimentieren.
a) A; C; E; G; I; K; …
b) A; D; F; I; K; N; …
c) A; D; C; F; E; H; …

4 Welche beiden Symbole folgen?
a) ↑, ↗, →, ↘, ↓, ↙, …
b) ☺, ☻, ☹, ☻, ☺, ☻, …
c) 🕐, 🕑, 🕒, 🕓, 🕔, 🕕, …

5 a) Welche Zahlenreihe passt zu dem Muster? Wie sehen die nächsten Figuren aus? Wie lauten die nächsten Zahlen?

(1)

(2)

b) Erfinde eigene Muster.

6 Auf dem Teller liegen fünf Bananen. Wie verteilt man diese Bananen so unter fünf Kindern, dass jedes Kind gleich viele Bananen erhält und eine auf dem Teller bleibt?

6 Trage folgende Zahlen in eine Stellenwerttafel ein.
a) 12; 142; 498; 8531; 11560; 123609
b)  Diktiert euch die Zahlen: 150; 655; 4640; 78321; 555444.
c) Überlege dir vier Zahlen, schreibe sie auf und diktiere sie.

7 a) Schreibe die folgenden Zahlen in eine Stellenwerttafel.
5; 50; 555; 50505; 505555
b) Zerlege die Zahlen aus a) wie im Beispiel: 505 = 5 H + 0 Z + 5 E

8 Hier ist einiges durcheinander geraten. Schreibt die Zahlen auf.
a) 1 T 8 H 11 Z 8 E   b) 2 T 14 H 3 Z 0 E
c) 1 T 15 H 4 Z 11 E   d) 6 T 35 H 55 Z

9 Geldbeträge werden häufig auch in Worten angegeben.

Spielwaren Spiel und Spaß

Gutschein

Betrag: 2 5 Euro

in Worten: *fünfundzwanzig*

K. Bauer   9.7.200

a) Überlegt, weshalb beide Schreibweisen vorgeschrieben sind.
b) Schreibe die Beträge in Worten.
15 €; 51 €; 122 €; 520 €; 888 €
c) Übertrage die Beträge in Ziffernschreibweise: zweiundzwanzig Euro; siebenundachtzig Euro; vierzehn Euro; siebenhundertzweiundsiebzig Euro; zweitausenddreiunddreißig Euro.

10 Die Berliner Verkehrsbetriebe unterhalten das größte deutsche kommunale Verkehrsnetz. Es hat 9 U-Bahn-Linien mit 152 Kilometern, 28 Straßenbahnlinien mit 371 Kilometern sowie 160 Autobus-Linien mit 1901 Kilometern. Das Streckennetz der S-Bahn ist rund 327 Kilometer lang. Lies den Text laut vor.

Lesen

Die Entwicklung unserer Ziffern
In einer Sprache verwendet man zum Schreiben von Wörtern einzelne Buchstaben. Zum Schreiben von Zahlen verwenden wir Ziffern. Unsere heutigen Ziffern verdanken wir den Indern. Arabische Kaufleute kamen auf ihren Reisen nach Indien und waren beeindruckt davon, wie dort gerechnet wurde. So übernahmen sie die indischen Ziffern und Rechenkenntnisse. Um das Jahr 1000 herrschten die Araber im Gebiet des heutigen Spaniens. Mit den Arabern kamen auch deren Ziffern zu uns nach Europa. Noch heute werden unsere Ziffern *arabische Ziffern* genannt. Erst ab dem Jahr 1500 verbreiteten sich die arabischen Ziffern in Deutschland.

indisch, um 600 n. Chr.

indisch, um 800 n. Chr.
Erstmals erschien die Ziffer „0".

arabisch, 1000 n. Chr.

deutsch, um 1500 n. Chr.

heutige Schreibweise
1 2 3 4 5 6 7 8 9 0

11 One, two, three …
Sicher habt ihr Kinder in eurer Klasse, die aus anderen Ländern kommen. Lasst so viele Kinder wie möglich in verschiedenen Sprachen von 1 bis 10 zählen.
a) Gibt es Gemeinsamkeiten?
b) Wie heißen die Zahlen 12 und 24 in der jeweiligen Sprache?

6

a)

HT	ZT	T	H	Z	E
				1	2
			1	4	2
			4	9	8
		8	5	3	1
	1	1	5	6	0
1	2	3	6	0	9

b)

HT	ZT	T	H	Z	E
			1	5	0
			6	5	5
		4	6	4	0
	7	8	3	2	1
5	5	5	4	4	4

c) Individuelle Lösungen

7

a)

HT	ZT	T	H	Z	E
					5
				5	0
			5	5	5
	5	0	5	0	5
5	0	5	5	5	5

b) 5 = 5 E; 50 = 5 Z; 555 = 5 H + 5 Z + 5 E;
50 505 = 5 ZT + 5 H + 5 E;
505 555 = 5 HT + 5 T + 5 H + 5 Z + 5 E

8 a) 1918 b) 3430
c) 2551 d) 10 050

9 a) Durch das Ausschreiben der Zahl, in Verträgen oder auf Schecks, werden nachträgliche Veränderungen oder Fälschungen erschwert. Bei Ziffern ist die Veränderung durch Anhängen von weiteren Ziffern gravierend, z. B. wird 45 zu 45 000.
b) fünfzehn €; einundfünfzig €; einhundertzweiundzwanzig €; fünfhundertzwanzig €; achthundertachtundachtzig €
c) 22 €; 87 €; 14 €; 772 €; 2033 €

10 *Beim Vorlesen haben die Kinder am meisten Schwierigkeiten mit der Aussprache der Zahlen.*
Die Zahlwörter heißen: neun; einhundertzweiundfünfzig; achtundzwanzig; dreihunderteinundsiebzig; einhundertsechzig; eintausendneunhundertundeins; dreihundertsiebenundzwanzig.

Nachdem die Schülerinnen und Schüler den Text gelesen haben, können sie beschreiben, wie sich die Zahlen entwickelt bzw. verändert haben.
Weitere Anregungen:
- Kannst du erkennen, wie bei den Indern aus zwei bzw. drei Querstrichen die Zahlen 2 und 3 entstanden sind?
- Wie schrieben die Inder um 600 n. Chr. die Zahlen 3; 7; 9? Versuche mit diesen Ziffern zu rechnen.
- Schreibe dein Geburtsjahr wie die Inder 800 n. Chr. oder wie die Araber 1000 n. Chr..
- Die Ziffer 0 ist erst sehr spät aufgetaucht. Versuche zu beschreiben, was sich ändern würde, wenn wir ohne die Null auskommen müssten.

Die letzte Frage regt die Schülerinnen und Schüler zu vielen kreativen Ideen an. Nach der Zahl 9 käme die Zahl 11. Nach 99 gleich die Zahl 111. Hier können die Kinder einmal alle Zahlen von 1 bis 200 sammeln, auf die wir ohne die Null verzichten müssten. Zwischen 9999 und 11111 wären das sogar alle Zahlen.

11 *In der Hauptschule sind viele Nationen vertreten. Die Zahlen von 1 bis 10 könnten von den Kindern wie folgt notiert werden:*
- *Italienisch: Uno, due, tre, quattro, cinque, sei, sette, otto, nove, dieci*
- *Griechisch: Ena, dio, tria, tessera, pende, exi, efta, ochto, ennea, deka*
- *Türkisch: Bir, iki, ütsch, dört, besch, alt, yedi, sekiz, dokuz, on*
- *Russisch: Adin, dwa, tri, tschetirje, pjatje, schestch, sjem, wosjem, dewjatch, desjatch*
- *Polnisch: Jeden, dwa, trzy, cztery, piec, szecz, siedem, osiem, dziewiec, dziesiec*
- *Englisch: One, two, three, four, five, six, seven, eight, nine, ten*

a) Wer genau hinhört, kann Gemeinsamkeiten erkennen. So heißt die Zahl 6 sechs, six, sei oder exi.
b) Englisch: twelve and twentyfour
Italienisch: dodici, ventiquattro
Polnisch: dwanaście, dwadzieścia cztery
Türkisch: oniki, yirmi dört
Russisch: dwinazat, dwazat tschetirje
Griechisch: dodeka, ikosi tessera

12 Die Zahl heißt 12 111. Häufig wird ohne darüber nachzudenken die Zahl 111 111, also einhundertelftausendeinhundertelf geschrieben.

13 a) 6678 < 6743; 6843; 6943
b) 1148 > 1048
c) 148; 248 < 300 < 304; 314 < 324
d) *Zunächst sollten nur Aufgaben mit einem Platzhalter gestellt werden, danach können auch mehrere Platzhalter zu füllen sein.*

14 a) 5; 8; 8; 9; 2; 9; 9
b) 9; 9; 8; 26
c) 11; 20
d) 12
e) 910

15 6; 15; 51, 24; 42; 4002; 402 000; …
Durch das Vertauschen der Ziffern und das Einfügen von Nullen sind unendlich viele Lösungen möglich. Gute Schülerinnen und Schüler sollten wesentlich mehr als zwei Lösungen finden.

Hohe Hausnummern   **Spielen**

Das Spiel kann mit zwei bis sechs Spielerinnen und Spielern gespielt werden. Es vertieft das Verständnis für den Aufbau der Stellenwerttafel.
Die Kinder fertigen eine Stellenwerttafel an. Jede Gruppe benötigt einen Würfel. Sieger kann nur werden, wer überlegt und gezielt die Ziffern in die Stellenwerttafel einträgt.
Tipps: Um eine möglichst hohe Hausnummer zu erhalten, müssen große Ziffern möglichst weit links und kleine Ziffern möglichst weit rechts in die Stellenwerttafel eingetragen werden. Die größte Stelle sollte möglichst lange für die höchste Augenzahl frei gelassen werden, was natürlich auch das Risiko birgt, eine besonders kleine Zahl zu erhalten.
Das Gegenteil gilt entsprechend für das Spiel Niedrige Hausnummern.
Als Differenzierung bietet sich eine Erweiterung der Stellenwerttafel auf bis zu sechs Stellen an. Als Alternative zum Würfel bieten sich Ziffernkärtchen von 1 bis 9 oder auch mit der 0 an. Zieht eine Schülerin oder ein Schüler das Zahlenkärtchen 0 und hat nur noch die höchste Stelle frei, so kann besprochen werden, dass 087 365 ja eigentlich gar keine Zahl ist.

16 a) Die Schule hat 24 Klassenzimmer.
b) Die erste Ziffer der Raumnummer gibt das Stockwerk an und die folgenden Ziffern die Nummer des Klassenzimmers. Die Schule hat (ohne Berücksichtigung des Erdgeschosses) drei Stockwerke.
c) Das Zimmer 305 befindet sich im 3. Stock zwischen den Räumen 304 und 306.
d) In Hotels, Ämtern, Bürogebäuden, … kommen solche Nummerierungen vor.

17 Die Bundesländer sind alphabetisch sortiert. Man kann auch nach der Anzahl der Gemeinden mit mehr als 5000 Einwohnern sortieren.

Bundesland	Gemeinden > 5000 E.	Zum Interneteinsatz: Einwohnerzahlen
Baden-Württemberg	515	10 661 000
Bayern	508	12 387 000
Nordrhein-Westfalen	393	18 076 000
Niedersachsen	337	7 980 000
Hessen	331	6 092 000
Schleswig-Holstein	261	2 392 000
Sachsen	170	4 349 000
Rheinland-Pfalz	130	4 058 000
Brandenburg	104	2 582 000
Saarland	52	1 065 000

@ *Möchte man bei dieser Aufgabe das Internet einsetzen, so kann man diese Zahlen mit den aktuellen Bevölkerungszahlen der einzelnen Bundesländer vergleichen, diese erhält man unter www.destatis.de. Die Kinder stellen fest, dass die Reihenfolge der Bundesländer nach der Einwohnerzahl sortiert, eine andere ist als nach großen Gemeinden sortiert und nicht im direkten Zusammenhang mit der Anzahl der Gemeinden steht, die mehr als 5000 Einwohner haben.*

Randspalte
Das Datum kann man folgendermaßen schreiben:
22.04.2005; 22.04.05;
Freitag, den 22. April 2005; 2005-04-22;
05-04-22; 22/04/2005; …

12 Versuche die Zahl

elftausendelfhundertelf

mit Ziffern zu schreiben. Was fällt dir dabei auf?

13 Welche Ziffern kannst du einsetzen? Manchmal gibt es mehrere Möglichkeiten.
a) 6678 < 6☐43   b) 1148 > 1☐48
c) ☐48 < 300 < 3☐4 < 324
d) 👥 Erfinde selbst solche Aufgaben und stelle sie deinem Partner.

14 Die Quersumme einer Zahl erhält man, indem man die einzelnen Ziffern dieser Zahl addiert. Bilde die Quersumme folgender Zahlen. Schreibe so:
Zahl: 1035
Quersumme: $1 + 0 + 3 + 5 = 9$
a) 23; 107; 701; 810; 1001; 4203; 2430
b) 11223; 32121; 2222; 616616
c) Schreibe alle zweistelligen Zahlen auf, die die Quersumme 2 haben.
d) Wie heißt die kleinste zweistellige Zahl mit der Quersumme 3?
e) Wie heißt die größte dreistellige Zahl mit der Quersumme 10?

15 Welche Zahlen haben die Quersumme 6? Nenne verschiedene Möglichkeiten. Wie viele gibt es wohl?

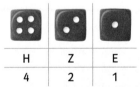

16 In einer Schule haben die Klassenzimmer folgende Nummern:

101	102	103	104	105	106	107	108
201	202	203	204	205	206	207	208
301	302	303	304	305	306	307	308

a) Wie viele Klassenzimmer gibt es?
b) Wie viele Stockwerke hat die Schule?
c) Wo findest du das Zimmer 305?
d) Kennst du andere Beispiele, in denen solche Nummerierungen vorkommen?

17 Die Tabelle gibt an, wie viele Gemeinden es in den einzelnen Bundesländern mit über 5000 Einwohnern gibt.

Baden-Württemberg	515
Bayern	508
Brandenburg	104
Hessen	331
Niedersachsen	337
Nordrhein-Westfalen	393
Rheinland-Pfalz	130
Saarland	52
Sachsen	170
Schleswig-Holstein	261

Wonach sind die Bundesländer geordnet? Sortiere anders.

Schreibe das heutige Datum auf möglichst viele verschiedene Arten. Vergleiche die Schreibweisen mit den Angaben deiner Mitschüler.

Hohe Hausnummern

1. Jeder Mitspieler zeichnet sich eine dreistellige (vierstellige, fünfstellige, ...) Stellenwerttafel auf.
2. Ein Spieler beginnt mit dem Würfeln (1 Würfel). Die gewürfelte Zahl wird an einer frei zu wählenden Stelle in der Stellenwerttafel notiert.
3. Die Mitspieler würfeln nun abwechselnd und tragen entsprechend in ihre Stellenwerttafel ein.
4. Gewonnen hat derjenige, dessen Zahl (Hausnummer) am größten ist.

Beim Spiel **Niedrige Hausnummern** gewinnt derjenige mit der kleinsten Zahl.

Spielen

H	Z	E
4	2	1

2 Zahlenanordnung und Zahlenstrahl

Meterstab und Maßband nimmt man für unterschiedliche Messungen zuhilfe.
→ Was haben sie gemeinsam?
→ Zeichne das ganze ausgerollte Maßband. Beschreibe, wie du vorgehst. Woher weißt du, wie der nicht sichtbare Teil des aufgerollten Maßbandes aussieht?

Hier siehst du noch andere Skalen. Auch die Uhr und das Thermometer haben eine Skala.
→ Was wird jeweils gemessen? Wofür stehen die Teilstriche?
→ Was müsste an den nicht beschrifteten Strichen der Uhr stehen?
Warum fängt das Thermometer nicht bei null an?

→ Welches Gewicht zeigt die Waage an? Übertrage die Skala bis 1 kg in dein Heft. Zeichne ein, wo das Gewicht bei 300 g, bei 500 g und bei 600 g hängt.

Die Zahlen
0; 1; 2; 3; 4; …
*heißen **natürliche***
***Zahlen**.*

Am **Zahlenstrahl** werden die natürlichen Zahlen der Größe nach angeordnet.

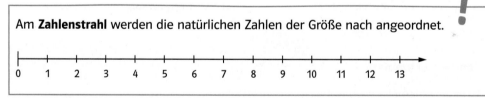

Weiter geht's
→ Stelle die Zahlen 2; 6; 7 auf einem Zahlenstrahl dar.
→ Stelle die Zahlen 10; 30; 50 auf einem Zahlenstrahl dar.
→ Ergänze die begonnenen Sätze.

35 liegt rechts von 20.   35 ist größer als 20.   oder kurz: 35 > 20
 5 liegt …   …   5 < 20

→ Bilde fünf weitere Sätze mit anderen Zahlen.
→ Stelle die Zahlen 80; 240; 360 auf einem Zahlenstrahl dar.

2 Zahlenanordnung und Zahlenstrahl

In dieser Lerneinheit lernen die Kinder die wesentlichen Merkmale der linearen Zahlenanordnung am Beispiel des Zahlenstrahls kennen. Dabei steht der ordinale Zahlaspekt im Vordergrund. Der Zahlenstrahl ist wichtig für das Erstellen von Diagrammen und die Erweiterung des Zahlenraumes, da hier die „neuen", großen Zahlen geordnet, verglichen und in eine Reihenfolge gebracht werden.

Einstieg
Das Thema Zahlenstrahl wird aktiv aufgegriffen und durch die abgebildeten Fotos erarbeitet. Häufig kennen die Kinder Zahlenstrahlen, ohne sich dessen bewusst zu sein. Alle haben ein Lineal im Mäppchen und haben schon einmal mit dem Zollstock oder einem Maßband gemessen.

Impulse
→ Die Gemeinsamkeit vom Zollstock und vom Maßband ist die Zentimetereinteilung. Außerdem werden mit ihnen Längen gemessen. Die genaue Länge der beiden Gegenstände ist auf dem Bild nicht zu erkennen. Sieht man sich die Zahlen an, stellt man fest, dass die Reihenfolge der Zahlen bei beiden genau gleich ist:
(0 fehlt meist.) 1; 2; 3; 4; ....
→ Das ganze Maßband zu zeichnen ist sehr mühsam. Die Kinder können mithilfe ihres Lineals den Beginn des Maßbandes in ihr Heft zeichnen. Setzen sich Kinder in 5er-Gruppen zusammen und beginnt ein Kind bei 0 cm zu zeichnen, das nächste bei 30 cm, usw. so stellen fünf Kinder gemeinsam einen Zahlenstrahl von 150 cm Länge her.
→ Mit der Skala auf dem Thermometer wird die Körpertemperatur in Grad Celsius gemessen.
Die Uhr gibt einen Zeitpunkt an. Schaut man zu Beginn und am Ende einer Tätigkeit auf die Uhr, so kann man eine Zeitspanne messen. Mithilfe der Teilstriche der Uhr kann man die Zeit auf Minuten und Sekunden genau angeben.
→ Die längeren Teilstriche der Uhr geben die Stunden und 5 min, 10 min, 15 min, ... an, die kleinen die Minuten.
Da die Körpertemperatur eines Menschen nur im Bereich von 36 °C bis 42 °C liegt, reicht es beim Fieberthermometer diesen Bereich abzubilden.

→ Die Waage zeigt an, dass der Igel 1 kg 130 g wiegt. Mit der Skala auf der Waage werden Gewichte bis zu 8 kg auf 10 Gramm genau gemessen.

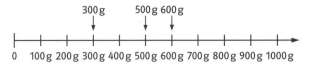

! Merkkasten
Wichtig beim Zahlenstrahl ist:
– Mit einem Zahlenstrahl ordnet man Zahlen.
– Der Zahlenstrahl beginnt mit dem Nullpunkt.
– Die Pfeilspitze zeigt (im Bereich der natürlichen Zahlen) nach rechts und deutet an, dass noch weitere Zahlen folgen (Unendlichkeit).
– Je weiter rechts eine Zahl steht, umso größer ist sie.
– Der Abstand zwischen aufeinander folgenden Zahlen ist immer gleich groß.

Weiter geht's
→
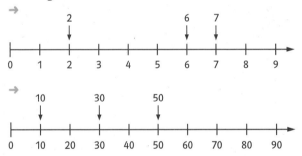

Gute Schülerinnen und Schüler zeichnen nicht mehr alle Zahlen, sondern vielleicht nur noch jede Fünfte.
→ 5 liegt links von 20   5 ist kleiner als 20   5 < 20
   35 liegt rechts von 20   35 ist größer als 20   35 > 20
→ 10 liegt links von 15   10 ist kleiner als 15   10 < 15
   40 liegt rechts von 25   40 ist größer als 25   40 > 25
   usw.
→
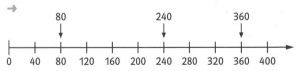

Aufgaben

1 *Die Lottozahlen werden bei ihrer Nennung in der Zeitung der Größe nach sortiert. Die einzige Ausnahme ist die Zusatzzahl, diese wird separat genannt.*
Lottozahlen: 5; 9; 16; 17; 23; 37
Zusatzzahl: 14

2 a) 8; 9
b) 11
c) 20; 21; 22; 23; 24
d) 34 bis 43
e) keine
f) 101 bis 109

3

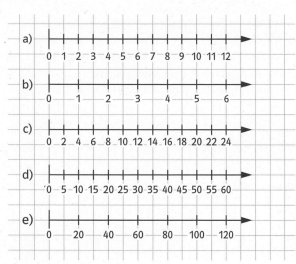

4 a) 0; 1; 5; 9; 10
b) 100; 150; 250; 350; 500

5 a) 29; 35; 41; 47; 52
b) 71; 77; 82; 85; 93

6 a) 50; 160; 220; 280; 360; 390; 460; 500; 580
b) Bei diesen Zahlen handelt es sich um Zahlen, die erfasst und auf Zehner gerundet wurden, z.B. um Besucherzahlen eines Kinos.

7 *Bei diesem Zahlenstrahl ist die Skalierung so grob, dass man die Zahlen nicht genau ablesen kann. Mit dem Lineal nachgemessen, erhält man die folgenden Zahlen.*
a) 3; 8; 16; 27; 33; 42; 48
b) 30; 80; 150; 210; 295; 375; 465
c) 60; 160; 300; 425; 650; 820; 1001
d) 50; 175; 200; 333; 475

8 Bei diesen Grafiken sind die Einteilungen auf dem Zahlenstrahl ungleichmäßig. Die Schülerinnen und Schüler müssen die Einteilungen so fortführen, dass alle Teilstriche den gleichen Abstand haben. Um einen Zahlenstrahl zu erhalten, müssen die Kinder hier außerdem Zahlen vorgeben. Bei Teilaufgabe b) könnte man auch feiner als bei Teilaufgabe a) unterteilen.

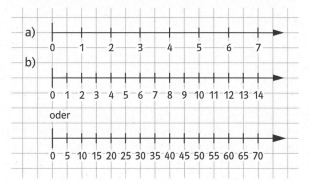

9 a) 6 < 13
b) 15 > 7
c) 8 < 9 < 10
d) 60 < 65 < 70

10 Individuelle Lösungen
Jedes Ziffernkärtchen darf nur einmal verwendet werden. Die größtmögliche Zahl ist 543 210; die kleinstmögliche Zahl ist 102 345.
Viele Kinder vergessen, dass eine Zahl nicht mit der Ziffer Null beginnen darf.

1 Wie werden die Lottozahlen in der Tageszeitung abgedruckt?

Zusatzzahl

2 Welche natürlichen Zahlen liegen zwischen den angegebenen?
a) 7 und 10
b) 10 und 12
c) 19 und 25
d) 33 und 44
e) 49 und 50
f) 110 und 100

3 Übertrage in dein Heft und ergänze die fehlenden Zahlen.

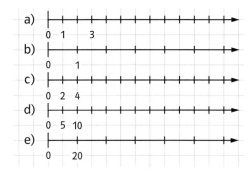

4 Auf welche Zahlen zeigen die Pfeile?

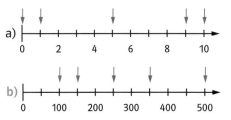

5 Hier handelt es sich um einen Ausschnitt eines Zahlenstrahls.

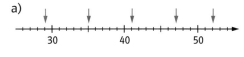

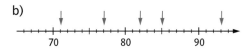

6 Beim folgenden Zahlenstrahl wurden nur die Hunderterzahlen eingetragen.

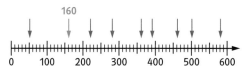

a) Auf welche Zahlen zeigen die Pfeile?
b) Überlege dir Situationen, in denen diese Skala verwendet werden kann.

7 Auf welche Zahlen zeigen die Pfeile? Hier kannst du nicht genau ablesen. Schätzen hilft weiter.
a)

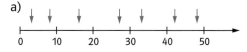

b)

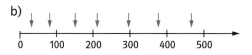

c)

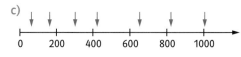

d)

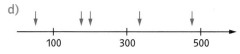

8 Alles in Ordnung?
Übertrage die Abbildung ins Heft und ergänze sie zu einem Zahlenstrahl.

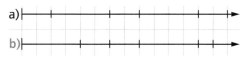

9 Drücke mit dem Zeichen < oder > aus.
a) 6 kommt vor 13
b) 15 kommt nach 7
c) 9 liegt zwischen 8 und 10
d) 60 ist kleiner als 65 und 65 ist kleiner als 70.

10 Bilde fünf sechsstellige Zahlen mit den Ziffernkärtchen und ordne sie anschließend der Größe nach. Verwende dazu die Zeichen < oder >.

3   5   2

1   4   0

11 Welche natürlichen Zahlen kannst du einsetzen?
a) 4 < □ < 10
b) 14 > △ > 12
c) 48 < □ < 52
d) 112 < △ < 115 < ◯ < 121
e) 399 < □ < 404 < △ < 405
f) 8 < ◯ < 15 < △ < 17 < □ < 21

12

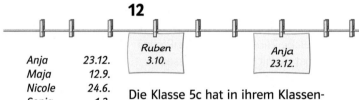

Anja 23.12.
Maja 12.9.
Nicole 24.6.
Sonja 1.3.
Manuela 28.2.
Angie 17.4.
Dilek 6.6.
Thorsten 17.11.
Ruben 3.10.
Kemal 1.1.

Die Klasse 5c hat in ihrem Klassenzimmer eine lange Geburtstagsleine aufgehängt.
a) Schreibe auf, in welcher Reihenfolge die Geburtstage gefeiert werden.
b) 👥 Schreibt eine Geburtstagsliste für eure Klasse.

13 Die Zahlen 100; 500; 1500; 900; 250; 1200 und 400 sollen auf einem Zahlenstrahl markiert werden.
a) Welcher ist der kleinste und welcher der größte Wert?
b) Überlege dir eine sinnvolle Einteilung für deinen Zahlenstrahl.
c) Zeichne den Strahl und markiere die Zahlen mit Pfeilen.
d) Gib eine weitere mögliche Einteilung an. Vergleiche sie mit der deiner Mitschülerinnen und Mitschüler.

14 Die Buchstaben unseres Alphabets haben eine Reihenfolge: A, B, C, …
a) Welcher Buchstabe ist der Vorgänger von C, welcher der Nachfolger?
b) Der Nachfolger eines gesuchten Buchstabens ist das Z.
c) Der Vorgänger eines gesuchten Buchstabens ist das K.
d) Welcher Buchstabe hat keinen Vorgänger, welcher keinen Nachfolger?
e) Ordne die Zahlwörter null, eins, zwei, drei, vier, fünf, sechs, sieben, acht und neun nach dem Alphabet.

15 Deutschlands längste Flüsse:

Donau	647 km	Neckar	367 km
Elbe	700 km	Rhein	865 km
Ems	371 km	Saale	427 km
Havel	343 km	Werra	292 km
Main	524 km	Weser	440 km

a) Beschreibe die Sortierung.
b) Sortiere die Flüsse anders und erkläre deiner Klasse, wie du geordnet hast.

16 Hausnummern werden meist so vergeben, dass auf der linken Straßenseite die ungeraden Hausnummern stehen und auf der rechten Seite die geraden.

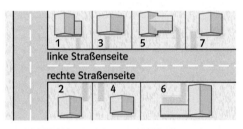

a) Welche Nummern haben die ersten zehn Häuser der linken (rechten) Seite?
b) Auf welcher Straßenseite sind die Hausnummern 13; 30; 98; 101 und 143?
c) Welche Nummer hat das 3., 7. und 12. Haus auf der linken (rechten) Seite?

17 Schreibe die nächsten vier Zahlen der Zahlenreihen auf.
a) 1; 3; 5; 7; 9; 11; …
b) 100; 500; 900; …
c) Erfinde selbst solche Reihen.

Ziffern gesucht Knobeln

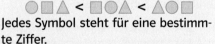

◯□△ < □◯△ < △◯□

Jedes Symbol steht für eine bestimmte Ziffer.
Setze Ziffern so ein, dass die Kleinerzeichen stimmen. Finde mehrere Lösungen und vergleiche mit deinen Mitschülerinnen und Mitschülern.

11 a) 4 < 5 < 10

Statt 5 kann auch 6; 7; 8 oder 9 eingesetzt werden.

b) 14 > 13 > 12

c) 48 < 49 < 52

Statt 49 kann auch 50 oder 51 eingesetzt werden.

d) 112 < 113 < 115 < 116 < 121

Statt 113 kann auch 114, statt 116 kann auch 117; 118; 119 und 120 eingesetzt werden.

e) 399 < 400 < 404 < 405

Statt 400 kann 401; 402 und 403 eingesetzt werden. Zwischen 404 und 405 kann keine Zahl stehen.

f) 8 < 9 < 15 < 16 < 17 < 18 < 21

Statt 9 kann auch 10; 11; 12; 13 und 14, statt 18 auch 19 und 20 eingesetzt werden.

12 a) 1.1. (Kemal), 28.2. (Manuela), 1.3. (Sonja), 17.4. (Angie), 6.6. (Dilek), 24.6. (Nicole), 12.9. (Maja), 3.10. (Ruben), 17.11. (Thorsten), 23.12. (Anja)

b) Individuelle Lösungen.

Jeder Schüler und jede Schülerin schreibt eine Karte mit Geburtstag und Namen, dann stellen sich die Kinder in der kalendarischen Reihenfolge auf. Eines der Kinder moderiert die Sortierung.

Wenn zwei Kinder an einem Tag Geburtstag haben, stehen sie hintereinander – statt nebeneinander – oder sie stehen, je nachdem wer um wie viel Uhr geboren ist.

13 a) Kleinster Wert: 100; größter Wert: 1500

b) Die Einteilung in 50er-Schritte ist sinnvoll. Eine feinere Einteilung z. B. in 10er-Schritte ist möglich, aber nicht notwendig. 1 Kästchen entspricht 50.

c) Damit der Zahlenstrahl von 0 bis 1500 ins Heft passt, wählt man 100 für 1 cm.

Aus Platzgründen ist die Darstellung vekleinert.

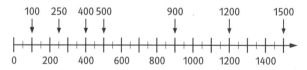

d) Einheiten größer als 100 sind zu ungenau, wenn der Zwischenwert 250 eingetragen werden muss. Einheiten kleiner als 50 ergeben Platzprobleme und sind nicht notwendig.

14 a) Vor C kommt B; nach C kommt D.

b) Vor Z kommt Y.   c) Nach K kommt L.

d) A hat keinen Vorgänger; Z keinen Nachfolger.

e) acht; drei; eins; fünf; neun; null; sechs; sieben; vier; zwei

15 a) Liest man zunächst die linke und dann die rechte Spalte, so sind die Flüsse alphabetisch sortiert.

b) Eine Sortierung nach der Länge ergibt:

Fluss	Länge
Werra	292 km
Havel	343 km
Neckar	367 km
Ems	371 km
Saale	427 km
Weser	440 km
Main	524 km
Donau	647 km
Elbe	700 km
Rhein	865 km

16 a) Linke Seite: 1; 3; 5; 7; 9; 11; 13; 15; 17; 19 (Rechte Seite: 2; 4; 6; 8; 10; 12; 14; 16; 18; 20)

b) Die Häuser mit den ungeraden Hausnummern 13; 101 und 143 stehen links, die mit den geraden Hausnummern 30 und 98 rechts.

c) Das dritte Haus auf der linken Seite hat die Hausnummer 5, also 3·2 – 1; das siebte Nummer 13, also 7·2 – 1; das zwölfte Haus die Nummer 23, also 12·2 – 1.

Das dritte Haus auf der rechten Seite hat die Hausnummer 6, also 3·2; das siebte Nummer 14, also 7·2; das zwölfte Haus die Nummer 24, also 12·2.

17 a) 13; 15; 17; 19

Die Zahlen werden immer um 2 größer.

b) 1300; 1700; 2100; 2500

Die Zahlen werden immer um 400 größer.

c) Individuelle Lösungen, z. B. 0; 4; 8; 12; …

Ziffern gesucht   Knobeln

Die Ziffern müssen so gewählt werden, dass die Ziffer des Quadratsymbols (3) größer als die des Kreissymbols (2) ist und die Ziffer des Dreiecksymbols größer als die des Quadratsymbols (1) ist. Je nachdem, welche Ziffern ausgewählt werden, entstehen andere Lösungen.

Beispiel: 123 < 213 < 312 oder
               468 < 648 < 846.

Setzt man für ein Symbol die Ziffer 0 ein, so entsteht z. B. 024 und das ist keine Zahl.

3 Millionen, Milliarden, Billionen, ...

In dieser Lerneinheit lernen die Schülerinnen und Schüler im Rahmen der Zahlbereichserweiterung Zahlen kennen, die größer als eine Million sind. Die Dreierblockschreibweise und die Stellenwerttafel sind die wichtigsten Hilfsmittel zum Erfassen, Lesen und Schreiben großer Zahlen.
Im Alltag haben die Kinder mit diesen großen Zahlen, abgesehen von Bereichen wie Weltall, Erdkunde oder beim Geld, wenig zu tun. Da weder über die reine Vorstellung noch über das Zählen eine Größenvorstellung vermittelt werden kann, muss der Schwerpunkt auf dem Erfassen und Verstehen liegen. Dabei helfen neben möglichst konkreten Beispielen auch Vergleiche mit der Stellenwerttafel.

Einstieg

Da ein konkreter Lebensbezug schwer herstellbar ist, wurde hier das Thema der Auftaktseite aufgegriffen. Der Versuch die Ameisen eines Ameisenhaufens zu zählen, erscheint natürlich ziemlich aussichtslos. Trotzdem helfen uns die Ameisen beim Vorstellen großer Zahlen.

Impulse

→ Kaum hat man einen Würfelzucker an geeigneter Stelle zerkrümelt, wimmelt es von Ameisen, die den Zucker in ihren Bau tragen.
10 000 Ameisen schaffen 100 Stückchen,
100 000 Ameisen schaffen 1000 Stückchen,
1 000 000 Ameisen schaffen 10 000 Stückchen,
10 000 000 Ameisen schaffen 100 000 Stückchen,
...

→ Mit einer halben Schachtel Würfelzucker bekommt man eine Vorstellung von knapp 100 Stück Würfelzucker, sechs Schachteln Würfelzucker enthalten 1000 Stück Würfelzucker und passen bequem in eine Schultasche; 10 000 Stück Würfelzucker füllen einen Reisekoffer, 100 000 – also 10 Reisekoffer – füllen den Kofferraum eines Kleinbusses, usw.
Je größer die Zahlen werden, umso eher suchen wir ein Vergleichsmaß.

Fertigen die Schülerinnen und Schüler selbst Stellenwerttafeln an, ist darauf zu achten, dass die Beschriftung der einzelnen Stellenwerte in der richtigen Reihenfolge von rechts nach links gewählt wird.
Da sich in der Stellenwerttafel die Überschriften H, Z und E wiederholen und dies zu Verwirrungen führen könnte, kann man den Kindern noch einmal verdeutlichen:
1 Tausender entspricht 1000 Einern,
1 Million entspricht 1000 Tausendern,
1 Milliarde entspricht 1000 Millionen
usw.

Weiter geht's

→ Durch die Schreibweise in Dreierblöcken werden die Zahlen genauso dargestellt, wie in der Stellenwerttafel und sind dadurch leichter lesbar.
→ Zahlen die in Zweierblöcken geschrieben werden, sind gar nicht mehr zu lesen, man muss sie zunächst wieder in Dreierblöcke umschreiben.
→ Das gegenseitige Vorlesen großer Zahlen erfordert von beiden Partnern viel Konzentration.
Versuchen die Kinder die gelesenen Zahlen zur Kontrolle als Zahlwörter aufzuschreiben, so ist darauf zu achten, dass Zahlen, die kleiner als eine Million sind, klein- und zusammengeschrieben werden. Die Zahlwörter Millionen, Milliarden, Billionen etc. werden großgeschrieben. Vgl. S.16 Schülerbuch Informationskasten.
Große Zahlwörter zu schreiben ist auch eine gute Konzentrationsübung. Die häufigsten Fehler sind Zahlendreher, d.h. Ziffern werden vertauscht und Nullen werden vergessen.

Die Schülerinnen und Schüler müssen rechtzeitig daran gewöhnt werden, große Zahlen beim Schreiben in Dreierblöcke zu gliedern. Dadurch entsteht beim Lesen eine bessere Übersicht. Beim Schreiben im Mathematikheft auf kariertem Papier kann bei sehr großen Schwierigkeiten zwischen den Dreierblöcken ein Kästchen frei gelassen oder ein Punkt gemacht werden.

3 Millionen, Milliarden, Billionen, ...

Ameisen sind die Putzkolonne des Waldes.

Jede Ameise kann das 30fache ihres eigenen Gewichtes tragen. Innerhalb von Stunden räumen sie Beeren, Früchte und tote Insekten beiseite.

→ 👥 Gibt es bei euch im Schulhof oder zu Hause auf der Terrasse Ameisen? Zerkrümelt ein Stück Würfelzucker in der Nähe einer Ameisenstraße. Beobachtet, was passiert.

100 Ameisen räumen 1 Stück Würfelzucker beiseite.
1000 Ameisen schaffen 10 Stückchen,
10 000 Ameisen schaffen ...
100 000 Ameisen ...

→ 👥 Überlegt weiter.

100 Stück Würfelzucker, das ist mehr als eine halbe Packung.
1000 Stück Würfelzucker sind fast sechs Packungen. Passt das noch in die Schultasche?
10 000 Stück füllen einen Reisekoffer ...
100 000 Stück ...

→ 👥 Sucht weitere Vergleiche. Schätzen reicht.

Die **Stellenwerttafel** hilft große Zahlen zu lesen.

Billionen Bill.			Milliarden Mrd.			Millionen Mio.			Tausender T					
H	Z	E	H	Z	E	H	Z	E	H	Z	E	H	Z	E
											1	0	0	0
					1	0	0	0	0	0	0	0	0	0
			1	0	0	0	0	0	0	0	0	0	0	0
		1	0	0	0	0	0	0	0	0	0	0	0	0

Weiter geht's

→ Welche Zahlen kannst du besser lesen?
548963875 oder 548 963 875; 95222199511 oder 95 222 199 511
Woran liegt das?

→ Warum schreibt man nicht 5 48 96 38 75?

→ Lest euch die Zahlen gegenseitig vor. Überprüft an der Stellenwerttafel.

6 000 000 000 000	19 000 500	444 444 444 444
548 963 875	100 100 100 100	12 345 678 901

1 Schreibe in dein Heft die größte und die kleinste
a) fünfstellige Zahl,
b) achtstellige Zahl,
c) zwölfstellige Zahl.
d) Stelle die Zahlen deiner Klasse vor.

2 a) Ordne die Zahlenkärtchen so, dass die kleinstmögliche Zahl entsteht.
b) 👥 Vergleicht die gefundenen Zahlen und erklärt, wie ihr vorgegangen seid.
c) Ordne die Zahlenkärtchen so, dass die größtmögliche Zahl entsteht.
d) Wer findet eine Zahl, die möglichst nah bei einer Million liegt?

3 👥 Übertrage die Zahlen in eine Stellenwerttafel in dein Heft. Lies die Zahlen deinem Nachbarn laut vor.
a) 8476930; 3501627812
b) 20400603; 120120120120
c) 908978675645; 987654321

4 Schreibe die Zahlen übersichtlich auf und lies sie dann leise.
a) 38547921; 444333555; 1111111111
b) 242365743; 85000000000000
c) 919191828282; 101010000000001

5 Zähle weiter
a) von 999998 um fünf Zahlen,
b) von 999999997 um vier Zahlen,
c) von 999999999996 um sechs Zahlen.
Schreibe die Zahlen übersichtlich auf.

6 Ordne die Zahlen der Größe nach, beginne mit der kleinsten Zahl.
a) 856332; 855462; 888565; 855500
b) 20223500; 20125500; 20124500

Suche im Atlas, im Lexikon, in der Zeitung oder im Internet nach großen Zahlen.

Was beschreiben sie?

Stelle deine Fundstücke der Klasse vor.

Wer findet die größte Zahl?

7 Das menschliche Herz schlägt etwa
70-mal in einer Minute.
100800-mal an einem Tag.
36792000-mal in einem Jahr.
2945376000-mal in 80 Jahren.
Lies die Zahlen. Kannst du sie auch in Worten schreiben?

8 Eine Lichtsekunde ist die Strecke, die das Licht in einer Sekunde zurücklegt, nämlich 300000 km. Entfernungen im Weltall werden häufig in Lichtsekunde, Lichtminute, … angegeben.
a) Schreibe die Zahlen in Worten.

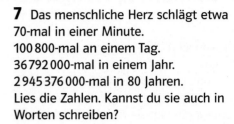

1 Lichtsekunde	300 000 km
1 Lichtminute	18 000 000 km
1 Lichtstunde	1 080 000 000 km
1 Lichttag	25 920 000 000 km
1 Lichtjahr	9 460 800 000 000 km

b) Die Erde ist rund 500 Lichtsekunden von der Sonne entfernt. Wie weit ist das in Kilometern?

Schreibweise großer Zahlen

Zahlen unter einer Million schreibt man in einem Wort und klein.
48593   achtundvierzigtausendfünfhundertdreiundneunzig

Zahlen über einer Million schreibt man getrennt.
48960012   achtundvierzig Millionen neunhundertsechzigtausendundzwölf

L 18

Aufgaben

1 a) 99 999; 11111 ~~10000~~ b) 99 999 999; 10000000 ~~10000100~~
c) 999 999 999 999; 111 111 111 111
d) *Beim Vorstellen der Zahlen sollten die Kinder erarbeiten, dass die jeweils kleinsten Zahlen nur die Ziffer 1 und die größten nur die Ziffer 9 verwenden. Das Sprechen der Zahlwörter wird geübt.*

2 *Auch hier gilt wieder, dass eine Zahl nicht mit der Null als Ziffer beginnen kann. Schwächere Kinder sollten sich die Zahlenkärtchen basteln.*
a) 100 112 579 *ist die kleinste Zahl.*
b) *Beim Bilden der kleinsten Zahl wird die Null häufig an den Schluss der Zahl sortiert, sodass als falsches Ergebniss* 111 257 900 *herauskommt. Oder es wird nach Zahlen und nicht nach Ziffern sortiert und das Ergebnis lautet* 100 257 911.
c) 975 211 100 *ist die größte Zahl.*
Sortieren die Kinder nach Zahlen und nicht nach Ziffern, so erhalten sie 119 752 100 *als größte Zahl.*
d) *Bei dieser Aufgabe werden nicht alle Zahlenkärtchen verwendet. Die kleinste Zahl größer* 1 000 000 *ist* 1 001 125, *die größte Zahl kleiner* 1 000 000 *ist* 975 211.

3

	Milliarde			Millionen			Tausend					
	H	Z	E	H	Z	E	H	Z	E	H	Z	E
a)						8	4	7	6	9	3	0
			3	5	0	1	6	2	7	8	1	2
b)					2	0	4	0	0	6	0	3
	1	2	0	1	2	0	1	2	0	1	2	0
c)	9	0	8	9	7	8	6	7	5	6	4	5
				9	8	7	6	5	4	3	2	1

4 *Die Dreierblock-Schreibweise hilft beim Vergleichen, Lesen und Aussprechen großer Zahlen.*
a) 38 547 921; 444 333 555; 1 111 111 111
b) 242 365 743; 85 000 000 000 000
c) 919 191 828 282; 101 010 000 000 001

5 *Hier wird der Übergang geübt.*
a) 999 998; 999 999; 1 000 000;
1 000 001; 1 000 002; 1 000 003
b) 999 999 997; 999 999 998; 999 999 999;
1 000 000 000; 1 000 000 001
c) 999 999 999 996; …; 1 000 000 000 002

6 *Das stellengerechte Untereinanderschreiben der Zahlen in der Dreierblock-Schreibweise erleichtert das Vergleichen.*

a) 855 462	b) 20 124 500
855 500	20 125 500
856 332	20 223 500
888 565	

i **Information**   Schreibweise großer Zahlen

Zahlwörter zu schreiben ist eine gute Konzentrationsübung, sie verlangt Geduld und Ausdauer. Bei besonders großen Zahlen verrutschen die Kinder häufig mit der Stelle und bauen sogenannte Zahlendreher ein. Hier kann es hilfreich sein, die Zahlen in eine Stellenwerttafel zu schreiben, oder mit einem Partner der die Zahl diktiert, zusammenzuarbeiten.
In der nächsten Lerneinheit lernen die Kinder Zahlen zu runden. Greift man Zahlen, die die Kinder als Zahlwörter schreiben mussten, hier noch einmal auf und schreibt die Zahlwörter der gerundeten Zahlen, so wird der Sinn des Rundens deutlich.

7
– siebzig
– einhunderttausendachthundert
– sechsunddreißig Millionen siebenhundertzweiundneunzigtausend
– zwei Miliarden neunhundertfünfundvierzig Millionen dreihundertsechsundsiebzigtausend

8 a)

Einheit	Strecke
1 Lichtsekunde	dreihunderttausend km
1 Lichtminute	achtzehn Millionen km
1 Lichtstunde	eine Milliarde achtzig Millionen km
1 Lichttag	fünfundzwanzig Milliarden neunhundertzwanzig Millionen km
1 Lichtjahr	neun Billionen vierhundertsechzig Milliarden achthundert Millionen km

b) $500 \cdot 300\,000$ km $= 150\,000\,000$ km.
D.h. die Erde ist etwa 150 000 000 km von der Sonne entfernt.

9 a) 76 000 000; 95 000 000 000

b) 225 000 000 000 000; 558 000 000

10 *Hier kann die Stellenwerttafel als Hilfsmittel dienen.*

a) 6 Nullen; 9 Nullen; 12 Nullen

b) 7 Nullen; 10 Nullen; 13 Nullen

c) 8 Nullen; 11 Nullen; 14 Nullen

11 a) 2000 Mio.; 3000 Mio.; 1 000 000 Mio.

b) 17 000 Mio.; 599 000 Mio.; 73 000 000 Mio.

12 *Da den Kindern der Transfer von der Zahl 2820 zu 282 Mio. € schwer fällt, können zunächst einfachere Zahlenbeispiele besprochen werden (1 entspricht 100 000 €, 10 entspricht 1 Mio. € usw.). Manche Kinder erkennen, dass an die Zahlen in der Tabelle fünf Nullen angehängt werden müssen.*

a) Milch/Milchgetränke: zweihundertzweiundachtzig Millionen €

Heißgetränke: vierhundertsiebenunddreißig Millionen fünfhundert Tausend €

Alkoholfreie Getränke: neunhundertsiebenundfünfzig Millionen €

Gesamtausgaben: drei Milliarden hundertsiebzig Millionen €

b) „Die Gesamtausgaben entsprechen nicht nur der Summe aus Milchgetränken, Heißgetränken und alkoholfreien Getränken, da noch andere Getränke gekauft werden."

„Zieht man die Summe (1 676 500 000 €) dieser Getränke von den Gesamtausgaben (3 170 000 000 €) ab, so erhält man 1 493 500 000 €."

i Information

Große Zahlen und deren Bezeichnungen faszinieren Fünftklässler und regen sie zum Denken über deren Unvorstellbarkeit und Unendlichkeit an:

–   Warum gibt es unendlich viele Zahlen? (Man kann jede Zahl immer noch um eins erhöhen.)

–   Wie viele Nullen hat eine Trillion, eine Trilliarde, …? (18 Nullen, 21 Nullen, …)

–   Wie viele Nullen haben 12 Trillionen? (Genauso viele wie eine Trillion, auch 18.)

Bei den Namen für die großen Zahlen fällt auf:
auf Million folgt Milliarde, auf Billion folgt Billiarde, auf Trillion folgt Trilliarde, auf Quadrillion folgt Quadrilliarde, usw.

13 Eine Zahl mit 27 Nullen heißt Quadrilliarde. Das Gewicht der Erde beträgt 6 Quadrilliarden Gramm.

14 a) 33 000 000 000 017

b) 60 000 000 000 000 000 000

c) 23 000 000 000 000 000 000 000 000 000

d) 1 000 000 000 000 001

15 a) acht Billionen dreihundertfünfundvierzig Milliarden sechshunderteinundzwanzig Millionen vierhundertfünfundzwanzigtausendsechshunderteinundachtzig

b) fünf Billiarden dreihundertachtundsiebzig Billionen neunhundertsiebenundvierzig Milliarden zweihundertachtunddreißig Millionen einhunderttausendeins

c) achthundert Billiarden siebenundachtzig Billionen achthundertachtundachtzig Millionen achtzigtausendsiebenhundertsieben

d) vierundzwanzig Trilliarden fünfhundertfünfundfünfzig Trillionen sechshundertneunundachtzig Billiarden fünfhundert Billionen neunhundertsechsundsechzig Milliarden achthundertzweiundzwanzig Millionen einhunderttausenddreihundert

Trainingsmatte

Durch das Einsetzen verschiedener Zahlen und das Aufschreiben der Rechnungen und Ergebnisse ergeben sich erste Hinweise auf einen möglichen Lösungsweg.

1 Unabhängig von der eingesetzten Zahl führen die Rechnungen wieder zurück zur Ausgangszahl. Deshalb beißt sich die Schlange in den Schwanz. Die Kinder sollten erkennen, dass es zu den Rechnungen Umkehrrechnungen gibt. Zu +30 und +70 sind dies –51 und –49. Nach dem Verdoppeln wird wieder halbiert, das heißt es wird zunächst die Zahl 100 addiert und anschließend wieder abgezogen.

2 Wenn die Kinder auch in dieser Aufgabe die Umkehrrechnungen entdeckt haben, können sie selbst solche Kopfrechenschlangen schreiben.

Vertauscht man die Reihenfolge von +; ·; – und :, so kann es sein, dass sich die Schlange nicht in den Schwanz beißt.

Die Lösungen zur Trainingsmatte findet man im Schülerbuch auf S. 164.

9 Große Zahlen werden oft auch gemischt in Ziffern und Worten angegeben, z.B. 6 Millionen, 23 Milliarden. Schreibe die Zahlen nur mit Ziffern.
a) 76 Millionen; 95 Milliarden
b) 225 Billionen; 558 Millionen

10 Mit wie vielen Nullen schreibt man folgende Zahlen?
a) 1 Mio.; 1 Mrd.; 1 Bill.
b) 10 Mio.; 10 Mrd.; 10 Bill.
c) 100 Mio.; 100 Mrd.; 100 Bill.

11 Gib die Zahlen in Millionen an.
35 Mrd. = 35 000 Mio.
a) 2 Mrd.; 3 Mrd.; 1 Bill.
b) 17 Mrd.; 599 Mrd.; 73 Bill.

12 In einem Jahr wurden in Deutschland für Getränke folgende Beträge ausgegeben. Die Gesamtausgaben beziehen sich auf sämtliche Getränke.

Getränke	in 100 000 €
Milch, Milchgetränke	2 820
Heißgetränke (Kaffee, Tee, ...)	4 375
Alkoholfreie Getränke	9 570
Gesamtausgaben	31 700

a) Gib die Zahlen in Worten an.
b) Bilde drei Sätze über die Ausgaben.

Auch für Zahlen, die größer als Billionen sind, gibt es Namen.
Die Stellenwerttafel wird erweitert:

1 Tausend	1000	3 Nullen
1 Million	1 000 000	6 Nullen
1 Milliarde	1 000 000 000	9 Nullen
1 Billion	1 000 000 000 000	12 Nullen
1 Billiarde	1 000 000 000 000 000	15 Nullen
1 Trillion	1...	18 Nullen
1 Trilliarde	1...	21 Nullen
1 Quadrillion	1...	24 Nullen
1 Quadrilliarde	1...	27 Nullen
1 Quintillion	1...	30 Nullen
...	...	...

Abkürzungen:
Million – Mio.
Milliarde – Mrd.
Billion – Bill.

13 Das Gewicht der Erde beträgt 6 000 000 000 000 000 000 000 000 000 g. Übersetze diese Zahl in Worte.

14 Schreibe mit Ziffern.
a) dreiunddreißig Billionen siebzehn
b) sechzig Trillionen
c) dreiundzwanzig Quadrilliarden
d) eine Billiarde eins

15 Diktiere die Zahlen deinem Nachbarn als Zahlendiktat.
a) 8 345 621 425 681
b) 5 378 947 238 100 001
c) 800 087 000 888 080 707
d) 24 555 689 500 966 822 100 300

1 Setze für die „Zahl" nacheinander vier verschiedene Zahlen ein und rechne entlang der Pfeile. Vergleiche jeweils das Ergebnis mit der eingesetzten Zahl. Warum beißt sich die grüne Schlange in den Schwanz?

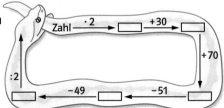

2 Erfinde selbst solche Kopfrechenschlangen wie die gelbe Schlange und stelle sie deiner Klasse vor.

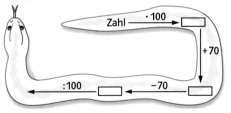

Römische Zahlen rund um den Limes

Legende:
- ■ Legionslager
- ○ Kastell
- ···· Obergermanischer Limes
- ▬▬ Rätischer Limes

Niederbieber, Echzell, Heftrich, Seligenstadt, Mainz, Wörth, Walldürn, Germanien, Jagsthausen, Regensburg, Welzheim, Ruffenhofen, Aalen, Straßburg, Lorch, Eining, Augsburg, Dangstetten

Römisches Gebiet

Main, Rhein, Neckar, Donau, Lech, Iller, Bodensee

1 In vielen Teilen Südwestdeutschlands trifft man heute noch auf Reste des Limes. Dieser Wall diente den Römern, die bis vor 1800 Jahren in Teilen des Gebiets der heutigen Bundesrepublik Deutschland lebten, als Grenze. Das Gebiet der Römer wurde durch die Flüsse Rhein und Donau und den Limes im Norden gegen das Gebiet der Germanen abgegrenzt. Der Bau des Limes wurde 84 n. Chr. unter dem römischen Kaiser Domitian begonnen und später unter Trajan und Hadrian fortgeführt.

Römische Kaiser und ihre Amtszeit n. Chr.

> DOMITIAN LXXXI – XCVI
> NERVA XCVI – XCVIII
> TRAJAN XCVIII – CXVII
> HADRIAN CXVII – CXXXVIII

a) Von wann bis wann haben die vier am Bau des Limes beteiligten Kaiser das Römische Reich regiert?
b) Welcher Kaiser hat am längsten, welcher Kaiser hat am kürzesten regiert?

Um die Aufgaben auf diesen beiden Seiten lösen zu können, musst du dich mit römischen Zahlen auskennen.
Die römischen Zahlzeichen sind Symbole oder Abkürzungen von Namen.

1 =		Symbol für einen Finger
5 =	V	Symbol für eine Hand
10 =	X	Das Doppelte von V
100 =	C	centum: lat. für Hundert
50 =	L	Die Hälfte von C
1000 =	M	mille: lat. für Tausend
500 =	D	Die Hälfte von M

Aus diesen sieben Zahlzeichen werden die übrigen Zahlen zusammengesetzt. Dabei werden die Zahlzeichen der Größe nach von links nach rechts aufgeschrieben. So ist: XXVI = 10 + 10 + 5 + 1 = 26. Steht ein kleineres vor einem größeren Zahlzeichen, so wird der Wert der kleineren Zahl vom Wert der größeren Zahl subtrahiert. So ist: XL = 50 – 10 = **40**.

Mathematische Reise:
Römische Zahlen rund um den Limes

Bis zum 12. Jahrhundert wurden in Mitteleuropa römische Zahlzeichen benutzt, bevor sie allmählich von den arabischen Ziffern und dem heutigen Stellenwertsystem abgelöst wurden. Heute verwendet man römische Zahlen vereinzelt auf Zifferblättern von Uhren, Urkunden oder Grabsteinen, vor allem, weil sie dekorativer als die arabischen Ziffern wirken. Häufig findet man sie an historischen Baudenkmälern oder in Museen, woher sie auch die meisten Schülerinnen und Schüler kennen werden.

Bei der Auseinandersetzung mit den römischen Zahlen erkennen die Schülerinnen und Schüler die Vorteile unseres Stellenwertsystems: geringerer Schreibaufwand, einfachere Rechenverfahren.
Ausgehend von den sieben Grundsymbolen der römischen Zahlen können die Schülerinnen und Schüler im Sinne des entdeckenden Lernens selbst herausfinden, welche Regeln z.B. bei der Bildung der Zahl 1986 (MCMLXXXVI) beachtet werden müssen. Dabei sollten folgende Regeln erkannt werden:
1. Es dürfen höchstens drei gleiche Zeichen nebeneinander stehen (nicht IIII, sondern IV).
2. Stehen gleiche Stufenzeichen nebeneinander, so wird addiert (XXX = 30; II = 2).
3. Steht ein kleineres Zeichen rechts neben einem größeren Zeichen, so wird addiert.
*   (VI = 5 + 1 = 6; LV = 50 + 5 = 55).*
4. Steht ein kleineres Zeichen links neben einem größeren Zeichen, so wird subtrahiert.
*   (IV = 5 – 1 = 4; CM = 1000 – 100 = 900).*
Sind diese Regeln bekannt, können die Kinder versuchen, die Zahlen 1 bis 10 in römischer Schreibweise zu notieren. Anschließend können die Aufgaben dieser Sonderseiten bearbeitet werden. Sind mehr Übungen notwendig, so können Alter, Geburtsjahre, Lieblingszahlen oder ähnliche Zahlen übersetzt werden.

Aufgaben

1
a) Domitian: 81 n.Chr. – 96 n.Chr.
   Nerva: 96 n.Chr. – 98 n.Chr.
   Trajan: 98 n.Chr. – 117 n.Chr.
   Hadrian: 117 n.Chr. – 138 n.Chr.
b) Domitian: 15 Jahre; Nerva: 2 Jahre;
   Trajan: 19 Jahre; Hadrian: 21 Jahre
Am längsten hat Hadrian regiert, am kürzesten Nerva.
Weitere Fragen könnten sein:
– Welche beiden Kaiser haben zusammen genauso lang regiert wie Hadrian? (Nerva und Trajan)
– Wie viele Jahre haben alle vier Kaiser zusammen regiert? (57 Jahre)

Weiteres Angebot   **Streichholzscherze**
Die folgenden Aufgaben fördern das Bewegliche Denken und sind schnell an der Tafel zu skizzieren.
Streichholzscherze
Wenn ein einziges Streichholz umgelegt wird, wird die falsche Rechnung richtig.

II + II = II   VIII – I = VIII

VI + I = V   V + X = X

III – V = II   XI + I = X

Die Rechnung bleibt richtig, auch wenn ein Streichholz umgelegt wird.

XV + I = XVI

Lösungen:

II + I = III	VII + I = VIII	XIV + I = XV
V + I = VI	V + V = X	
III = V – II	X + I = XI	

2 a) Die Gesamtlänge des Limes auf dem Gebiet der Bundesrepublik beträgt 550 km.

b)

Bundesland	Länge des Limes
Rheinland-Pfalz	LXXV km
Hessen	CLIII km
Bayern	CLVIII km
Baden-Württemberg	CLXIV km

3 Entlang des Limes standen ungefähr 900 Wachtürme, die so aufgebaut wurden, dass die beiden benachbarten Türme in Sichtweite lagen. Der Abstand von Wachturm zu Wachturm betrug zwischen 200 Meter bei unübersichtlichem Gelände und 1000 Meter bei übersichtlichem Gelände. Außerdem haben die Römer 120 Kastellanlagen mit je 20 und mehr Soldaten erbaut. Das längste gerade Stück des Limes bildet der 80 km lange schnurgerade Abschnitt von Walldürn nach Welzheim.

4 Nach I Woche hatten wir schon weit über die Hälfte des CCXLI km langen Weges geschafft. Wir sind nacheinander XII km, XVII km, XXI km, XXII km, XXVII km, XVIII km und heute XIII km gelaufen. Auf dem Weg haben wir bisher VII Wachtürme gezählt. Seit gestern wandern wir mit einer anderen Gruppe zusammen. Da sind V Kinder dabei. Mit Pia habe ich mich schon angefreundet.

5
– Mainhardt CDLX m ü. NN
– Entlang des Limes standen etwa CM Wachtürme und CXX Kastelle.
– Limeslänge
  obergermanisch: 382 km,
  rätisch: 166 km
– Rom 1600 km
– Limes Wanderweg Teil III, Strecke: X km, Dauer: CL min

Weiteres Angebot
Folgende Aufgaben können an die Tafel geschrieben werden und sind geeignet, das Schreiben und Lesen römischer Zahlen weiter zu üben:

1 Gib jeweils den Wert der römischen Zahlen an.
a) X; L; D; M; I; V; C
b) II; VI; XI; VII; XV; XX; XII
c) XIII; DL; MII; CCC; DLX
d) LXXV; DLXI; MDXX; DCCX

2 Schreibe mit römischen Zahlen.
a) 3; 5; 20; 100; 150; 130; 60
b) 51; 110; 200; 3000; 160; 1500; 2001
c) 89; 391; 99; 399; 999; 1999; 384

3 Welche römischen Zahlzeichen kommen vor (nach) den folgenden römischen Zahlzeichen?
XVII; XXII; LVI; LXX

4 Welche römischen Zahlen kannst du mit zwei Streichhölzern legen, welche mit drei?

5 Schreibe dein Geburtsjahr und drei weitere Geburtsjahre, z. B. die deiner Eltern, Geschwister, Freunde, … mit römischen Zahlzeichen.

Lösungen
1 a) 10; 50; 500; 1000; 1; 5; 100
b) 2; 6; 11; 7; 15; 20; 12
c) 13; 550; 1002; 300; 560
d) 75; 561; 1520; 710

2 a) III; V; XX; C; CL; CXXX; LX
b) LI; CX; CC; MMM; CLX; MD; MMI
c) LXXXIX; CCCXCI; IC; CCCIC; IM; MIM; CCCLXXXIV

3 XVI (XVIII); XXI (XXIII); LV (LVII); LXIX (LXXI)

4 Mit zwei Streichhölzern kann man legen:
II (2); V (5); X (10); L (50)
Mit drei Streichhölzern kann man legen:
III (3); IV (4); VI (6); IX (9); XI (11); IL (49); LI (51); C (100).

5 Individuelle Lösung

2 Der Limes verlief durch vier unserer heutigen Bundesländer.
- Rheinland-Pfalz: 75 km
- Hessen: 153 km
- Bayern: 158 km
- Baden-Württemberg: 164 km

a) Wie lang war der Limes auf dem Gebiet der Bundesrepublik insgesamt?
b) Schreibe die Namen der Bundesländer in eine Tabelle und trage die Länge des Limes innerhalb des Bundeslandes mit römischen Zahlzeichen ein.

3 Schreibe den Text ab und ersetze die römischen Zahlzeichen:
Entlang des Limes standen ungefähr **CM** Wachtürme, die so aufgebaut wurden, dass die beiden benachbarten Türme in Sichtweite lagen. Der Abstand von Wachturm zu Wachturm betrug zwischen **CC** Meter bei unübersichtlichem Gelände und **M** Meter bei übersichtlichem Gelände. Außerdem haben die Römer **CXX** Kastellanlagen mit je **XX** und mehr Soldaten erbaut. Das längste gerade Stück des Limes bildet der **LXXX** km lange schnurgerade Abschnitt von Walldürn nach Welzheim.

4 Entlang des Limes führt ein Wanderweg. Eine Familie wandert diesen Weg innerhalb von zwei Wochen. Übersetze die Zahlen aus dem Tagebuch der Tochter in römische Zahlen.

Nach einer Woche hatten wir schon weit über die Hälfte des 241 km langen Weges geschafft. Wir sind nacheinander 12 km, 17 km, 21 km, 22 km, 27 km, 18 km und heute 13 km gelaufen.
Auf dem Weg haben wir bisher 7 Wachtürme gezählt.
Seit gestern wandern wir mit einer anderen Gruppe zusammen. Da sind 5 Kinder dabei.
Mit Pia habe ich mich schon angefreundet.

5 Die Kinder haben ein Spiel erfunden. Immer, wenn sie auf römische Zahlen treffen, übersetzen sie diese in arabische Zahlen. Wenn sie arabische Zahlen entdecken, übersetzen sie diese in römische Zahlen.

Entlang des Limes standen etwa 900 Wachtürme und 120 Kastelle.

Mainhardt
460 m ü. NN

Limeslänge
obergermanisch: CCCLXXXII km
rätisch: CLXVI km

Limes Wanderweg Teil 3
Strecke: 10 km
Dauer: 150 min

ROM MDC km

4 Runden von Zahlen

Schulfest in Zahlen
1235 Besucher
312 Kuchen
445 Portionen
    Pommes frites
4765 € Einnahmen

Schulfest der Schlossschule ein voller Erfolg

Bei strahlendem Sonnenschein besuchten über 1000 Besucherinnen und Besucher die Stände der Klassen. Es wurden 300 Kuchen und 400 Portionen Pommes frites verkauft. Die Einnahmen beliefen sich auf 4800 Euro.

➜ Vergleiche die Zahlen auf dem Zettel mit denen in der Zeitung.
➜ Weshalb stimmen die Zahlen nicht überein?

Auch in der Schülerzeitung soll ein Artikel über das Schulfest erscheinen. Auf dem Zettel sind die Zahlen zum Verkauf der kalten Getränke aufgeführt.
➜ Schreibe einen kurzen Bericht zum Getränkeverkauf. Welche Zahlen gibst du an? Überlege, was die Leserinnen und Leser der Schülerzeitung wirklich interessiert.
➜ 👥 Vergleiche deinen Artikel mit dem deiner Nachbarin oder deines Nachbarn. Erklärt euch gegenseitig, wie ihr jeweils auf diese Zahlen gekommen seid.
➜ Der Verkauf von Kaffee wurde mit 500 Bechern angegeben. Wie viele Becher können es tatsächlich gewesen sein?

Kalte Getränke

317 Becher
    Apfelsaft-Schorle
193 Becher
    Sprudel
125 Becher
    Orangensaft

Für gerundete Zahlen wird das Zeichen ≈ (ungefähr, rund) verwendet.
Man liest:
„… ist ungefähr …"

Nicht immer ist es sinnvoll oder notwendig genaue Zahlen anzugeben, in vielen Fällen genügen **gerundete** Angaben. Solche Zahlen kann man schneller vergleichen und sich besser merken.

Rundungsstelle (Tausender) ——— Steht hier eine 5; 6; 7; 8; 9 dann wird **aufgerundet**.

37 589 ≈ 38 000 (aufgerundet)

Rundungsstelle (Tausender) ——— Steht hier eine 0; 1; 2; 3; 4 dann wird **abgerundet**.

37 489 ≈ 37 000 (abgerundet)

Weiter geht's
➜ Runde die Zahl 108. Wie würdest du runden? Zeige am Zahlenstrahl.

90   95   100   105   110   115   120

➜ Runde die Geldbeträge: 95 Cent; 115 Euro; 4765 Euro.
➜ Runde 748 auf Zehner, auf Hunderter und auf Tausender. Wie gehst du vor?

4 Runden von Zahlen

Genaue Zahlen zu kennen ist nicht immer sinnvoll, die genaue Einwohnerzahl von Berlin z.B. ändert sich mehrmals täglich. Oft genügt der grobe Überblick. Andere Zahlen muss man ganz genau kennen, da sonst wichtige Informationen verloren gehen, wie z.B. eine Telefonnummer. Die Schülerinnen und Schüler lernen die Rundungsregeln von Zahlen in verschiedenen Größenbereichen. Sie unterscheiden zwischen sinnvollem und nicht sinnvollem Runden und erkennen die Bedeutung des Rundens im Alltag: Das schnelle Zusammenzählen von Preisen dient der Kontrolle. Beim Rechnen hilft das Runden zum Abschätzen der Ergebnisse.

In den Bildungsstandards wird das ständige Runden und Überschlagen als wichtiges Prinzip gefordert, es muss von den Kindern geübt werden.

Einstieg

Das Foto eines Flohmarktes bietet genügend Gesprächsanlass. Einige Kinder werden selbst schon auf einem Flohmarkt verkauft oder mitgeholfen haben und können darüber berichten. Die Rundungsregeln als solche sind festgelegt. Inwieweit das Runden sinnvoll ist oder nicht und welche Vor- und Nachteile es haben kann, sollte entdeckend erarbeitet werden.

Impulse

→ Die unterschiedlichen Zahlen sollten an die Tafel geschrieben werden:

	tatsächlich	gerundet
Besucher/innen	1235	1000
Kuchen	312	300
Pommes frites	445	400
Einnahmen	4765	4800

→ Beim Vergleich der Zahlen fällt auf, dass die meisten Zahlen auf dem Zettel größer sind, als die im Gemeindeblatt. Alle Zahlen wurden auf Hunderter gerundet, nur die Besucherzahlen wurden auf Tausender abgerundet. Die Einnahmen hätten auch auf Tausender (5000 €) gerundet werden können. Es kann durchaus vorkommen, dass Zahlen bei Veröffentlichungen (z.B. Statistiken) entgegen den mathematischen Regeln gerundet werden, weil dies vorteilhafter für den Verfasser des Textes ist.

→ Der kurze Bericht könnte so aussehen:
Bei unserem Klassenfest wurden mehr als 300 Gläser Apfelsaftschorle, knapp 200 Gläser Sprudel und mehr als 100 Gläser Orangensaft verkauft.

→ Vielleicht wurden die Zahlen auf Zehner gerundet. Die Kinder diskutieren miteinander, warum sie wie gerundet haben.

→ Da nicht bekannt ist, ob 500 eine exakte oder eine gerundete Zahl ist, kann man hier nur vermuten. Wurde auf Zehner gerundet, so lag die ursprüngliche Zahl zwischen 495 und 504; auf Hunderter gerundet lag die Zahl zwischen 450 und 549.

! Merkkasten

Beim Runden ist es hilfreich zu wissen, dass die Zahlen rechts der Rundungsstelle nach dem Runden alle gleich 0 sind.

Übungen zum Runden können auch am Zahlenstrahl vorgenommen werden. Am Zahlenstrahl ist zu erkennen, welche Nachbarzehner oder -hunderter die Zahl hat und, welche Zehner- oder Hunderterzahl ihr am nächsten liegt. Daraus kann abgeleitet werden, dass bei den Zahlen 0 bis 4 ab- und bei den Zahlen 6 bis 9 aufgerundet wird. Für den Sonderfall der Zahl 5 wurde das Aufrunden festgelegt.

Die Kinder müssen zum „kräftigen Runden" angeregt werden, damit später Überschlagsrechnungen auch schnell lösbar sind.

(Z.B. sollten sie: $244\,830 : 5872$ nicht
auf $244\,800 : 5900$ runden, sondern
auf $240\,000 : 6000$).

Weiter geht's

→ Bei dem Auftrag „Runde die Zahl 108." ist nicht klar, auf welche Stelle man runden soll. Auf Zehner gerundet ergibt sich 110; auf Hunderter gerundet 100. Hat man mehrere Zahlen zum Runden, so ist es leichter, sich zu entscheiden.

→ 95 ct ≈ 1 €; 115 € ≈ 120 € und 4765 € ≈ 4800 € Rundet man alle Beträge auf Hunderter, so erhält man 0 €; 100 € und 4800 €.

→ Die Zahl 748 auf Zehner gerundet ergibt 750; auf Hunderter gerundet ergibt sie 700; auf Tausender gerundet 1000. Vorsicht, manche Kinder runden mit 750 weiter und erhalten dann 800 und 1000.

Aufgaben

1 a) Folgende Zahlen können nicht gerundet werden: Postleitzahl; Geburtsjahr; Autokennzeichen.
Folgende Zahlen können sinnvoll gerundet werden:
Entfernung zwischen Hannover und Düsseldorf; Einwohnerzahl von Mainz; Höhe des Berliner Fernsehturms.
b) z. B. Zeugnisnoten; Sportergebnisse; Telefonnummern; Temperaturangaben beim Fieberthermometer

2 a) Das Runden der Zuschauerzahlen auf 30 000 ist
sinnvoll.
b) Das Runden der Rahmennummer würde eine
Identifizierung unmöglich machen.
c) Das Runden würde zu einer falschen Telefonnummer führen.
d) Das Runden auf 600 Kinder und 50 Lehrerinnen
und Lehrer ist sinnvoll.
e) Das Runden auf 50 Teilnehmer und auf 3 500
Zuschauer ist sinnvoll.

3 a) Meike erzählt, dass sie am Wochenende eine
Strecke von fast 24 km gewandert ist.
b) Das Gewicht der Zuckertüte beträgt knapp 1 kg.
c) Je nachdem wie gerundet wurde, liegt der Geldbetrag zwischen 24,50 € und 25,50 €, wenn Wilfried
auf ganze Euro gerundet hat. Vielleicht weiß er aber
auch, dass er einen 20-Euro-Schein und einige Münzen in seinem Geldbeutel hat, dann hat er zwischen
20 € und 30 € im Geldbeutel.
d) Sicherlich wurde mit einer Stoppuhr gemessen,
sonst wäre eine so genaue Zeitangabe nicht möglich.
Ohne Stoppuhr wäre die Zeit mit 1 h 10 min oder mit
$1\frac{1}{4}$ h angegeben.
e) Die Preise wurden ganz grob überschlagen. Allerdings so grob, dass 15,00 € an der Kasse dann doch
nicht reichen:
Überschlägt man auf Euro, so erhält man für Milch
1,00 €, Kartoffeln 5,00 €, Brot 2,00 €, Kekse 3,00 €
und Mineralwasser 5,00 €, also zusammen 16,00 €.
Der genaue Betrag beläuft sich auf 15,43 €.

4

a) 80	1910	12 810
170	8380	36 450
910	1170	86 990
b) 1000	21 000	12 000
5000	77 000	244 000
8000	46 000	395 000
c) 4 000 000	1 000 000	50 000 000
7 000 000	1 000 000	346 000 000
6 000 000	2 000 000	5 000 000

5

a)	b)	c)
5 €	1 €	1 €
13 €	5 €	1 €
1 €	8 €	10 €
100 €	35 €	18 €

6

a)	b)
8 kg	50 kg
13 kg	30 kg

7 Die Waage kann Gewichte bis 5 kg wiegen. Daher
können nur solche Dinge zusammen gewogen werden, die weniger als 5 kg wiegen.
Z. B. 4 kg; 2,4 kg + 1,5 kg; 2,4 kg + 2 kg; 1,7 kg + 2 kg;
2,4 kg + 1,7 kg; 1,7 kg + 1,5 kg; 1,5 kg + 2 kg.
Egal, welche drei Gewichte man wählt, ihr Gewicht
beträgt zusammen immer mehr als 5 kg.

8 a) 1 € + 4 € + 3 € + 2 € = 10 €
b) 1 € + 3 € + 4 € + 2 € = 10 €
c) 1 € + 10 € + 11 € + 7 € = 29 €
d) 10,24 € – 10,00 € = 0,24 € Unterschied
10,60 € – 10,00 € = 0,60 € Unterschied
29,00 € – 28,04 € = 0,96 € Unterschied

9 Es waren mindestens 12 750 und höchstens
12 849 Besucherinnen und Besucher.

Randspalte
Oben: 4 Uhr, halb acht, etwa fünf vor 4 Uhr, etwa
zehn nach 10 Uhr.
Unten: Der Überschlag ergibt genau 10 €, man kann
also nicht sicher sein ob das Geld reicht.
Bei exakter Rechnung ergibt sich 9,80 €, das Geld
reicht also.

1 a) Ist hier das Runden sinnvoll?
- Die Postleitzahl deines Heimatortes
- Die Entfernung zwischen Hannover und Düsseldorf
- Dein Geburtsjahr
- Die Einwohnerzahl von Mainz
- Die Höhe des Berliner Fernsehturms
- Euer Autokennzeichen

b) Suche weitere Beispiele, bei denen Zahlen nicht gerundet werden dürfen.

2 Runde die folgenden Angaben, falls es sinnvoll ist.
a) Ein Konzert der Band „High Low" wurde von 28 542 Zuschauern besucht.
b) Die Rahmennummer des Fahrrades lautet 245 355.
c) Die Telefonnummer ist 50 07 88.
d) An der Schule sind 623 Kinder und 47 Lehrerinnen und Lehrer.
e) Der Mountainbike-Wettbewerb des Fahrradklubs „Schiefe Speiche" war mit 47 Teilnehmerinnen und Teilnehmern besetzt, außerdem verfolgten 3541 Zuschauerinnen und Zuschauer das Sportereignis.

3 Runden im Alltag.
a) Familie Ahrens ist am Wochenende 23 856 m gewandert. Was erzählt Meike in der Schule?
b) In einer Zuckertüte sind 992 Gramm. Gib das Gewicht sinnvoll gerundet an.
c) Wilfried sagt, er habe ungefähr 25 Euro im Geldbeutel. Wie viel Euro könnte er tatsächlich im Geldbeutel haben?
d) Fritz fragt seinen Freund, wie lange er mit dem Fahrrad bis zum Baggersee braucht. Sascha antwortet: „Letztes Mal bin ich 1 Stunde 12 Minuten und 37 Sekunden gefahren."
e) Herr Yildirim kauft ein:
Milch 1,29 €; Kartoffeln 4,78 €; Brot 1,78 €; Kekse 2,99 €; Mineralwasser 4,59 €.
Herr Yildirim ist sich sicher, dass 15 Euro reichen.

4 a) Runde auf Zehner.

81	1 909	12 811
169	8 378	36 449
905	1 165	86 987

b) Runde auf Tausender.

1224	21 356	12 499
4789	76 598	243 789
8458	45 812	394 884

c) Runde auf Millionen.

3 947 592	600 000	49 845 300
7 333 001	900 000	345 920 232
5 689 168	1 853 974	4 937 884

5 Runde auf ganze Euro.
4 € 65 ct ≈ 5 €

a) b) c)

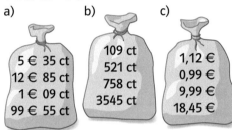

6 Runde auf ganze Kilogramm.
a) 8 kg 497 g   b) 50 kg 355 g
12 kg 699 g   29 kg 999 g

7 Was passt auf die Waage? Begründe.

8 Marc geht einkaufen. Damit er den Überblick behält, rundet er die Beträge und addiert sie im Kopf.
a) 0,99 € + 3,95 € + 2,95 € + 2,35 €
b) 1,45 € + 3,15 € + 3,90 € + 2,10 €
c) 0,55 € + 9,99 € + 10,85 € + 6,65 €
d) Vergleiche die Summe der gerundeten Beträge mit dem tatsächlichen Ergebnis.

9 Bei einem Konzert wurde die Besucherzahl auf Hunderter gerundet mit 12 800 angegeben. Wie viele Besucher waren es mindestens, wie viele höchstens?

Ihr Supermarkt
Am Neuen Marktplatz

Backwaren   2,55 €
Wurstwaren   2,65 €
Eier   1,45 €
Schokolade   0,90 €
Nährmittel   1,35 €
Vollmilch   0,90 €

3 + 3 + 1 + 1 + 1 + 1 = 10

Reicht das Geld?

Gib die Uhrzeit an. Wo kann man nicht genau ablesen?

Suche z.B. in deinem Atlas nach den höchsten Bergen in Deutschland. Wie lang sind die längsten Flüsse der Welt? Findest du genaue Angaben oder gerundete Werte?

10 a) Sortiere die Berge der Alpen nach ihren Höhen.

Berg	Höhe
Montblanc	4807 m
Zumsteinspitze	4563 m
Weisshorn	4505 m
Taeschhorn	4490 m
Signalkuppe	4556 m
Nordend	4609 m
Matterhorn (s. Bild)	4478 m
Liskamm	4527 m
Dom	4545 m

b) 🕮 Rundet die Höhen auf Hunderter. Was stellt ihr fest?

c) 🕮 Was passiert, wenn ihr erst rundet und dann der Größe nach sortiert?

11 Runde auf Zehner, Hunderter und Tausender. Sortiere der Höhe nach.

Die höchsten Berge der Welt	Höhe
Aconcagua (Südamerika)	6962 m
Kilimandscharo (Afrika)	5963 m
Montblanc (Europa)	4807 m
Mount Everest (Asien)	8850 m
Mt. Kosciusko (Australien)	2228 m
Mt. McKinley (Nordamerika)	6194 m
Vinsonmassiv (Antarktis)	4897 m

12 In einer Firma werden die Zeiten festgehalten, wann die Angestellten die Firma betreten und verlassen.
(8.03 steht für 8.03 Uhr usw.)
8.03; 8.05; 8.30; 8.39; 8.48; 8.59;
12.10; 12.10; 12.23; 12.30; 12.48; 12.50;
13.07; 13.15; 13.22; 13.22; 13.42; 13.50;
17.08; 17.11; 17.28; 17.39; 17.48; 18.00
a) Frau Müller sagt: „Ich bin um 8 Uhr gekommen." Wann kam sie genau?
b) Herr Lippert ging um Viertel vor sechs. Wie spät war es genau?
c) Gib die verschiedenen Uhrzeiten auf eine halbe (viertel) Stunde genau an.
d) Was erfährst du durch diese Zahlen noch über die Firma?

13 🕮 Bei der folgenden Zahl fehlen zwei Ziffern.

5 5 ▢ ▢ 5

Die Zahl auf Hunderter gerundet ergibt 55 500, die gleiche Zahl auf Tausender gerundet ergibt 56 000. Gib drei mögliche Zahlen an und vergleiche sie mit denen deines Partners.

Nobody is perfect!
Peter rundet: 145 ≈ 150
150 ≈ 200
Er behauptet:
„Also ist 145 ungefähr 200."
Wo liegt sein Fehler?

14 🕮 Welche Zahl kann ein Rundungsergebnis der Ausgangszahl sein? Erklärt euch gegenseitig, wie ihr jeweils gerundet habt, um auf die gewählte Zahl zu kommen.

a) 589 | 600 | 500 | 1000 | 590

b) 415 | 450 | 420 | 400 | 410

c) 345 | 340 | 350 | 300 | 400

d) 99 | 0 | 90 | 100

Randspalte

Die höchsten Berge Deutschlands (auf m gerundet) sind Zugspitze 2962 m ü. NN und Schneefernerkopf 2875 m ü. NN. Die längsten Flüsse der Erde (auf km gerundet) sind Amazonas (Südamerika) 6513 km und Nil (Afrika) 6324 km.

10

a)

Berg	Höhe (gerundet auf 100er)
Mont Blanc	4807 m ≈ 4800 m
Nordend	4609 m ≈ 4600 m
Zumsteinspitze	4563 m ≈ 4600 m
Signalkuppe	4556 m ≈ 4600 m
Dom	4545 m ≈ 4500 m
Liskamm	4527 m ≈ 4500 m
Weisshorn	4505 m ≈ 4500 m
Taeschhorn	4490 m ≈ 4500 m
Matterhorn	4478 m ≈ 4500 m

b) Beim Runden auf Hunderter stellt man fest, dass es nur drei unterschiedliche Höhenangaben gibt.

c) Eine Sortierung nach dem Runden auf Hunderter ist nicht möglich. Es muss auf Zehner gerundet werden, um noch einigermaßen sinnvoll sortieren zu können.

11 Die Berge nach gerundeten Höhen sortiert:

Berg	auf Zehner	auf Hunderter	auf Tausender
Mount Everest	8850 m	8900 m	9000 m
Aconcagua	6960 m	7000 m	7000 m
Mt. McKinley	6190 m	6200 m	6000 m
Kilimanscharo	5960 m	6000 m	6000 m
Vinsonmassiv	4900 m	4900 m	5000 m
Mont Blanc	4810 m	4800 m	5000 m
Mt. Kosciusko	2230 m	2200 m	2000 m

12 *Bei Uhrzeiten wird häufig auf viertel Stunden gerundet.*

a) Frau Müller kam um 8.03 Uhr oder um 8.05 Uhr.

b) Es war entweder 17.39 Uhr oder 17.48 Uhr.

c) Auf halbe Stunden gerundet:

8.00; 8.00; 8.30; 8.30; 9.00; 9.00
12.00; 12.00; 12.30; 12.30; 13.00; 13.00
13.00; 13.30; 13.30; 13.30; 13.30; 14.00
17.00; 17.00; 17.30; 17.30; 18.00; 18.00

Auf viertel Stunden gerundet:

8.00; 8.00; 8.30; 8.45; 8.45; 9.00
12.15; 12.15; 12.30; 12.30; 12.45; 12.45
13.00; 13.15; 13.15; 13.15; 13.45; 13.45
17.15; 17.15; 17.30; 17.45; 17.45; 18.00

d) Die Arbeitszeiten begannen zwischen 8.00 Uhr und 9.00 Uhr und endeten zwischen 17.00 Uhr und 18.00 Uhr.

Jeder Angestellte machte zwischen 12.00 Uhr und 14.00 Uhr eine Stunde Mittagspause.

Die durchschnittliche Arbeitszeit beträgt 8 Stunden.

Die Firma hat sechs Angestellte.

13 Es gibt genau zehn Lösungen. Man erhält sie, indem man in Zehnerschritten von 55 455 bis 55 545 zählt. *Gute Schülerinnen und Schüler erkennen, dass die erste Ziffer nur 4 oder 5 sein kann. Wenn die erste Ziffer 4 ist, kann die zweite nur eine Zahl von 5 bis 9 sein. Wenn die erste Ziffer 5 ist, kann die zweite nur eine Zahl von 0 bis 4 sein.*

i **Information**　　　　**Nobody is perfect!**

Peters Fehler war, dass er eine Zahl zweimal hintereinander gerundet hat. Beim Runden gehen Informationen über die Zahl verloren. Nicht nur das mehrfache Runden, sondern auch das Runden auf eine ungünstige Stelle führt zu verfälschten Ergebnissen. Werden die Berghöhen der Aufg. 10 auf Tausender gerundet, sind sie nicht mehr sinnvoll vergleichbar.

14 *In den Klammern steht, worauf nach den Rundungsregeln gerundet wurde.*

a) 600 (H); 1000 (T); 590 (Z)

b) 420 (Z); 400 (H)

c) 350 (Z); 300 (H)

d) 0 (T); 100 (H)

5 Ordnen und Darstellen von Zahlen

In dieser Lerneinheit lernen die Schülerinnen und Schüler Diagramme zu lesen, zu interpretieren und für selbst erhobene Daten die geeigneten Diagramme auszuwählen. Diese Daten erheben sie mithilfe von Strichlisten und übertragen sie in Tabellen. Um Anzahlen und Größen grafisch übersichtlich darstellen zu können, müssen diese vorher gerundet werden. Das Beherrschen des Rundens ist daher eine ebenso wichtige Voraussetzung für den Umgang mit Diagrammen, wie das Zeichnen eines Zahlenstrahls, mit dessen Hilfe die Rechts- und die Hochachse erstellt werden.

Einstieg

Seeadler sind vom Aussterben bedroht, das Bilddiagramm zu Beginn zeigt die positive Entwicklung der Seeadler in den letzten Jahren. Das Balkendiagramm zeigt wie alt manche Tierarten werden können. Der Text liefert weitere Informationen zu den Seeadlern.

Impulse

→ Im Unterrichtsgespräch werden alle den Darstellungen entnehmbaren Daten über Seeadler gesammelt. Neben den Informationen im Text, erfährt man aus den Schaubildern:
1915 gab es nur 20,
1980 gab es ungefähr 120 Seeadler und
1997 gab es bereits wieder 300 Seeadler.
Die Anzahl der Symbole im Bilddiagramm muss jeweils mit 20 multipliziert werden. Pro Seeadler ein Bild zu malen wäre zu aufwändig.
Das Balkendiagramm zeigt, dass Adler 80 Jahre alt werden können. Da die Zwischenwerte auf der Rechtsachse nicht eingetragen sind, müssen die Schülerinnen und Schüler erkennen, dass eine Einheit 10 ist.
Die Aufforderung, diese Daten im Heft aufzuschreiben, führt zu den ersten Herausforderungen, da die Kinder sich dabei für eine Form der Darstellung entscheiden müssen.

→ Den Schaubildern kann man die Daten auf einen Blick entnehmen, den Text muss man erst ganz genau lesen, um zu sehen, ob man alle Informationen gefunden hat. Die Informationen im Text sind vielfältiger Art, die in den Diagrammen beschreiben z.B. eine Anzahl zu verschiedenen Zeitpunkten, oder das Alter verschiedener Tiere.

! Merkkasten

Grafische Darstellungen von Zahlen- und Größenangaben sind aus dem Alltag kaum mehr wegzudenken. Erste Vorerfahrungen bringen die Kinder zwar aus der Grundschule mit, im Vordergrund steht nun aber das eigene Erstellen, Lesen und Interpretieren vorhandener Diagramme.
Bei der Darstellung eines eigenen Bild-, Säulen- oder Balkendiagrammes ist auf Vollständigkeit das heißt Überschrift, Beschriftung der Achsen, Pfeile an den Achsenenden und gleiche Abstände auf den Achsen zu achten. Außerdem ist auf die Übersichtlichkeit und Genauigkeit d.h. das Verwenden von Lineal, gespitztem Bleistift und Farbeneinsatz zu achten. Die Breite der Säulen oder Balken hat keine Bedeutung, sollte jedoch übersichlich sein.

Weiter geht's

→ Bei diesem Beispiel ist derselbe Sachverhalt mit einer Tabelle, einem Bilddiagramm und einem Säulendiagramm dargestellt. Jeder grafischen Darstellung muss eine entsprechende Sachinformation vorausgeschickt werden. Bei der eigenen Datenerhebung müssen die Kinder lernen, die Daten erst mittels einer Strichliste zu erheben, diese in eine Tabelle zu schreiben und auf dieser Grundlage ein geeignetes Diagramm zu erstellen. Hier kann man Vor- und Nachteile verschiedener Diagramme sammeln.

Weiteres Angebot   ⌂ Biologie
@ Die Kinder können nach bedrohten Tierarten wie Walen, Delfinen, aber auch dem Mauersegler (www.vogel-des-jahres.de) in der roten Liste oder im Internet suchen und Daten zu diesen Tieren sammeln.

5 Ordnen und Darstellen von Zahlen

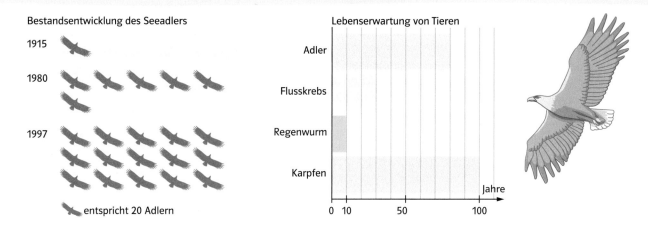

Bestandsentwicklung des Seeadlers

1915

1980

1997

entspricht 20 Adlern

Lebenserwartung von Tieren

Adler

Flusskrebs

Regenwurm

Karpfen

Jahre

0 10   50   100

Mithilfe intensiver Pflege und Beobachtung ist es gelungen, den Bestand an See-adlern in Deutschland wieder zu erhöhen. Der Seeadler hat eine Körperhöhe von 85 cm bis 95 cm und eine Spannweite von 200 cm bis 240 cm. Er baut seine Nester immer in der Nähe von Gewässern, da Wasservögel seine Hauptnahrung sind. Das Weibchen legt 1 bis 3 Eier und brütet diese 34 Tage bis 42 Tage lang aus.

→ Schreibe alle Informationen über Seeadler, die du hier finden kannst, in dein Heft.
→ Welche Vorteile haben die Schaubilder gegenüber dem Text? Begründe.

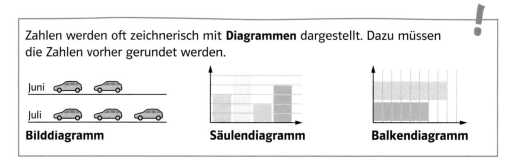

Zahlen werden oft zeichnerisch mit **Diagrammen** dargestellt. Dazu müssen die Zahlen vorher gerundet werden.

Juni

Juli

Bilddiagramm   **Säulendiagramm**   **Balkendiagramm**

Weiter geht's

→ Welche Darstellung findest du am besten? Begründe.

Anzahl der Eier pro Gelege	Bilddiagramm 0 entspricht 5 Eiern
Weinbergschnecke 60 Eier	0 0 0 0 0 0 0 0 0 0 0 0
Ringelnatter 25 Eier	0 0 0 0 0
Feuersalamander 75 Eier	0 0 0 0 0 0 0 0 0 0 0 0 0 0 0
Laubfrosch 80 Eier	0 0 0 0 0 0 0 0 0 0 0 0 0 0 0 0
Sumpfschildkröte 10 Eier	0 0

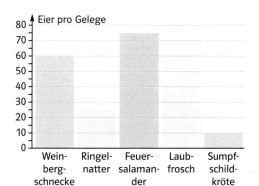

Säulendiagramm

*Diagramme werden auch **Schaubilder** genannt.*

1 a) Stelle die Anzahl der Jungen und Mädchen in deiner Klasse durch ein Bilddiagramm dar.

b) Die Bildzeichen zeigen die gerundeten Einwohnerzahlen einiger Städte in Deutschland. Ein Bildzeichen steht für 10 000 Einwohner. Schreibe die einzelnen Einwohnerzahlen auf.

Bielefeld: ♙♙♙♙♙ ♙♙♙♙♙ ♙♙♙♙♙ ♙♙♙♙♙ ♙♙♙♙♙ ♙♙♙♙♙ ♙♙♙

Bochum: ♙♙♙♙♙ ♙♙♙♙♙ ♙♙♙♙♙ ♙♙♙♙♙ ♙♙♙♙♙ ♙♙♙♙♙ ♙♙♙♙♙ ♙♙♙♙

Braunschweig: ♙♙♙♙♙ ♙♙♙♙♙ ♙♙♙♙♙ ♙♙♙♙♙ ♙♙♙♙♙

Mainz: ♙♙♙♙♙ ♙♙♙♙♙ ♙♙♙♙♙ ♙♙♙♙

Paderborn: ♙♙♙♙♙ ♙♙♙♙♙ ♙♙♙♙

c) Begründe, warum ein Bildzeichen für 10 000 Einwohner verwendet wurde. Welche Möglichkeiten gäbe es noch?

d) In Frankreich leben 59 190 000 Menschen, in der Schweiz 7 231 000, in Österreich 8 132 000, in Polen 38 641 000 und in Deutschland leben 82 333 000 Menschen. Erstelle ein Bilddiagramm.

2 a) In der Klasse 5 a wurde durch eine Befragung ermittelt, welche Haustiere die Kinder besitzen.

Katzen	Hunde	Vögel	Mäuse	Hamster	andere
12	9	3	3	3	2

Zeichne das begonnene Säulendiagramm ins Heft und zeichne es fertig.

b) In diesem Balkendiagramm haben die Kinder festgehalten, was sie gerne essen. Lies die Daten ab und sortiere.

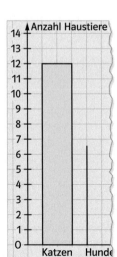

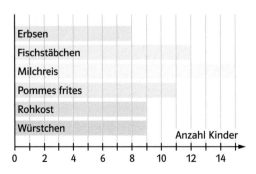

Tabellenkalkulation

Mit einem Tabellenkalkulationsprogramm kann man schnell verschiedene Diagramme erstellen.

Versuche einige Diagramme zu Aufgaben dieser Seite mit einem solchen Programm zu erstellen und vergleiche die unterschiedlichen Darstellungen. Entscheide jeweils, welche Darstellung am besten zu dem Sachverhalt passt.

3 Das Balkendiagramm zeigt die Lebenserwartung einiger Tiere.

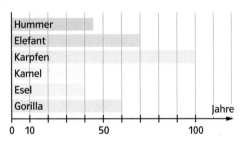

a) Ordne die Tiere nach ihrem Alter.

b) Zeichne ein Säulendiagramm für folgende Tiere. Nimm für 10 Jahre 1 cm.

Lebewesen	Alter
Uhu	65 Jahre
Regenwurm	10 Jahre
Krebs	30 Jahre
Krokodil	40 Jahre
Hering	2 Jahre
Mensch	80 Jahre

c) Zeichne ein Diagramm, in dem du diejenigen Tiere aus a) und b) darstellst, die im Wasser leben.

Aufgaben

1 a) Individuelle Lösungen

b) *Die Anzahl der Bildzeichen wird mit der Anzahl der Einwohner pro Bildzeichen – hier 10 000 – multipliziert.*

Stadt	Einwohnerzahl auf Tausender gerundet
Bielefeld	330 000
Bochum	390 000
Braunschweig	250 000
Mainz	190 000
Paderborn	140 000

c) Bei 1000 Einwohnern pro Bildzeichen müsste man über 1000 Männchen zeichnen. Bei 100 000 Einwohnern könnte man die Einwohnerzahlen der verschiedenen Städte kaum noch unterscheiden.

d) *Für dieses Bilddiagramm kann man entweder ein Bildzeichen für 10 000 000 Einwohner, oder ein Bildzeichen für 1 000 000 Einwohner wählen.*
Vor dem Zeichnen muss man die Zahlen entsprechend runden.

Ein 🚹 steht für 1 000 000 Einwohner.

Frankreich 🚹🚹🚹🚹🚹 🚹🚹🚹🚹🚹 🚹🚹🚹🚹🚹 🚹🚹🚹🚹🚹
🚹🚹🚹🚹🚹 🚹🚹🚹🚹🚹 🚹🚹🚹🚹🚹 🚹🚹🚹🚹🚹
🚹🚹🚹🚹🚹 🚹🚹🚹🚹🚹 🚹🚹🚹🚹🚹 🚹🚹🚹🚹

Schweiz	7 Bildzeichen
Österreich	8 Bildzeichen
Polen	39 Bildzeichen
Deutschland	82 Bildzeichen

2 a)

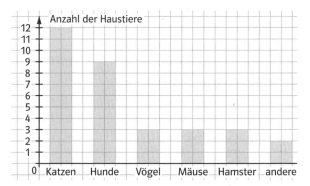

b) Milchreis 15,   Fischstäbchen 12,
Pommes Frites 11,   Rohkost 9,
Würstchen 9,   Erbsen 8

Tabellenkalkulation   Lesen

Die Informationstechnische Grundbildung soll in die verschiedenen Fachbereiche integriert werden. Wer sich mit Tabellenkalkulationsprogrammen wie Excel oder Works auskennt, kann die Daten der verschiedenen Aufgaben grafisch darstellen. Mithilfe der Tabellenkalkulation können die Kinder entdecken, wie die Aussagen von Diagrammen durch entsprechende Darstellungen manipuliert werden können. Diese Erfahrung bietet eine solide Grundlage für die kritische Betrachtung von Schaubildern.

3 a)

Tier	Lebenserwartung	Tier	Lebenserwartung
Karpfen	100 Jahre	Hummer	45 Jahre
Elefant	70 Jahre	Esel	40 Jahre
Gorilla	60 Jahre	Kamel	40 Jahre

b)

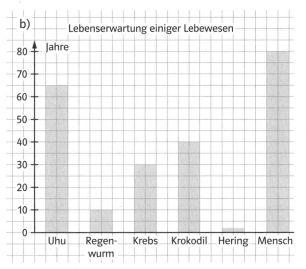

c) *Die Schwierigkeit besteht darin, aus zwei verschiedenen Diagrammen Daten zusammenzutragen.*

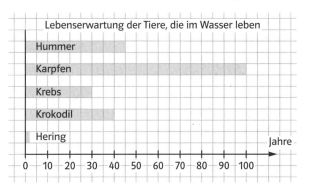

4 Nach der Höhe der Niederschläge sortiert:

Ort	Niederschlag pro Jahr
Genf	740 mm
Moskau	700 mm
Athen	520 mm
Madrid	500 mm
Stockholm	460 mm

5 a)

Sportart	Anzahl auf Zehner gerundet
Fußball	1660
Tennis	480
Handball	370
Tischtennis	100
Turnen	60
Reiten	20

b) Eine gute Einheit ist $\frac{1}{2}$ cm für 100 Menschen.

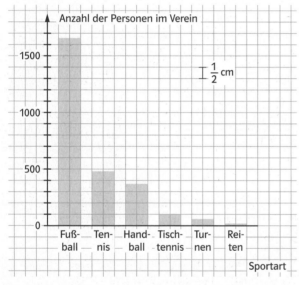

c) *Bei der Umfrage sollte mit Listen gearbeitet werden. Strichlisten sind aus der Grundschule bekannt. Die gesammelten Daten werden in eine Tabelle übertragen. Bei der Diagrammerstellung ist auf Beschriftung und richtige Skalierung der Achsen zu achten. Beim Bilddiagramm wird festgelegt, für wie viele Personen ein Symbol steht.*

Strichlisten sind ein wichtiges Instrument zur Datenerfassung und zum Zählen von Daten. Da die Anzahl der Striche angibt, wie häufig bestimmte Daten vorkommen, nennt man diese Form der Zahlenübersicht auch Häufigkeitstabelle. Diese Begriffe kommen im Rahmen der „Statistik" bis zum 10. Schuljahr immer wieder vor. Der Übertrag einer Strichliste in eine Tabelle, als Grundlage für das Erstellen eines Diagrammes, sollte mit den Schülerinnen und Schülern geübt werden.

6 a) und b)

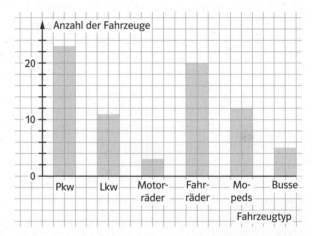

c) *Bei der Durchführung dieser Verkehrszählung in Gruppen sollte ein Zeitrahmen vorgegeben werden. Es kommt zu unterschiedlichen Ergebnissen. Wie lassen sich diese erklären? (Verschieden starkes Verkehrsaufkommen, ungenaues Zählen, Zeitrahmen über- oder unterschritten.) Die Schülerinnen und Schüler müssen unbedingt auf die notwendigen Verhaltensweisen hingewiesen werden.*

7 *Die Schülerinnen und Schüler können die Tabelle aus dem Buch übernehmen und ihre Wurfergebnisse mit Strichen eintragen. Nach 60-maligem Würfeln müssen die Striche gezählt und als Zahl notiert werden.*
a) *Individuelle Lösungen*
b) *Im Vergleich werden die Schülerinnen und Schüler feststellen, dass sich die Diagramme sehr ähneln.*
c) *Bei 60 Würfen sind die Würfe sehr gleichmäßig verteilt. Trägt man alle Würfe der Klasse in einer großen Tabelle an der Tafel zusammen, so sind die Häufigkeiten der Würfe in etwa gleich verteilt.*

4 Das folgende Säulendiagramm zeigt die Niederschlagshöhen von fünf Orten innerhalb eines Jahres.

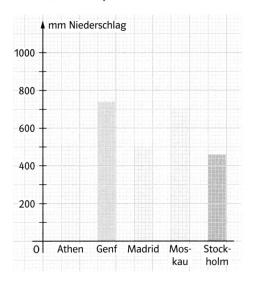

Lies die Niederschlagshöhe ab und ordne.

5 Eine Gemeinde führt eine Umfrage bei den örtlichen Sportvereinen durch. Sie erstellt eine Tabelle mit denjenigen Sportarten, die von den meisten Menschen in ihren Vereinen ausgeübt werden.

Sportart	Anzahl
Fußball	1655
Tennis	482
Handball	368
Tischtennis	98
Turnen	56
Reiten	18

a) Runde die Zahlen auf Zehner.
b) Erstelle ein Säulendiagramm: Wähle eine geschickte Einheit und zeichne dann ins Heft.
c) 👥 Macht eine Umfrage in eurer Klasse oder eurer Schule über die beliebtesten Sportarten. Erstellt aus den Zahlen, die ihr ermittelt habt, ein Diagramm. Begründet eure Wahl!

Strichlisten

Strichlisten verwendet man zum Zählen von Personen, Gegenständen oder Stimmen z. B. bei Wahlen.
Bei einer Klassensprecherwahl hat sich folgende Strichliste ergeben:

Name	Ali	Anna	Gabi	Marc
	卌 卌	卌 卌	卌	l
Stimmen	9	11	4	1

Anna hat die Wahl mit elf Stimmen gewonnen.

6 Bei einer Verkehrszählung vor der Schule hat die Klasse 5 eine halbe Stunde lang alle Fahrzeuge gezählt.

Fahrzeug	Anzahl
Pkw	卌 卌 卌 卌 lll
Lkw	卌 卌 l
Motorräder	lll
Fahrräder	卌 卌 卌 卌
Mopeds	卌 卌 ll
Busse	卌

a) Schreibe auf, was sie alles beobachtet haben.
b) Zeichne ein Säulendiagramm.
c) 👥 Beobachtet an einer Straße bei eurer Schule den Verkehr. Fertigt eine Liste und ein entsprechendes Diagramm an.

7 Würfle mit einem Spielwürfel 60-mal.
a) Übertrage die Tabelle ins Heft und notiere jeweils die gewürfelten Zahlen.

b) Zeichne dazu ein Diagramm.
c) 👥 Vergleicht eure Diagramme. Diskutiert euer Ergebnis.

Wir präsentieren unsere Klasse

1 🏛 Die Klasse 5b hat beschlossen eine Klassenzeitung mit 16 Seiten herauszugeben, damit sich die Kinder besser kennen lernen. In der Redaktionssitzung wird besprochen, was in der Ausgabe stehen soll.

Steckbriefe: Informationen über jede Mitschülerin und jeden Mitschüler

Rätsel und Knobelecke

Informationen über die neue Schule

Interview mit den Lehrerinnen und Lehrern

Ordnet die Ideen und erstellt ein Inhaltsverzeichnis. Überlegt euch weitere Themen.

2 a) Zwei Kinder der Klassen haben ihren Steckbrief schon fertig. Welche Fragen wurden gestellt?
b) Bring ein Foto mit und schreibe deinen eigenen Steckbrief.

Steckbrief von Isabell Hübner
16. Februar
Düsseldorf,
komme zu Fuß zur Schule,
Meerschweinchen
Joggen, Schwimmen, Lesen
Sport und Mathe
Marathonläuferin

Steckbrief von Philipp Stöckle
26.12.
Düsseldorf,
mit dem Fahrrad zur Schule,
–
Computer, Fernsehen, Gitarre
Mathe und Musik

3 Die Kinder haben ihre Daten in der Zeitung mit ganz unterschiedlichen Diagrammen dargestellt. Erkläre die Schaubilder.

a)

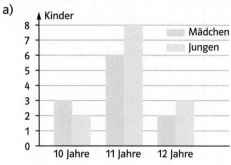

b)

c)

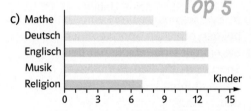

4 a) Auch die Hobbys der Schülerinnen und Schüler sollen in ein Diagramm eingetragen werden. Wähle ein geeignetes Diagramm und übertrage die Strichliste:

Hobbys
Fußball: ɪɪɪɪ ɪɪɪɪ ɪɪɪɪ
Joggen: ɪ
Lesen: ɪɪɪɪ ɪɪɪɪ
Schwimmen: ɪɪɪ
Computer: ɪɪɪɪ ɪɪɪ
Fernsehen: ɪɪɪɪ ɪɪɪ
Freunde treffen: ɪɪɪɪ ɪɪɪɪ ɪ

b) 🏛 Wo liegen eure Interessen?

Projekt: Wir präsentieren unsere Klasse

Aufgaben

1

Inhaltsverzeichnis	Seitenzahl
Umschlag	1
Das sind wir (Steckbriefe)	2, 3
Unsere neue Schule	4, 5
Interviews (mit Lehrern)	6, 7
Rätsel und Knobelecke	8

Mögliche weitere Themen sind Witze, Zeichnungen zu bestimmten Themen, selbst geschriebene Geschichten und Gedichte, Berichte über Ausflüge und Projekte.

2 a)
– Wie heißt du?
– Wann bist du geboren?
– Wo wohnst du?
– Wie kommst du jeden Morgen zur Schule?
– Hast du ein Haustier?
– Was sind deine Hobbys?
– Wie heißen deine Lieblingsfächer?
– Welchen Beruf willst du erlernen?

b) Dazu können die Fragen aus Teilaufgabe a) verwendet werden.

3 a) Das Säulendiagramm gibt an, wie alt alle Jungen und Mädchen der Klasse sind.
10 Jahre: 3 Mädchen, 2 Jungen
11 Jahre: 6 Mädchen, 8 Jungen
12 Jahre: 2 Mädchen, 3 Jungen
24 Kinder: 11 Mädchen, 13 Jungen
b) Das Bilddiagramm gibt an, wie die Kinder jeden Tag zur Schule kommen. 3 Kinder kommen mit dem Auto, 11 Kinder zu Fuß, 6 Kinder mit dem Bus und 4 Kinder mit dem Fahrrad. Die meisten Kinder kommen zu Fuß und die wenigsten mit dem Auto.
c) Das Balkendiagramm gibt die fünf beliebtesten Unterrichtsfächer der Kinder an. Wegen der Mehrfachnennungen ist die Summe der Striche deutlich höher als 24. Religion nennen 7; Musik 13; Englisch 13, Deutsch 11 und Mathematik 8 Kinder als ihre Lieblingsfächer.
Englisch und Musik sind die beliebtesten Fächer, Religion ist nicht so beliebt.

4 a) *Die Schülerinnen und Schüler sollten die Auswahl ihres Diagrammes begründen bzw. bei der Erstellung selbst überprüfen, ob ihr Diagramm ein richtiges, genaues und schnelles Ablesen ermöglicht.*

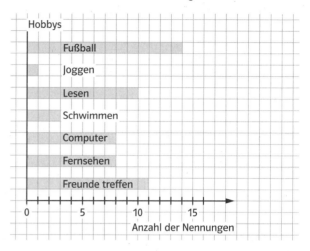

b) *Wenn die Kinder ihre eigene Klasse darstellen, sollte man darauf achten, dass die Zeitung nicht zu dick geplant wird, 16 Seiten reichen meist aus. Beim Darstellen durch Diagramme sind verschiedene Diagrammarten auszuwählen.*

Es bietet sich an den Computer einzusetzen. Dabei müssen die Kinder die Diagramme noch nicht direkt am Computer erstellen, sie sollten die selbstgezeichneten Diagramme einscannen oder einkleben und entsprechend illustrieren, sie mit Überschriften und Kommentaren versehen. Je nachdem welche Medien einer Schule zur Verfügung stehen, sollten die Kinder geeignete Formen der Präsentation ihrer erfassten Daten über die Klassenzeitung hinaus ausprobieren. Sie können Plakate zeichnen, über ihre Zeitung referieren oder ein Präsentationsprogramm ihres Computers verwenden.

@ Wer mit dem Internet vertraut ist, kann auch eine eigene Klassen-Homepage planen.

5 a)
Achmed: IIII
Daniel: IꞱꞱ II
Danja: I
Kerstin: I
Nicole: IꞱꞱ IIII
Tina: II

b)

Achmed	4
Daniel	7
Danja	1
Kerstin	1
Nicole	9
Tina	2

Nicole hat die Wahl mit neun Stimmen gewonnen. Daniel ist mit sieben Stimmen ihr Stellvertreter.

6 a)
4 Kinder kommen aus der Türkei;
2 Kinder kommen aus Italien;
1 Kind kommt aus Polen;
9 Kinder kommen aus Deutschland;
2 Kinder kommen aus Spanien;
1 Kind kommt aus Griechenland;
2 Kinder kommen aus Russland und
3 Kinder kommen aus Litauen.
b) Auch hier werden wieder Daten für eine eigene Zeitung gesammelt.

7 a) *Hier sind der Fantasie keine Grenzen gesetzt.*
– Sind Sie gerne Lehrer?
– Haben Sie ein Lieblingsfach?
– Wie alt sind Sie?
– In welcher Klasse unterrichten Sie besonders gerne?
– Was stört Sie an unserer Schule am meisten?
– Was finden Sie an unserer Schule besonders gut?
– Was würden Sie verändern, wenn Sie Rektor oder Rektorin wären?
– Was war Ihr bisher schönstes Erlebnis in der Schule?
– Was machen Sie in Ihrer Freizeit?
b) 1. Was machen Sie in den Sommerferien?
2. Was ist Ihre Lieblingsbeschäftigung in Ihrer Freizeit?
3. Was stört Sie an Ihren Schülerinnen und Schülern am meisten?

c) Individuelle Lösungen.
Hierfür könnten Fragen aus Anwort a) verwendet werden. Da ein Diagramm erstellt werden soll, müssen die Fragen so eingeengt werden, dass Mehrfachnennungen möglich sind (Lieblingsfarbe, Hobbys, Alter usw.), sonst machen zu viele verschiedene Antworten das Diagramm unübersichtlich oder gar überflüssig.

8 *Eine Klassenzeitung ist auch später für alle eine schöne Erinnerung.*

Weiteres Angebot
Sind in der Klasse sehr viele Schülerinnen und Schüler aus anderen Nationen, so kann man die ganze Zeitung auch unter das Motto „Andere Länder – andere Sitten" stellen.
Alle Schülerinnen und Schüler sind zwar mit unserem Schulsystem vertraut, doch in vielen Ländern ist das Schulsystem ganz anders. Dort gibt es Ganztagsschulen, die Kinder werden früher eingeschult, die Ferienregelung ist eine andere, die Klassen sind vielleicht viel größer oder viel kleiner, usw.
So kann man z.B. aus der Anzahl der Ferientage eine Tabelle erstellen, die folgendermaßen aussehen

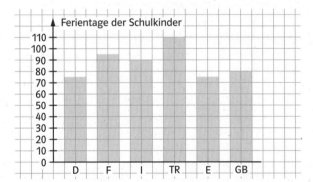

könnte.
Sind den Kindern diese Informationen nicht bekannt, so ist es schwer sie zusammenzutragen.
Man könnte auch fragen:
– Wo liegen die Länder?
– Wie viele Menschen leben dort?
– Welche Währung gilt in den Ländern?
– Wie heißen die Nationalgerichte?
– Welche Besonderheiten haben die Länder?

5 Die Zeitungsmacher überlegen, was in den ersten Wochen an der Schule schon passiert ist. Eines der größten Ereignisse war die Klassensprecherwahl. Kurz vor Ende der Auszählung ist es noch einmal richtig spannend geworden.

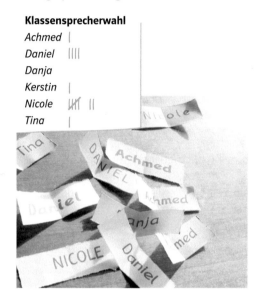

Klassensprecherwahl

Achmed |
Daniel ||||
Danja
Kerstin |
Nicole |||| ||
Tina |

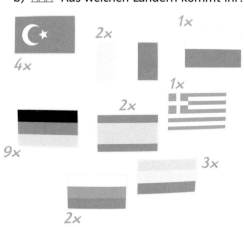

a) Einige Stimmzettel sind noch nicht ausgezählt. Vervollständige die Liste.
b) Wie ist die Wahl ausgegangen? Stelle die Ergebnisse in der Tabelle dar.

6 a) Die Kinder der Klasse 5 b kommen aus den unterschiedlichsten Ländern. Erkläre.
b) 😀😀😀 Aus welchen Ländern kommt ihr?

1. Wie heißen Sie?
2. Welche Fächer unterrichten Sie?
3. Wie lange sind Sie schon an unserer Schule?
4. ...
5. ...

7 a) Wie könnte das Interview mit der Lehrerin weitergehen?
b) Wie könnten die Fragen zu den Antworten der Lehrerin lauten?
1. Ich fahre im Sommer nach Spanien.
2. Am liebsten gehe ich mit meinem Hund spazieren.
3. Wenn Schüler sich gegenseitig Schimpfworte an den Kopf werfen.
c) 😀😀😀 Erstellt einen Fragebogen mit zehn Fragen und interviewt eure Lehrerinnen und Lehrer. Stellt die Ergebnisse in Diagrammen dar.

8 Auch ihr könnt eure Daten, die ihr auf diesen Seiten gesammelt habt, zu einer Klassenzeitung zusammentragen.

5b
Unsere Klassenzeitung

6 Brüche und Bruchteile

Die Klasse 5 b hat ein Klassenfest vorbereitet, bei dem es ein kaltes Büfett geben soll. Jeder hat etwas zu essen oder zu trinken mitgebracht. Damit man sich leicht bedienen kann, wurde alles in Stücke geschnitten.

→ Wie groß ist ein Stück Melone? Begründe.

→ Eine Flasche Saft wurde auf vier Gläser verteilt. Wie viel Saft ist in einem Glas?

Bei dem Fest gibt es die unterschiedlichsten Kuchen.

→ Die Torte und die Erdbeerkuchen sind unterschiedlich geschnitten. Was fällt dir auf?

→ Vor dem Fest war das Blech Streuselkuchen voll. In wie viele Stücke wurde der Kuchen zu Beginn geschnitten? Wie viel Kuchen fehlt schon?

→ Beschreibe, was du auf dem Bild noch entdeckst.

Teilt man ein Ganzes in 2; 3; 4; 5; ... gleich große Teile, so erhält man ein Halbes, ein Drittel, ein Viertel, ein Fünftel, ...

Bruch

Zähler —— 3
Bruchstrich —— $-$
Nenner —— 4

$\frac{1}{2}$ 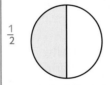 $\frac{1}{3}$  $\frac{1}{4}$ 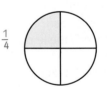 $\frac{1}{5}$

Weiter geht's:

→ Die Pizza wurde in fünf gleich große Teile geteilt.
Meike nimmt sich ein Stück, ihre Freundin Aishe isst zwei.
Erkläre, was die Brüche $\frac{1}{5}$ und $\frac{2}{5}$ bedeuten.

→ Gib an, welche Bruchteile gefärbt sind und welche Bruchteile weiß geblieben sind. Begründe.

→ Welche Bruchteile sind hier dargestellt. Was fällt dir auf?

6 Brüche und Bruchteile

In dieser Lerneinheit lernen die Schülerinnen und Schüler die Grundvorstellung von einem Bruch. Wird ein Ganzes in gleich große Stücke zerlegt, so entstehen Bruchteile, die man benennen kann. Die Kinder lernen, dass ein Bruch aus Zähler, Bruchstrich und Nenner besteht. Einfache Bruchdarstellungen werden geübt, sowie Brüche als Anteile von Größen verstanden. Der Schwerpunkt in dieser Einheit liegt auf den Stammbrüchen, also $\frac{1}{2}$; $\frac{1}{3}$; $\frac{1}{4}$; ... Im Sinne der neuen *Bildungsstandard*s ist es sinnvoll, die aus der Grundschule bekannten Brüche auch in diesem Band 5 zu verwenden. Mit Brüchen gerechnet wird allerdings erst ab Band 6.

Einstieg

Die Grafik bietet Anlass über Brüche und Anteile im Alltag zu reden. Alle Dinge auf dem Tisch wurden in gleich große Stücke zerlegt.
Im Unterricht bietet es sich an, ganz konkret ein Ganzes in gleich große Teile zu teilen. Dafür eignen sich Kuchen, Pizza oder Schokolade. Es gibt kleine Tafeln mit nur vier Stücken. Ein Stück Schokolade entspricht einem Viertel der Schokolade und wird $\frac{1}{4}$ geschrieben. Dabei „nennt" der Nenner 4 die Anzahl der Teile, aus denen das Ganze besteht und der Zähler 1 „zählt", wie viele Teile vom Ganzen gemeint sind.
In dieser Weise sollten weitere Brüche ($\frac{1}{2}$; $\frac{1}{3}$; aber auch $\frac{3}{4}$; usw.) konkret hergestellt und mittels Kärtchen benannt werden. Dabei sind im Sinne der Darstellungsvariationen verschiedene Modelle (Kreis, Rechteck, Quadrat usw.) zu wählen, um einseitige Vorstellungen eines Bruches als Kreismodell zu vermeiden.

Impulse

→ Die Melone ist in zwei gleich große Hälften zerlegt.
→ Eine Flasche Saft enthält einen Liter, also ist in jedem der vier Gläser $\frac{1}{4}$ l Saft enthalten.
→ Eine Torte besteht aus 12 gleichen Stücken, wenn man ein Stück davon nimmt, hat man $\frac{1}{12}$. Die beiden Erdbeerkuchen wurden in sechs Stücke geschnitten, das gibt insgesamt 12 Stücke. Trotzdem erhält man von einem Erdbeerkuchen $\frac{1}{6}$, wenn man sich ein Stück nimmt.

→ Das Blech mit dem Streuselkuchen hatte ursprünglich 12 Stücke, jetzt sind noch 9 Stücke übrig. Der Kuchen wurde in Zwölftel geschnitten, es fehlen $\frac{3}{12}$.
Alle Kuchen wurden so geschnitten, dass zwölf gleich große Stücke entstehen. Es entstanden $\frac{1}{12}$ und $\frac{1}{6}$. Dabei sehen die Stücke ganz verschieden aus.
→ Es gibt Flaschen mit unterschiedlichen Inhalten, drei halbe Baguettebrote. Von sechs Käseecken liegt eine, also $\frac{1}{6}$, neben dem Teller. Die Uhr im Hintergrund zeigt Viertel nach neun.

! Merkkasten

Im Merkkasten werden die häufigsten Stammbrüche dargestellt. Die Bezeichnung „-tel" kommt von (Bruch-)„Teil". Ein Viertel ist der vierte Teil eines Ganzen.
Da mit Brüchen unbedingt in erster Linie handlungsorientiert und anschaulich gearbeitet werden muss, sollten die Schülerinnen und Schüler die wichtigsten Brüche (Halbe, Drittel, Viertel, Fünftel, Sechstel, Achtel und Zehntel) selbst mit unterschiedlichen Farben, aus entsprechend unterteilten gleich großen Kreisen oder Rechtecken – möglichst foliert – herstellen.
Beim Herstellen von Drittel und Sechstel haben die Kinder erfahrungsgemäß Probleme, hier brauchen sie die Unterstützung des Lehrers oder der Lehrerin.

Weiter geht's

→ $\frac{1}{5}$ bedeutet eins von fünf Stücken Pizza, damit beschreibt man Meikes Anteil. $\frac{2}{5}$ bedeutet zwei von fünf Stücken Pizza, also Aishes Anteil.
→ Es sind drei von acht Teilen gefärbt, man spricht von $\frac{3}{8}$ des Kreises. $\frac{5}{8}$ sind weiß geblieben.
→ Um bestimmte Anteile nicht immer einer bestimmten Form zuzuordnen, wurden hier unterschiedliche Flächen in vier gleich große Teile eingeteilt. So kann $\frac{1}{4}$ je nach Form des Ganzen ganz unterschiedlich aussehen.

Aufgaben

1 *Die Schülerinnen und Schüler müssen wissen, dass sie die Größe eines Teiles in einem Bruch angeben sollen, also $\frac{1}{8}$ und nicht $\frac{7}{8}$.*
a) Es sind 4 Teile, ein Teil heißt $\frac{1}{4}$.
b) Es sind ebenfalls 4 Teile, ein Teil heißt $\frac{1}{4}$.
c) Es sind 9 Teile, ein Teil heißt $\frac{1}{9}$.

2 *Es ist wichtig, dass die Schülerinnen und Schüler zunächst beschreiben, aus wie vielen Teilen das Ganze besteht und welcher Anteil davon gefärbt ist.*

a) Das Ganze besteht aus 3 Teilen, $\frac{1}{3}$ ist gefärbt.

b) Das Ganze besteht aus 4 Teilen, $\frac{1}{4}$ ist gefärbt.

c) Das Ganze besteht aus 10 Teilen, $\frac{1}{10}$ ist gefärbt.

d) Das Ganze besteht aus 10 Teilen, $\frac{1}{10}$ ist gefärbt.

e) Das Ganze besteht aus 8 Teilen, $\frac{1}{8}$ ist gefärbt.

f) Das Ganze besteht aus 25 Teilen, $\frac{1}{25}$ ist gefärbt.

3 a) Der Streifen besteht aus 5 Teilen. Ein Bruchteil davon heißt $\frac{1}{5}$.
b) Der Streifen besteht aus 10 Teilen. Ein Bruchteil davon heißt $\frac{1}{10}$.
c) Der Streifen besteht aus 10 Teilen. Ein Bruchteil davon heißt $\frac{1}{10}$.
d) Der Streifen besteht aus 20 Teilen. Ein Bruchteil davon heißt $\frac{1}{20}$.
e) Der Streifen besteht aus 40 Teilen. Ein Bruchteil davon heißt $\frac{1}{40}$.
An den Teilaufgaben b) und c) können die Kinder erkennen, dass der Bruchteil $\frac{1}{10}$ einer Fläche unterschiedlich aussehen kann.

4
a) $\frac{1}{7}$ b) $\frac{1}{8}$ c) $\frac{1}{10}$

d) $\frac{1}{15}$ e) $\frac{2}{9}$ f) $\frac{1}{8}$

5

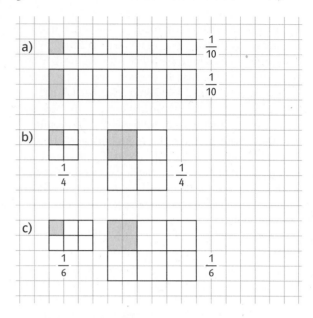

Hierbei erkennen die Schülerinnen und Schüler, dass der gleiche Bruchteil von unterschiedlichen Ganzen auch unterschiedlich aussieht.

i Information   Nobody is perfect!

Katias Fehler war, dass sie nur die Anzahl der Flächen gezählt hat, in die das Rechteck eingeteilt ist. Um den Bruchteil angeben zu können, muss man aber die Kästchen zählen. Das Rechteck besteht aus 60 Kästchen. Die gefärbte Fläche ist nicht 10, sondern nur 8 Kästchen groß und kann somit nicht $\frac{1}{6}$ des ganzen Rechtecks sein.

Werden die Kinder aufgefordert, das Rechteck in ihr Heft zu übertragen und $\frac{1}{6}$ der Fläche grün zu färben, so haben die Kinder Probleme, wenn sie ähnlich wie Katja einteilen. Die einfachste Einteilung in Sechstel ist rechts dargestellt.

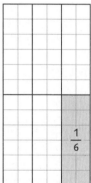

1 In wie viele Teile wurde das Ganze geteilt? Wie heißt ein solcher Teil?

Beispiel: 8 Teile und $\frac{1}{8}$

a)

b)

c)

2 Gib den gefärbten Anteil als Bruch an.

a)

b)

c)

d)

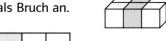

e)

f)

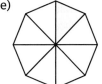

3 Der gleiche Streifen wurde unterschiedlich geteilt.
Notiere, in wie viele gleich große Teile die Fläche jeweils geteilt wurde und wie ein Bruchteil heißt.
Was fällt dir auf?

a)

b)

c)

d)

e)

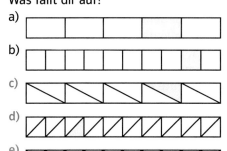

4 Gib die gefärbten Teile als Bruch an.

a)

b)

c)

d)

e)

f)

$\frac{1}{4}$ bedeutet:
1 Teil von 4 Teilen

5 Übertrage die Abbildung ins Heft und färbe den angegebenen Bruchteil.

a) $\frac{1}{10}$

$\frac{1}{10}$

b) $\frac{1}{4}$ $\frac{1}{4}$

c) $\frac{1}{6}$ $\frac{1}{6}$

Nobody is perfect!

Katia behauptet:
„Ich habe $\frac{1}{6}$ der Fläche grün angemalt."

Welchen Fehler hat sie gemacht?

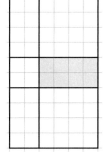

$\frac{2}{15}$ *bedeutet:*
2 Teile von 15 Teilen.

6 Stelle zuerst fest, in wie viele Teile geteilt wurde. Welcher Bruchteil ist gefärbt?

a)

b)
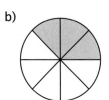

c)
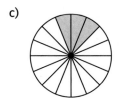

d)
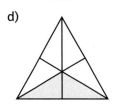

e)
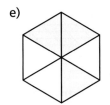

7 Welcher Bruchteil ist nicht gefärbt?

a)
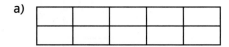

b)
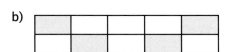

c)
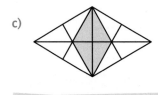

8 Gib die Anteile der gefärbten Flächen an der Gesamtfläche für jede Farbe einzeln an.

a) b)
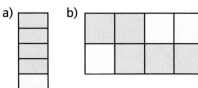

c) d)
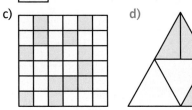

9 Zeichne jeweils einen Streifen mit einer Länge von 20 Kästchen. Stelle dann die folgenden Brüche dar.

Beispiel: $\frac{1}{10}$

a) $\frac{1}{2}$; $\frac{1}{4}$; $\frac{1}{5}$; $\frac{1}{20}$ b) $\frac{2}{4}$; $\frac{2}{5}$; $\frac{2}{20}$; $\frac{2}{10}$

10 Zeichne Streifen mit 20 Kästchen. Male die angegebenen Bruchteile mit zwei verschiedenen Farben jeweils in den gleichen Streifen.
Welcher Anteil bleibt weiß?

a) $\frac{1}{2}$ und $\frac{1}{4}$ b) $\frac{2}{5}$ und $\frac{3}{5}$

c) $\frac{7}{10}$ und den Rest. Wie heißt der Rest?

Papier falten

Basteln

Nimm einige Blätter Papier.
Durch Falten eines Blattes kannst du einige Brüche darstellen.

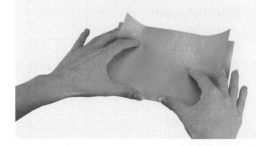

1. Falte ein Blatt Papier so zusammen und wieder auseinander, dass du zwei gleich große Teile erhältst. Beschrifte die Bruchteile des Blattes.
2. Nimm jedes Mal ein neues Blatt Papier und stelle die Brüche $\frac{1}{4}$; $\frac{1}{8}$ und $\frac{1}{16}$ dar. Beschrifte auch hier die Bruchteile auf dem Blatt.
3. Versuche auch den Bruch $\frac{1}{3}$ darzustellen.

6 a) Das Ganze ist in 10 Teile geteilt.
3 Teile sind gefärbt, also $\frac{3}{10}$.
b) Das Ganze ist in 8 Teile geteilt.
3 Teile sind gefärbt, also $\frac{3}{8}$.
c) Das Ganze ist in 16 Teile geteilt.
3 Teile sind gefärbt, also $\frac{3}{16}$.
d) Das Ganze ist in 6 Teile geteilt.
2 Teile sind gefärbt, also $\frac{2}{6}$.
e) Das Ganze ist in 6 Teile geteilt.
3 Teile sind gefärbt, also $\frac{3}{6}$.

7 *Hier überlesen viele Kinder das Wort „nicht".*
a) $\frac{8}{10}$ b) $\frac{6}{10}$ c) $\frac{8}{12}$

Papier falten   **Basteln**
Es sollte klar sein, dass sich der zu faltende Bruch auf das DIN-A4-Blatt als Ganzes bezieht. Um den Bruch $\frac{1}{2}$ darzustellen, wird ein DIN-A4-Blatt der Breite oder der Länge nach gefaltet und anschließend wieder auseinandergefaltet. Die Faltlinie teilt das Blatt in zwei Hälften, die jeweils mit $\frac{1}{2}$ beschriftet werden. Weist man die Kinder darauf hin, dass der Bruch $\frac{1}{2}$ unterschiedlich aussehen kann – man könnte auch über die Diagonale falten – so entstehen viele Varianten zu den Brüchen $\frac{1}{4}$; $\frac{1}{8}$ und $\frac{1}{16}$. Damit übersichtliche Ergebnisse entstehen, sollten die Brüche immer auf den Blättern beschriftet werden.

1 mal falten   2 mal falten

3 mal falten   4 mal falten

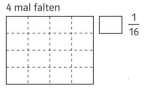

Mit dem Bruch $\frac{1}{3}$ tut sich jeder schwer, der noch nie einen DIN-A4-Brief für einen länglichen Umschlag falten musste.

oder 2 mal falten

8 a) grün $\frac{4}{5}$; gelb $\frac{1}{5}$

b) grün $\frac{5}{10}$; gelb $\frac{3}{10}$; blau $\frac{2}{10}$

c) grün $\frac{9}{36}$; gelb $\frac{23}{36}$; blau $\frac{4}{36}$

d) grün $\frac{1}{8}$; gelb $\frac{4}{8}$; blau $\frac{3}{8}$

9

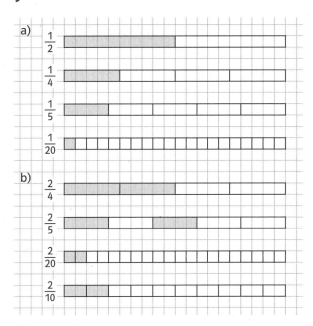

10

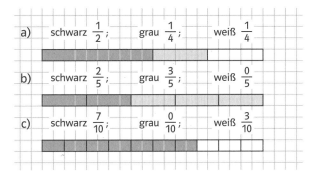

11 a) $\frac{1}{4}$; $\frac{2}{4}$ oder $\frac{1}{2}$; $\frac{3}{4}$

b) $\frac{1}{8}$; $\frac{4}{8}$ oder $\frac{1}{2}$; $\frac{5}{8}$; $\frac{7}{8}$

c) $\frac{2}{6}$ oder $\frac{1}{3}$; $\frac{3}{6}$ oder $\frac{1}{2}$; $\frac{5}{6}$

12

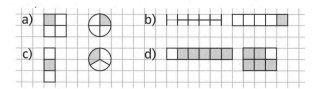

13 Die Uhrzeiten sollen in der Bruchschreibweise (viertel nach sieben oder $\frac{1}{4}$ nach sieben) angegeben werden.
a) (1) Viertel vor zwölf oder dreiviertel zwölf
(2) Viertel nach sieben ($\frac{1}{4}$ nach sieben);
(3) Halb zehn;
b) Eine viertel Stunde später ist es (1) zwölf Uhr; (2) halb acht (3) dreiviertel zehn oder viertel vor zehn. Eine halbe Stunde später ist es (1) viertel nach zwölf; (2) dreiviertel acht oder viertel vor acht (3) zehn Uhr.
c) Vor einer dreiviertel Stunde war es (1) elf Uhr; (2) halb sieben und (3) Viertel vor neun.

14 *Es können Probleme auftreten, die Summe der Flaschen und Toastbrotscheiben als Ganzes zu erkennen.*
a) Es sind sechs Flaschen und zwei sind markiert. Es sind 14 Scheiben und eine ist markiert.
b) $\frac{2}{6}$ der Flaschen und $\frac{1}{14}$ der Brotscheiben.
c) $\frac{4}{6}$ der Flaschen und $\frac{13}{14}$ der Brotscheiben.
d) Als Teil der kleinen Schachtel ist das Ei $\frac{1}{6}$ und als Teil der großen Schachtel $\frac{1}{10}$.

i **Information** **Bruchteile von Größen**

Im Infokasten wird der Maßzahlaspekt angesprochen. Schülerinnen und Schüler haben hier häufig Verständnisschwierigkeiten, da sie die Größe nicht als Ganzes erkennen, da diese zunächst in eine kleinere Maßeinheit umgewandelt und (bei Stammbrüchen) danach durch den Nenner geteilt wird.

Die fünf **Anwendungsaspekte der Bruchzahlen:**
a) Relationsaspekt: Beziehung zwischen zwei Größen derselben Art (Fleisch besteht zu $\frac{2}{3}$ aus Wasser)
b) Operatoraspekt: Multiplikative Rechenanweisung bei Größen ($\frac{2}{3}$ von $\frac{3}{8}$ l Sahne)

c) Skalenwertaspekt: Bezeichnung von Stellen auf einer Skala (Wasserstand $1\frac{1}{2}$ m)
d) Quotientenaspekt: Angabe von Quotienten aus natürlichen Zahlen bzw. Größen (Maßstab, Mischungsverhältnis)
e) Maßzahlaspekt: Bezeichnung von Größen ($\frac{1}{2}$ m, $\frac{3}{4}$ h usw.)
Die Kinder vermischen diese Aspekte häufig.

15
a) $\frac{1}{2}$ km = 1000 m : 2 = 500 m

$\frac{1}{4}$ km = 1000 m : 4 = 250 m

$\frac{1}{8}$ km = 1000 m : 8 = 125 m

$\frac{1}{10}$ km = 1000 m : 10 = 100 m

$\frac{1}{5}$ km = 1000 m : 5 = 200 m

b) $\frac{1}{5}$ m = 100 cm : 5 = 20 cm

$\frac{1}{50}$ m = 100 cm : 50 = 2 cm

$\frac{1}{2}$ m = 100 cm : 2 = 50 cm

$\frac{1}{4}$ m = 100 cm : 4 = 25 cm

$\frac{1}{10}$ m = 100 cm : 10 = 10 cm

c) $\frac{1}{2}$ kg = 1000 g : 2 = 500 g

$\frac{1}{20}$ kg = 1000 g : 20 = 50 g

$\frac{1}{4}$ kg = 1000 g : 4 = 250 g

$\frac{1}{5}$ kg = 1000 g : 5 = 200 g

$\frac{1}{100}$ kg = 1000 g : 100 = 10 g

16 a) 30 min; 15 min; 20 min; 10 min; 3 min; 6 min
b) 12 min; 4 min; 2 min; 1 min; 5 min

17 a) $\frac{1}{4}$ kg = 250 g   b) $\frac{1}{10}$ kg = 100 g

c) $\frac{1}{5}$ kg = 200 g   d) $\frac{3}{5}$ kg = 600 g

e) $\frac{5}{5}$ kg = 1000 g   f) $\frac{2}{4}$ kg = 500 g

18 Maria benötigt 500 g Mehl, 250 g Zucker, 100 g Haselnüsse und 60 g Speisestärke.
Zur Übung können die Kinder Rezepte von zu Hause mitbringen.

11 Auf welche Brüche zeigen die Pfeile?

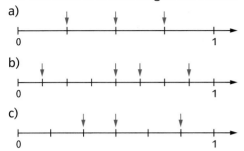

a)

b)

c)

12 Stelle auf verschiedene Arten dar.

a) $\frac{1}{4}$ b) $\frac{1}{5}$ c) $\frac{1}{3}$ d) $\frac{5}{6}$

13 Uhrzeiten werden häufig mit Brüchen angegeben.
a) Wie spät ist es auf den Uhren?

(1)   (2)   (3)

b) Wie spät ist es auf den Uhren eine viertel und eine halbe Stunde später?
c) Wie spät war es auf den Uhren vor einer dreiviertel Stunde?

14 a) Bestimme die Anzahl aller Teile und die der markierten Teile.
b) Wie heißt dieser Bruchteil?
c) Wie groß ist der Restanteil?

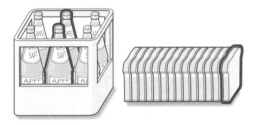

d) Gib das Ei als Bruchteil an. Begründe.

Bruchteile von Größen

Bruchteile von Größen berechnet man häufig, indem man zunächst in eine kleinere Maßeinheit umwandelt.
Um $\frac{1}{4}$ von 1 kg Sand zu berechnen, wandelt man erst um: 1 kg = 1000 g.
$\frac{1}{4}$ von 1000 g ist das Gleiche wie 1000 g : 4 = 250 g.
Ein Viertel von 1 kg Sand sind 250 g Sand.

*Der **Bruchstrich** und das **Divisionszeichen** bedeuten dasselbe.*
$\frac{1}{6} = 1 : 6$
$\frac{1}{2} = 1 : 2$

15 Schreibe in der angegebenen Einheit.
$\frac{1}{20}$ km = $\frac{1000}{20}$ m = 1000 m : 20 = 50 m

a) in m: $\frac{1}{2}$ km; $\frac{1}{4}$ km; $\frac{1}{8}$ km; $\frac{1}{10}$ km; $\frac{1}{5}$ km

b) in cm: $\frac{1}{5}$ m; $\frac{1}{50}$ m; $\frac{1}{2}$ m; $\frac{1}{4}$ m; $\frac{1}{10}$ m

c) in g: $\frac{1}{2}$ kg; $\frac{1}{20}$ kg; $\frac{1}{4}$ kg; $\frac{1}{5}$ kg; $\frac{1}{100}$ kg

16 Gib in Minuten an.
$\frac{1}{10}$ h = $\frac{60}{10}$ min = 60 min : 10 = 6 min

a) $\frac{1}{2}$ h; $\frac{1}{4}$ h; $\frac{1}{3}$ h; $\frac{1}{6}$ h; $\frac{1}{20}$ h; $\frac{1}{10}$ h

b) $\frac{1}{5}$ h; $\frac{1}{15}$ h; $\frac{1}{30}$ h; $\frac{1}{60}$ h; $\frac{1}{12}$ h

17 Schreibe die Gewichtsanteile ohne Brüche.

a) $\frac{1}{4}$ kg = ☐ g   b) $\frac{1}{10}$ kg = ☐ g

c) $\frac{1}{5}$ kg = ☐ g   d) $\frac{3}{5}$ kg = ☐ g

e) $\frac{5}{5}$ kg = ☐ g   f) $\frac{2}{4}$ kg = ☐ g

18

Maria will einen Kuchen backen.
Sie benötigt die Hälfte des Mehls, die Hälfte des Zuckers, ein Viertel der Haselnüsse und von der Speisestärke ein Zehntel.
Gib die einzelnen Zutaten in Gramm an.

Üben – Wiederholen

1 Bilde mit den Ziffern 3; 5 und 7 alle möglichen dreistelligen Zahlen. Jede Ziffer darf nur einmal vorkommen.

2 Welches ist die größtmögliche (kleinstmögliche) Zahl, die man mit den Ziffern 3; 4; 5; 6 bilden kann? Jede Ziffer darf nur einmal vorkommen.

3 Schreibe die Zahlen in eine Stellenwerttafel. Beginne mit der kleinsten Zahl.

a) 999	b) 1100	c) 78 787
989	1001	77 887
899	1110	77 788
889	1010	88 777
998	1101	87 877

4 Trage die folgenden Zahlen in eine Stellenwerttafel ein.

a)	5 722	b)	27 469
	12 387		622 911
	55 522		8 000 633
	135 973		88 435 372

5 Schreibe als Zahl.
a) zweitausendeinhundertfünfzehn
b) dreiunddreißigtausenddrei
c) zweihundertsechsundvierzigtausendfünfhundertdreiundsiebzig

6 Ordne die Zahlen zuerst in Dreierblöcke und zerlege sie dann in Mio., HT, ZT, T, H, Z, E.
5997725 = 5 997 725
5 Mio. + 9 HT + 9 ZT + 7 T + 7 H + 2 Z + 5 E

a)	58 302	b)	211 455
	22 356		873 800
	712 899		11 111 111
	436 719		24 242 424

7 Schreibe als Zahl.
a) 5 T + 9 H + 7 Z + 3 E
b) 2 HT + 7 ZT + 5 T + 1 H + 0 Z + 6 E
c) 9 HT + 1 ZT + 0 T + 0 H + 4 Z + 4 E
d) 6 HT + 4 ZT + 2 T + 5 H + 3 Z + 7 E
e) 5 Mio. + 4 HT + 6 ZT + 4 T + 7 H + 5 Z

8 Welche Ziffern ändern sich, wenn du die Zahlen um 10, um 100 und um 1000 erhöhst?
a) 23; 56; 112
b) 405; 5679; 99 990

9 Schreibe in dein Heft und setze für ⬤ das Zeichen < oder > ein.
a) 14 ⬤ 16   b) 31 ⬤ 13   c) 235 ⬤ 205
   27 ⬤ 31   52 ⬤ 25   350 ⬤ 503
   82 ⬤ 79   64 ⬤ 46   989 ⬤ 1001

10 Gib mindestens drei Zahlen an,
a) die zwischen 991 und 1002 liegen,
b) die zwischen 1879 und 1895 liegen,
c) die zwischen 52 086 und 52 101 liegen.

11 Schreibe alle natürlichen Zahlen auf,
a) die zwischen 4444 und 4451 liegen,
b) die zwischen 19 996 und 20 005 liegen.
c) die zwischen 3 007 864 345 und 3 007 864 354 liegen.

12 Ordne die folgenden Zahlen der Größe nach.
a) 14; 7; 48; 27; 8; 22; 35; 9; 19; 23
b) 626; 1026; 262; 1206; 662; 1260
c) 45 544; 54 455; 54 444; 54 454

13 Schreibe mit < oder >.
a) 127 ist kleiner als 129
b) 155 ist größer als 115
c) 250 liegt links von 520
d) 417 ist kleiner als 420
e) 989 kommt nach 899
f) 1111 liegt rechts von 111
g) 1230 ist kleiner als 1234

14 Übertrage in dein Heft und ergänze die fehlenden Zahlen des Zahlenstrahls.

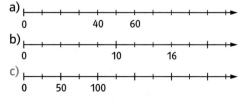

Üben – Wiederholen

1 357; 375; 537; 573; 735; 753

2 Größtmögliche Zahl: 6543,
kleinstmögliche Zahl: 3456

3 *Beginnend mit der kleinsten Zahl:*

a)	b)	c)
889	1001	77 788
899	1010	77 887
989	1100	78 787
998	1101	87 877
999	1110	88 777

4

	Million							
H	Z	E	HT	ZT	ET	H	Z	E
a)					5	7	2	2
				1	2	3	8	7
				5	5	5	2	2
			1	3	5	9	7	3
b)				2	7	4	6	9
			6	2	2	9	1	1
		8	0	0	0	6	3	3
	8	8	4	3	5	3	7	2

5 a) 2115 b) 33 003 c) 246 573

6
a) 58 302 = 5 ZT + 8 T + 3 H + 0 Z + 2 E;
   22 356 = 2 ZT + 2 T + 3 H + 5 Z + 6 E;
   712 899 = 7 HT + 1 ZT + 2 T + 8 H + 9 Z + 9 E;
   436 719 = 4 HT + 3 ZT + 6 T + 7 H + 1 Z + 9 E;
b) 211 455 = 2 HT + 1 ZT + 1 T + 4 H + 5 Z + 5 E;
   873 800 = 8 HT + 7 ZT + 3 T + 8 H + 0 Z + 0 E;
11 111 111 = 11 Mio. + 1 HT + 1 ZT + 1 T + 1 H + 1 Z + 1 E;
24 242 424 = 24 Mio. + 2 HT + 4 ZT + 2 T + 4 H + 2 Z + 4 E

7 a) 5973 b) 275 106
c) 910 044 d) 642 537
e) 5 464 750
Bei e) sind keine Einer angegeben.

8 a) + 10: 33; 66; 122
Es ändert sich die Zehnerstelle.
+ 100: 123; 156; 212
Es ändert sich die Hunderterstelle.
+ 1000: 1023; 1056; 1112
Es ändert sich die Tausenderstelle.
b) + 10: 415; 5689; 100 000; bei den ersten Zahlen ändert sich die Zehnerstelle, bei der letzten Zahl alle Stellen außer der Einerstelle.
+ 100: 505; 5779; 100 090; bei den beiden ersten Zahlen ändert sich nur die Hunderterstelle, bei der letzten Zahl alle außer den Einern und Zehnern.
+ 1000: 1405; 6679; 100 990; bei den beiden ersten Zahlen ändert sich die Tausenderstelle, bei der letzten Zahl alle Stellen links vom Hunderter.
Multipliziert man Zahlen mit 10 (100, 1000) so rücken alle Zahlen eine (zwei, drei) Stellen nach links.

9

a)	b)	c)
14 < 16	31 > 13	235 > 205
27 < 31	52 > 25	350 < 503
82 > 79	64 > 46	989 < 1001

10 a) Die Zahlen 992 bis 1001.
b) Die Zahlen 1880 bis 1894.
c) Die Zahlen 52 087 bis 52 100.

11 a) 4445 bis 4450 b) 19 997 bis 20 004
c) 3 007 864 346 bis 3 007 864 353

12 a) 7 < 8 < 9 < 14 < 19 < 22 < 23 < 27 < 35 < 48
b) 262 < 626 < 662 < 1026 < 1206 < 1260
c) 45 544 < 54 444 < 54 454 < 54 455

13
a) 127 < 129 b) 155 > 115 c) 250 < 520
d) 417 < 420 e) 989 > 899 f) 1111 > 111
g) 1230 < 1234

14

a)
```
├──┼──┼──┼──┼──┼──┼──┼──┼──┼──┼──►
0  10 20 30 40 50 60 70 80 90 100 110
```

b)
```
├──┼──┼──┼──┼──┼──┼──┼──┼──┼──┼──►
0  2  4  6  8  10 12 14 16 18 20 22
```

c)
```
├──┼──┼──┼──┼──┼──┼──┼──┼──┼──┼──►
0  25 50 75 100 125 150 175 200 225 250 275
```

15

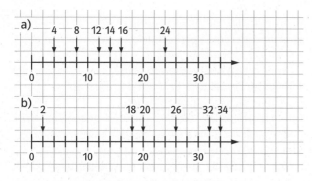

a)

b)

16 *Die Schülerinnen und Schüler bemerken oft nicht, dass es sich um unterschiedliche Zahlenstrahlen handelt.*
a) 7; 18; 37; 44; 53
b) 60; 190; 240; 370; 410; 560
c) 1400; 2900; 3200; 4900; 5900

17 a) Postleitzahlen dürfen nicht gerundet werden, weil die Post sonst in eine andere Stadt geschickt wird.
b) Die Höhe des Kölner Doms wird in der Regel auf Meter gerundet angegeben: 157 m.
c) Die Entfernung von Freiburg nach Köln beträgt gerundet etwa 430 km.
d) Das Runden der Telefonnummer 112 ist nicht sinnvoll. Auf Zehner gerundet, erhält man die Polizei, die die Nummer 110 hat.
e) Das Runden von Geburtstagen ist nicht sinnvoll, sonst wird am falschen Tag gratuliert.
f) Etwa 40 Millionen Besucherinnen und Besucher kamen 1992 zur Weltausstellung in Sevilla, die genaue Zahl könnte sich niemand merken.
g) Auch hier rundet man die Zahlen auf Tausender bzw. Hunderter, so nahmen an der Olympiade in Sydney 2000 etwa 11 000 Sportlerinnen und Sportler aus knapp 200 Ländern teil.
h) Weitere Beispiele für Zahlen, die nicht gerundet werden dürfen: Buchseite, Kontonummer, Zutaten beim Kochen, Bestellnummern von Artikeln.

18 *Bei dieser Aufgabe müssen die Kinder darauf achten, dass sie nicht mehrmals runden.*
a) 76 800   (77 000;   80 000);
     18 400   (18 000;   20 000);
33 240 000   (33 240 000;   33 240 000);
  6 734 400   (6 734 000;   6 730 000)

b)   532 300   (532 000;   530 000);
      8 420 000   (8 420 000;   8 420 000);
        212 300   (212 000;   210 000);
912 435 700   (912 436 000;   912 440 000)

19 a) 56 300 000 (sechsundfünfzig Millionen dreihunderttausend);
82 400 000 (zweiundachtzig Millionen vierhunderttausend);
270 000 000 (zweihundertsiebzig Millionen);
286 400 000 (zweihundertsechsundachtzig Millionen vierhunderttausend)
b) 100 000 (einhunderttausend);
100 000 (einhunderttausend);
352 000 000 (dreihundertzweiundfünfzig Millionen);
11 000 000 (elf Millionen)

20 a) *Da sich beim Runden auf Hunderter nur drei verschiedene Höhen ergeben, ist es sinnvoller, auf Zehner zu runden.*

b)

Berg	Höhe in Meter
Biberkopf	2600 m
Trettachspitze	2600 m
Hochvogel	2590 m*
Schafalpenköpfe	2320 m
Großer Daumen	2280 m
Schneck	2270 m
Höfats	2260 m
Hoher Ifen	2230 m

21 a) Es sind 13 Mädchen in der Klasse.
b) 9 der Schülerinnen und Schüler sind Auswärtige.
c) Die Klasse hat insgesamt 26 Schüler.
d) Mögliche Fragen könnten sein: Gibt es mehr Jungen oder Mädchen in der Klasse (jeweils 13)?
Wie viele Kinder sind ortsansässig (17)?
Wie viele Mädchen (7) und wie viel Jungen (10) sind ortsansässig?
Wie viele Mädchen (6) und wie viele Jungen (3) sind auswärtig?

22 a) Zwergkaninchen: 27; Meerschweinchen: 20; Wellensittich: 28
b) Es wurden 75 Tiere verkauft.
c) Ein Säulen- oder Balkendiagramm hat gegenüber der Strichliste den Vorteil, dass man ohne nachzuzählen auf einen Blick sieht, welche Säule oder welcher Balken der längste ist.

15 Vervollständige den Ausschnitt des Zahlenstrahls in deinem Heft und markiere die angegebenen Zahlen.

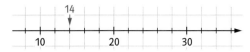

a) 8; 16; 12; 24; 4
b) 2; 6; 26; 18; 20; 22

16 Notiere die Zahlen, auf die die Pfeile zeigen.

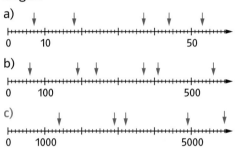

17 Bei welchen Zahlenangaben darf man nicht runden?
a) Postleitzahl von Dortmund
b) Höhe des Kölner Doms
c) Entfernung zwischen Freiburg und Köln
d) Telefonnummer der Feuerwehr
e) Geburtstag deiner Mutter
f) Besucherzahl der Weltausstellung
g) Zahl der Teilnehmer bei der Olympiade
h) Suche selbst weitere Beispiele, bei denen man nicht runden darf.

18 Runde folgende Zahlen auf Hunderter (Tausender, Zehntausender).

a)	b)
76 843	532 325
18 412	8 420 000
33 240 037	212 318
6 734 425	912 435 677

19 Runde die Zahlen auf Hunderttausender und schreibe sie dann in Worten.

a)	b)
56 300 567	54 712
82 407 512	100 111
270 004 560	351 988 004
286 400 303	11 048 320

20 Diese Berge liegen in den Alpen am Südrand Deutschlands.

Berg	Höhe
Biberkopf	2599 m
Großer Daumen	2280 m
Hochvogel	2592 m
Höfats	2258 m
Hoher Ifen	2232 m
Schneck	2268 m
Schafalpenköpfe	2320 m
Trettachspitze	2595 m

a) Wie kann sinnvoll gerundet werden?
b) Ordne die Berge dann nach ihren gerundeten Höhen.

21 Eine Klassenlehrerin hat in ihrer Klasse eine Umfrage gemacht:

	auswärtig	ortsansässig
Mädchen	卌 I	卌 II
Jungen	III	卌 卌

a) Wie viele Mädchen hat die Klasse?
b) Wie viele Kinder sind Auswärtige?
c) Wie viele Kinder hat die Klasse?
d) 👥 Überlege dir selbst eine Frage und lasse sie von deiner Nachbarin oder deinem Nachbarn beantworten.

22 Ein Zoogeschäft hat einen Monat lang die Anzahl der verkauften Tiere aufgeschrieben.

Tierart	Menge
Zwergkaninchen	卌 卌 卌 卌 卌 II
Meerschweinchen	卌 卌 卌 卌
Wellensittich	卌 卌 卌 卌 卌 III

a) Übertrage die Tabelle in dein Heft und gib die Anzahl der Tiere an.
b) Wie viele Tiere wurden insgesamt verkauft?
c) Zeichne ein Diagramm. Welchen Vorteil bietet das Diagramm gegenüber der Strichliste?

23 Klaus macht Obstsalat. Für ihn gehören neben verschiedenen Obstsorten auch Walnüsse zu einem guten Obstsalat. Die Tabelle zeigt dir die Ernteerträge von vier Obstsorten in Deutschland.

Sorte	Ertrag in Tonnen	Ertrag in zehntausend Tonnen
Birnen	46 800	
Süßkirschen	21 400	
Sauerkirschen	24 500	
Pflaumen	35 300	

a) 👥 Übertragt die Tabelle ins Heft. Besprecht, wie ihr auf die Zahlenwerte für die dritte Spalte kommt.
b) Zeichne ein Bilddiagramm. Ist es besser, die Zahlen der zweiten oder der dritten Spalte zu verwenden? Begründe.

24 @ Fülle die Tabelle aus und trage die Daten in ein geeignetes Diagramm ein. Recherchiere die fehlenden Daten.

Land	Einwohnerzahl
Belgien	10 200 000
Dänemark	5 300 000
Deutschland	
Frankreich	60 400 000
Griechenland	10 500 000
Großbritannien	
Italien	57 600 000
Niederlande	15 800 000
Spanien	

25 Laura hat die Pizza zerteilt und nimmt sich zwei Stücke. Gib ihren Anteil als Bruch an. Wie viel bleibt übrig?

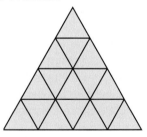

26 In wie viele Teile wurde zerlegt? Gib den farbigen Anteil als Bruch an.

a)

b)

c)

d)

e)

27 Aus wie vielen kleinen Dreiecken besteht die Hälfte (ein Viertel, ein Achtel, ein Sechzehntel) des abgebildeten großen Dreiecks?

28 Schreibe ohne Brüche.

a) $\frac{1}{4}$ m = ☐ cm

b) $\frac{1}{10}$ kg

c) $\frac{1}{5}$ €

d) $\frac{10}{10}$ h

29 Zeichne ein Rechteck in dein Heft, das 8 Kästchen lang und 6 Kästchen breit ist.
a) Stelle die Brüche $\frac{1}{2}$; $\frac{1}{4}$ und $\frac{1}{8}$ nebeneinander dar und färbe sie.
b) Wie viele Kästchen bleiben noch frei?
c) Wie groß ist der Anteil der nicht gefärbten Kästchen?

Die Lösungen findest du auf Seite 165.

23

a)

Sorte	Ertrag in Tonnen	gerundeter Ertrag in zehntausend Tonnen
Birnen	46 800 t	50
Süßkirschen	21 400 t	20
Sauerkirschen	24 500 t	20
Pflaumen	35 300 t	40

b)

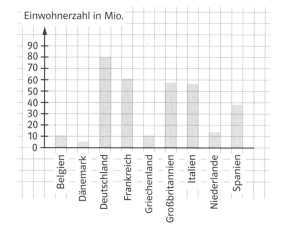

Birnen 50 000 t

Süßkirschen 20 000 t

Sauerkirschen 20 000 t

Pflaumen 40 000 t

Ein Symbol entspricht 10 000 Tonnen.
Würde man beim Bilddiagramm die Zahlen der mittleren Spalte und ein Symbol für 100 Tonnen Ertrag verwenden, so müsste man
468 + 214 + 245 + 353 = 1280 Früchte malen, also sind die Zahlen der dritten Spalte geeigneter.

24

Deutschland 82 000 000,
Großbritannien 58 600 000,
Spanien 39 400 000
(Stand 2005)

Einwohnerzahl in Mio.

(Balkendiagramm mit Werten für Belgien, Dänemark, Deutschland, Frankreich, Griechenland, Großbritannien, Italien, Niederlande, Spanien; Skala von 0 bis 90)

25 Die Pizza hat fünf Teile, davon nimmt sich Laura zwei, also ist der Anteil $\frac{2}{5}$. Es bleiben drei Teile von fünf übrig, das sind $\frac{3}{5}$ der Pizza.

26

a) Es sind 20 Teile; $\frac{1}{20}$ ist gefärbt.

b) Es sind 20 Teile; $\frac{4}{20}$ sind gefärbt.

c) Es sind 20 Teile; $\frac{2}{20}$ sind gefärbt.

d) Es sind 12 Teile; $\frac{1}{12}$ ist gefärbt.

e) Es sind 12 Teile; $\frac{4}{12}$ sind gefärbt.

27 Das große Dreieck besteht aus 16 kleinen Dreiecken. Daher entspricht die Hälfte der Fläche des großen Dreiecks acht Dreiecken, ein Viertel entspricht vier Dreiecken, ein Achtel entspricht zwei Dreiecken, ein Sechzehntel entspricht einem Dreieck.
Manche Kinder haben Probleme damit, dass die beiden Hälften des Dreiecks unterschiedlich aussehen.

28 *Bei dieser Aufgabe werden die Maßeinheiten zunächst in kleinere Maßeinheiten umgewandelt.*

a) 1 m = 100 cm; daher ist $\frac{1}{4}$ m = 100 cm : 4 = 25 cm

b) 1 kg = 1000 g; $\frac{1}{10}$ kg = 1000 g : 10 = 100 g

c) 1 € = 100 ct; $\frac{1}{5}$ € = 100 ct : 5 = 20 ct

d) $\frac{10}{10}$ = 1; daher heißt das Ergebnis 1 h.

29 a)

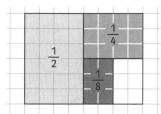

b) Es bleiben noch sechs Kästchen frei.

c) $\frac{1}{8}$

Aufgabenvorschläge für Klassenarbeiten zu Kapitel 1

1 Lies die markierten Zahlen ab.

a)
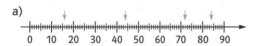

b)

c)

2 Setze die Zahlenfolgen um drei weitere Zahlen fort und stelle eine Regel auf.
a) 5; 7; 11; 17; …
b) 15; 16; 18; 21; …
c) 25; 26; 29; 30; 33; …
d) 500; 490; 470; 440; …

3 a) Schreibe die kleinste fünfstellige Zahl auf.
b) Schreibe die größte siebenstellige Zahl auf.
c) Bilde mit den Zahlenkärtchen alle möglichen dreistelligen Zahlen und sortiere sie nach der Größe.

4 a) Schreibe mit Ziffern.
sechzig Millionen; dreiundzwanzig Milliarden; sechshundertzweiundzwanzig Milliarden siebenhundertzehn Millionen.
b) Schreibe in Worten.
500 066; 20 000 000 011; 13 013 013

5 a) Nenne drei Beispiele, bei denen Zahlen sinnvoll gerundet werden.
b) Nenne drei Beispiele, bei denen das Runden von Zahlen nicht sinnvoll ist.

6 An einem Spieltag der Fußballbundesliga gaben die Vereine folgende Zuschauerzahlen bekannt.
Bochum 12 567   Köln 23 782
München 43 610   Stuttgart 44 309
Kaiserslautern 15 632   Leverkusen 12 530
Nürnberg 33 561   Hamburg 29 695
a) Erstelle eine Tabelle mit den auf Hunderter und auf Tausender gerundeten Zahlen.
b) Erstelle mit den gerundeten Zahlen ein Diagramm.

7 Wie viele Kästchen des Rechtecks musst du färben um $\frac{1}{2}$; $\frac{1}{3}$; $\frac{1}{4}$; $\frac{1}{6}$; $\frac{1}{8}$; $\frac{1}{12}$ und $\frac{1}{24}$ darzustellen?

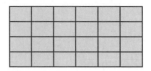

Lösungen

1 a) 16; 44; 72; 84   b) 167; 185; 209; 236
c) 250; 375; 525

2 a) 25; 35; 47. Die Regel lautet +2; +4; +6; +8; …
b) 25; 30; 36. Die Regel ist +1; +2; +3; +4; +5, …
c) 34; 37; 38. Die Regel ist + 1; +3; +1; +3; +1, …
d) 400; 350; 290. Die Regel lautet −10; −20; −30; …

3 a) 10 000   b) 9 999 999
c) 369 < 396 < 639 < 693 < 936 < 963

4 a) 60 000 000; 23 000 000 000; 622 710 000 000
b) fünfhunderttausendsechsundsechzig; zwanzig Milliarden elf; dreizehn Millionen dreizehntausenddreizehn

5 a) Besucherzahlen, Lottogewinn, Einnahmen
b) Telefonnummer, Kontonummer, Geburtstag

6 a)

Fußball-verein	auf Hunderter gerundet	auf Tausender gerundet
Leverkusen	12 500	13 000
Bochum	12 600	13 000
Kaiserslautern	15 600	16 000
Köln	23 800	24 000
Hamburg	29 700	30 000
Nürnberg	33 600	34 000
München	43 600	44 000
Stuttgart	44 300	44 000

b) Bild- und Säulendiagramme mit auf Tausender gerundeten Zahlen sind geeignet.

7 Es müssen 12; 8; 6; 4; 3; 2; 1 Kästchen gefärbt werden.

Test

Leicht
Jede Aufgabe: 2 Punkte

1 Welche Zahlen sind markiert?
a)

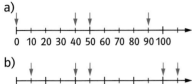

b)

2 Schreibe mit Ziffern und runde auf Hunderter.
a) neunhundertsechzig
b) sechzehntausenddreihunderteinundfünfzig

3 Das Balkendiagramm zeigt das mittlere Lebensalter von vier Tierarten.

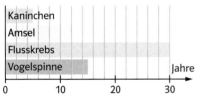

a) Was kannst du aus dem Diagramm ablesen? Formuliere Sätze.
b) Ordne die Tierarten nach ihrem mittleren Alter.

4 Welcher Bruchteil ist gefärbt?
a)

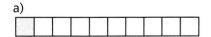

b)

Mittel
Jede Aufgabe: 3 Punkte

1 Welche Zahlen sind auf dem Ausschnitt des Zahlenstrahls markiert?
a)

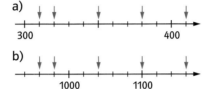

b)

2 Schreibe mit Zahlwörtern und runde auf Tausender.
a) 44 688
b) 556 823

3 Bei der Wahl zum Klassensprecher ergab sich folgende Stimmverteilung:

Schüler/in	Stimmen	Anzahl
Julia	卌	
Mirko	I	
Carmen	卌 II	
Gino	IIII	
Thomas	卌 III	

a) Ergänze die Tabelle in deinem Heft.
b) Zeichne ein Säulendiagramm.

4 Welcher Bruchteil ist nicht gefärbt?
a)

b)

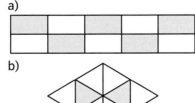

Schwierig
Jede Aufgabe: 4 Punkte

1 a) Zeichne einen Zahlenstrahl, auf dem du die Zahlen 25; 125; 75 und 150 eintragen kannst.
b) Findest du noch eine zweite Einteilungsmöglichkeit? Zeichne.

2 Schreibe die größte Zahl in Ziffern und Worten auf, die auf Hunderttausend aufgerundet folgende Zahlen ergibt:
a) 100 000
b) 1 000 000

3 Susi macht eine Umfrage in der Klasse über die Längen der Schulwege. Sie schreibt die Zahlen in km auf:
5; 3; 3; 1; 5; 4; 4; 1; 2; 2; 5; 5; 3; 1; 1; 3; 4; 5; 2; 2.
a) Lege eine Strichliste in deinem Heft an:

km	1	2	3	4	5
Anzahl					

b) Zeichne ein Balkendiagramm.
c) Wie viele Schüler haben einen Schulweg von mindestens 4 km?

4 Zeichne zwei Streifen in dein Heft, jeweils acht Kästchen lang und zwei Kästchen breit.
a) Teile einen Streifen in vier Teile ein und färbe einen Teil rot.
b) Markiere in dem zweiten Streifen $\frac{1}{8}$ blau und $\frac{2}{8}$ grün.

Die Lösungen zum Test findest du auf Seite 166.

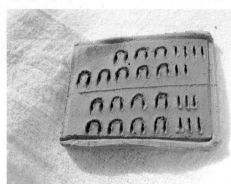

$$34 \\ + 52 \\ \overline{86}$$

1	Strich vom Zählen	
10	Fessel	

Die Tontafel zeigt eine einfache Addition.

100
Seil

1000
Lotosblume mit Blättern und Stil

10 000
leicht abgeknickter Finger

100 000
Kaulquappe, von denen es am Nil „unzählige" gibt

1 000 000
Gott, der wegen der großen Zahl die Arme zum Himmel hebt

Die Ägypter hatten ihre eigene Art zu multiplizieren. Sie waren sehr gute Kopfrechner. Daher fiel ihnen das Verdoppeln von Zahlen oder das Addieren von Zahlen nicht schwer.

13 · 50

39 · 75

17 · 6   46 · 4

35 · 30

13 · 50

13 · 50		
1		50
2		100
4		200
8		400
13 · 50	=	650

39 · 75		
1		75
2		150
4		300
8		600
16		1200
32		2400
39 · 75	=	2925

2 Rechnen

Übersicht

Aufbau und Intentionen des Kapitels

Das Kapitel 2 Rechnen bezieht sich schwerpunkt-mäßig auf die Leitidee Zahl. Es behandelt Lerninhalte für den Kompetenzerwerb in den Bereichen:
- „Überschlagen, Runden und Kopfrechentechniken anwenden"
- „die schriftliche Addition, Subtraktion und Multi-plikation sicher anwenden und schriftliche Divisionen mit einstelligen und zehnernahen Divi-soren durchführen"
- „Rechenvorteile nutzen"

Lerninhalte der Leitidee Modellieren finden ebenfalls Anwendung, indem die Kinder „die für ein Problem relevanten Informationen aus Texten, Tabellen, Skiz-zen und Diagrammen entnehmen" können.
Im Bildungsplan aufgeführte didaktische Hinweise und Prinzipien für den Unterricht werden im Kapi-tel 2 Rechnen ebenfalls berücksichtigt:
- Die Aufgaben ermöglichen eine Vielfalt von Lern-wegen.
- Auf Vorerfahrungen der Kinder wird eingegangen und ihre Kenntnisse werden vernetzt.
- Der Bezug zu realistischen Sachsituationen wird hergestellt.
- Auf vielfältige und operative Art und Weise kann geübt werden.
- Auf den Testseiten können die Kinder das Errei-chen unterschiedlicher Kompetenzstufen überprü-fen.

Die Aufgaben der Lerneinheiten bieten darüber hi-naus die Möglichkeit beim Beschreiben, Bearbeiten und Reflektieren von Aufgaben und Problemen mit mathematischen Begriffen, Symbolen und Bildern umzugehen. Beim Verbalisieren von Aufgabenstel-lungen und beim Diskutieren von Aufgabenlösungen äußern sich die Schülerinnen und Schüler zu mathe-matischen Inhalten und lernen „Aufgaben und Sachsituationen als mathematisches Problem zu for-mulieren". Die Kinder finden immer wieder Aufgaben-stellungen vor, bei denen verschiedene Lösungswege gefunden und anschließend präsentiert werden müssen.

Der Mathematikunterricht soll nicht einen einzigen Lösungsweg für jede einzelne Aufgabe vermitteln, sondern den Kindern eine Vielfalt von Rechenwegen vorstellen, damit sie diese miteinander vergleichen und sich selbst für ihren idealen Weg entscheiden können.
Um unterschiedliche Wege zuzulassen wird von den Kindern, den Lehrerinnen und Lehrern viel Toleranz erwartet, denn nicht jeder Rechenweg führt offen-sichtlich zum Ziel. Manche Kinder kommen mit den ungewöhnlichsten Taktiken letztendlich dann doch ans Ziel.

Das Kapitel sichert wichtige Bestandteile der mathe-matischen Grundbildung als „Grundlage für die Aus- und Weiterbildungsfähigkeit in Schule und Beruf". Dabei bauen die Lerneinheiten auf den in der Grund-schule erworbenen Kompetenzen auf und erweitern diese. Grundlegende fachliche und überfachliche Kompetenzen werden in diesem Kapitel ebenfalls gestärkt. Vor allem durch die Sachaufgaben innerhalb der Lerneinheiten lernen die Kinder Mathematik als „Werkzeug in einer Vielzahl von Alltagsproblemen kennen, sie zu nutzen und einzusetzen".

Werkzeugkasten

Bei vielen der Knobelaufgaben helfen weiße Kärt-chen, auf denen die Kinder die Zahlen und Rechen-zeichen eintragen können, die sie für die jeweilige Aufgabe benötigen.
Auch eine Tafel mit Karokästen oder eine Karofolie für den Overheadprojektor sind hilfreich.

Kluge Köpfe, gute Rechner

Methodische Überlegungen zur Einführung
⌂ **Geschichte**

Zusammen mit dem Fach Geschichte wird das Thema Ägypten behandelt. Das Thema hat für Kinder dieser Altersstufe hohen Aufforderungscharakter. Die Tatsache, dass bereits vor 4000 Jahren Zeichen zur Darstellung von Zahlen verwendet wurden, kann den Blick vom weiten Themenkreis Ägypten wieder auf die Mathematik lenken. Das schriftliche Rechnen der Ägypter, das auf den ersten Blick äußerst kompliziert wirkt, kann so einfach übersetzt werden.

Ägyptische Addition

Eine Möglichkeit der konkreten Umsetzung der ägyptsichen Addition im Unterricht ist die Herstellung von Karten mit den unterschiedlichen Zahlsymbolen in mehrfacher Ausfertigung. Diese können an der Tafel oder im Stuhlkreis eingesetzt werden. Dabei sind folgende Schritte denkbar. Sie können je nach Situation vertauscht werden:

- Die Symbole werden einzeln oder alle auf einmal betrachtet.
- Die Schülerinnen und Schüler können an dieser Stelle vermuten, was dargestellt ist, bzw. welche Zahlen dargestellt sind.
- Parallel zu den Bildkarten sollten Zahlenkarten eingesetzt werden.
- Verschiedene Zahlen werden mithilfe der Bildkärtchen (34 = 3 Fesseln + 4 Striche) dargestellt.
- Ist die Bedeutung aller Symbole bekannt, sollte der Bezug zum Zehnersystem thematisiert werden.
- Einfache Rechnungen werden mit den Symbolen durchgeführt.
- Die Symbole können ausgetauscht werden (zum Beispiel: 10 Striche = 1 Fessel).

Alternative: Der Einstieg in die Thematik könnte auch so aussehen, dass die Schülerinnen und Schüler mit der ägyptischen „Rechnung" als stummem Impuls konfrontiert werden und Vermutungen anstellen, was dahinter stecken könnte.

Nachdem die schriftliche Addition in Lerneinheit 6 behandelt wurde, kann auch sie mit der Methode der Ägypter verglichen werden.

Ägyptische Multiplikation

Beide Faktoren des Produkts werden zunächst getrennt voneinander betrachtet: Man notiert den Rechenausdruck als Überschrift einer zweispaltigen Tabelle. Jeder Faktor wird in seiner Spalte verdoppelt, in der nächsten Zeile wieder verdoppelt usw. So verfährt man solange bis aus Teildopplungen als Summe der erste Faktor gebildet werden kann.
In der linken Spalte werden diejenigen Zeilen markiert, die addiert den 1. Faktor ergeben. Die nicht verwendeten Zeilen werden gestrichen.
In der Spalte des zweiten Faktors wird die Summe der übrig gebliebenen Zahlen gebildet. Diese entspricht dem Produkt der beiden Faktoren.

Bei der Umsetzung im Unterricht sollte den Schülerinnen und Schülern zunächst nur das Produkt $13 \cdot 50$ präsentiert werden. Dies kann an der Tafel, auf Folie oder auf einem Plakat erfolgen. Auf Vermutungen der Kinder, was dargestellt sein könnte, folgt die Erklärung des Rechenvorgangs. Zur Vertiefung kann nun das Produkt $39 \cdot 75$ herangezogen werden, woran die Schülerinnen und Schüler überprüfen können, ob sie das ägyptische Rechenverfahren verstanden haben. Es bietet sich an, die Aufgaben auf der linken Seite als Partner- oder Gruppenarbeit nach demselben Prinzip bearbeiten zu lassen.

Nach der Einführung der schriftlichen Multiplikation in Lerneinheit 8 kann diese mit der Art, wie die Ägypter gerechnet haben, verglichen werden.

Weiteres Angebot · Lernumgebung

⌂ Die Kinder erstellen Lernplakate mit der Darstellung von Additionsaufgaben nach ägyptischer Art, die anschließend farbig gestaltet werden können, wozu als Vorlage wieder das Bild auf Seite 39 dienen kann.

Auch die angefertigten Bildkarten (Strich, Fessel, ...) können zur Gestaltung des Klassenzimmers eingesetzt werden: Aufhängen an der Pinnwand, an einem Ast, als Mobile, usw. Dies unterstützt außerdem das Schaffen einer Lernumgebung.

2 Rechnen

Kluge Köpfe, gute Rechner

Schon vor etwa 4000 Jahren verwendeten die Ägypter Zeichen zur Darstellung von Zahlen. Das Schreiben dieser Zahlen war jedoch eine Kunst. Etwa 300 Jahre vor Christi Geburt entstanden in Ägypten einfache Zahlzeichen, die sich rasch notieren und einfach erkennen ließen.

Das schriftliche Rechnen der Ägypter scheint auf den ersten Blick recht kompliziert zu sein. Bei näherer Betrachtung und in unser Zehnersystem übersetzt, wird das Ganze jedoch einfacher.

Ausblick

In diesem Kapitel findest du:
- Tipps zum Kopfrechnen
- Schriftliche Rechenverfahren
- Verbindung der vier Grundrechenarten

1 Kopfrechnen: Addition und Subtraktion

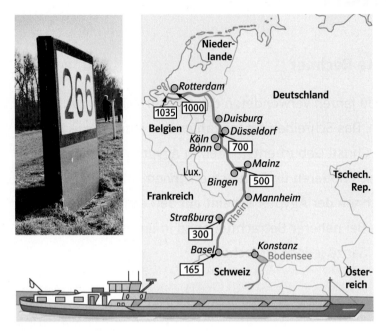

Der Rhein entspringt am St.-Gotthard-Massiv, fließt durch oder entlang der Länder Schweiz, Österreich, Liechtenstein, Frankreich, Deutschland und die Niederlande.

Flussabwärts ist jeder Kilometer mit einer großen Kilometerangabe markiert. Die Zählung beginnt an der Rheinbrücke in Konstanz mit der Angabe 0 km und endet mit der Angabe 1035 km an der Mündung in die Nordsee.

Die Kilometerangaben werden auf großen Tafeln am Flussufer angezeigt und sind eine wichtige Orientierungshilfe für die Schifffahrt.

→ Welche Fahrstrecke legt ein Schiff von Basel bis Rotterdam zurück?

→ Die Rheinquelle liegt etwa 285 km oberhalb von Konstanz. Wie lang ist die Wegstrecke, die das Wasser von der Quelle bis Rotterdam zurücklegt?

→ Die Rheinquelle liegt 2344 m über dem Meeresspiegel, Konstanz 405 m, Basel 250 m, Mainz 82 m, Köln 53 m. Welche Höhenunterschiede kannst du berechnen?

35 + 15 = 50 ist die Umkehraufgabe von 50 − 15 = 35

Addition	Subtraktion
Summand plus Summand	Minuend minus Subtrahend
35 + 15 = 50	50 − 15 = 35
Summe	Differenz

Weiter geht's

→ Beschreibe die Rechenwege. Welches Verfahren bevorzugst du? Begründe.

Das Kopfrechnen wird durch Zerlegen der Zahlen oft erleichtert.

Verschiedene Rechenwege führen zum Ziel.

Addition: 125 + 78 = ☐   Subtraktion: 230 − 58 = ☐

Nina	Tobi	Nina	Tobi
= 125 + 70 + 8 = ☐	= 190 + 13 = ☐	= 230 − 50 − 8 = ☐	= 230 − 60 + 2 = ☐

Peter	Kim	Peter	Kim
= 133 + 70 = ☐	= 125 + 80 − 2 = ☐	= 222 − 50 = ☐	= 230 − 30 − 28 = ☐

Nadine	Mark	Nadine	Mark
= 125 + 75 + 3 = ☐	= 130 + 73 = ☐	= 200 − 58 + 30 = ☐	= 42 + 130 = ☐

→ Löse auf verschiedenen Wegen: 279 + 53 = ☐; 258 − 95 = ☐

1 Kopfrechnen: Addition und Subtraktion

In dieser Lerneinheit wenden die Kinder Kopfrechentechniken im Bereich der Addition und Subtraktion an. Ebenso wiederholen sie die in der Grundschule eingeführten Begriffe **Addition, Subtraktion, addieren** und **subtrahieren**. Erweitert wird die sprachliche Kompetenz der Schülerinnen und Schüler durch die Neueinführung der Begriffe **Summand** und **Summe, Minuend, Subtrahend** und **Differenz**.

Einstieg

Der Einstieg gibt eine alltägliche Situation wieder: Die Kilometerangaben auf einer Landkarte werden gelesen. Den Schülerinnen und Schülern sind solche Angaben von Straßenkarten geläufig.

◫ Orientierung in Raum und Zeit.

Hier kann eine Straßenkarte ergänzend eingesetzt und mit den Erkenntnissen des Mathematikunterrichtes verknüpft werden und umgekehrt. Die Schülerinnen und Schüler vertiefen die Fähigkeit der Informationsentnahme aus Landkarten.

Impulse

→ Die Kinder suchen die Städte Basel und Rotterdam, die am Rhein liegen. Die Subtraktionsaufgabe kann im Kopf berechnet werden:
1000 km − 165 km = 835 km

→ Die Fragestellung regt die Kinder an, nachdem sie die Angaben auf der Karte erschlossen haben, die Sachsituation in einen mathematischen Zusammenhang zu bringen. Die Additionsaufgabe kann ebenfalls im Kopf berechnet werden:
1000 km + 285 km = 1285 km

→ Die Kinder werden angeregt, weitere Aufgabenstellungen zu suchen und zu berechnen. Hierbei werden verschiedene, selbst gewählte Rechenwege vorgestellt und besprochen. Die Höhenunterschiede betragen:
Rheinquelle – Konstanz 1939 m;
Rheinquelle – Basel 2094 m;
Rheinquelle – Mainz 2262 m;
Rheinquelle – Köln 2291 m;
Konstanz – Basel 155 m;
Konstanz – Mainz 323 m;
Konstanz – Köln 352 m;
Basel – Mainz 168 m;
Basel – Köln 197 m;
Mainz – Köln 29 m

Die bereits bekannten und die neuen Begriffe für die mathematischen Operationen Addition und Subtraktion werden wiederholt bzw. eingeführt.

Weiter geht's

Hier werden verschiedene Wege der Addition und der Subtraktion aufgezeigt, um Zahlen zum einfacheren Kopfrechnen zu zerlegen. Wichtig ist es, auch die Schülerinnen und Schüler zu Wort kommen zu lassen und zunächst ihren eigenen Rechenweg vollständig vorstellen zu lassen. Dabei führen oft scheinbare Umwege doch zum Ziel.

Im Gegensatz zur Addition dürfen bei der Subtraktion Minuend und Subtrahend nicht vertauscht werden, daher erscheint die Addition oft einfacher.

→ Bei der Begründung, wieso der eine oder der andere Rechenweg bevorzugt wird, argumentieren die Kinder damit, dass sie ihren Weg „besser" oder „einfacher" finden. Wichtig ist es an dieser Stelle die gefundenen Rechenwege nicht zu bewerten. Jeder Mensch hat seine bevorzugte Rechenmethode.

→ Diese Aufgaben sollen die Kinder bewusst auf verschiedene Arten lösen. Vielleicht finden sie unter den anderen Wegen einen, der ihnen angenehmer ist. Das fördert die Toleranz innerhalb der Klasse.
279 + 53 = 279 + 50 + 3 = 329 + 3 = 332 oder
279 + 53 = 280 + 52 = 332 oder
279 + 53 = 279 + 21 + 32 = 300 + 32 = 332 oder
279 + 53 = 270 + 50 + 9 + 3 = 320 + 12 = 332
258 − 95 = 258 − 100 + 5 = 158 + 5 = 163 oder
258 − 95 = 200 − 95 + 58 = 105 + 58 = 163 oder
258 − 95 = 300 − 95 − 42 = 205 − 42 = 163 oder
258 − 90 − 5 = 168 − 5 = 163

Weiteres Angebot   Kartenspiel

◫ Jedes Kind schneidet zwei Spielkarten aus festem Karton aus und schreibt zwei der Zahlen von 0 bis 9 darauf und gestaltet sie. Die Karten werden gemischt und verteilt. Jedes Kind bekommt eine Karte. Ein Kind nennt seine Startzahl. Das nächste Kind addiert den Wert seiner Karte dazu und nennt die Summe. Die Klasse versucht gemeinsam möglichst schnell alle Zahlen zu addieren.

Aufgaben

1 a) 92 99 98 82 101 107 b) 43 71 41 38 35 53 c) 497 322 231 333 313 d) 222 132 257 89 297

2 a) *Da man die Aufgaben auf den Dominosteinen „im Kreis" rechnen kann, ist es egal, mit welchem Stein man beginnt. Es bleibt kein Stein übrig.*

| 38 + 38 | 76 − 59 | 17 + 133 | 150 − 75 |

| 75 + 270 | 345 − 131 | 214 − 105 | 109 − 71 |

b) *Den Kindern kann eine Anzahl von Steinen vorgegeben werden, nach denen sich der Kreis der Dominosteine wieder schließen soll. Man könnte auch fragen, wann Dominosteine übrig bleiben. (Wenn die erste Zahl auf dem ersten Stein das Ergebnis einer Rechnung ist, die nicht die letzte ist.)*

3
a)

+ 14 ↓	+ 16 →		
10	26	42	58
24	40	56	72
38	54	70	86
52	68	84	100

b)

− 25 ↓	− 75 →		
300	225	150	75
275	200	125	50
250	175	100	25
225	150	75	0

c) *Beim Erfinden der Rechennetze sollten die Kinder darauf achten, dass sie in die untere rechte Ecke eine so genannte Kontrollzahl schreiben. Dadurch prüfen die Kinder, ob ihr Rechennetz funktioniert, bevor sie es rechnen lassen.*

4 Mögliche Aufgaben sind:

140 + 68 = 208	118 − 18 = 100
75 + 25 = 100	118 − 25 = 93
75 + 18 = 93	140 − 68 = 72
36 + 36 = 72	118 − 68 = 50

5 a) 142 m − 116 m = 26 m Das Straßburger Münster ist 26 m höher als das Freiburger Münster.
b) 157 m − 142 m = 15 m Der Kölner Dom ist 15 m höher als das Straßburger Münster.
c) 157 m − 116 m = 41 m Der Kölner Dom ist 41 m höher als das Freiburger Münster.
d) Max hat Recht, denn 26 m + 19 m = 45 m.
e) Säulenhöhen: Straßburger Münster 14 cm; Freiburger Münster 12 cm; Kölner Dom 16 cm.

Partnerspiel mit zwei Würfeln   Spielen

a) Hier müssen alle Kinder mitrechnen: Zum einen addieren sie ihre eigenen Zahlen, zum anderen müssen sie die Zahlen der Mitspielerinnen und Mitspieler addieren, um die Ergebnisse zu überprüfen.
b) Hier gilt es strategisch zu denken: Solange der Spieler noch weit von der Zielzahl entfernt ist, wird er sich für die größere Augenzahl als Zehnerziffer entscheiden; nähert er sich der Zielzahl, ist es umgekehrt eventuell besser.
Beispiel: Zielzahl 200. Hat ein Spieler 187 schon erreicht und würfelt eine 1 und eine 2, dann wird er die 1 als Zehner und die 2 als Einerziffer wählen, also die Zahl 12 addieren. So erhält er die Zahl 199.
c) Mögliche Variante des Spiels mit Subtraktion: Man kann versuchen von einer Zielzahl (z. B. 180) aus die Zahl Null zu erreichen.
Es ist auch denkbar, dass die Kinder ein Spiel erfinden, bei dem sie die Subtraktion und die Addition verwenden:
Das könnte so lauten: Man wählt eine Zielzahl. Diese soll nicht annähernd, sondern genau erreicht werden. Kommt man in die Nähe der Zielzahl, so versucht man mithilfe von Addition und Subtraktion möglichst genau die Zielzahl zu erreichen. Würfelt man mit zwei Würfeln, so muss man mindestens 11 Punkte von der Zielzahl entfernt sein, um die Zielzahl erreichen zu können. Denn die kleinste Zahl, die man mit zwei Würfeln würfeln kann, ist die 11 und die größte Zahl die Zahl 66.

1 Berechne und überprüfe mithilfe der Umkehraufgabe.

a) 60 + 32
    50 + 49
    70 + 28
    46 + 36
    54 + 47
    68 + 39

b) 86 − 43
    94 − 23
    73 − 32
    56 − 18
    64 − 29
    81 − 28

c) 432 + 65
    230 + 92
    163 + 68
    254 + 79
    86 + 227

d) 246 − 24
    164 − 32
    324 − 67
    137 − 48
    356 − 59

2 a) Lege die Rechendomino-Steine so aneinander, dass jedes Ergebnis die Ausgangszahl einer neuen Aufgabe ist.

38 + 38   150 − 75   76 − 59

214 − 105   345 − 131

17 + 133   109 − 71   75 + 270

b) Entwirf selbst ein Rechendomino.

3 Zeichne die Rechennetze ins Heft und fülle sie ganz aus.

a)

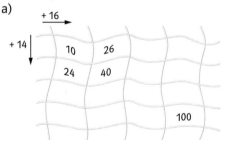

    + 16
+ 14
    10   26
    24   40
              100

b)

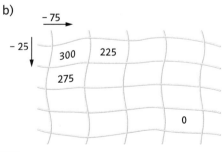

    − 75
− 25
    300   225
    275
              0

c) 👥 Erfindet weitere Rechennetze.

4 Stelle mehrere Additions- und Subtraktionsaufgaben zusammen.

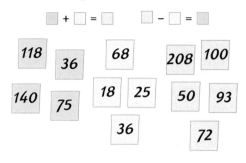

▦ + ☐ = ☐   ☐ − ☐ = ▦

118   36   68   208   100

140   75   18   25   50   93

36   72

5 Das Straßburger Münster hat eine Höhe von 142 m, das Freiburger Münster ist 116 m hoch. Wie groß ist der Höhenunterschied

a) zwischen beiden Bauwerken?

b) zwischen dem Straßburger Münster und dem Kölner Dom?

c) zwischen dem Freiburger Münster und dem Kölner Dom?

d) Max behauptet: „Wenn ich die Ergebnisse von a) und b) addiere, erhalte ich das Ergebnis von c)."

e) Runde die Höhenangaben auf Zehner und zeichne ein Säulendiagramm. Nimm für 10 m eine Kästchenhöhe.

Kölner Dom, 157 m hoch

Partnerspiel mit zwei Würfeln   *Spielen*

a) Legt zuerst eine Zielzahl (z. B. 120) fest. Würfelt dann abwechselnd und addiert die gewürfelten Augenzahlen. Wer zuerst die Zielzahl genau erreicht oder ihr am nächsten ist, hat gewonnen.

b) Legt wieder eine Zielzahl fest. Würfelt abwechselnd mit zwei Würfeln.
Jetzt werden zweistellige Zahlen addiert: Die Augenzahl des einen Würfels gibt die Zehner an, die Augenzahl des anderen Würfels zeigt die Einer. Jeder Wurf wird aufgeschrieben und addiert. Wer zuerst die Zielzahl (z. B. 480) erreicht oder ihr am nächsten ist, hat gewonnen.

c) Überlegt euch eine Spielregel für ein Spiel zur Subtraktion.

Ergänze:
88 + 2 + 13 = 103

6 Berechne.

a)
88 + ☐ = 103
75 + ☐ = 88
94 + ☐ = 160
177 + ☐ = 211
150 + ☐ = 1230

b)
66 − 57 = ☐
92 − 86 = ☐
34 − 18 = ☐
517 − 490 = ☐
826 − 780 = ☐

7 Beim Rechnen mit Geldwerten ist es oft leichter zu ergänzen als zu subtrahieren.

9,05 € + ☐ = 11,20 €
1,43 € + ☐ = 2,30 €
27,50 € + ☐ = 30,15 €
75,30 € + ☐ = 82,50 €
292,75 € + ☐ = 301,80 €
529,99 € + ☐ = 550,00 €

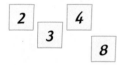

8 👥 Bildet mit den vier Ziffern zwei zweistellige Zahlen und addiert diese Zahlen. Vergleicht die Ergebnisse.
Beispiel: 23 + 48 = ☐; 82 + 43 = ☐; …
Wie viele verschiedene Aufgaben findet ihr? Geht dabei systematisch vor.
b) Vergleicht alle Ergebnisse. Was fällt euch auf?

Vertauschungsgesetz

Beim Addieren dürfen die Zahlen vertauscht werden. Das Ergebnis ändert sich nicht.

---

9 Darf man auch bei der Subtraktion die Zahlen vertauschen?

a) 36 − 24
24 − 36

b) 100 − 80
80 − 100

10 a) Welche drei Zahlenkärtchen ergeben addiert 50?
b) Mit welchen vier Zahlen kannst du die Summe 100 bilden?
c) Welche Zahlen kannst du voneinander subtrahieren, um 22 zu erhalten?
d) Welche der Zahlenpaare haben die größte (kleinste) Differenz?
e) Bilde die größtmögliche und kleinstmögliche Summe zweier Zahlen.

34 45 13
27 16 23
14 35 47

11 Die Eintrittskarte zum Fußballspiel kostet für Schüler 4,30 €. Kevin bezahlt mit 50- und 20-Cent-Münzen.
Finde verschiedene Möglichkeiten, den Geldbetrag zu legen.

12 Im Durchschnitt verbraucht eine Person in Deutschland folgende Wassermengen pro Tag:

Ernährung	5 l
Waschen/Zähneputzen	10 l
Baden/Duschen	46 l
Toilettenspülung	35 l
Geschirrspülen	8 l
Wäsche waschen	15 l
Putzen	9 l

a) Wie viel Liter Wasser werden pro Tag für die Körperpflege verwendet?
b) Wofür wird mehr Wasser gebraucht, für die im Haushalt anfallenden Arbeiten oder für die Toilettenspülung?
c) Wie viel Wasser benötigt eine Person an einem Tag insgesamt? Schätze, wie viel du verbrauchst. Überlege dazu, wofür du vielleicht mehr oder weniger Wasser benötigst als oben angegeben.

6 *Es sind verschiedene Rechenwege möglich.*

a) 88 + 12 + 3 = 88 + 15 = 103
     75 + 5 + 8 = 75 + 13 = 88
     94 + 6 + 60 = 94 + 66 = 160
     177 + 23 + 11 = 177 + 34 = 211
     150 + 1000 + 80 = 150 + 1080 = 1230

b) 66 − 57 = (66 − 50) − 7 = 9
     92 − 86 = (92 − 80) − 6 = 6
     34 − 18 = (34 − 10) − 8 = 16
     517 − 490 = (517 − 500) + 10 = 27
     826 − 780 = (826 − 700) − 80 = 66

7   9,05 € + 2,15 € = 11,20 €
        1,43 € + 0,87 € = 2,30 €
       27,50 € + 2,65 € = 30,15 €
       75,30 € + 7,20 € = 82,50 €
      292,75 € + 9,05 € = 301,80 €

8 a) Mit den Ziffernkärtchen kann man die Zahlen 23; 24; 28; 32; 34; 38; 42; 43; 48; 82; 83 und 84 bilden. In den Summen kommt jede Ziffer nur einmal vor.

23 + 48 = 71;	23 + 84 = 107;
24 + 38 = 62;	24 + 83 = 107;
28 + 34 = 62;	28 + 43 = 71;
32 + 48 = 80;	32 + 84 = 116;
34 + 28 = 62;	34 + 82 = 116;
38 + 24 = 62;	38 + 42 = 80;
42 + 38 = 80;	42 + 83 = 125;
43 + 28 = 71;	43 + 82 = 125; usw.

Man kann 24 verschiedene Aufgaben finden. Jede der Lösungen hat als Quersumme die Zahl 8.

b) *Dass alle Lösungen die gleiche Quersumme haben, gilt immer, z. B. 19 + 32 = 51 und 91 + 23 = 114. Außerdem sollten die Schüler feststellen, dass bei der Addition die Reihenfolge der Summanden keine Rolle spielt.*

9 *Bei der Subtraktion bleibt das Ergebnis beim Vertauschen der Zahlen nicht gleich.*

a) 12   b) 20

Einige Schüler erkennen hier vielleicht Bezüge zu ihrer Umwelt: Temperaturen oder auch Geld gibt es mit negativem Vorzeichen, also

a) −12   b) −20

10 a) 13 + 14 + 23 = 50
b) 34 + 16 + 27 + 23 = 100
c) 35 − 13 = 22; 45 − 23 = 22
d) größte Differenz: 47 − 13 = 34
kleinste Differenz: 14 − 13 = 1 oder 35 − 34 = 1
e) größtmögliche Summe: 47 + 45 = 92
kleinstmögliche Summe: 14 + 13 = 27

11 *Hier kann Rechengeld zur handlungsorientierten Umsetzung benutzt werden.*
Kevin kann nur mit einer ungeraden Anzahl von 50-ct-Münzen bezahlt haben:
4,30 € = 7 · 50 ct + 4 · 20 ct
4,30 € = 5 · 50 ct + 9 · 20 ct
4,30 € = 3 · 50 ct + 14 · 20 ct
4,30 € = 1 · 50 ct + 19 · 20 ct

12 a) 10 l + 46 l = 56 l
Pro Tag werden 56 l Wasser für die Körperpflege verwendet.
b) 8 l + 15 l + 9 l = 32 l < 35 l
Für die Arbeiten im Haushalt wird weniger Wasser verbraucht als für die Toilettenspülung.
c) Eine Person verbraucht im Schnitt 128 l Wasser.

2 Kopfrechnen: Multiplikation und Division

Das sichere Beherrschen der Einmaleinsreihen stellt die Grundlage für die Multiplikation und Division und später auch für das Bruchrechnen dar. Hierfür ist regelmäßiges Wiederholen und Einüben der Einmaleinsreihen, des kleinen und ausgewählter Einmaleinsreihen des großen Einmaleins, nötig.

Einstieg

Die Informationen und Zahlen zur Multiplikation oder zur Division findet man im Einstiegstext.

Impulse

→ Die Rechnung auf der Randspalte erinnert die Kinder noch einmal an die Einführung der Multiplikation in der Grundschule. Die Mühe, die es macht, viele gleiche Zahlen zu addieren, kann man durch eine einzige Multiplikation vereinfachen.
$8 \cdot 75 \, kg = 600 \, kg$

→ Hier wird die Aufmerksamkeit der Kinder auf die Umkehroperation der Multiplikation – die Division – gelenkt. $900 \, kg : 12 = 75 \, kg$. Es fällt auf, dass beide Aufzugbauer vom gleichen Durchschnittsgewicht ausgegangen sind.

→ Um auszurechnen, wie oft der Lift fahren muss, sind verschiedene Rechenwege möglich:
$43 \cdot 3 = 129$; $129 : 12 = 10 \, R \, 9$
Der Lift muss 11-mal fahren.
$43 : 12 = 3 \, R \, 7$. Pro Bus fährt der Lift dreimal und es bleiben 7 Personen übrig. Diese 21 Personen benötigen 2 Fahrten mit dem Lift. $3 \cdot 3 + 2 = 11$. Zusammen sind das 11 Liftfahrten.

→ Pro Fahrt legt der Lift 152 m zurück, das sind 304 m um hinauf und wieder herunter zu fahren.
$10 \, 000 \, m : 304 \, m = 32 \, R \, 272 \, m$
Der Lift muss immer nach 32 Fahrten überprüft werden; also wurde er am Sonntag – wenn er auch vor der ersten Fahrt überprüft wurde – auf jeden Fall dreimal überprüft.

! Merkkasten

Die Begriffe **Multiplikation, Division** werden wiederholt. Die Begriffe **Faktor, Produkt, Dividend, Divisor** und **Quotient** werden neu eingeführt. Die sprachliche Kompetenz der Kinder wird erweitert.

Es ist darauf hinzuweisen, dass bei der Division im Gegensatz zur Multiplikation das Vertauschen der Zahlen verboten ist. Wie sich das Ergebnis ändert, sieht man an diesem Beispiel. $8 : 4 = 2$, $4 : 8 = \frac{1}{2}$; 8 Äpfel an 4 Kinder verteilt oder 4 Äpfel an 8 Kinder verteilt.

Weiter geht's

→ Multiplikation

$8 \cdot 75 =$	$12 \cdot 17 =$
$8 \cdot 70 + 8 \cdot 5 =$	$10 \cdot 17 + 2 \cdot 17 =$
$560 + 40 = 600$	$170 + 34 = 204$

Hier wird je ein Faktor in Einer und Zehner zerlegt

$19 \cdot 24 =$	$5 \cdot 68 =$
$20 \cdot 24 - 1 \cdot 24 =$	$5 \cdot 2 \cdot 34 =$
$480 - 24 = 456$	$10 \cdot 34 = 340$

Die Zahl 19 ist zehnernah aber kleiner als 20 und wird in 20 – 1 zerlegt.

Die Zahl 68 wird faktorisiert. Das 10fache einer Zahl ist leicht zu berechnen.

Division

$96 : 8 =$	$156 : 12 =$
$80 : 8 + 16 : 8 =$	$120 : 12 + 36 : 12 =$
$10 + 2 = 12$	$10 + 3 = 13$

Der Dividend wird in eine Summe zerlegt. Man könnte auch in eine Differenz zerlegen.

$75 : 5 =$	$126 : 14 =$
$150 : 10 = 15$	$63 : 7 = 9$

Um einfachere Divisionen zu bekommen, werden im ersten Fall beide Zahlen verdoppelt, im zweiten Fall beide halbiert. Das ist bei der Multiplikation nicht möglich!

→ Mögliche Rechenwege sind:
Multiplikation

$7 \cdot 68 =$	$15 \cdot 18 =$
$7 \cdot 70 - 7 \cdot 2 =$	$10 \cdot 18 + 5 \cdot 18 =$
$490 - 14 = 476$	$180 + 90 = 270$
$18 \cdot 35 =$	$5 \cdot 84 =$
$20 \cdot 35 - 2 \cdot 35 =$	$5 \cdot 2 \cdot 42 =$
$700 - 70 = 630$	$10 \cdot 42 = 420$

Division

$117 : 9 =$	$180 : 15 =$
$90 : 9 + 27 : 9 =$	$360 : 30 = 12$
$10 + 3 = 13$	
$135 : 5 =$	$144 : 18 =$
$100 : 5 + 35 : 5 =$	$72 : 9 = 8$
$20 + 7 = 27$	

2 Kopfrechnen: Multiplikation und Division

Der höchste frei stehende Aufzug Europas, der Hammetschwandlift, befindet sich in der Schweiz oberhalb des Vierwaldstätter Sees. Dieser Lift überwindet eine Höhe von 152 m.
Der Hammetschwandlift wurde 1903 erbaut. Seine Tragfähigkeit betrug ursprünglich 8 Personen zu je 75 kg. Im Jahre 1992 wurde der Lift grundlegend erneuert und die maximale Tragfähigkeit auf 900 kg oder 12 Personen erhöht.

→ Auf der Randspalte ist eine Addition zur Berechnung der maximalen Tragfähigkeit des ursprünglichen Aufzugs notiert. Wie würdest du rechnen?
→ Von welchem durchschnittlichen Personengewicht ist man bei der Renovierung im Jahr 1992 ausgegangen?
→ Eine Reisegesellschaft mit drei vollbesetzten „43er-Bussen" ist angekommen. Wie oft muss der Lift mindestens fahren?
→ Nach 10 km Fahrstrecke muss der Lift technisch kurz überprüft werden. An einem Sonntag ist er 70-mal gefahren.

75 kg
75 kg
75 kg
75 kg
75 kg
75 kg
75 kg
+ 75 kg

Geschickt???

Multiplikation
Faktor mal Faktor
$$10 \cdot 75 = 750$$
Produkt

Division
Dividend durch Divisor
$$750 : 75 = 10$$
Quotient

$10 \cdot 75 = 750$
ist die Umkehraufgabe von
$750 : 75 = 10$

Weiter geht's
→ Erkläre die Rechenwege und führe sie zu Ende.

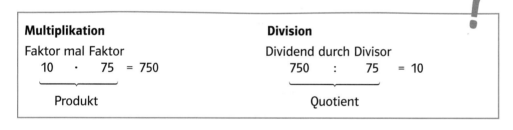

Multiplikation		Division	
8 · 75 = ☐	**12 · 17** = ☐	**96 : 8** = ☐	**156 : 12** = ☐
= 8·70 + 8·5	= 10·17 + 2·17	= 80:8 + 16:8	= 120:12 + 36:12
=	=	=	=
19 · 24 = ☐	**5 · 68** = ☐	**75 : 5** = ☐	**126 : 14** = ☐
= 20·24 − 1·24	= 5·2·34	= 150:10	= 63:7
=	=	=	=

Bei der Multiplikation darf man die Zahlen vertauschen. Bei der Division nicht.

→ Rechne geschickt. Überprüfe mithilfe der Umkehraufgabe.
7·68; 15·18; 117:9; 180:15; 18·35; 5·84; 135:5; 144:18

1 Nutze Rechenvorteile. Prüfe mithilfe der Umkehraufgabe.

a) 10·17
91·2
20·16
8·9
5·17
2·91
19·16

b) 10·38
4·64
9·20
10·63
5·76
64·4
9·19

2 Nutze Rechenvorteile. Prüfe mithilfe der Umkehraufgabe.

a) 63:7
96:3
120:12
350:10
126:14
192:3
108:12

b) 221:17
888:8
750:50
228:19
221:13
888:111
750:25

3 Rechendomino

7·19	980:20	608:8
49:7	133:7	1520:76
19·32	20·49	76·20

Jedes Ergebnis ist die Ausgangszahl einer neuen Aufgabe.

Trainingsmatte

1 Finde mehrere Additions- und Subtraktionsaufgaben.

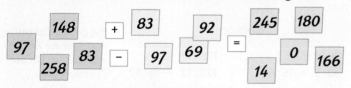

97 148 258 + 83 83 − 92 69 97 = 245 0 14 180 166

2 a) Wie heißen die Zahlen?
5·10 000 + 4·1000 + 3·100 + 7·10 + 2·1 = ☐
8·100 000 + 1·10 000 + 0·1000 + 6·100 + 9·10 + 3·1 = ☐
b) Schreibe ausführlich: 68 032; 7 314 655

3 Notiere jeweils die 1. Zahl der Folge, die größer als 100 ist.
a) 45; 50; 55; 60; ... b) 2; 4; 8; 16; ... c) 80; 82$\frac{1}{2}$; 85; 87$\frac{1}{2}$; ...

4 Zeichne die Rechennetze ins Heft und fülle sie aus.

a)
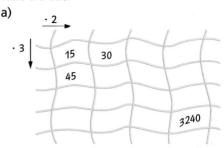

b)
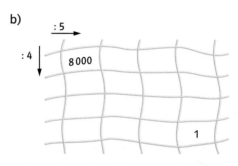

c) 👥 Denke dir weitere Rechennetze aus und stelle sie deiner Partnerin oder deinem Partner als Aufgabe.

5 Setze die Ziffern so in die Kästchen, dass sich eine richtige Rechnung ergibt.
☐ · ☐☐ = ☐☐☐
a) 0; 1; 2; 2; 4; 5
b) 1; 2; 3; 4; 5; 5
c) 2; 3; 4; 5; 6; 7
d) 1; 2; 3; 4; 7; 8

6 Mehmets Mutter wohnt in Neukirchen und arbeitet in einer 14 km entfernten Automobilfabrik in Althausen.
a) Wie viele Kilometer fährt sie täglich zur Arbeit und zurück?
b) Wie viele Kilometer fährt sie in einer Arbeitswoche mit fünf Arbeitstagen?
c) Mehmets Mutter bildet mit einer Arbeitskollegin eine Fahrgemeinschaft. Sie fahren jetzt abwechselnd. Wie viele Kilometer kann Mehmets Mutter in einem Monat mit 20 Arbeitstagen so einsparen?
Notiere deinen Lösungsweg.
d) Gibt es noch andere Lösungswege?

Aufgaben

1 a)

170	85
182	182
320	304
72	72

b)

380	380
256	256
180	171
630	315

2 a)

9	9
32	64
10	9
35	35

b)

13	17
111	8
15	30
12	6

3 Die Dominosteine bilden einen geschlossenen Kreis.

$7 \cdot 19$	$133 : 7$	$19 \cdot 32$	$608 : 8$
$76 \cdot 20$	$1520 : 76$	$20 \cdot 49$	$980 : 20$
$49 : 7$			

Auch hier können die Kinder sich selbst ein Domino-spiel mit Divisionen und Multiplikationen überlegen. Die vier Rechenarten können auch alle bunt gemischt werden. Fertigt man die Dominosteine auf Kärtchen an, so können sie jederzeit zum Wiederholen eingesetzt werden.

Trainingsmatte

Die Trainingsmatte wiederholt die Inhalte von Kapitel 1 Zahlen und der Lerneinheit 2.1 Kopfrechnen: Addition und Subtraktion.

1 *Strategien könnten hier sein: Einer der Zahlen addieren oder subtrahieren und mit dem Einer der Summe oder der Differenz vergleichen. Oder die Rechnung wird zunächst überschlagen.*

2 Die Wiederholung der Ziffernschreibweise wird anhand der Stellenwerttafel und der schriftlichen Addition wiederholt.

3 Für die Zahlenfolgen werden Regeln formuliert:
a) Addition von 5   b) Multiplikation mit 2
c) Addition von $2\frac{1}{2}$

Die Lösungen zur Trainingsmatte befinden sich im Schülerbuch auf Seite 166.

4

a)

	$\cdot 2 \rightarrow$		
15	30	60	120
45	90	180	360
135	270	540	1080
405	810	1620	3240

($\cdot 3 \downarrow$)

b)

	$: 5 \rightarrow$		
8000	1600	320	64
2000	400	80	16
500	100	20	4
125	25	5	1

($: 4 \downarrow$)

c) *Auch hier sollten die Kinder in die rechte untere Ecke ihres Rechennetzes eine Kontrollzahl eintragen, um zu prüfen, ob ihr Rechennetz stimmt, bevor sie die Aufgaben ihrem Partner oder ihrer Partnerin stellen.*

5 *Da diese Aufgabe viel Ausdauer im Knobeln erfordert, ist es für viele Kinder einfacher mit selbst gebastelten Ziffernkärtchen zu arbeiten. Außerdem ist es hilfreich, bereits durchgeführte Rechnungen auf einem Blatt zu notieren, damit man sie nicht immer wieder durchführt.*
a) $5 \cdot 24 = 120$ b) $5 \cdot 43 = 215$
c) $6 \cdot 57 = 342$ d) $4 \cdot 78 = 312$

6 a) Mehmets Mutter fährt täglich 28 km.
b) An fünf Arbeitstagen fährt sie 140 km.
c) Sie kann 280 km einsparen. Ein möglicher Lösungsweg: Sie muss nur noch die Hälfte der Zeit fahren, also: $10 \cdot 28$ km = 280 km.
Oder: Sie muss nur zwei Wochen lang fahren, also $2 \cdot 140$ km = 280 km.

7 a) $19:2 = 9\ R\ 1$ b) $52:6 = 8\ R\ 4$
    $11:4 = 2\ R\ 3$ $47:7 = 6\ R\ 5$
    $32:3 = 10\ R\ 2$ $80:5 = 16$
    $56:8 = 7$ $75:6 = 12\ R\ 3$
    $80:9 = 8\ R\ 8$ $99:1 = 99$
c) $82:10 = 8\ R\ 2$
    $149:15 = 9\ R\ 14$
    $135:12 = 11\ R\ 3$
    $325:40 = 8\ R\ 5$
    $136:13 = 10\ R\ 6$

8 Die Umkehraufgabe zu ☐$:5 = 7\ R\ 3$ lautet
$7\cdot5 + 3 = 35 + 3 = 38$.
a) $38:5 = 7\ R\ 3$ $139:12 = 11\ R\ 7$
    $80:9 = 8\ R\ 8$ $90:15 = 6$
    $38:7 = 5\ R\ 3$ $224:25 = 8\ R\ 24$
    $109:10 = 10\ R\ 9$ $100:11 = 9\ R\ 1$
b) *Bei dieser Aufgabe sind mehrere Lösungen möglich.*
Beim Ausprobieren stellen die Kinder fest, dass die
Zahl, durch die geteilt wird, größer ist als der Rest.
$23:3 = 7\ R\ 2$ oder $30:4 = 7\ R\ 2$
$47:8 = 5\ R\ 7$ oder $57:10 = 5\ R\ 7$
$82:9 = 9\ R\ 1$ oder $19:2 = 9\ R\ 1$
$109:10 = 10\ R\ 9$ ist eine Lösung, aber nicht innerhalb
des kleinen Einmaleins.

9   *Es sind mehrere Lösungen möglich.*
a) $333:3 = 111$; $622:3 = 211$ und $933:3 = 311$
    $540:9 = 60$ und $549:9 = 61$
    $824:8 = 103$ und $864:8 = 108$
b) $470:5 = 94$ und $475:5 = 95$
    $606:6 = 101$ und $666:6 = 111$
    $740:2 = 370$; $742:2 = 371$; $744:2 = 372$
    $746:2 = 373$ und $748:2 = 374$
c) $980:10 = 98$
    $840:4 = 210$; $844:4 = 211$; $848:4 = 212$
    $252:7 = 36$ und $259:7 = 37$

10 a) $53\cdot8 = 424$ b) $58\cdot3 = 174$
c) $35\cdot8 = 280$ und $38\cdot5 = 190$
d) $85\cdot3 = 255$ und $83\cdot5 = 415$
e) $53\cdot8 = 424$ und $58\cdot3 = 174$

11   a) Bei dieser Aufgabe erhöht sich der erste Faktor immer um 3. $3\cdot37 = 111$; $6\cdot37 = 222$;
$9\cdot37 = 333$; $12\cdot37 = 444$; $15\cdot37 = 555$;
b) Der erste Faktor erhöht sich immer um 1.
$1\cdot99 = 99$; $2\cdot99 = 198$; $3\cdot99 = 297$;
$4\cdot99 = 396$; $5\cdot99 = 495$; $6\cdot99 = 594$;

c) $1\ R\ 1$; $2\ R\ 2$; $3\ R\ 3$; $4\ R\ 4$; $5\ R\ 5$; $6\ R\ 6$;
$7\ R\ 7$; $8\ R\ 8$; 10; $11\ R\ 1$; …

12 *Zur Vereinfachung können die 5er- und die*
7er-Reihe an die Tafel geschrieben werden.
5; 10; 15; 20; 25; 30; 35; 40; 45; 50; 55; 60; 65;
70; 75; 80; 85; 90; 95; 100
7; 14; 21; 28; 35; 42; 49; 56; 63; 70; 77; 84; 91; 98
Nun werden drei Zahlen in der 7er-Reihe gesucht,
deren Nachfolger in der 5er-Reihe vorkommt, dies
sind 14; 49 und 84. Die Tochter ist 14, die Mutter 49
und die Großmutter 84 Jahre alt.

13 *Es sind verschiedene Rechenwege möglich.*
a) Der Wolf braucht für 500 m 30 s. Der Hase braucht
dafür 25 s.
b) Das Zebra legt in einer halben Stunde eine
etwas größere Strecke zurück als das Känguru.

14 a) 5^3; 13^2 b) 10^4; 2^5

15 a) $5\cdot5 = 25$ b) $2\cdot2\cdot2 = 8$
    $10\cdot10 = 100$ $4\cdot4\cdot4 = 64$
    $21\cdot21 = 441$ $5\cdot5\cdot5 = 125$
c) $2\cdot2\cdot2\cdot2\cdot2 = 32$
    $10\cdot10\cdot10\cdot10\cdot10\cdot10\cdot10\cdot10 = 100\,000\,000$
    $100\cdot100\cdot100 = 1\,000\,000$

16 a) Die Quadratzahlen von 1 bis 25 lauten:
$1\cdot1 = 1$ $14\cdot14 = 196$
$2\cdot2 = 4$ $15\cdot15 = 225$
$3\cdot3 = 9$ $16\cdot16 = 256$
$4\cdot4 = 16$ $17\cdot17 = 289$
$5\cdot5 = 25$ $18\cdot18 = 324$
$6\cdot6 = 36$ $19\cdot19 = 361$
$7\cdot7 = 49$ $20\cdot20 = 400$
$8\cdot8 = 64$ $21\cdot21 = 441$
$9\cdot9 = 81$ $22\cdot22 = 484$
$10\cdot10 = 100$ $23\cdot23 = 529$
$11\cdot11 = 121$ $24\cdot24 = 576$
$12\cdot12 = 144$ $25\cdot25 = 625$
$13\cdot13 = 169$
b) Die Regelmäßigkeit dieser Folge ist
$+ 3$; $+ 5$; $+ 7$; $+ 9$; $+ 11$; $+ 13$; …
c) 3; 8; 15; 24; 35; 48; …
Die Ergebnisse sind immer 1 kleiner als die Zweierpo-
tenzen 4; 9; 16; 25; 36; 49; …

7 Schreibe mit Rest: $26 : 7 = 3\,R\,5$

a) $19 : 2$ b) $52 : 6$ c) $82 : 10$
    $11 : 4$ $47 : 7$ $149 : 15$
    $32 : 3$ $80 : 5$ $135 : 12$
    $56 : 8$ $75 : 6$ $325 : 40$
    $80 : 9$ $99 : 1$ $136 : 13$

8   a) Setze die richtige Zahl ein.

$\square : 5 = 7\,R\,3$ $\square : 12 = 11\,R\,7$
$\square : 9 = 8\,R\,8$ $\square : 15 = 6$
$\square : 7 = 5\,R\,3$ $\square : 25 = 8\,R\,24$
$\square : 10 = 10\,R\,9$ $\square : 11 = 9\,R\,1$

b) Welche Aufgaben aus dem kleinen Einmaleins kommen in Frage?

$\square : \triangle = 7\,R\,2$ $\square : \triangle = 5\,R\,7$
$\square : \triangle = 9\,R\,1$ $\square : \triangle = 10\,R\,9$

9 Die dreistelligen Zahlen sollen ohne Rest teilbar sein.

a) $\square 33 : 3$ b) $47\square : 5$ c) $98\square : 10$
    $54\square : 9$ $6\square 6 : 6$ $84\square : 4$
    $8\square 4 : 2$ $74\square : 2$ $25\square : 7$

10 Setze die Ziffern $\boxed{3}$, $\boxed{5}$ und $\boxed{8}$ in die folgende Rechnung ein.

$\square\square \cdot \square =$

Das Produkt soll dabei
a) möglichst groß sein,
b) möglichst klein sein,
c) eine 0 an der Einerstelle haben,
d) eine 5 an der Einerstelle haben,
e) eine 4 an der Einerstelle haben.

11 Setze fort und rechne.

a)   b)   c)

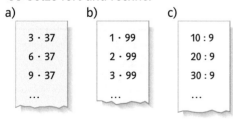

a)	b)	c)
$3 \cdot 37$	$1 \cdot 99$	$10 : 9$
$6 \cdot 37$	$2 \cdot 99$	$20 : 9$
$9 \cdot 37$	$3 \cdot 99$	$30 : 9$
…	…	…

12 Drei Generationen: Tochter, Mutter und Großmutter behaupten: „In diesem Jahr bin ich ein Vielfaches von 7 und im nächsten Jahr ein Vielfaches von 5 Jahre alt." Überprüfe die Behauptung für jede der drei Personen.

13 a) In welcher Zeit legt der Wolf 500 m zurück? Kann der Hase diese Strecke schneller zurücklegen?

Wolf	1 km in 1 min
Hase	700 m in 35 s
Zebra	65 km in 1 h
Känguru	16 km in $\frac{1}{4}$ h

b) Welches Tier legt in einer halben Stunde die größere Strecke zurück, das Zebra oder das Känguru?
c) 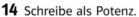 Findet eigene Aufgaben.

Ein Produkt aus gleichen Faktoren kann kürzer geschrieben werden:
$3 \cdot 3 = 3^2$ („3 hoch 2")
$4 \cdot 4 \cdot 4 = 4^3$ („4 hoch 3")
Diese Schreibweise heißt Potenzieren, der Ausdruck 4^3 heißt **Potenz**.

$3^1 = 3$
$25^1 = 25$
$100^1 = 100$

14 Schreibe als Potenz.

a) $5 \cdot 5 \cdot 5$ b) $10 \cdot 10 \cdot 10 \cdot 10$
    $13 \cdot 13$ $2 \cdot 2 \cdot 2 \cdot 2 \cdot 2$

15 Schreibe als Produkt und berechne.

a) 5^2 b) 2^3 c) 2^5
    10^2 4^3 10^8
    21^2 5^3 100^3

16 a) Übertrage die Tabelle ins Heft und ergänze bis $25 \cdot 25$.

Zahl	Potenz	Ergebnis
1	1^2	1
2	2^2	4
3	3^2	9

b) Die Folge dieser Potenzen weist eine Gesetzmäßigkeit auf. Versuche sie herauszufinden.
c) Berechne die Produkte $1 \cdot 3$; $2 \cdot 4$; $3 \cdot 5$; $4 \cdot 6$; … bis $24 \cdot 26$. Vergleiche mit den Potenzen.

Magie oder Mathematik?

1 Das abgebildete Zahlendreieck hat besondere Eigenschaften. Man nennt es *magisches Zahlendreieck.*

Stelle dir aus dünnem Karton oder dickem Papier Ziffernkärtchen her. Sie helfen beim Lösen der Aufgaben.

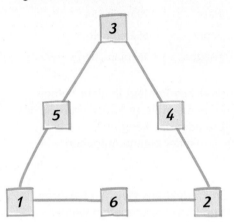

a) Weshalb heißt das abgebildete Zahlendreieck *magisch*?
b) Wie heißt die *magische Zahl* im abgebildeten Zahlendreieck?
c) Überlege dir ein Dreieck mit der magischen Zahl 10. Mit den Ziffernkärtchen kannst du leichter probieren.
d) Das unten abgebildete Dreieck soll magisch sein. Es gibt fünf Möglichkeiten. Lege die Zahlenkärtchen so, dass sich für jede Dreiecksseite folgende Summen als magische Zahlen ergeben:

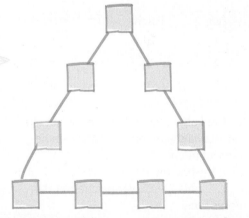

2 Schon aus der Zeit vor Christi Geburt kennt man *magische Quadrate* oder *Zauberquadrate.*
In einem magischen Quadrat werden Zahlen so angeordnet, dass ihre Summe in allen Spalten, Zeilen und Diagonalen immer gleich ist – die *magische Zahl*. Viele Menschen erkannten nicht, wie man solche Quadrate bildete, und dachten daher, es sei Magie oder Zauberei im Spiel. Noch im Mittelalter wurden magische Quadrate auf Silberplättchen geritzt und als Glücksbringer betrachtet.

a) Welches ist die magische Zahl in diesem Quadrat? Begründe deine Antwort.
b) Das angeblich älteste magische Quadrat ist 2800 v. Chr. in China entstanden.

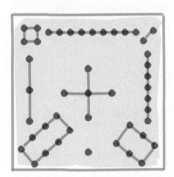

Übersetze dieses Quadrat in ein Quadrat mit Ziffern. Vergleiche mit dem oben stehenden Quadrat. Was fällt dir auf?
c) Bilde selbst ein magisches Quadrat mit den Ziffernkärtchen.
Vergleiche mit dem ursprünglichen Zahlenquadrat.

Mathematische Reise: Magie oder Mathematik?

Aufgaben

1 a) Das Zahlendreieck heißt magisch, weil die Summe jeder Reihe gleich ist. *Das Zahlendreieck kann zunächst an der Tafel vorgegeben und die Frage gestellt werden: „Warum heißt es magisch?" Es sollte darauf hingewiesen werden, dass bei „magischen" Dreiecken und Quadraten jede Zahl nur einmal vorkommen darf.*
b) Die magische Zahl heißt 9.
c) *Ziffernkärtchen sind hier nützlich. Eventuell müssen schwachen Schülern als Hilfestellung die Eckzahlen des Dreiecks angegeben werden. Eine Strategie kann sein, dass zunächst jeweils drei Summanden zusammengelegt werden, die die Summe 10 ergeben.*

Vorübung zur Teilaufgabe d): Finde ein magisches Dreieck mit der magischen Zahl 9 oder 11.

Summe: 9   Summe: 11
d) Aufgabe zur Differenzierung, für die es mehrere Lösungen gibt:

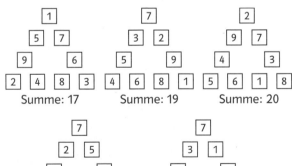

Summe: 17   Summe: 19   Summe: 20

Summe: 21   Summe: 23

Als Hilfestellung können zwei Eckzahlen und die magische Zahl vorgegeben werden. Dann werden analog zu Teilaufgabe c) die anderen Zahlen gesucht.

2 *Sinnvoll ist hier, die Regeln für die „magischen Quadrate" nach Besprechung des Textes kurz an der Tafel zu fixieren:*
– *Jede Zahl darf nur einmal vorkommen.*
– *Die Summe in allen Spalten, Zeilen, Diagonalen soll immer gleich sein.*
a) Die magische Zahl ist 15: 2 + 9 + 4 = 15.
b)

4	9	2
3	5	7
8	1	6

Die magische Zahl ist 15.
Auffälligkeiten:
– Die magische Zahl ist die gleiche wie bei a).
– Es werden dieselben Zahlen benutzt.
– Es sind nur die erste und die dritte Spalte vertauscht.
c) *Hier können die Zahlenkärtchen zum Einsatz kommen. Es gibt verschiedene Lösungsmöglichkeiten, die in Partner- oder Gruppenarbeit überprüft werden. Möglich ist auch der Einsatz der Zauberquadrate zu Beginn einer Mathematikstunde als Kopfrechenübung. Dabei stellen die Schülerinnen und Schüler sicher schnell fest, dass die magischen Quadrate, die man bilden kann, sich durch Symmetrie (Drehungen und Spiegelungen) aus dem ursprünglichen herstellen lassen:*

4	3	8		8	3	4		8	1	6		2	7	6
1	5	9		9	5	1		3	5	7		9	5	1
6	7	2		2	7	6		4	9	2		4	3	8

Eine weitere Aufgabe ist, herauszufinden, ob es sich hierbei um ein magisches Quadrat handelt oder nicht:

3	8	1
4	5	6
9	2	7

Summe der ersten Spalte: 16
Summe der dritten Spalte: 14
Summe der ersten Zeile: 12
Summe der dritten Zeile: 18

Es ist kein magisches Quadrat.

3

a)

6	1	8
7	5	3
2	9	4

magische Zahl: 15

Lösungsstrategie: Zuerst wird die magische Zahl, die man durch die Summe der ersten Spalte erhält, berechnet, dann werden jeweils die Zeilen oder Spalten, in denen schon zwei Summanden stehen ergänzt.

b)

16	5	9	4
3	10	6	15
2	11	7	14
13	8	12	1

magische Zahl: 34

Analoge Lösungsstrategie zu a): Die Summe der dritten Spalte ergibt die magische Zahl, die weiteren Zahlen lassen sich durch Ergänzen der Zeilen oder Spalten, in denen bereits drei Summanden stehen, finden.

c)

3	16	9	22	15
20	8	21	14	2
7	25	13	1	19
24	12	5	18	6
11	4	17	10	23

magische Zahl: 65

Analog zu den Aufgaben a) und b): Die magische Zahl ergibt sich aus der Summe der Diagonale von links oben nach rechts unten. Dann berechnet man die fehlende Zahl der zweiten Diagonale.
Die magischen Quadrate eignen sich gut zum Einsatz in der Kopfrechenphase. Entweder lässt man nur die magische Zahl berechnen, oder man lässt Zahlen weg, die die Schülerinnen und Schüler ergänzen sollen.

Weitere Beispiele für magische Quadrate sind:

15	1	12	7
11	8	14	2
5	10	3	17
4	16	6	9

Summe: 35

60	3	36	21
33	24	57	6
15	30	9	66
12	63	18	27

Summe: 120

4 *Bei dieser Aufgabe können die Schülerinnen und Schüler zu Zahlen- und Musterforschern werden, da es eine Unmenge von möglichen Mustern gibt.*
a) Die magische Zahl heißt 34.
b) Das Bild ist 1514 entstanden.
c) Dies ist nur eine kleine Auswahl aus den vielen Mustern, die hier entdeckt werden können:

16	3	2	13
5	10	11	8
9	6	7	12
4	15	14	1

3 Übertrage die Quadrate in dein Heft und ergänze die fehlenden Zahlen. Bestimme dazu zuerst die magische Zahl mithilfe der schon eingetragenen Zahlen.

a)

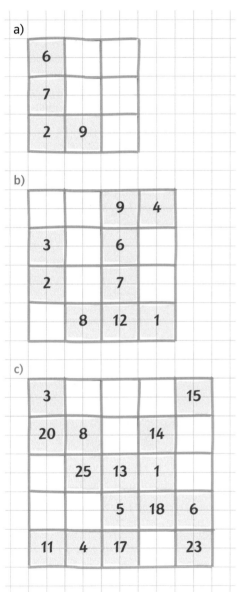

b)

c)

4 Albrecht Dürer war einer der bedeutendsten Maler. Von ihm stammt das Bild *Melancholie*, in dem das abgebildete magische Quadrat enthalten ist.

Albrecht Dürer (1471–1528)

a) Finde die magische Zahl heraus.
b) In zwei nebeneinander stehenden Feldern ist das Entstehungsjahr des Bildes abzulesen.
c) Die magische Zahl im Bild Melancholie tritt nicht nur in den Zeilen, Spalten und Diagonalen auf.
Entdecke weitere Muster für das Auftreten der magischen Zahl.

3 Kopfrechnen: Rechnen mit Stufenzahlen

Unser Herz pumpt das Blut durch den Körper und versorgt die Körperzellen mit Nährstoffen und Sauerstoff. Ruhen wir, so schlägt es 60- bis 70-mal pro Minute. Schätze, wie viele Herzschläge das im Laufe eines Tages sind.

Tiere haben je nach Größe und Art recht unterschiedliche Pulsschläge. Das Herz einer Katze schlägt etwa 140-mal, das eines Elefanten 25-mal, das einer Maus 500-mal und das eines Kolibris 1000-mal pro Minute.

→ Wie oft schlägt das menschliche Herz und die Herzen der Tiere in einer Stunde, an einem Tag, in 10 Tagen, in 100 Tagen, …? Lege eine Tabelle an und rechne.

| | Herzschläge | | | |
	pro Minute	pro Stunde	pro Tag	in…
Mensch	70			
Katze	140			
Elefant	25			
Maus				

100 Tage sind etwas mehr als 3 Monate.

1000 Tage entsprechen etwa 2 Jahren und 9 Monaten.

10 000 Tage sind etwas mehr als 27 Jahre.

> **!** Mit den Stufenzahlen 1; 10; 100; 1000; 10 000 … lässt sich besonders leicht rechnen.

Weiter geht's

→ Rechne und setze fort. Was macht das Rechnen einfach?

Addition		Subtraktion	
5 + 3	9 + 6	8 − 5	13 − 7
50 + 30	90 + 60	80 − 50	130 − 70
500 + 300	900 + 600	800 − 500	1300 − 700
…	…	…	…

Was ist bei diesen einzelnen Aufgaben jeweils anders?

500 + 3000	900 + 60	800 − 50	1300 − 70

→ Rechne und setze fort.
Wie viele Nullen hat das Ergebnis jeweils? Formuliere Rechenregeln.

Multiplikation		Division	
3·20	4·30	8 : 4	900 : 300
30·20	40·300	80 : 40	9000 : 300
300·20	400·300	800 : 400	90 000 : 300
…	…	…	…

3 Kopfrechnen: Rechnen mit Stufenzahlen

Die Stufenzahlen entstehen durch Bündelung von jeweils 10 Einheiten im Zehnersystem. Das Anwenden von Stufenzahlen und ihren Vielfachen (Zehner-, Hunderter-, Tausenderzahlen, …) erleichtert vor allem das Rechnen im Bereich großer Zahlen. In einer Einübungsphase soll der selbstständige Umgang mit Stufenzahlen und ihren Vielfachen geübt werden und damit auch der Umgang mit den Nullen.

Einstieg

Der Einstieg kann handlungsorientiert erfolgen, indem sich die Schülerinnen und Schüler gegenseitig ihren Pulsschlag messen. Vom Herzschlag der Kinder in einer Minute kann dann zum Text im Schülerbuch übergegangen werden: Für den Menschen und drei Tiere wird die jeweilige Anzahl der Herzschläge pro Minute vorgestellt, die die Kinder miteinander vergleichen können.

Impulse

Der Impuls thematisiert beispielhaft die Multiplikation mit Stufenzahlen.

→ Mithilfe der Tabelle wird die Aufmerksamkeit der Kinder, die oft Ängste im Umgang mit großen Zahlen haben, auf das einfache Anhängen der Nullen bei der Multiplikation mit 100; 1000 und 10 000 gelenkt.

Herz-schläge	pro Minute	pro Stunde	pro Tag	pro 10 Tage	pro 100 Tage
Mensch	70	4200	100 800	1 008 000	10 080 000
Katze	140	8400	201 600	2 016 000	20 160 000
Elefant	25	1500	36 000	360 000	3 600 000
Maus	500	30 000	720 000	7 200 000	72 000 000
Kolibri	1000	60 000	1 440 000	14 400 000	144 000 000

Für 1000 und 10 000 Tage wird jeweils noch eine bzw. zwei Nullen angehängt.
Vom Mensch zur Katze muss man die Zahlen genauso verdoppeln, wie von der Maus zum Kolibri. Die Kinder sollten aufgefordert werden, ihre Vorgehensweise zu reflektieren und zu verbalisieren.

Für schwächere Schülerinnen und Schüler bietet es sich an, kleinschrittiger vorzugehen und zunächst nur zwei Spalten benachbarter Zeilen miteinander zu vergleichen.

Randspalte

Damit die Kinder die Zeiträume, um die es bei der jeweiligen Anzahl der Tage geht, einschätzen können, werden an dieser Stelle Näherungen angeboten.

In den vorangegangenen Lerneinheiten, in denen die Kinder sich den komfortabelsten Rechenweg gesucht haben, haben die Kinder festgestellt, dass sich mit 10; 100 und 1000, also mit den Stufenzahlen, am besten rechnen lässt. Dabei stellen die Kinder fest, dass sie besonders auf die Nullen in der Ausgangsrechnung und im Ergebnis achten müssen.

Weiter geht's

→ Bei all diesen Aufgaben ist die eigentliche Aufgabe schon in der ersten Zeile gelöst. Die Anzahl der Nullen bei allen Zahlen und Ergebnissen ist gleich.
   5 + 3 = 8 (80; 800; 8000; 80 000; …)
   9 + 6 = 15 (150; 1500; 15 000; 150 000; …)
   8 − 5 = 3 (30; 300; 3000; 30 000; …)
   13 − 7 = 6 (60; 600; 6000; 60 000; …)
   In den Aufgaben 500 + 3000; 900 + 60; 800 − 50 und 1300 − 70 haben die Zahlen verschieden viele Nullen, daher muss man genau aufpassen:
   500 + 3000 = 3500; 900 + 60 = 960 und 800 − 50 = 750.

→ Bei der Multiplikation wird die Anzahl der Nullen der Faktoren addiert.
   Bei der Division wird die Anzahl der Nullen des Divisors von der Anzahl der Nullen des Dividenden subtrahiert.
   Durch viel Übung verlieren die Kinder die Angst vor großen Zahlen, denn oft verstecken sich hinter den vielen Nullen nur kleine Rechnungen.

Weiteres Angebot   Kopfrechenübung
Kettenaufgaben

a)				b)			
300 ·	5 =	1500		70 ·	3 =	210	
1500 ·	20 =	30 000		210 ·	5 =	1050	
30 000 ·	2 =	60 000		1050 ·	2 =	2100	
60 000 ·	10 =	600 000		2100 ·	100 =	210 000	
600 000 ·	2 =	1 200 000		210 000 ·	10 =	2 100 000	

Aufgaben

1
a) 81 200 +   5 = 81 205
   81 200 +   50 = 81 250
   81 200 +   500 = 81 700
   81 200 +   5000 = 86 200
   81 200 + 50 000 = 131 200
b) 70 650 +   4 = 70 654
   70 650 +   40 = 70 690
   70 650 +   400 = 71 050
   70 650 +   4000 = 74 650
   70 650 + 40 000 = 110 650
c) *Die Aufgabenketten sind analog.*
23 089; 23 170; 23 980; 32 080; 113 080
d) 170 008; 170 080; 170 800; 178 000; 250 000
e) 479 006; 479 060; 479 600; 485 000; 539 000
f) 308 043; 308 070; 308 340; 311 040; 338 040

2 *Die Aufgabenketten sind analog zu Aufgabe a).*
a) 95 000 –   9 = 94 991
   95 000 –   90 = 94 910
   95 000 –   900 = 94 100
   95 000 –   9000 = 86 000
   95 000 – 90 000 =   5000
b) 70 398; 70 380; 70 200; 68 400; 50 400
c) 845 495; 845 450; 845 500; 840 000; 795 000
d) 909 993; 909 930; 909 300; 903 000; 840 000
e) 460 494; 460 440; 459 900; 454 500; 400 500
f) 999 990; 999 900; 999 000; 990 000; 900 000

3 a) 8750; 9000; 9250; 9500; 9750; 10 000
b) 63 600; 64 800; 66 000; 67 200; 68 400; 69 600;
70 800; 72 000; 73 200
c) 91 800; 92 700; 93 600; 94 500; 95 400; 96 300;
97 200; 98 100; 99 000; 99 900
d) 3300; 2800; 2300; 1800; 1300; 800
e) 48 500; 40 500; 32 500; 24 500; 16 500; 8500
f) 43 700; 41 600; 39 500; 37 400; 35 300; 33 200;
31 100; 29 000; 26 900; 24 800; 22 700; 20 600;
18 500; 16 400; 14 300; 12 200; 10 100

4 a) 107; 500; 370; 500   b) 990; 1000; 1020; 760

5 a) 9300; 31 000; 85 000; 100 000
b) 27 000; 500 000; 800 000; 1 000 000

6 a) 470; 60; 1230; 1900
b) 7700; 2700; 1100; 3400

7 a) 73 000; 37 000; 20 500; 60 900
b) 97 529; 594 700; 397 000; 712 000

8 *Es gibt verschiedene Möglichkeiten.*
1 000 000 = 125 000 + 225 000 + 650 000
1 000 000 = 160 000 + 260 000 + 580 000
1 000 000 = 650 000 + 260 000 + 90 000
1 000 000 = 125 000 + 615 000 + 260 000 usw.

9 a) 400; 800; 1600; 3200; 6400; 12 800;
25 600; 51 200
b) 500; 1000; 2000; 4000; 8000; 16 000; 32 000;
64 000; 128 000; 256 000; 512 000
c) 1100; 2200; 4400; 8800; 17 600; 35 200; 70 400;
140 800; 281 600; 563 200; 1 126 400; 2 252 800
d) 4250; 8500; 17 000; 34 000; 68 000; 136 000;
272 000; 544 000; 1 088 000
e) 5050; 10 100; 20 200; 40 400; 80 800; 161 600;
323 200; 646 400

10 a) 9600; 4800; 2400; 1200; 600; 300; 150
b) 56 320; 28 160; 14 080; 7040; 3520; 1760; 880;
440; 220
c) 70 400; 35 200; 17 600; 8800; 4400; 2200; 1100;
550
d) 256 000; 128 000; 64 000; 32 000; 16 000; 8000;
4000; 2000; 1000; 500; 250
e) 2 000 000; 1 000 000; 500 000; 250 000; 125 000;
62 500; 31 250

11 a) 140; 3600; 45 000; 630 000; 8 000 000
b) 2170; 300 000; 602 000; 1 980 000; 10 000 000

12 a) 6300; 15 000; 8000; 24 000
b) 480 000; 280 000; 18 000 000; 4 500 000

13 Pro Haus werden vier Zerlegungen gemacht.

a) 4500	b) 1200	c) 2500
45 · 100	12 · 100	25 · 100
90 · 50	6 · 200	50 · 50
180 · 25	24 · 50	20 · 125
2 · 2250	48 · 25	250 · 10

d) 45 000	e) 36 000	f) 225 000
45 · 1000	18 · 2000	225 · 1000
90 · 500	72 · 500	450 · 500
2 · 22 500	36 · 1000	900 · 250
9 · 5000	18 000 · 2	45 · 5000

1 Bilde Aufgabenketten wie im Beispiel auf der Randspalte rechts und rechne.

a) $\boxed{81\,200}$ + 5
…

b) $\boxed{70\,650}$ + 4
…

c) $\boxed{23\,080}$ + 9
…

d) $\boxed{170\,000}$ + 8
…

e) $\boxed{479\,000}$ + 6
…

f) $\boxed{308\,040}$ + 3
…

2 Bilde Aufgabenketten und rechne.

a) $\boxed{95\,000}$ – 9
…

b) $\boxed{70\,400}$ – 2
…

c) $\boxed{845\,000}$ – 5
…

d) $\boxed{910\,000}$ – 7
…

e) $\boxed{460\,500}$ – 6
…

f) $\boxed{1\,000\,000}$ – 10
…

3 Setze die Zahlenfolgen fort.
a) 8000; 8250; 8500; …; 10 500
b) 60 000; 61 200; 62 400; …; 74 400
c) 89 100; 90 000; 90 900; …; 100 800
d) 4800; 4300; 3800; …; 300
e) 72 500; 64 500; 56 500; …; 500
f) 50 000; 47 900; 45 800; …; 8000

4 Berechne.

a) 67 + 40
430 + 70
280 + 90
340 + 160

b) 560 + 430
690 + 310
750 + 270
380 + 380

5 Berechne.

a) 5000 + 4300
27 000 + 4000
62 000 + 23 000
45 000 + 55 000

b) 23 600 + 3400
440 500 + 59 500
799 900 + 100
685 000 + 315 000

6 Berechne.

a) 560 – 90
140 – 80
1300 – 70
2100 – 200

b) 8300 – 600
5000 – 2300
4500 – 3400
9300 – 5900

7 Berechne.

a) 80 000 – 7000
46 000 – 9000
25 000 – 4500
70 300 – 9400

b) 98 000 – 471
600 000 – 5300
403 000 – 6000
750 000 – 38 000

8 Zerlege in drei Summanden.
1 000 000 = $\boxed{}$ + $\boxed{}$ + $\boxed{}$

$\boxed{90\,000}$ $\boxed{225\,000}$ $\boxed{650\,000}$

$\boxed{615\,000}$ $\boxed{125\,000}$ $\boxed{160\,000}$

$\boxed{330\,000}$ $\boxed{260\,000}$ $\boxed{580\,000}$

Beispiel zu den Aufgaben 1 und 2:
81 200 + 5 =
81 200 + 50 =
81 200 + 500 =
…
81 200 + 50 000 =

9 Verdopple so lange, bis du die Zielzahl erreichst.
a) 25; 50; 100; 200; … ; 102 400
b) 250; … ; 1 024 000
c) 550; … ; 4 505 600
d) 2 125; … ; 2 176 000
e) 2 525; … ; 1 292 800

10 Halbiere so lange, bis du die Zielzahl erreichst.
a) 76 800; 38 400; 19 200; … ; 75
b) 112 640; … ; 55
c) 140 800; … ; 275
d) 512 000; … ; 125
e) 4 000 000; … ; 15 625

11 Berechne.

a) $14 \cdot 10$
$36 \cdot 100$
$45 \cdot 1000$
$63 \cdot 10\,000$
$800 \cdot 10\,000$

b) $217 \cdot 10$
$300 \cdot 1000$
$6020 \cdot 100$
$198 \cdot 10\,000$
$5000 \cdot 2000$

12 Berechne.

a) $90 \cdot 70$
$50 \cdot 300$
$200 \cdot 40$
$300 \cdot 80$

b) $800 \cdot 600$
$7000 \cdot 40$
$6000 \cdot 3000$
$4500 \cdot 1000$

13 Zerlege in Faktoren.

a) 4500
b) 1200
c) 2500
d) 45 000
e) 36 000
f) 225 000

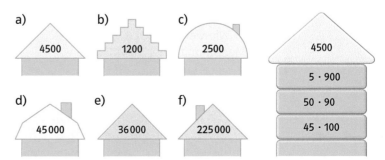

4500

5 · 900

50 · 90

45 · 100

14 👥 Setzt die Zahlenkärtchen ein. Berechnet die Produkte. Vergleicht eure Ergebnisse.

☐ · ☐ · ☐ =

| 50 | 24 | 20 | 12 |

Wie viele Möglichkeiten findet ihr?

Verbindungsgesetz

Multipliziert man mehr als zwei Zahlen, so ist das Ergebnis von der Reihenfolge der Faktoren unabhängig.

Beispiel: $10 \cdot 12 \cdot 6 = 6 \cdot 12 \cdot 10$
$= 12 \cdot 10 \cdot 6$

---

15 Berechne.

a) 500 : 10
700 : 100
3600 : 100
24 000 : 1000
90 000 : 1000

b) 7500 : 10
31 000 : 100
620 000 : 1000
100 000 : 10 000
10 000 : 10 000

16 Berechne.

a) 480 : 20
3900 : 300
42 000 : 700
360 000 : 600
1 000 000 : 100

b) 35 000 : 7000
220 000 : 20 000
330 000 : 33 000
180 000 : 2000
500 000 : 5000

17 Eine Ameise behauptet: „Ich bin diesen Sommer schon 1 Million Schritte gelaufen." Ein Ameisenschritt hat eine Länge von 1 mm.
a) Welche Wegstrecke hat die Ameise schon zurückgelegt?
b) Wie viele Schritte benötigt ein Mensch mit einer Schrittlänge von 1 m für die gleiche Strecke?

18 Der Mensch atmet pro Minute etwa 15-mal, wenn er nicht körperlich belastet ist. Berechne die Atemfrequenz für längere Zeiträume.

---

19 Ergänze die Tabellen im Heft.

a)

•	40	60		100
			540	
		120	240	
	140			700
		300		
8				

b)

•	2		5	
		320		280
50			150	
		160		
120				420
			270	

20 Der Hauptgewinn bei einer Lottoziehung betrug 4 575 000 €.

a) Wie viele 100-€-Scheine müssten bei einer Barauszahlung für diesen Betrag bereitgestellt werden?
b) Zehn 100-€-Scheine sind fest aufeinander gelegt ungefähr 1 mm hoch. Wie hoch wäre der Hauptgewinn als Stapel mit 100-€-Scheinen?
c) Wie hoch wäre der Stapel, wenn er aus 200-€-Scheinen bestehen würde?
d) Finde mithilfe einer Tageszeitung heraus, wie hoch der Höchstgewinn im Zahlenlotto am Wochenende war. Runde diesen Betrag auf Tausender. Berechne dann, wie hoch der Geldstapel wäre, der diesem Betrag entspricht.

21 Die längste Rolltreppe der Welt ist in einer U-Bahn-Station in der Stadt St. Petersburg zu finden. Sie überwindet einen Höhenunterschied von 60 m.
Für die Höhe einer normalen Treppenstufe kann man etwa 20 cm rechnen. Wie viele Stufen bleiben einem Benutzer dieser Rolltreppe erspart?

14 $12 \cdot 20 \cdot 24 = 5760$
   $12 \cdot 24 \cdot 50 = 14400$
   $12 \cdot 20 \cdot 50 = 12000$
   $20 \cdot 24 \cdot 50 = 24000$
Es gibt insgesamt 24 Möglichkeiten. Den Schülern soll auffallen, dass das Ergebnis von der Reihenfolge der Zahlen unabhängig ist.

🔲 *Bei den folgenden Aufgaben kann der Einsatz des Taschenrechners hilfreich sein.*

15 a) 50; 7; 36; 24; 90
b) 750; 310; 620; 10; 1

16 a) 24; 13; 60; 600; 10 000
b) 5; 11; 10; 90; 100

17 a) $1\,000\,000 \cdot 1\,mm = 1\,000\,000\,mm$
$\qquad\qquad\qquad = 100\,000\,cm = 10\,000\,dm$
$\qquad\qquad\qquad = 1000\,m = 1\,km$
Die Ameise hat bereits 1 km zurückgelegt.
b) $1\,km = 1000\,m = 1000 \cdot 1\,m$
Ein Mensch benötigt 1000 Schritte für die gleiche Strecke.

18 *Bei dieser Aufgabe legen die Kinder selbst fest, was sie unter einem längeren Zeitraum verstehen.*
In einer Viertelstunde: $15 \cdot 15 = 225$ Atemzüge.
In einer halben Stunde: $15 \cdot 30 = 450$ Atemzüge.
In einer Stunde: $15 \cdot 60 = 900$ Atemzüge.
An einem Tag: $24 \cdot 900 = 21\,600$ Atemzüge.
In einer Woche: $7 \cdot 21\,600 = 151\,200$ Atemzüge.
In einem Jahr: $365 \cdot 21\,600 = 7\,884\,000$ Atemzüge.

19
a)

·	20	40	60	80	100
9	180	360	540	720	900
3	60	120	180	240	300
7	140	280	420	560	700
5	100	200	300	400	500
8	160	320	480	640	800

b)

·	2	8	5	3	7
40	80	320	200	120	280
50	100	400	250	150	350
20	40	160	100	60	140
60	120	480	300	180	420
90	180	720	450	270	630

20 a) $4\,575\,000\,€ : 100\,€ = 45\,750$
Es müssten 45 750 Scheine bereitgestellt werden.
b) $45\,750 : 10 = 4575$
$4575 \cdot 1\,mm = 4575\,mm = 457,5\,cm = 4,575\,m$
Der Stapel wäre 4,575 m hoch.
c) Der Stapel wäre halb so hoch, also etwa 2,30 m.
d) *An dieser Stelle ist es sinnvoll eine Tageszeitung vom vergangenen Montag bereitzuhalten.*
@ *Informationen findet man im Internet unter www.lotto.de.*

21 *Um die Aufgabe rechnen zu können, müssen alle Angaben in dieselbe Maßeinheit, in Zentimeter, umgewandelt werden.*
$60\,m : 20\,cm = 6000\,cm : 20\,cm = 300$
Dem Benutzer bleiben 300 Treppenstufen erspart.

Weiteres Angebot   Längste Treppe der Welt
Die längste Treppe der Welt verläuft im Berner Oberland in der Schweiz. Sie führt mit 11 674 Stufen von Mülenen – 639 m ü. N. N. – auf den 2336 m ü. N. N. gelegenen Niesen Kulm. Die Treppe verläuft entlang der Gleise der Niesenbahn, diese ist die längste Standseilbahn der Welt.
Die Daten dieser Aufgabe können nun mit den Daten aus Aufgabe 21 verglichen werden.
– Welche Höhe überwindet die längste Treppe der Welt? (2336 m – 639 m = 1697 m, also rund 1700 m.)
– Ist eine Treppenstufe der Niesenbahn auch 20 cm hoch? (11 674 · 20 cm = 235 480 cm, rund 2355 m. Das heißt die Treppenstufen der Niesenbahn sind niedriger als die der St. Petersburger Rolltreppe.

4 Kopfrechnen: Überschlagsrechnung

Überschlagsrechnungen helfen dabei, Rechnungen eigenständig zu kontrollieren. Kinder lassen sich oft dazu verleiten, Zahlen und Ergebnisse kritiklos zu übernehmen. Vor allem der Taschenrechner verführt zu solchem Handeln, da Tippfehler ohne Überschlag nicht erkannt werden.
Überschlagsrechnungen dienen dem realistischen Einschätzen von Zahlenwerten, der Selbstkritik und dem Training von überlegtem Handeln.

Einstieg

Ähnlich wie in der Einstiegssituation der Kopfrechnung bei der Addition und Subtraktion, wird wieder eine Landkarte mit Entfernungsangaben zur Problematisierung herangezogen. Der Einstieg beschreibt eine alltägliche Situation: Vor oder während einer Fahrt mit dem Auto wird die Straßenkarte zu Rate gezogen, in die die Entfernungen auf der Autobahn zwischen großen Städten eingetragen sind. Die Fahrerinnen und Fahrer können so überschlagen, wie weit ihr Ziel etwa vom Ausgangspunkt entfernt ist. Da im Auto meist kein Taschenrechner zur Verfügung steht und die Entfernungen möglichst schnell und unkompliziert berechnet werden sollten, wird die Aufmerksamkeit der Schülerinnen und Schüler auf die Überschlagsrechnung gelenkt. Schnell werden die Entfernungen im Kopf ungefähr berechnet, das genaue Ergebnis ist dabei kaum von Bedeutung.

◻ Orientierung in Raum und Zeit.
Hier kann die Straßenkarte als Beispiel für eine spezielle Landkarte im Unterricht herangezogen werden. Eventuell könnten auch die Entfernungen von Ausflugszielen in der näheren oder weiteren Umgebung überschlagen werden.

Impulse

→ Mögliche Routen: Freiburg – Karlsruhe – Stuttgart – Heilbronn – Würzburg 100 km + 30 km + 50 km + 50 km + 80 km + 20 km = 330 km
Freiburg – Karlsruhe – Heidelberg – Heilbronn – Crailsheim – Würzburg 100 km + 30 km + 40 km + 70 km + 70 km + 70 km = 380 km.
Ist durch den Verkehrsfunk bekannt, dass eine große Baustelle oder ein Stau auf der kürzesten Strecke liegt, so kann das der Grund sein, eine längere Strecke zu wählen.

→ Geht man von 330 km Entfernung aus und von einer Durchschnittsgeschwindigkeit von 90 $\frac{km}{h}$, so benötigt man etwa $3\frac{2}{3}$ Stunden + 45 Minuten Pause, also knapp $4\frac{1}{2}$ Stunden.
→ Braucht man für 100 km 5 l Benzin, so benötigt man für 330 km 16,5 l Benzin. Sie sollte zur eigenen Sicherheit mindestens 20 l tanken.
→ Ein Stau von 50 km Länge kommt zum Glück nicht zu oft vor. Geht man davon aus, dass ein Auto 4 m lang ist und 2 m Abstand zum Vordermann hat, so rechnet man: 50 000 m : 6 m ≈ 8000, da 48 000 m : 6 m = 8000.
Zu solchen langen Staus kommt es meist in der Hauptreisezeit. Geht man von drei Menschen pro Wagen aus, sind rund 24 000 Menschen von diesem Stau betroffen.

! Merkkasten

Die Schülerinnen und Schüler sollen zur Großzügigkeit bei Überschlagsrechnungen ermuntert werden. Es gilt: Besser eine großzügige Überschlagsrechnung als keine! Von sich aus werden die Kinder nur dann Überschlagsrechnungen durchführen, wenn sie einfach und im Kopf zu rechnen sind.

Weiter geht's

→ In einer Stunde kann man auf der Strecke 70 km zurücklegen. In einer halben Stunde 35 km. Also ist die Schätzung falsch.
Herr Hoffmann hat weniger als 1 € pro Liter bezahlt, daher kann er nur Diesel getankt haben.
→ Maurice hat nach den Rundungsregeln gerundet. 560 · 55 ≈ 600 · 60 = 36 000
Jenny hat eine Zahl auf und eine Zahl abgerundet und dabei die Rundungsregeln einmal missachtet. 560 · 55 ≈ 600 · 50 = 30 000. Vergleicht man mit dem exakten Ergebnis, so sieht man, dass Jennys Ergebnis genauer ist.
Bei der Multiplikation liegt man mit dem so genannten „gegensinnigen Runden" meist näher am Ergebnis. Da die Kinder dabei gegen die Rundungsregeln verstoßen müssen, brauchen sie Übung bei diesen Aufgaben.

4 Kopfrechnen: Überschlagsrechnung

Autokarten mit Entfernungsangaben benutzt man dazu, um Entfernungen bei der Reiseplanung im Voraus grob zu berechnen und die Fahrzeiten abzuschätzen.

→ Familie Lehmann fährt von Freiburg nach Würzburg. Schreibe mögliche Autorouten auf und vergleiche sie.

→ Frau Lehmann geht von einer Durchschnittsgeschwindigkeit von 90 Kilometer pro Stunde aus und plant eine 45-minütige Rast ein.

→ Ihr Auto verbraucht pro 100 km 5 Liter Benzin. Wie viel Liter muss sie tanken?

→ Von Würzburg aus möchte sie einen Tagesausflug machen und dabei ungefähr 300 km fahren. Suche mögliche Routen.

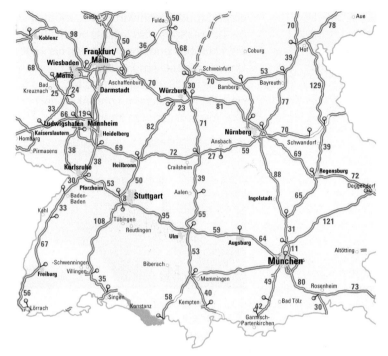

→ Es wird ein Stau von 50 km Länge gemeldet.
Wie viele Autos sind betroffen?
Wie viele Menschen stecken im Stau?

Stauwarnung
Die Polizei weist darauf hin, dass während des starken Reiseverkehrs am Wochenende mit Staus zu rechnen ist. Auf zweispurigen Autobahnen können schon wenige Unfälle zu Staus von 100 km Länge führen.

Eine Rechnung mit gerundeten Zahlen heißt **Überschlagsrechnung** (kurz: **Überschlag**). Die Zahlenwerte werden so gerundet, dass man die Rechnung im Kopf durchführen kann.

Das Zeichen ≈ bedeutet ungefähr (rund).

Weiter geht's
→ Überprüfe durch Überschlagen.

auf 32,5 km

Für diese Strecke braucht ein Fahrer mindestens 40 Minuten.

Diesel	0,91⁹
Normal	1,10⁹
Super	1,12⁹
Superplus	1,16⁹

Herr Hoffmann hat für 57 Liter 52,38 Euro bezahlt.

→ Beschreibe, wie Jenny und Maurice die Aufgabe 560·55 = ☐ überschlagen.
Jenny: 560·55 ≈ 500·60   Maurice: 560·55 ≈ 600·60
Zu welchem Ergebnis kommen sie? Wie würdest du überschlagen?
Vergleiche mit der richtigen Rechung: 560·55 = 30 800.

1 Akim hat einen Ferienjob in einer Stadtgärtnerei angenommen. Er erhält einen Stundenlohn von 5,10 €. Montag bis Donnerstag wird jeweils von 8.00 Uhr bis 12.00 Uhr und von 13.00 Uhr bis 17.00 Uhr gearbeitet. Am Freitag wird durchgehend bis 13.00 Uhr gearbeitet. Überschlage, mit welchem Lohn Akim nach drei Wochen rechnen kann.

2 Marielle richtet sich ein Aquarium ein. Mit ihrer Mutter kauft sie bei ZOO-Rabe ein. Überschlage zuerst.

Pflanzen 12,34 €

Fische 12,90 €

Schnecken 4,85 €

Sand 2,99 €

Fische 18,60 €

Fische 15,40 €

3 Reicht das Geld?
a) 10 €: 4,17 € + 3,69 € + 1,19 €
b) 20 €: 8,59 € + 6,99 € + 6,19 €
c) 50 €: 25,50 € + 8,99 € + 3 · 5,20 €

4 Mehr oder weniger als 100 €?
a) 27 € + 45 € + 38 €
b) 56 € + 5 € + 17 € + 28 €
c) 16 € + 20 € + 24 € + 18 € + 12 €

Ihre Rechnung
12,80 €
2,10 €
8,70 €
1,95 €
7,40 €
1,50 €
3 x 3,60 €
10,80 €

5 Familie Lehma nn hatte in der Raststätte 45,25 € zu zahlen. Überprüfe durch Überschlagen.

6 Ist das klug gerundet?
Ömer geht mit 40 € aus dem Haus. Er kauft sich für rund 20 € einen Pullover und für rund 30 € eine Hose. Ist das möglich?

7 Löse nur die Teilaufgaben, die du für sinnvoll hältst. Begründe jeweils deine Entscheidung.
a) Der Stundenlohn eines Arbeiters beträgt 10,80 €. Welchen Verdienst hat er in einem Monat mit 150 Arbeitsstunden?
b) Eine Tulpe wächst in einer Stunde 8 mm. Wie groß ist die Tulpe nach 14 Tagen?
c) Mit einem Liter Kraftstoff fährt ein Auto 12 Kilometer. Der Tank des Autos fasst 65 Liter.
Reicht eine Tankfüllung für eine Reise von 1000 Kilometern?
d) Eine Personenwaage im Badezimmer hat eine Skala bis 150 kg. Können die vier Geschwister Maximilian (35,800 kg), Friederike (30,500 kg), Carmen (32 kg) und Lothar (41,200 kg) ihr Gesamtgewicht ermitteln, ohne zu rechnen?
e) Geht ein Mensch, der 1000 Tage alt ist, schon zur Schule?
f) Hatte ein Mensch, der 1000 Wochen alt ist, schon seinen 30. Geburtstag?
g) Ein 40 m hoher Turm ist über eine Innentreppe begehbar. Die Stufen sind jeweils 83 cm hoch. Wie viele Stufen führen auf den Turm?

8 Die folgenden Aufgaben wurden alle falsch gerechnet.
Bei welchen Aufgaben kannst du das schon durch eine Überschlagsrechnung erkennen?
a) 759 + 183 = 932
124 + 678 + 195 = 1297
b) 938 − 481 = 357
1739 − 246 = 1513
c) 806 · 17 = 16 702
687 · 52 = 34 724
d) 897 · 39 = 39 483
38 016 · 594 = 22 585 104

Aufgaben

1 Akim arbeitet Montag bis Donnerstag je 8 h und am Freitag 5 h. Die Wochenarbeitszeit beträgt somit $4 \cdot 8\,h + 5\,h = 37\,h$, d.h. in drei Wochen ungefähr $3 \cdot 40\,h = 120\,h$. Sein Lohn beträgt ca. $120 \cdot 5\,fl$, also $600\,fl$. Akim kann etwa mit $600\,fl$ rechnen.
(Will man mit dem genauen Ergebnis vergleichen, so rechnet man $3 \cdot 37 \cdot 5{,}10\,€ = 566{,}10\,€$.)

2 Bevor Marielle mit ihrer Mutter an die Kasse geht, überschlagen sie ihren Einkauf:
$12\,€ + 13\,€ + 5\,€ + 3\,€ + 19\,€ + 15\,€ = 67\,€$.
(Der exakte Wert ist 67,08 €).
Man kann die Aufgabe erweitern, indem man einen Betrag vorgibt, den Marielle und ihre Mutter ausgeben können, z.B. 50 €. Dann muss man auf etwas verzichten, z.B. auf die Fische für 18,60 € oder auf die Schnecken für 4,85 € und die Fische für 12,90 €.

3 a) $4{,}00\,€ + 4{,}00\,€ + 1{,}00\,€ = 9{,}00\,€$ oder
$4{,}20\,€ + 3{,}70\,€ + 1{,}20\,€ = 9{,}10\,€$
Die 10 € reichen aus.
b) $9{,}00\,€ + 7{,}00\,€ + 6{,}00\,€ = 22{,}00\,€$ oder
$8{,}60\,€ + 7{,}00\,€ + 6{,}20\,€ = 21{,}80\,€$
Die 20 € reichen nicht.
c) $26{,}00\,€ + 9{,}00\,€ + 3 \cdot 5{,}00\,€ = 50{,}00\,€$
$25{,}50\,€ + 9{,}00\,€ + 3 \cdot 5{,}20\,€ = 50{,}10\,€$
Die 50 € reichen nicht.

4 *Überschlägt man zu grob, kann das zu falschen Ergebnissen führen.*
a) Ü: $30\,€ + 50\,€ + 40\,€ = 120\,€ > 100\,€$, und exakt: $27\,€ + 45\,€ + 38\,€ = 110\,€$.
b) Ü: $60\,€ + 0\,€ + 20\,€ + 30\,€ = 110\,€ > 100\,€$.
exakt: $56\,€ + 5\,€ + 17\,€ + 28\,€ = 106\,€ > 100\,€$
c) Ü: $20\,€ + 20\,€ + 20\,€ + 20\,€ + 10\,€ = 90\,€ < 100\,€$.
exakt: $16\,€ + 20\,€ + 24\,€ + 18\,€ + 12\,€ = 90\,€$

5 $12{,}80\,€ + 2{,}10\,€ + 8{,}70\,€ + 1{,}95\,€ + 7{,}40\,€ + 1{,}50\,€ + 3 \cdot 3{,}60\,€ \approx$
$13\,€ + 2\,€ + 9\,€ + 2\,€ + 7\,€ + 2\,€ + 11\,€ = 46\,€$.
Familie Lehmann akzeptiert die Rechnung.

6 Bei dieser Aufgabe wurde stark gerundet. Wahrscheinlich hat der Pulli etwa 15 € und die Hose etwa 25 € gekostet.

7 *Diese Aufgabe ist geeignet, um das Verbalisieren zu üben. Man kann die Kinder in Gruppen einteilen, die anschließend der Klasse ihre Ergebnisse präsentieren. Das Motto lautet: Lesen, verstehen, rechnen.*
a) $10{,}80\,€ \cdot 150 \approx 11\,€ \cdot 150 = 1650\,€$
Der Arbeiter verdient etwa 1650 € im Monat.
b) Hier macht eine Rechnung keinen Sinn, da die Tulpe nicht gleichmäßig wächst.
(Eine Rechnung ergibt, dass die Tulpe in 14 Tagen 2688 mm, also über 2,5 m wächst.)
c) $1000\,km : 12\,km \approx 1000\,km : 10\,km = 100 > 65$
Eine Tankfüllung von 65 l reicht nicht für 1000 km.
d) Die Geschwister können sich nicht alle zusammen auf die Badezimmerwaage stellen. (139,5 kg)
e) $1000\,\text{Tage} : 365\,\text{Tage} \approx 1000\,\text{Tage} : 500\,\text{Tage} = 2$
Da auf einen Teiler von 1000 gerundet werden muss; könnte man auch rechnen:
$1000\,\text{Tage} : 365\,\text{Tage} \approx 1000\,\text{Tage} : 250\,\text{Tage} = 4$
Ein Mensch zwischen 2 Jahren und 4 Jahren geht nicht zur Schule.
f) $1000\,w : 52\,w \approx 1000\,w : 50\,w = 20$
(w für Wochen)
Der Mensch ist noch keine 30 Jahre alt.
g) Die Treppenstufen wären so hoch wie Tische, daher macht die Rechnung keinen Sinn.
$(40\,m : 83\,cm \approx 4000\,cm : 80\,cm = 50)$

8 *Auf Hunderter gerundet wäre die Abschätzung zu ungenau. (Exakte Ergebnisse)*
a) $759 + 183 \approx 760 + 190 = 950$ (942)
$124 + 678 + 195 \approx 120 + 680 + 200 = 1000$ (997)
Bei der zweiten Aufgabe fällt der Fehler mit dem Überschlag auf.
b) $938 - 481 \approx 940 - 480 = 460$ (457)
$1739 - 246 \approx 1740 - 250 = 1490$ (1493)
Der Überschlag deckt keinen Fehler auf.
c) $806 \cdot 17 \approx 800 \cdot 20 = 16\,000$ (13 702)
$687 \cdot 52 \approx 700 \cdot 50 \approx 35\,000$ (35 724)
Bei der ersten Aufgabe fällt der Fehler mit dem Überschlag auf.
d) $897 \cdot 39 \approx 900 \cdot 40 = 36\,000$ (34 983)
$38\,016 \cdot 594 \approx 38\,000 \cdot 600 = 22\,800\,000$ (22 581 504)
Bei der ersten Aufgabe fällt der Fehler mit dem Überschlag auf.

9

a) $350 : 70 = 5$ b) $420 : 70 = 6$
c) $560 : 70 = 8$ d) $540 : 60 = 9$
e) $1200 : 400 = 3$ f) $1500 : 300 = 5$
g) $2400 : 60 = 40$ h) $2700 : 30 = 90$

10 a) $498 : 50 < 10$, denn bei $500 : 50 = 10$ wird eine größere Zahl geteilt.
b) $1053 \cdot 11 > 10\,000$, denn bei $1000 \cdot 10 = 10\,000$ werden zwei größere Zahlen multipliziert.
c) $3845 : 201 < 20$, denn bei $4020 : 201 = 20$ wird der Dividend vergrößert und der Divisor bleibt gleich, so wird auch das Ergebnis größer.
d) $7001 \cdot 120 > 700\,000$, denn $7000 \cdot 100 = 700\,000$
e) $36\,813 : 401 > 90$, denn $36\,000 : 400 = 90$
f) $50\,001 \cdot 20 > 1\,000\,000$, denn $50\,000 \cdot 20 = 1\,000\,000$

11

Aufgabe	Überschlag	Lösung
$75 \cdot 47$	$70 \cdot 50$	3525
$1852 + 653$	$1900 + 600$	2505
$287 \cdot 69$	$300 \cdot 70$	19803
$1895 + 688$	$1900 + 700$	2583
$13\,380 + 8684$	$13\,000 + 9000$	22064
$82 \cdot 48$	$80 \cdot 50$	3936
$256 \cdot 58$	$300 \cdot 50$	14848
$7844 + 8468$	$8000 + 8000$	16312

12

a) richtig   (F)
b) falsch: $7509 - 1485 + 2217 = 8241$ (P)
c) falsch: 3280 (R)
d) falsch: $333 \cdot 333 = 110\,889$ (I)
e) richtig   (E)
f) richtig   (R)
g) richtig   (I)
h) falsch: $12\,336 : 12 = 1028$ (M)
i) richtig   (E)
j) richtig   (N)
k) falsch: $78\,644 - 45\,808 - 21\,678 = 11\,158$ (A)
Lösungswörter: FERIEN, PRIMA

13 Auf Hunderter gerundet, erhält man
$100 + 100 + 300 + 500 = 1000$.
Man weiß nicht genau, ob es mehr oder weniger als 1000 sind.
Auf Zehner gerundet, erhält man:
$80 + 110 + 320 + 500 = 1010$
Es wurden also mehr als 1000 Karten verkauft.

14 a) Beispiel für eine Rechenmöglichkeit:
Fahrpreis für ein Kind:
$1647\,€ : 40 \approx 1600\,€ : 40 = 40\,€$
Unterkunft: $14,50\,€$ pro Tag,
pro Aufenthalt etwa $15,00\,€ \cdot 8 = 120\,€$
Taschengeld: $20\,€$
Insgesamt: $40\,€ + 120\,€ + 20\,€ = 180\,€$
durchschnittliche Kosten für einen Tag:
$180\,€ : 8 \approx 160\,€ : 8 = 20\,€$
Weitere Möglichkeit:
Taschengeld wird mit 40 multipliziert: $800\,€$
Kosten für 8 Tage Unterkunft mal 40: $4640\,€$
Fahrtkosten für alle Kinder rund: $+ 1650\,€$
$\qquad\qquad\qquad\qquad\qquad\qquad\qquad\qquad 2$
Gesamtpreis für 40 Kinder: $\overline{7090\,€}$

Einzelpreis pro Kind etwa: $7200\,€ : 40 = 180\,€$
Kosten pro Kind und Tag: $180\,€ : 8 = 22,50\,€$
Durch die verschiedenen Rechenwege der Kinder und die unterschiedlichen Rundungen können unterschiedliche Ergebnisse entstehen.
b) *Auch hier sind die Schülerinnen und Schüler angehalten zu verbalisieren. Um dies zu können, müssen sie ihren eigenen Rechenweg verstanden haben. Der kürzeste Rechenweg ist nicht immer der, der dem exakten Ergebnis am nächsten ist.*

15 a) Überschlägt man die Flächen der Räume, die renoviert wurden, so ist die Kundin zu Recht erstaunt, denn die von ihr überschlagene Fläche ist sehr viel kleiner:
$27,90\,m^2 + 14,20\,m^2 + 4,90\,m^2$
$\approx 28\,m^2 + 14\,m^2 + 5\,m^2 = 47\,m^2$
Beim Eingeben der Zahlen in den Computer ist der Schreinerei ein „Zahlendreher" passiert, das heißt die Zehner- und die Einerstelle wurden vertauscht. Es ist anzunehmen, dass es sich um ein Versehen handelt. Die richtige Rechnung würde lauten:
$47\,m^2$ Parkettboden zu je $41,00\,€$ kostet $1927,00\,€$
Das ergibt einen Unterschied von über $1000\,€$.
Ein Tipp:
Falsche Rechnungen lassen sich vermeiden, indem vor der Auftragsvergabe ein verbindlicher Kostenvoranschlag oder ein Festpreis vereinbart wird.

9 Überschlage.
Aufgabe: 238 : 58
Überschlag: 240 : 60 = 4; 238 : 58 ≈ 4
a) 354 : 68   b) 422 : 67
c) 556 : 72   d) 544 : 58
e) 1188 : 396   f) 1546 : 276
g) 2350 : 64   h) 2690 : 28

10 Vergleiche durch Überschlagen.
Schreibe mit dem Zeichen < oder >.
Beispiel: 659 · 70 < 50 000
da   700 · 70 = 49 000
a) 498 : 50 ☐ 10
b) 1053 · 11 ☐ 10 000
c) 3845 : 201 ☐ 20
d) 7001 · 120 ☐ 700 000
e) 36 813 : 401 ☐ 90
f) 50 001 · 20 ☐ 1 000 000

11 🙎 Ordnet richtig zu.

Aufgabe	Überschlag	Lösung
75 · 47	1900 + 700	2505
1852 + 653	70 · 50	3936
287 · 69	1900 + 600	14 848
1895 + 688	300 · 70	3525
13 380 + 8684	80 · 50	16 312
82 · 48	300 · 50	2583
256 · 58	8000 + 8000	22 064
7844 + 8468	13 000 + 9000	19 803

12 Überprüfe, welche der folgenden
Aufgaben falsch gerechnet wurden.
a) 517 + 6890 + 719 = 8126 (F)
b) 7509 − 1485 + 2217 = 2841 (P)
c) 205 · 16 = 328 (R)
d) 333 · 333 = 999 (I)
e) 8664 : 8 = 1083 (E)
f) 4761 : 9 = 529 (R)
g) 518 · 2 · 7 : 14 = 518 (I)
h) 12 336 : 12 = 128 (M)
i) 45 676 : 601 = 76 (E)
j) 4708 · 54 = 254 232 (N)
k) 78 644 − 45 808 − 21 678 = 1158 (A)
Hinweis: Die Buchstaben der falschen
Lösungen und der richtigen Lösungen
ergeben jeweils ein Lösungswort.

13 So viele Besucher hatte ein Zirkus
seit Donnerstag:
Donnerstag: 84; Freitag: 111; Samstag:
320; Sonntag: 495.
Wurde die tausendste Karte schon verkauft?

14 🙎
a) Wie teuer wird der Aufenthalt im
Schullandheim? Notiert unterschiedliche
Rechenmöglichkeiten und überschlagt
dann die Kosten pro Schüler für einen
Tag und für den Gesamtaufenthalt.
b) Vergleicht die unterschiedlichen
Rechenwege und begründet, welches der
geeignetste ist.

> Kostenaufstellung
> Schullandheim
> Aufenthalt
> **Bahnfahrt:**
> für 40 Schüler
>   1647,00 €
> **8 Tage Vollpension:**
> zu je 14,50 €
> **Taschengeld:**
>   20,00 €

15 Eine Wohnungseigentümerin lässt
den Boden im Wohnzimmer, im Schlaf-
zimmer und in der Diele mit Parkettboden belegen.

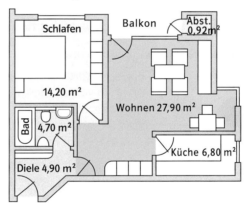

Die Eigentümerin ist über den Rechnungsbetrag sehr erstaunt. Was meinst
du dazu?

Schreinerei Holzmann
Fichtenau

Rechnung

Wir lieferten und bauten laut Angebot ein:

74 m² Parkettboden zu je 41,00 €   <u>3034,00 €</u>

Wir bitten um Überweisung des Betrages
innerhalb von 10 Tagen.

Bernd und Sarina haben einen älteren Bruder. Er und seine Freundin Carmen besuchen die 10. Klasse einer Hauptschule. Bernd und Sarina interessieren sich brennend für Carmens Alter, doch der ältere Bruder macht ein großes Geheimnis daraus.
Er sagt nur:
„Carmen ist 4 plus 6 mal 2 Jahre alt."
Bernd und Sarina rechnen und kommen zu verschiedenen Ergebnissen. Um zu beweisen, dass sie richtig gerechnet haben, schreiben sie ihre Rechnung auf Zettel und vergleichen.

→ Wie haben Sarina und Tobias gerechnet? Welcher Rechenweg ist richtig?

→ Beschreibe auch dein Alter durch eine Rechenaufgabe.
→ Sarina lässt ihre Schulfreundin raten: „Meine Mutter ist 7 plus 2 mal 7 minus 3 Jahre alt." Welcher Rechenweg führt zum richtigen Ergebnis?

> Wenn in einem Rechenausdruck Punktrechnung (· und :), Strichrechnung (– und +) und Klammern vorkommen, dann muss die richtige Reihenfolge der Rechenschritte eingehalten werden.
> 1. **Klammern zuerst** ausrechnen.   2. **Punktrechnung** kommt vor **Strichrechnung**. Ansonsten wird von links nach rechts gerechnet.

Weiter geht's
→ Vergleiche $9 \cdot 4 + 6$ mit $9 \cdot (4 + 6)$

$= 36 + 6$ $= 9 \cdot 10$
$= \square$ $= \square$

Rechne ebenso: $48 : 8 + 4$ und $48 : (8 + 4)$

→ Vergleiche $22 + 8 \cdot 10 - 6$ mit $(22 + 8) \cdot (10 - 6)$

$= 22 + 80 - 6$ $= 30 \cdot 4$
$= \square$ $= \square$

→ Wie musst du die Klammern setzen, damit du die Lösungen auf den Ziffernkärtchen erhältst?
$80 - 32 : 16 + 8 = \square$

86   *11*

2   *70*

→ Setze die fehlenden Rechenzeichen ⊕ ⊖ ⊙ ⊘ ein.
$(40 \bigcirc 32) \bigcirc 2 = 36$
$100 \bigcirc (12 \bigcirc 13) = 75$
$(12 \bigcirc 7) \bigcirc (22 \bigcirc 28) = 250$
$500 \bigcirc 2 \bigcirc 250 = 1000$

5 Verbindung der vier Grundrechenarten

Vor dem Stoff dieses Jahrgangs gab es keine Aufgaben, bei denen in Rechenausdrücken sowohl Punkt- als auch Strichrechnungen vorkamen. Bei gemischten Punkt- oder Strichrechnungen waren es die Schülerinnen und Schüler gewohnt der Reihe nach, also in Leserichtung von links nach rechts, zu rechnen. Beim Rechnen mit Punkt vor Strich legt ein mathematisches Axiom die Reihenfolge fest. Wäre sie nicht festgelegt, so wären die Rechnungen nicht eindeutig.

Einstieg

Die Problematik der Punkt- vor Strichrechnung wird mithilfe eines Rätsels in der Einstiegssituation thematisiert. Die Schülerinnen und Schüler erkennen, dass Sarina und Bernd zu unterschiedlichen Ergebnissen kommen.

Impulse

→ Der Impuls fordert auf, sich für eine Lösung zu entscheiden. Wem die Punkt- vor Strichregel nicht bekannt ist, der hat keine mathematische Grundlage zu beweisen, welche Lösung stimmt. Nur die eigenen Erfahrungen der Kinder führen dazu, dass sie entscheiden können, welche Rechnung die richtige ist. Die Schülerinnen und Schüler erkennen, dass Bernds Ergebnis falsch sein muss, da es unwahrscheinlich ist, dass eine Schülerin in der 10. Klasse einer Hauptschule bereits 20 Jahre alt ist. Somit muss Carmen 16 Jahre alt sein.
Es ist nicht möglich, den einen oder anderen Rechenweg als richtige Lösung zu begründen, da es sich um eine mathematische Vorschrift handelt.

→ Die Kinder sind in der Regel 10 oder 11 Jahre alt. Sinn des Rechenausdrucks ist es, dass sie nicht nur addieren und subtrahieren, sondern auch multiplizieren und dividieren. Da man beim Sprechen oft wieder von links nach rechts rechnet, sollten die Kinder ihre Ergebnisse aufschreiben.
$2 + 3 \cdot 3 = 11$ oder $24 : 3 + 2 = 10$
Für gute Schülerinnen und Schüler kann man zwei- und dreistellige Zahlen an die Tafel schreiben, zu denen die Kinder Rechenaufgaben erfinden können.

→ 7 plus 2 mal 7 minus 3
$7 + 2 \cdot 7 - 3 = 7 + 14 - 3 = 21 - 3 = 18$
$(7 + 2) \cdot 7 - 3 = 9 \cdot 7 - 3 = 63 - 3 = 60$
$7 + 2 \cdot (7 - 3) = 7 + 2 \cdot 4 = 7 + 8 = 15$
$(7 + 2) \cdot (7 - 3) = 9 \cdot 4 = 36$
Ist Sarina in der 5. Klasse und 10 oder 11 Jahre alt, so ist ihre Mutter zwischen 30 und 50 Jahre alt. Daher ist 36 das richtige Ergebnis.

! Merkkasten

Bei Rechenaufgaben, die sowohl Punkt- als auch Strichrechnung enthalten, aber keine Klammern, müssen die „Vorfahrtsregeln" beachtet werden. Das heißt die Punktrechnung kommt vor der Strichrechnung; kurz: Punkt vor Strich. Tauchen in der Aufgabe außerdem Klammern auf, so können diese die Punkt- vor Strichregel außer Kraft setzen, daher werden die Klammern zuerst ausgerechnet. Kommen in der Aufgabe nur Punkt- oder nur Strichrechnungen vor, so wird wie gewohnt von links nach rechts gerechnet.

Randspalte

Zur Visualisierung werden die „Vorfahrtsregeln" bildlich dargestellt. Die Verkehrsschilder sind von der Fahrradprüfung in der Grundschule bekannt.

Weiter geht's

→ $9 \cdot 4 + 6 =$ $9 \cdot (4 + 6) =$
  $36 + 6 = 42$ $9 \cdot 10 = 90$

  $48 : 8 + 4 =$ $48 : (8 + 4) =$
  $6 + 4 = 10$ $48 : 12 = 4$
Mit und ohne Klammern kommen verschiedene Ergebnisse heraus.

→ $22 + 8 \cdot 10 - 6 =$ $(22 + 8) \cdot (10 - 6) =$
  $22 + 80 - 6 =$ $30 \cdot 4 =$
  $102 - 6 = 108$ 120

→ $(80 - 32) : 16 + 8 = 11$
  $80 - 32 : 16 + 8 = 86$
  $(80 - 32) : (16 + 8) = 2$
  $80 - (32 : 16 + 8) = 70$

→ $(40 + 32) : 2 = 36$
  $100 - (12 + 13) = 75$
  $(12 - 7) \cdot (22 + 28) = 250$
  $500 + 2 \cdot 250 = 1000$
Hier können Kärtchen mit Zahlen und Rechenzeichen helfen.

Aufgaben

1 a) 48
100
112
50

b) 600
190
0
111

2 a) 44
180
c) 54
10

b) 27
40
d) 100
260

Durch die Klammer verändern sich die Ergebnisse.

3 a) 90
90
c) 24
24

b) 10
10
d) 4
4

Alle Ergebnisse einer Teilaufgabe sind gleich.

4 $4 \cdot (20 + 5) = 100 = 4 \cdot 20 + 4 \cdot 5$
$6 \cdot (4 + 10) = 84 = 6 \cdot 4 + 6 \cdot 10$
$5 \cdot (7 + 8) = 75 = 5 \cdot 7 + 5 \cdot 8$

5 *Hier sind Ziffern- und Rechenzeichenkärtchen mit* $+$, $-$, $\cdot$ *und* $:$ *hilfreich.*
a) $2 \cdot 5 + 10 = 20$
b) $13 + 25 + 7 = 45$
c) $17 - 3 \cdot 5 = 2$
d) $48 : 6 \cdot 3 = 24$
e) $\frac{1}{2} \cdot 2 \cdot 5 = 5$
f) $16 : 4 - 4 = 0$
g) $24 : 8 + 27 = 30$
h) $48 + 6 : 3 = 50$
i) $3 \cdot 6 + 6 \cdot 7 = 60$

6 $3,00 € + 36 \cdot 0,20 € =$
$3,00 € + 7,20 € = 10,20 €$
$(3,00 € + 40 \cdot 0,20 € = 3,00 € + 8,00 € = 11,00 €)$
Die Gesamtkosten betragen 10,20 € (11,00 €).

7 a) $2 \cdot (25 + 25) = 100$
b) $(18 + 32) \cdot 2 = 100$
c) $37 + 7 \cdot 9 = 100$ (ohne Klammern)
d) $500 : (50 - 45) = 100$
e) $180 - (60 + 20) = 100$
f) $(360 - 60) : 3 = 100$

g) $150 - 5 \cdot 10 = 100$ (ohne Klammern)
h) $8 \cdot 5 + 3 \cdot 20 = 100$ (ohne Klammern)
i) $80 + 9 \cdot 8 - 52 = 100$ (ohne Klammern)
j) $(23 - 13) \cdot (35 - 25) = 100$

8 a) Das kleinste Ergebnis hat die Aufgabe
$(50 : 10) - 5 = 0$.
Das größte Ergebnis hat die Aufgabe
$50 \cdot 10 \cdot 5 = 2500$.
b) $(10 \cdot 50) : 5 = 100$
$5 \cdot (50 : 10) = 25$
$(50 - 10) : 5 = 8$

9 $283 € - 6 € - 13,50 € - 6,50 € = 257 €;$
$13,50 € + 6,50 € + 6 € = 26 €$ und
$283 € - 26 € = 257 €;$
$283 € - (6 € + 13,50 € + 6,50 €) = 257 €;$
Lucia hat noch 257 € auf ihrem Konto.

10 Wie viel Euro bekommt Silvio zurück?
$4,80 € + 1,50 € + 12 \cdot 0,15 € =$
$4,80 € + 1,50 € + 1,80 € = 8,10 €$
$10,00 € - 8,10 € = 1,90 €$
Silvio bekommt 1,90 € zurück.

11 Gabi:
$1 h\, 15 min + 1 h + \frac{3}{4} h + 75 min + 45 min =$
$1 h\, 15 min + 45 min + 1 h + 1 h\, 15 min + 45 min =$
$2 h + 1 h + 2 h = 5 h$
$5 h : 5 = 1 h$
Hannes:
$45 min + 1 h + 55 min + 1\frac{1}{4} h + 65 min =$
$45 min + 1\frac{1}{4} h + 1 h + 55 min + 65 min = 5 h$
$5 h : 5 = 1 h$
Beide verbrachten durchschnittlich 1 h am Tag mit dem Anfertigen der Hausaufgaben.

1 Berechne.

a) 21 + 9·3
96 + 32:8
6·12 + 40
180:9 + 30

b) 4·90 + 3·80
84 + 7·8 + 50
360:9 − 8·5
720:8 + 63:3

2 Berechne und vergleiche.

a) 17 + 3·9
(17 + 3)·9

b) 360:12 − 3
360:(12 − 3)

c) 48 + 32:8
(48 + 32):8

d) 5·12 + 40
5·(12 + 40)

3 Berechne und vergleiche.

a) 6·9 + 4·9
(6 + 4)·9

b) 35:5 + 15:5
(35 + 15):5

c) 9·8 − 6·8
(9 − 6)·8

d) 63:7 − 35:7
(63 − 35):7

Verteilungsgesetz

Multipliziert man eine Summe mit einer Zahl, so kann auch jeder Summand mit der Zahl multipliziert und die Produkte addiert werden.

Beispiel: 7·(3 + 5) = 7·3 + 7·5

---

4 Suche jeweils drei Karten, die zusammengehören.

6·(4 + 10) 84 75 100
5·(7 + 8) 4·(20 + 5)
6·4 + 6·10 5·7 + 5·8 4·20 + 4·5

5 Übertrage ins Heft und ergänze die Rechenzeichen so, dass die Gleichungen richtig sind.

a) 2 ◯ 5 ◯ 10 = 20
b) 13 ◯ 25 ◯ 7 = 45
c) 17 ◯ 3 ◯ 5 = 2
d) 48 ◯ 6 ◯ 3 = 24
e) $\frac{1}{2}$ ◯ 2 ◯ 5 = 5
f) 16 ◯ 4 ◯ 4 = 0
g) 24 ◯ 8 ◯ 27 = 30
h) 48 ◯ 6 ◯ 3 = 50
i) 3 ◯ 6 ◯ 6 ◯ 7 = 60

6 Berechne die Gesamtkosten für einen Film mit 36 (40) Bildern.

Sonderaktion
Filmentwicklung   3,00 €
Abzüge
je Bild   0,20 €

7 Das Ergebnis soll immer 100 sein. Bei einigen Aufgaben musst du Klammern setzen.

a) 2·25 + 25
b) 18 + 32·2
c) 37 + 7·9
d) 500:50 − 45
e) 180 − 60 + 20
f) 360 − 60:3
g) 150 − 5·10
h) 8·5 + 3·20
i) 80 + 9·8 − 52
j) 23 − 13·35 − 25

8 Bilde mit den drei Zahlen 5; 10; 50 verschiedene Aufgaben und rechne.

5·50 + 10
5·(50 − 10)
50:(10 − 5) …

a) Welche Aufgabe hat das kleinste Ergebnis, welche das größte?
b) Welche Aufgabe hat 100 als Lösung? Wie erhältst du als Lösung 25? Welche Aufgabe führt zum Ergebnis 8?

9 Lucia hatte 283 € auf ihrem Girokonto. Sie hob nacheinander 6 € sowie 13,50 € und 6,50 € für Geschenke ab. Berechne auf unterschiedliche Arten, welchen Betrag sie noch auf ihrem Konto hat.

10 Silvio kauft einen Kasten Mineralwasser für 4,80 €. Für den Kasten muss er 1,50 € und für jede der zwölf Flaschen 0,15 € Pfand bezahlen. Er bezahlt mit einem 10-Euro-Schein.

11 Hannes und Gabi notierten, wie lange sie für die täglichen Hausaufgaben brauchten.
Wie viel Zeit verbrachten sie durchschnittlich am Tag mit dem Anfertigen der Hausaufgaben?

Gabi	
Mo.	1 h 15 min
Di.	1 h
Mi.	$\frac{3}{4}$ h
Do.	75 min
Fr.	45 min

Hannes	
Mo.	45 min
Di.	1 h
Mi.	55 min
Do.	$1\frac{1}{4}$ h
Fr.	65 min

6 Schriftliche Addition

Bei Überlandflügen muss eine Flughöhe von mindestens 600 m über Grund oder Wasser eingehalten werden. Ein Sportflugzeug überfliegt den höchsten deutschen Berg, die Zugspitze mit 2962 m, sicherheitshalber in einer Höhe von 850 m über Grund.

→ Flughöhen werden oft auch als Höhen über dem Meeresspiegel angegeben. In welcher Flughöhe ü. d. M. überfliegt das Sportflugzeug die Zugspitze?

→ Es fliegt weiter Richtung Mittenwald. Der Ort liegt 918 m über dem Meeresspiegel. Gib die Mindesthöhe über Mittenwald an.

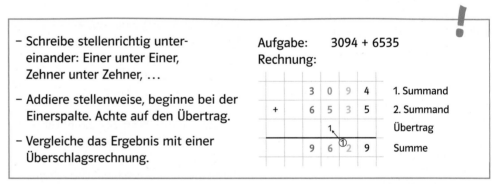

- Schreibe stellenrichtig untereinander: Einer unter Einer, Zehner unter Zehner, ...

- Addiere stellenweise, beginne bei der Einerspalte. Achte auf den Übertrag.

- Vergleiche das Ergebnis mit einer Überschlagsrechnung.

Aufgabe: 3094 + 6535
Rechnung:

	3	0	9	4	1. Summand
+	6	5	3	5	2. Summand
		1			Übertrag
	9	6	①	9	Summe

Weiter geht's
→ Vergleiche das Ergebnis im Merkkasten mit einer Überschlagsrechnung. Worauf musst du achten?
→ Überschlage beide Rechnungen und ergänze die Gedankenblasen.

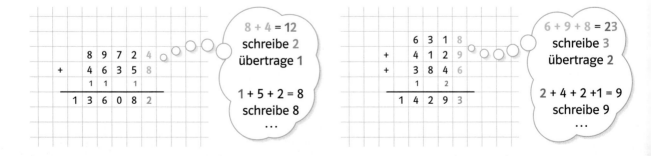

6 Schriftliche Addition

Aufgaben mit großen Zahlen sind für das Kopfrechnen oft zu schwierig, daher nimmt man Hilfsmittel zur Hand. Als die Finger zum Rechnen nicht mehr ausreichten und der Handel in der Antike aufkam, erleichterten sich die Kaufleute die Rechenarbeit mit verschiedensten Zählhilfen wie Steinchen, Perlen usw. Die ersten Rechenhilfsmittel der Römer wiesen bereits die Grundform des Stellenwertprinzips auf und vereinfachten so die Grundformen des Rechnens.

Einstieg

Fliegen ist ein faszinierendes Phänomen, das Menschen immer wieder erstaunt. Der Einstieg erklärt Sicherheitsvorschriften, die sich auf die Flughöhe beziehen. Diese Höhenangaben müssen von den Schülerinnen und Schüler geordnet und in Beziehung gesetzt werden.

Impulse

→ Die Zugspitze ist 2962 m hoch, das Sportflugzeug muss über dem Berg einen Sicherheitsabstand von mindestens 600 m halten. Tatsächlich hält es aber 850 m Abstand zur Zugspitze. *Die exakten Zahlen sind fürs Kopfrechnen schon sehr groß. Den meisten Kindern ist die schriftliche Addition aus der Grundschule noch bekannt.*

		2	9	6	2	m
	+		8	5	0	m
			1	1		
		3	8	1	2	m

→ 918 m + 600 m = 1518 m
Die Mindestflughöhe für Sportflugzeuge über Mittenwald beträgt 1518 m.
Wichtig für die Kinder, die bereits die schriftliche Addition anwenden, ist der Hinweis auf das stellenrichtige Untereinanderschreiben.

! Merkkasten

Zu Beginn der schriftlichen Addition sollte der Umgang mit der Stellenwerttafel wiederholt werden. Wichtig bei der schriftlichen Addition sind:
- Überschlagsrechnung
- stellenrichtiges Untereinanderschreiben der Summanden
- freie Zeile für die Übertragsziffern
- Summenstrich, der mit Lineal gezogen werden muss, unterhalb der freien Zeile
- Pluszeichen deutlich abgesetzt vor den Summanden
- stellenweise Addieren und Übertragsziffer notieren
- Ergebnis mit dem Überschlag vergleichen
- Kontrolle der Addition in entgegengesetzter Richtung.

Zur Fehlervermeidung sollten die Kinder so auf kariertes Papier schreiben, dass jeweils eine Ziffer in einem Kästchen notiert wird.

Weiter geht's

→ Die Überschlagsrechnung zu der Aufgabe im Merkkasten lautet: 3100 + 6500 = 9600. Rundet man auf Hunderter, so kann man den Überschlag gut im Kopf rechnen.
→ Linke Aufgabe:
8 + 4 = 12, schreibe 2, übertrage 1
1 + 5 + 2 = 8, schreibe 8
3 + 7 = 10, schreibe 0, übertrage 1
1 + 6 + 9 = 16, schreibe 6, übertrage 1
1 + 4 + 8 = 13, schreibe 13
Überschlag: 90 000 + 46 000 = 136 000
Rechte Aufgabe:
6 + 9 + 8 = 23, schreibe 3, übertrage 2
2 + 4 + 2 + 1 = 9, schreibe 9
8 + 1 + 3 = 12, schreibe 2, übertrage 1
1 + 3 + 4 + 6 = 14 schreibe 14
Überschlag: 6000 + 4000 + 4000 = 14 000

Weiteres Angebot   Addition

Die Kinder setzen sich in Dreier- oder Vierergruppen zusammen. Jedes Kind nimmt einen andersfarbigen Buntstift und schreibt vier verschiedene vier- oder fünfstellige Zahlen auf einen Zettel. Nun versucht die Gruppe gemeinsam so viele Aufgaben wie möglich zu finden, indem sie Zahlen unterschiedlicher Farbe schriftlich addiert. Nachdem die Aufgaben gerechnet worden sind, werden die Aufgaben gemeinsam von der eigenen, oder im Austausch von einer anderen Gruppe, mithilfe der Überschlagsrechnung geprüft.

Aus Fehlern kann man lernen. Es sollte eine Lern-situation gegeben sein, in der nicht das Machen von Fehlern im Mittelpunkt steht, sondern das Lernen aus Fehlern – eigenen oder fremden – belohnt wird. So ist es hilfreich, immer wieder Fehler in Aufgaben von Schülerinnen und Schülern suchen und verbessern zu lassen.

Überschlag: $5286 + 357 \approx 5300 + 400 = 5700$

(1) Das Ergebnis ist viel zu groß. Der Fehler ist dadurch entstanden, dass die Zahlen nicht stellengerecht untereinander geschrieben wurden.

(2) Das Ergebnis ist schon sehr viel näher am richtigen Ergebnis dran, der Überschlag hilft nicht weiter. Der Fehler liegt darin, dass die Überträge vergessen wurden.

(3) Dieses Ergebnis ist viel zu groß, weil hier ein Übertrag zu viel eingetragen wurde.

Bei der schriftlichen Addition muss beachtet werden:
- stellenrichtiges Untereinanderschreiben der Summanden
- eine Zeile für den Übertrag frei lassen, dann Summenstrich ziehen
- Pluszeichen deutlich abgesetzt vor den Summanden schreiben
- Übertragungsziffern nicht vergessen
- Die Addition beginnt rechts mit der kleinsten Stelle.

Als Hilfestellung kann man die Addition in einer Stellenwerttafel aufschreiben. Einer unter Einer, Zehner unter Zehner, usw.

Aufgaben

1 a) A) 889; H) 477; I) 989; K) 999

b) C) 572; E) 1189; F) 717; J) 2279

c) B) 921 (zwei Überträge); D) 1332 (drei Überträge); G) 832 (zwei Überträge); L) 1284 (zwei Überträge)

2

a)	9979	b)	17899	c)	987999
d)	10897	e)	29089	f)	1119508

3

a)						b)					c)					
	3	6	2	3	1		7	4	8	7	1		1	4	2	9	7	8
+	8	1	1	2	5	+	5	1	4	6	7	+	2	8	1	5	5	7
+	8	9	5	3	9	+		1	0	3	9	+	5	5	4	4	1	5
+			4	2	2	+		8	9	5	1	+	5	3	8	4	7	3
+	3	2	1	7	1	+	9	7	2	9	4	+		1	0	0	2	8
	2	1	1	1			2	2	2	3	2		1	2	1	2	2	3
2	3	9	4	8	8	2	3	3	6	2	2	1	5	2	7	4	5	1

4 *Wichtig: Die Regeln der schriftlichen Addition einhalten! Der Überschlag soll den Schülerinnen und Schülern bei der Kontrolle ihres Ergebnisses helfen.*
Beispiel a): Überschlag:

$2800 + 100 + 550 + 40 = 3490$
Rechnung:

		2	8	3	0
+			1	0	2
+			5	5	4
+				3	9
		1	1	1	
		3	5	2	5

a) 3525 b) 14712 c) 89023
d) 52249 e) 827456 f) 561875

5 *Die Gruppenarbeit kann als Wettstreit durchgeführt werden. Jeder rechnet seine Aufgabe selbstständig, trotzdem zählt das Gruppenergebnis. Zur Selbstkontrolle kann die Summe aller Ergebnisse rechts unten genannt werden: 387812.*

7145	14347	9001	9531	40024
2241	165	42741	65953	111100
849	6592	36776	58517	102734
7297	39875	9884	76898	133954
17532	60979	98402	210899	387812

6 *Die Teilaufgaben 6a) und b) sind ohne Übertrag.*

a)		5	7	2	b)		7	4	0	8	c)		6	4	2	7
	+	3	2	5		+	2	1	9	1		+	2	5	2	4
															1	
		8	9	7			9	5	9	9			8	9	5	1

d)		3	4	3	2	e)		5	4	0	8	f)			4	3	8
	+	5	8	4	1		+	2	9	0	1		+		3	8	4
		1						1							1	1	
		9	2	7	3			8	3	0	9				8	2	2

L 57

Nobody is perfect!

Welche Fehler wurden in den Rechnungen (1); (2) und (3) gemacht? Kannst du sie auch durch Überschlagen nachweisen?

(1)

```
    5 2 8 6
  + 3 5 7
      1
  ─────────
    8 8 5 6  f
```

(2)

```
      5 2 8 6
    +   3 5 7
  ─────────
    5 5 3 3  f
```

(3)

```
      5 2 8 6
    +   3 5 7
      1 1 1
  ─────────
      6 6 4 3  f
```

```
      5 2 8 6
    +   3 5 7
        1 1
  ─────────
      5 6 4 3  ✔
```

Formuliere Tipps, wie man solche Fehler vermeiden kann.

▲ Addiere von unten nach oben.
Rechne dann zur Kontrolle von oben nach unten. ▼

1 Rechne die Aufgaben in dieser Reihenfolge:
a) Vier Aufgaben ohne Übertrag.
b) Vier Aufgaben mit einem Übertrag.
c) Vier Aufgaben mit zwei oder drei Überträgen.

A) 377 + 512	B) 665 + 256	C) 318 + 254
D) 765 + 567	E) 814 + 375	F) 624 + 93
G) 587 + 245	H) 23 + 454	I) 718 + 271
J) 923 + 741 + 615	K) 207 + 341 + 451	L) 538 + 429 + 317

2
a) 6827
+ 3152

b) 12 183
+ 5 716

c) 384 587
+ 603 412

d) 8118
+ 2779

e) 5238
+ 23 851

f) 154 585
+ 964 923

3
a) 36 231
+ 81 125
+ 89 539
+ 422
+ 32 171

b) 74 871
+ 51 467
+ 1 039
+ 8 951
+ 97 294

c) 142 978
+ 281 557
+ 554 415
+ 538 473
+ 10 028

4 Schreibe stellenrichtig untereinander und rechne.
a) 2830 + 102 + 554 + 39
b) 4321 + 802 + 3930 + 5502 + 157
c) 24 789 + 7305 + 13 711 + 43 217 + 1
d) 2467 + 41 364 + 213 + 2074 + 6131
e) 744 + 7447 + 74 474 + 744 744 + 47
f) 52 763 + 7654 + 90 269 + 411 189

5 Teilt euch die Arbeit auf! Addiert die Zahlen in den Spalten und in den Zeilen. Ihr habt richtig gerechnet, wenn die Summe der Ergebnisse in den Zeilen und die in den Spalten dieselbe Lösungszahl ergeben.

7 145	14 347	9 001	9 531	
2 241	165	42 741	65 953	
849	6 592	36 776	58 517	
7 297	39 875	9 884	76 898	

6 Ergänze die fehlenden Ziffern in deinem Heft.
a) 5 7 2
+ 3 ☐ ☐
─────
☐ 9 7

b) 7 ☐ 0 ☐
+ 2 1 ☐ 1
─────
☐ 5 9 9

c) 6 ☐ ☐ 7
+ 2 5 2 ☐
─────
☐ 9 5 1

d) ☐ 4 3 ☐
+ 5 8 ☐ 1
─────
9 ☐ 7 3

e) 5 4 0 ☐
+ ☐ 9 ☐ 1
─────
8 ☐ 0 9

f) ☐ 3 8
+ 3 ☐ 4
─────
8 2 ☐

Beim Untereinanderschreiben ist das Ergebnis von der Reihenfolge der Summanden unabhängig. Man spricht vom **Verbindungsgesetz**.

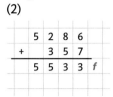
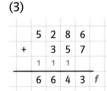

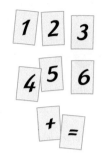

7 Bilde aus den Ziffern 1; 2; 3; 4; 5 und 6 zwei 3-stellige Zahlen, sodass die Summe der Zahlen
a) 777 (750) ergibt,
b) größer als 900 wird,
c) kleiner als 500 wird,
d) möglichst groß wird,
e) möglichst klein wird.
Achte darauf, dass jede Ziffer nur einmal vorkommen darf.

8 a) Berechne die Summe aus 3450 und 6398 (aus 652819 und 347181).
b) Bilde die Summe aus der kleinsten und der größten 5-stelligen Zahl.
c) Addiere jeweils den Vorgänger und den Nachfolger von 1000; 5000; 12000; 20500. Was fällt dabei auf?

Es gibt auch Palindrom-Wörter:

NUN RADAR
ANNA REITTIER
REGALLAGER

Palindrom-Sätze:

ELLY BISS SIBYLLE
EIN ESEL LESE NIE

9 Eine Zahl, die von rechts und links gelesen die gleiche Zahl ergibt, wird auch *Palindrom-Zahl* genannt. 1881; 27972; aber auch 3333 sind Palindrom-Zahlen.
a) Notiere alle Palindrom-Zahlen zwischen 101 und 202.
b) Palindrom-Zahlen kann man erhalten, wenn, ein oder mehrere Male, die „umgedrehte Zahl" addiert wird.

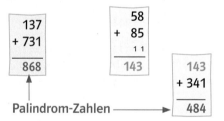

Beginne deine Additionsreihe jeweils mit einer der folgenden Zahlen und addiere so lange, bis du eine Palindrom-Zahl erhältst.

| 16 | 67 | 1292 | 96 |

Selbst nach 237310 Additionsschritten fand ein Computer noch keine Palindrom-Zahl zu der Ausgangszahl 196.

c) 🖧 Sucht jeweils dreistellige Ausgangszahlen, die spätestens nach fünf Additionsschritten zu einer Palindrom-Zahl führen. Lasst euren Partner diese Palindrom-Zahlen finden.

10 Familie Gerhard fährt für zwei Wochen in den Urlaub nach Malsch an der Bergstraße. Die Ferienwohnung kostet in der ersten Woche 360 € (Zwischensaison) und in der zweiten Woche 585 € (Hochsaison). Für Strom berechnet die Vermieterin 18 € pro Woche, für die Endreinigung einmalig 40 €.

11 Eine Beobachtungsstation hat über zehn Jahre die monatliche Sonnenscheindauer in einem Schweizer Ferienort gemessen und kam zu folgenden Durchschnittswerten:

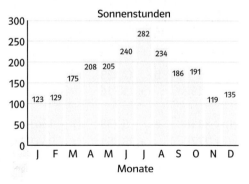

a) Stimmt der Werbespruch: „Mehr als 2000 Sonnenstunden im Jahr"?
b) Welcher Monat hat die meisten Sonnenstunden, welcher die wenigsten?
c) Ordne die Monate nach der Zahl der Sonnenstunden.

7 Durch Basteln der Zahlenkärtchen wird die Aufgabe handlungsorientiert. Die Schülerinnen und Schüler sollen die Aufgaben ins Heft schreiben, um sie vergleichen zu können.
Bei allen Teilaufgaben sind verschiedene Lösungen möglich.
a) 123 + 654 = 777.
Strategie: Die Ziffern müssen so geordnet werden, dass die Summe der Ziffern – also der Einer, Zehner und Hunderter – immer 7 ergeben.
234 + 516 = 750.
Strategie: Die Ziffern müssen so geordnet werden, dass bei den Einern immer die 4 und die 6 stehen.
b) 654 + 321 = 975. *Strategie: ..., dass bei den Hunderten möglichst große Ziffern stehen.*
c) 256 + 132 = 388. *Strategie: ..., dass bei den Hunderten möglichst kleine Ziffern stehen.*
d) 641 + 532 = 1173. *Strategie: ..., dass die großen Ziffern möglichst weit links stehen.*
e) 145 + 236 = 381. *Strategie: ..., dass die kleinen Ziffern möglichst weit links stehen.*

8 a) 3450 + 6398 = 9848
   652 819 + 347 181 = 1 000 000
b) 10 000 + 99 999 = 109 999
c) 999 + 1001 = 2000
   4999 + 5001 = 10 000
   11 999 + 12 001 = 24 000
   20 499 + 20 501 = 41 000
Die Summe des Vorgängers und des Nachfolgers einer Zahl ist immer gleich dem Doppelten der Zahl.
Zahl + 1 + Zahl – 1 = Zahl + Zahl

9 *Palindrom ist das griechische Wort für „Rücklauf".*
a) 101; 111; 121; 131; 141; 151;
   161; 171; 181; 191; 202
b) 16 + 61 = 77   67 + 76 = 143;
                       143 + 341 = 484

   1292 + 2921 = 4213;   96 + 69 = 165;
   4213 + 3124 = 7337   165 + 561 = 726;
                          726 + 627 = 1353;
                          1353 + 3531 = 4884

c) Diese Teilaufgabe kann für besonders schnelle oder gute Schülerinnen und Schüler zur Differenzierung verwendet werden.
Beispiel: 229 + 922 = 1151;
             1151 + 1511 = 2662

572 + 275 = 847;
847 + 748 = 1595;
1595 + 5951 = 7546;
7546 + 6457 = 14 003;
14 003 + 30 041 = 44 044

Randspalte
⌂ Deutsch oder Englisch
Die Schülerinnen und Schüler können selbst Palindromwörter suchen.
1 ANNA, OTTO, ...
2 MUM, DAD, ...
3 STETS
4 REGALLAGER, RELIEFPFEILER, ...
5 EINE TREUE FAMILIE BEI LIMA FEUERTE NIE

10 *Offene Aufgabenstellung:*
Es ist sinnvoll, gemeinsam mit den Schülerinnen und Schülern zuerst eine Frage zu formulieren. Z.B.: Wie viel Euro kostet die Ferienwohnung in einer Woche?
Die Gesamtkosten für die Ferienwohnung betragen 1021 €. *Häufig auftretender Fehler: Die Kosten für den Strom werden nur für eine Woche berücksichtigt.*

11 a) Insgesamt scheint die Sonne 2227 Stunden. Daher ist der Werbespruch richtig.
b) Der Juli hat die meisten Sonnenstunden, der November die wenigsten.
c) *Vom Kleinsten zum Größten sortiert:*
November, Januar, Februar, Dezember, März, September, Oktober, Mai, April, August, Juni, Juli.

7 Schriftliche Subtraktion

Die Bildungsstandards der Klasse 6 sehen im Bereich „Leitidee Zahl" vor, dass die Schülerinnen und Schüler alle vier schriftlichen Rechenverfahren sicher anwenden können.

Einstieg

Alle Schülerinnen und Schüler nutzen elektrischen Strom aus Steckdosen, haben sich jedoch vermutlich noch nie Gedanken gemacht, woher dieser Strom eigentlich kommt. Hier lernen sie die Funktionsweise eines Pumpspeicherkraftwerks kennen. An dieser Stelle kann kurz auf die Problematik der Spitzenzeiten des Stromverbrauchs – wie auch auf das Energiesparen – eingegangen werden.
Vom Unterbecken wird das Wasser mithilfe von Turbinen ins Oberbecken gepumpt. Wird Strom benötigt, lässt man das Wasser vom Oberbecken durch Generatoren, die Strom erzeugen, wieder abfließen. Wichtig ist der Höhenunterschied zwischen den Becken.

Impulse

→ In der Randspalte befindet sich eine Skizze. Überträgt man diese ins Heft, so kann man die im Text enthaltenen Zahlen am Oberbecken mit 1009 m und am Unterbecken mit 384 m eintragen. Damit wird den Schülerinnen und Schülern das Formulieren der Rechenaufgabe erleichtert.
Zur Berechnung der Fallhöhe muss die Differenz aus den beiden Wasserpegeln berechnet werden:

		1	0	0	9	m
−			3	8	4	m
		1	1			
			6	2	5	m

→ Diese Frage führt die Schülerinnen und Schüler auf die richtige Rechenart, die Subtraktion. Manche Kinder rechnen schriftlich, manche im Kopf.

! Merkkasten

Auf die Begriffe Minuend und Subtrahend wird an dieser Stelle verzichtet, stattdessen wird von 1. und 2. Zahl gesprochen.
Ähnlich wie bei der Addition ist auf Folgendes zu achten:
– Überschlagsrechnung
– stellenrichtiges Untereinanderschreiben der Zahlen

– freie Zeile für die Übertragsziffern
– Summenstrich, der mit Lineal gezogen werden muss, unterhalb der freien Zeile
– Minuszeichen deutlich abgesetzt vor den Summanden
– stellenweise Subtrahieren und Übertragsziffer notieren
– Ergebnis mit dem Überschlag vergleichen.

Zur Vermeidung von Fehlern sollten die Schüler so auf kariertes Papier schreiben, dass jeweils eine Ziffer in einem Kästchen notiert wird.
Ist beim Subtrahieren die obere Ziffer kleiner, so leiht man sich vom nächsthöheren Stellenwert eine Zahl, der Übertrag entsteht. (2 – 8 geht nicht, also rechnet man 12 – 8).

Weiter geht's

→ 9 + 6 = 15, schreibe 6, übertrage 1
1 + 4 = 5; 5 + 3 = 8; schreibe 3
0 + 1 = 1; schreibe 1
7 + 9 = 16; schreibe 9; übertrage 1
1 + 2 = 3
Zur Unterstützung sollte die Rechnung an der Tafel gerechnet werden und die einzelnen Rechnungen laut verbalisiert werden (z. B.: Einer: von 3 bis 4 fehlt 1; schreibe 1). Nicht zu vergessen ist der Vergleich mit der Überschlagsrechnung.
Überschlag: 36 000 – 27 000 = 9000.

→ *Auch die Umkehraufgabe, die Addition, wird schriftlich gerechnet:*

		2	7	0	4	9
+			9	1	3	6
			1		1	
		3	6	1	8	5

Weiteres Angebot   Subtraktion

Die Kinder arbeiten zu zweit. Ein Kind schreibt fünf verschiedene fünfstellige Zahlen, das andere Kind fünf verschiedene vierstellige Zahlen auf. Dann versuchen die Kinder gemeinsam so viele Subtraktionsaufgaben wie möglich zu finden. Sie berechnen diese und prüfen sie selbst mithilfe der Überschlagsrechnung oder der Probe. Es ist auch möglich, dass die Gruppen ihre Aufgaben zur Kontrolle mit anderen Gruppen tauschen. Den Kindern fällt schnell auf, dass man alle vierstelligen von den fünfstelligen Zahlen abziehen kann.

7 Schriftliche Subtraktion

Elektrische Energie lässt sich schlecht speichern. Um den erhöhten Strombedarf über Mittag oder am Abend dennoch abdecken zu können, erzeugt man den Strom für solche Spitzenzeiten mithilfe von Pumpspeicherkraftwerken. Hier wird in Zeiten geringen Strombedarfs Wasser vom tiefer gelegenen Unterbecken in ein höher gelegenes Oberbecken gepumpt. Der Normalstand im Oberbecken liegt in einer Höhe von 1009 m über dem Meeresspiegel. Der Wasserspiegel des Unterbeckens liegt bei 384 m. In Zeiten hohen Strombedarfs lässt man das Wasser aus dem Oberbecken wieder abfließen und erzeugt über Turbinen und Generatoren den kurzfristig benötigten Strom.

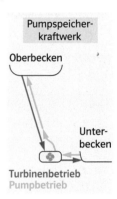

Pumpspeicher-
kraftwerk

Oberbecken

Unter-
becken

Turbinenbetrieb
Pumpbetrieb

→ Mit welcher Fallhöhe arbeitet das im Text beschriebene Kraftwerk?
→ Welche Rechenart verwendest du für die Berechnung?

– Schreibe stellenrichtig untereinander. – Ergänze stellenweise: Erst die Einer, dann die Zehner, Hunderter, … Achte auf den Übertrag und notiere ihn in der Leerzeile. – Vergleiche das Ergebnis mit einer Überschlagsrechnung.	Aufgabe: 3792 – 1278 Rechnung:

	3	7	9	2	Minuend
–	1	2	7	8	Subtrahend
			1		Übertrag
	2	5	1	4	Differenz

Weiter geht's

→ Beschreibe den Rechenweg zu Ende. Kontrolliere die Rechnung durch Überschlagen.
→ Mache die Probe, indem du die Umkehraufgabe (addieren) rechnest.

Aufgabe: 36186 – 27049

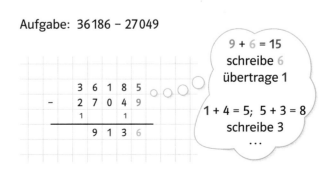

	3	6	1	8	5
–	2	7	0	4	9
	1			1	
		9	1	3	6

9 + 6 = 15
schreibe 6
übertrage 1

1 + 4 = 5; 5 + 3 = 8
schreibe 3
…

Nobody is perfect!

Welche Fehler wurden in den Rechnungen (1) und (2) gemacht? Kannst du sie durch Überschlagen nachweisen?

(1)   (2)

```
    6 5 4 3              6 5 4 3              6 5 4 3
  -   8 1 7            -   8 1 7            -   8 1 7
    6 3 3 4  f                   1                1   1
                         6 7 2 6  f            5 7 2 6  ✔
```

Formuliere Tipps, wie man solche Fehler vemeiden kann.

1 Rechne die Aufgaben in dieser Reihenfolge:
a) Vier Aufgaben ohne Übertrag.
b) Vier Aufgaben mit einem Übertrag.
c) Vier Aufgaben mit zwei oder drei Überträgen.

A)   385   B)   968   C)   983
     − 245   − 646   − 492
     ─────   ─────   ─────

D)   735   E)   809   F)   506
     − 86   − 57   − 178
     ─────   ─────   ─────

G)   685   H)   2578   I)   1570
     − 418   − 435   − 781
     ─────   ──────   ──────

J)   5614   K)   4345   L)   4873
    − 2413   − 2678   − 615
    ──────   ──────   ──────

Turmbau

Bilde mit den Ziffern die größte und die kleinste Zahl.

Subtrahiere

Bilde mit den neuen Ziffern wieder die größte und die kleinste Zahl.

Subtrahiere

und so weiter.

Ende! Kein Stockwerk darf doppelt sein.

2 Turmbau

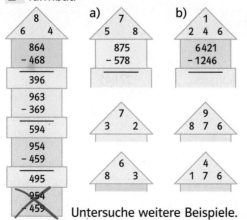

```
      8
    6   4
     864
   − 468
     396
     963
   − 369
     594
     954
   − 459
     495
     954    (durchgestrichen)
   − 459
```

a)
```
      7
    5   8
     875
   − 578
```
```
    7
  3   2
```
```
  6
8   3
```

b)
```
      1
    2 4 6
     6421
   − 1246
```
```
    9
  8 7 6
```
```
    4
  1 7 6
```

Untersuche weitere Beispiele.

3 Kontrolliere durch Addition, ob richtig gerechnet wurde. Korrigiere die Fehler.
Beispiel: 87 − 58 = 29
          denn 58 + 29 = 87
a) 3567 − 908 = 2659
b) 8074 − 786 = 7389
c) 63 266 − 9876 = 53 390
d) 14 092 − 6807 = 8295

4 👥 Bildet zwei dreistellige Zahlen und subtrahiert. Dabei darf jede Ziffer von 1 bis 9 nur einmal vorkommen.
Beispiel: 9 3 1 − 4 7 5 =
Die Differenz soll
a) möglichst groß sein,
b) möglichst klein sein,
c) 111 betragen. Findet mehrere Möglichkeiten. Wie geht ihr vor?
d) Die Differenz soll 222; 333; 444; … betragen.
Bis zu welcher Differenz findest du dreistellige Zahlen, bei denen jede Ziffer nur einmal vorkommt?
e) Denkt euch weitere Aufgaben aus.

5 Interessante Ergebnisse
a) 20 000 − 10 001
   90 000 − 80 001
b) 35 000 − 5001
   56 000 − 6001
   87 000 − 7001
c) 504 030 − 392 919
   605 040 − 382 818
   706 050 − 372 717
Wie geht es weiter?
d) 👥 Konstruiert selbst Aufgaben mit interessanten Ergebnissen.

6 Ergänze die fehlenden Ziffern im Heft.
a) ▢▢   b) 427▢   c) ▢88▢
 − 4 6   − ▢587   − 9▢9
 ─────   ───────   ───────
   5 3   1▢▢1   7▢89

d)   60▢5   e) ▢▢8▢   f) 8▢09
   − 2▢98   − 367   − ▢9▢1
   ──────   ───────   ───────
    ▢84▢   87▢4   540▢

Vor allem bei den schriftlichen Rechenverfahren treten immer wieder Fehler auf.

(1) Hier wurde von zwei Ziffern, die untereinander stehen, immer die kleinere der beiden Zahlen von der größeren abgezogen.

(2) Hier wurde ein Übertrag vergessen.

Tipps: Bei der schriftlichen Subtraktion sollte folgendes beachtet werden:

- Zahlen stellenrichtig untereinanderschreiben
- auf fehlende oder falsche Überträge achten
- die Rechenrichtung beibehalten
- Fehler mit der Null vermeiden
- Fehler durch unterschiedliche Stellenzahl vermeiden
- nicht addieren statt subtrahieren.
- Anstelle der Differenz wird eine Ziffer der oberen oder der unteren Zahl notiert. (Persevation)
- Obwohl die untere Zahl größer ist als die obere, wird trotzdem subtrahiert.

Aufgaben

1 a) A) 140; B) 322; H) 2143; J) 3201
b) C) 491; E) 752; G) 267; L) 4258
c) D) 649 (zwei Überträge); F) 328 (zwei Überträge); I) 789 (drei Überträge); K) 1667 (zwei Überträge)

2 a) 875 − 578 = 297
972 − 279 = 693
963 − 369 = 594
954 − 459 = 495 (wäre wieder 954 − 459)
zweites Haus:
732 − 237 = 495 (s. o.)
drittes Haus:
863 − 368 = 495 (s. o.)
b) 6421 − 1246 = 5175
7551 − 1557 = 5994
9954 − 4599 = 5355
5553 − 3555 = 1998
9981 − 1899 = 8082
8820 − (0)288 = 8532
8532 − 2358 = 6174
7641 − 1467 = 6174 (s. o.)

zweites Haus:
9876 − 6789 = 3087
8703   8730 − (0)378 = 8352   *8703 − 3078 = 5625*
     8532 − 2358 = 6174 (s. o.)   *6552 − 2556 = 3996*
drittes Haus:
7641 − 1467 = 6174 (s. o.)

Alle dreistelligen Rechnungen der Aufgabe 2 enden auf 495 und alle vierstelligen Rechnungen enden auf 6174.

3 a) richtig, denn 2659 + 908 = 3567
b) falsch, denn 7389 + 786 = 8175
c) richtig, denn 53 390 + 9876 = 63 266
d) falsch, denn 8295 + 6807 = 15 102

4 a) 987 − 123 = 864 größtmögliche Differenz,
b) 912 − 876 = 36 kleinstmögliche Differenz,
c) 975 − 864 = 111, 853 − 742 = 111; dabei ist die größere Zahl an jeder Stelle eine Ziffer größer,
d) 985 − 763 = 222; 984 − 651 = 333,
987 − 543 = 444; 987 − 432 = 555,
987 − 321 = 666. Mit 777 geht es nicht mehr.
e) Die Kinder können solche Aufgaben mit zwei- und vierstelligen Zahlen aufstellen.

5
a) 9999
    9999
b) 29 999
    49 999
    79 999
c) 111 111
    222 222
    333 333
d) Weitere Aufgaben lauten:
    807 060 − 362 616 = 444 444
    908 070 − 352 515 = 555 555
   1 009 080 − 342 414 = 666 666
   1 110 090 − 332 313 = 777 777
   1 211 100 − 322 212 = 888 888

Stellt man die Zahlen stellengerecht untereinander, so erkennt man regelmäßige Zahlenfolgen.

6 *Bei dieser Aufgabe vertauschen die Kinder immer wieder Addition und Subtraktion.*

a)
```
      9 9
  −   4 6
      5 3
```
b)
```
    4 2 7 8
  − 2 5 8 7
    1 1
    1 6 9 1
```
c)
```
    8 8 8 8
  −   9 9 9
    1 1 1
    7 8 8 9
```
d)
```
    6 0 4 5
  − 2 1 9 8
    1 1 1
    3 8 4 7
```
e)
```
    9 0 8 1
  −   3 6 7
    1 1
    8 7 1 4
```
f)
```
    8 3 0 9
  − 2 9 0 1
    5 4 0 8
```

(1)

	1	3	3	2
+		2	1	5
	1	5	4	7

	7	8	4	3
−	1	5	4	7
		1	1	
	6	2	9	6

(2)

	7	8	4	3
−	1	3	3	2
−		2	1	5
		1	1	
	6	2	9	6

Beide Rechnungen führen zum selben Ergebnis.

7 a) 132   b) 3456   c) 12 345
d) 10 101   e) 9688   f) 0

8

a)

	7	4	7	2	0
−		1	0	2	3
−		2	1	1	5
−			3	9	0
			2	1	
	7	1	1	9	2

b)

	1	2	4	1	1
−		1	0	2	9
−			3	1	7
−			2	9	3
		1	2	2	
	1	0	7	7	2

9 *Bedingt dadurch, dass wir von links nach rechts schreiben, bereitet das stellenrichtige Untereinanderschreiben der Zahlen den Schülerinnen und Schülern anfangs größere Schwierigkeiten. Es sollte ausreichend Zeit dafür verwendet werden, dies zu üben.*
a) 9232   b) 94 426   c) 177 455
d) 143 402   e) 125 035

10 *Die Aufgabe wird für die Schülerinnen und Schüler verständlicher, indem man zuerst die Frage nach den Gesamtausgaben stellt. Trotzdem muss deutlich werden, dass diese letztlich subtrahiert werden müssen.*
2350 € − 420 € − 180 € − 270 € = 1480 €

11 *Die Schülerinnen und Schüler müssen die Angaben aus dem Kontoauszug entnehmen. Der Lösungsweg könnte einer der beiden Möglichkeiten aus der Information entsprechen oder aber einzelne Subtraktionen enthalten.*
3579 € − 750 € − 356 € − 1379 € = 1094 €
Frau Grau kann 1000 € abheben.

12 *Handlungsorientierung ist durch das Messen der Strecken auf einer Landkarte möglich.*
a) Abfahrt bis 1. Rast:
54 975 km − 54 752 km = 223 km
1. Rast bis 2. Rast: 55 134 km − 54 975 = 159 km
2. Rast bis 3. Rast: 55 282 km − 55 134 km = 148 km
3. Rast bis Ankunft:
55 398 km − 55 282 km = 116 km
b) Abfahrt bis Ankunft:
55 398 km − 54 752 km = 646 km
Alternative Rechnung: Addition der Teilstrecken.
223 km + 159 km + 148 km + 116 km = 646 km.

13 *Individuelle Lösungen, Kontrolle durch den Partner oder die Partnerin.*
Beispiel 1:
Wie viel Kilometer fährt Frau Seger an einem Tag?
217 km + 284 km = 501 km

Beispiel 2:
Wer fährt bis zur Mittagspause weniger?
Arnold Bühler:
504 − 243 = 261 km
Familie Hartmann fährt weniger, da sie bereits nach 192 km Pause macht.

Beispiel 3:
Wie viel Kilometer fahren alle drei Autos zusammen?

Herr Bühler				5	0	4	km
Familie Hartmann		+	4	0	5		km
Frau Seger		+	5	0	1		km
		1		1			
		1	4	1	0		km

Alle drei Autos legen 1410 km zurück.

Beispiel 4:
Wie weit muss Familie Hartmann nach der Pause noch fahren?
405 km − 192 km = 213 km

Subtraktion mehrerer Zahlen

Aufgabe: 7843 – 1332 – 215
Überschlage zuerst. Vergleiche die beiden Lösungswege (1) und (2). Führe sie in deinem Heft zu Ende.

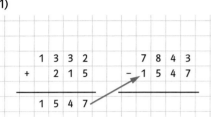

1)

```
        1 3 3 2          7 8 4 3
      +   2 1 5        – 1 5 4 7
      ─────────        ─────────
        1 5 4 7
```

2)

```
        7 8 4 3
      – 1 3 3 2
      –   2 1 5
      ─────────
              1
              6
```

5; 7 + 6 = 13
schreibe 6
übertrage 1

1; 2; 5 + 9 = 14
schreibe …

7 Du erhältst besondere Ergebnisse.

a)
```
    897
  – 623
  – 142
  ─────
```
b)
```
   6497
 – 2651
 –  390
 ──────
```
c)
```
  20996
   7846
 –  805
 ──────
```

d)
```
  22914
 – 6045
 – 4367
 – 2401
 ──────
```
e)
```
  25800
 – 7413
 – 6094
 – 2605
 ──────
```
f)
```
  54324
 – 24098
 – 17806
 – 12420
 ──────
```

8 Ergänze im Heft.

a)
```
  ☐ 4 7 2 0
 –  ☐ 0 2 3
 –    2 1 1 ☐
 –    ☐ 9 0
 ───────────
      7 1 1 ☐ 2
```
b)
```
  1 ☐ 4 1 1
 –   1 ☐ 2 9
 –     3 1 ☐
 –     2 ☐ 3
 ───────────
    ☐ 0 7 7 2
```

9 Schreibe stellenrichtig untereinander. Rechne dann schriftlich.
a) 16 273 – 3625 – 173 – 2819 – 424
b) 212 014 – 31 215 – 18 554 – 67 819
c) 259 717 – 38 357 – 42 111 – 1794
d) 300 123 – 1024 – 17 781 – 137 916
e) 621 009 – 417 318 – 879 – 77 777

10 Frau List verdient 2350 € im Monat. Davon sind 420 € Miete zu zahlen. Die Nebenkosten betragen 180 €. Für die monatlichen Beiträge ihrer Versicherungen benötigt sie 270 €. Über welchen Restbetrag kann sie noch verfügen?

11 Frau Grau hat leider beim Öffnen der Post den Kontoauszug beschädigt. Kann sie noch 1000 € von Ihrem Konto abheben? Notiere deinen Lösungsweg. Findest du noch andere?

Sparbank	alter Kontostand:	3579 € –
Dauerauftrag Miete		750 € –
Überweisung		356 € –
Lastschrift		1379 € –
	neuer Kontostand:	

12 Bei der Fahrt in den Urlaub hat die Familie Santi dreimal Rast gemacht. Massimo hat jedes Mal den Kilometerstand notiert.
a) Wie lang sind die Teilstrecken?
b) Berechne die Gesamtlänge der gefahrenen Strecke.

Abfahrt 54 752 km
1. Rast   54 975 km
2. Rast   55 134 km
3. Rast   55 282 km
Ankunft   55 398 km

13 ☒ Notiere mindestens drei Fragen und lasse sie von deinem Partner lösen.

Arnold Bühler musste insgesamt 504 km fahren. Nach der Mittagspause waren es noch 243 km.

Frau Seger legte bis zur Mittagspause 217 km zurück und fuhr dann noch 284 km.

Familie Hartmann fuhr bis zum Urlaubsort insgesamt 405 km. Nach 192 km legte sie eine Ruhepause ein.

8 Schriftliche Multiplikation

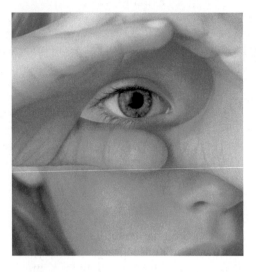

Damit die Augen gut funktionieren, werden sie durch die Tränenflüssigkeit feucht und sauber gehalten. Dazu schließen sich die Augen normalerweise alle sechs Sekunden reflexartig.

→ Wie oft blinzelt ein Mensch durchschnittlich an einem Tag? Gehe von 16 Stunden aus, da der Mensch mindestens 8 Stunden schläft und dabei nicht blinzelt. Überschlage zuerst und rechne dann genau.

→ Wie oft blinzelt er in einem Monat (30 Tage), wie oft in einem Jahr?

Das Auge eines Erwachsenen in Zahlen:

Durchmesser:
22 mm – 23 mm

Gewicht:
Etwa 7,5 g

Pupillendurchmesser:
1,2 mm – 9 mm

Blinzelvorgänge:
Etwa alle sechs Sekunden einmal.

→ Die Anzahl der Blinzelvorgänge hast du sicherlich nicht im Kopf berechnet. Wie hast du aber dann gerechnet?

| 182 · 34 |
| 182 · 34 |
| 182 · 34
 546 |
| 182 · 34
 546
 728 |
| 182 · 34
 546
 728
 1
 6188 |

1. Bei der schriftlichen Multiplikation wird der zweite Faktor in Einer, Zehner, Hunderter usw. zerlegt.
2. Beginne mit der höchsten Stelle und berechne die Teilprodukte.
3. Zuletzt werden die Teilprodukte addiert.
   Aufgabe: 357·245

```
3 5 7 · 2 0 0
    7 1 4 0 0

                7 1 4 0 0
3 5 7 · 4 0   + 1 4 2 8 0        Kurzform
  1 4 2 8 0   +     1 7 8 5
                        1 1

    3 5 7 · 5     8 7 4 6 5
        1 7 8 5
```

```
3 5 7 · 2 4 5
    7 1 4 0 0
    1 4 2 8 0
        1 7 8 5
            1 1
    8 7 4 6 5
```

Weiter geht's
→ Überschlage zuerst. Beschreibe dann den Rechenweg zu Ende.

```
3 5 7 · 2 4 5  ○ ○ ○ ○
    7 1 4 0 0
    1 4 2 8 0
        1 7 8 5
            1 1
    8 7 4 6 5
```

2 · 7 = 14
schreibe 4
merke 1

2 · 5 = 10
+ 1 = 11
schreibe 1
...

→ Betrachte die Aufgabe auf dem Filmstreifen. Zerlege die Aufgabe in Teilaufgaben, so wie es im Kasten gezeigt wird. Vergleiche die beiden Rechenwege.
→ 182·42365 oder 42365·182? In welcher Reihenfolge rechnest du?

8 Schriftliche Multiplikation

Einstieg

Aus der Biologie ist der Aufbau des Auges bekannt. Verschiedene Schutzfunktionen können genannt und besprochen werden. Besonders wichtig ist, dass das Auge durch die Tränenflüssigkeit immer feucht gehalten wird. Blinzeln nennt sich der Vorgang, bei dem das Augenlid für kurze Zeit das Auge schließt und dann blitzschnell wieder öffnet, um die Oberfläche des Auges feucht zu halten. Blinzeln ist einer der Vorgänge im Körper, die völlig unbewusst ablaufen.

Impulse

→ Laut Text blinzelt der Mensch alle sechs Sekunden einmal, also zehnmal in der Minute. In einer Stunde (= 60 Minuten) schließt und öffnet sich das Auge $10 \cdot 60 = 600$-mal. In 16 Stunden wäre dies $600 \cdot 16 = 9600$-mal der Fall.

→ *Ein Monat hat in der Mathematik 30 Tage, ein Jahr hat 12 Monate.*
Der Mensch blinzelt im Monat:
$9600 \cdot 30 = 288\,000$-mal und im Jahr:
$288\,000 \cdot 12 = 3\,456\,000$-mal.
Alternativ rechnet man mit Tagen:
$9600 \cdot 365 = 3\,504\,000$-mal pro Jahr.
Die Ergebnisse unterscheiden sich, weil die Monate auf 30 Tage gerundet sind.

→ Die schriftliche Multiplikation ist aus der Grundschule bekannt. Daher werden die Kinder dieses Rechenverfahren als Lösungsmöglichkeit nennen.

! Merkkasten

– Die Multiplikation beginnt mit der höchsten Stelle des 2. Faktors.

– Die nachfolgenden Teilprodukte werden treppenförmig nach rechts gerückt, dabei wird auf das korrekte Untereinanderschreiben der Ziffern geachtet. Kästchen sind dabei sehr hilfreich.

– Bei der Addition der Teilprodukte müssen alle Regeln der Addition beachtet werden (vgl. schriftliche Addition).

– Um Fehler zu vermeiden, vergleicht man das Ergebnis der Multiplikationsaufgabe mit dem Ergebnis der Überschlagsrechnung.

Weiter geht's

→ Überschlagsrechnung: $350 \cdot 250 = 87\,500$
$2 \cdot 7 = 14$; schreibe 4, merke 1,
$2 \cdot 5 = 10$; $10 + 1 = 11$; schreibe 1, merke 1,
$2 \cdot 3 = 6$; $6 + 1 = 7$; schreibe 7.
$4 \cdot 7 = 28$; schreibe 8; merke 2,
$4 \cdot 5 = 20$; $20 + 2 = 22$; schreibe 2, merke 2,
$4 \cdot 3 = 12$; $12 + 2 = 14$; schreibe 14.
$5 \cdot 7 = 35$; schreibe 5, merke 3,
$5 \cdot 5 = 25$; $25 + 3 = 28$; schreibe 8, merke 2,
$5 \cdot 3 = 15$; $15 + 2 = 17$; schreibe 17.

→
		1	8	2	·	3	0
			5	4	6	0	

	1	8	2	·	4
		7	2	8	

		1	8	2	·	3	4
			5	4	6	0	
+			7	2	8		
			1				
		6	1	8	8		

Auf dem Filmstreifen wird auf die Nullen verzichtet.

→ Da bei der Multiplikation das Kommutativgesetz gilt, kommt dasselbe Ergebnis heraus, egal, ob man $182 \cdot 42\,365$ oder $42\,365 \cdot 182$ rechnet.

1	8	2	·	4	2	3	6	5
				7	2	8		
+				3	6	4		
+				5	4	6		
+			1	0	9	2		
+			9	1	0			
		2	1	2				
	7	7	1	0	4	3	0	

4	2	3	6	5	·	1	8	2
		4	2	3	6	5		
+	3	3	8	9	2	0		
+		8	4	7	3	0		
			2	2	1			
	7	7	1	0	4	3	0	

Treppenform

Hier erhält man kleinere Teilprodukte.

Bei dieser Rechnung erhält man weniger Teilprodukte.

Weiteres Angebot   Multiplikation

Auch hier können zwei Kinder zusammenarbeiten. Jedes Kind schreibt vier verschiedene drei- bis fünfstellige Zahlen auf und dann suchen die Kinder gemeinsam so viele Multiplikationen wie möglich. Sie überprüfen ihre Aufgaben gegenseitig oder mit der Überschlagsrechnung.

(1) Hier wurde nicht $346 \cdot 200$ gerechnet, sondern $346 \cdot 2$. Den Fehler kann man verhindern, indem man $69\,200$ schreibt statt 692. Die Zahl 3114 muss zwei Stellen weiter rechts stehen.

(2) Hier wurde statt $346 \cdot 200$ nur $346 \cdot 20$ gerechnet. Außerdem ist die Zahl 3114 nur eine, statt zwei Stellen nach rechts gerückt worden.

```
3 4 6 · 2 0 9
      6 9 2 0 0        3 4 6 · 2 0 9
  +   0 0 0 0              6 9 2
  +   3 1 1 4          +   3 1 1 4
      1                    1
      7 2 3 1 4            7 2 3 1 4
```

Tipp: Verwendet man die Kurzschreibweise, so stehen die Zwischenergebnisse mit ihrem Einer unter der Zahl, mit der sie multipliziert wurden.

Aufgaben

1 a) $142\,857 \cdot 1 = 142\,857$; $142\,857 \cdot 3 = 428\,571$
$142\,857 \cdot 2 = 285\,714$; $142\,857 \cdot 6 = 857\,142$
$142\,857 \cdot 4 = 571\,428$; $142\,857 \cdot 5 = 714\,285$
Alle Ergebnisse werden mit den Ziffern 1; 2; 4; 5; 7 und 8 geschrieben und es wird immer eine Ziffer von vorne nach hinten verschoben.
b) $142\,857 \cdot 7 = 999\,999$ Dieses Ergebnis besteht nur aus Neunen, es passt nicht zu den Ergebnissen von a).
c) $12\,345 \cdot 9 = 111\,105$; $12\,345 \cdot 18 = 222\,210$
$12\,345 \cdot 27 = 333\,315$; $12\,345 \cdot 36 = 444\,420$
$12\,345 \cdot 45 = 555\,525$; $12\,345 \cdot 54 = 666\,630$
$12\,345 \cdot 63 = 777\,735$; $12\,345 \cdot 72 = 888\,840$
$12\,345 \cdot 81 = 999\,945$
Hier gilt: Die ersten vier Ziffern erhöhen sich jeweils um eins. Außerdem wird fünf dazugezählt.

2 a) $10 \cdot 9 - 8 \cdot 7 = 34$ und $10 + 9 + 8 + 7 = 34$
b) $19 \cdot 18 - 17 \cdot 16 = 70$; $19 + 18 + 17 + 16 = 70$
c) $75 \cdot 74 - 73 \cdot 72 = 290$; $75 + 74 + 73 + 72 = 290$
d) $250 \cdot 249 - 248 \cdot 247 = 994$;
$250 + 249 + 248 + 247 = 994$
e) $59 \cdot 58 - 57 \cdot 56 = 230$; $59 + 58 + 57 + 56 = 230$
f) $200 \cdot 199 - 198 \cdot 197 = 794$;
$200 + 199 + 198 + 197 = 794$
g) Das Ergebnis der Rechnungen liegt zwischen dem 4fachen der zweiten und dem 4fachen der dritten Zahl. 102 liegt zwischen 104 und 100. Die zweite Zahl heißt 26 und die dritte Zahl 25.
$27 \cdot 26 - 25 \cdot 24 = 102$; $27 + 26 + 25 + 24 = 102$

Zu 2h) *Man kann für jede gerade Zahl größer oder gleich 10, die nicht in der Viererreihe vorkommt, eine solche Rechnung finden.*

3 $9882 \cdot 8 = 79\,056$ und $1098 \cdot 72 = 79\,056$
$3215 \cdot 27 = 86\,805$ und $643 \cdot 135 = 86\,805$
$96 \cdot 84 = 8064$ und $24 \cdot 336 = 8064$
$376 \cdot 238 = 89\,488$ und $188 \cdot 476 = 89\,488$
$250 \cdot 319 = 79\,750$ und $1595 \cdot 50 = 79\,750$
$23\,409 \cdot 4 = 93\,636$ und $6 \cdot 15\,606 = 93\,636$

4 *Diese Aufgabe kann durch Probieren oder durch Überschlagen gelöst werden. Vielen Kindern helfen Zahlenkärtchen, das Notieren der Ergebnisse oder der Tipp: Vergleiche zunächst die Einer.*
$513 \cdot 24 = 12\,312$

5 a) Die größte Zahl der ersten Wolke mit der größten Zahl der zweiten Wolke multipliziert, ergibt das größte Ergebnis. $30\,303 \cdot 32 = 969\,696$
Die kleinste Zahl der ersten Wolke mit der kleinsten Zahl der zweiten Wolke multipliziert, ergibt das kleinste Ergebnis. $250 \cdot 8 = 2000$
b)

·	8	16	32
A) 250	2000	4000	8000
B) 30 303	242 424	484 848	969 696
C) 6400	51 200	102 400	204 800
D) 7111	56 888	113 776	227 552
E) 5050	40 400	80 800	161 600

c) Verdoppelt sich der zweite Faktor, so verdoppelt sich das Ergebnis. Vervierfacht sich der zweite Faktor, so vervierfacht sich das Ergebnis ebenfalls.
d) *Als Zusatzaufgabe zur Differenzierung:*
Gute Schülerinnen und Schüler erkennen, dass 64 wiederum das Doppelte von 32 ist.
$250 \cdot 64 = 16\,000$; $30\,303 \cdot 64 = 1\,939\,392$;
$6400 \cdot 64 = 409\,600$; $7111 \cdot 64 = 455\,104$
$5050 \cdot 64 = 323\,200$

6 *Projektartiges Arbeiten ist möglich, indem aus verschiedenen Geschäften eingeholte Angebote zum Preisvergleich dienen.*
$56 \, € \cdot 12 = 672 \, €$
Der Barpreis ist billiger.
Zusätzliche Frage: Wie viel Euro kann man sparen?
$672 \, € - 624 \, € = 48 \, €$

Nobody is perfect!

Welcher Fehler wurde bei (1) und (2) gemacht? Kannst du sie durch Überschlagen nachweisen?

1)

```
3 4 6 · 2 0 9
      6 9 2
    3 1 1 4
        1
    3 8 0 6    f
```

2)

```
3 4 6 · 2 0 9
      6 9 2
    3 1 1 4
      1 1
  1 0 0 3 4    f
```

```
3 4 6 · 2 0 9
      6 9 2 0 0
      0 0 0 0
    3 1 1 4
    _____
```

9 · 6 = 54
schreibe 4
merke 5

9 · 4 = 36
36 + 5 = 41
schreibe 1
merke 4
…

Führe die Rechnung zu Ende. Beim Aufschreiben des Rechenweges kannst du
eine Zeile und einige Ziffern einsparen. Worauf musst du dann aber achten?
Tipp 1: Merke dir die „Behalteziffern" möglichst im Kopf oder nimm die Finger zu Hilfe.
Tipp 2: Achte auf die „Treppenform" der Teilprodukte.
Tipp 3: Übe das kleine Einmaleins.

1 Betrachte das Zahlenkarussell rechts
am Rand.
a) Multipliziere die Zahl 142 857 mit 1;
mit 3; mit 2; mit 6; …
Was fällt dir an den Ergebnissen auf?
b) Passt auch die Aufgabe 142 857 · 7 zum
Karussell?
c) Multipliziere die Zahl 12 345 mit 9;
mit 18; mit 27; …; mit 81.

2 👥 Vergleicht.
a) 10 · 9 − 8 · 7   und 10 + 9 + 8 + 7
b) 19 · 18 − 17 · 16 und 19 + 18 + 17 + 16
c) 75 · 74 − 73 · 72 und …
d) 250 · 249 − 248 · 247 und …
e) Rechnet mit den Zahlen 59 bis 56.
f) Rechnet mit den Zahlen 200 bis 197.
g) Welche Zahlen musst du wählen,
damit du das Ergebnis 102 erhältst.
h) Denkt euch weitere Aufgaben aus und
diktiert sie eurem Nachbarn.

3 Immer zwei Aufgaben haben dasselbe
Ergebnis. Wenn du auf die Endziffern ach-
test, kannst du schneller entscheiden.

9882 · 8	3215 · 27	96 · 84
376 · 238	250 · 319	23 409 · 4
24 · 336	1098 · 72	188 · 476
6 · 15 606	1595 · 50	643 · 135

4 Setze die Ziffern 1, 2, 3, 4, 5
so ein, dass die Rechnung stimmt.
⬜⬜⬜ · ⬜ = 12 312

5 a) Die Zahlen in der ersten Wolke
sollen mit den Zahlen in der zweiten
Wolke multipliziert werden. Überlege
zuerst, bei welcher Aufgabe das Produkt
am größten und bei welcher am kleinsten ist.

Ⓐ 250 Ⓒ 6400 Ⓓ 7111
Ⓑ 30 303 Ⓔ 5050

·

8   32   16

b) Multipliziere nun jede der Zahlen in
der ersten Wolke mit jeder der Zahlen
aus der zweiten Wolke.
c) Betrachte die Ergebnisse. Was fällt
dir dabei auf? Kannst du das erklären?
d) Die Zahlen in der ersten Wolke
werden mit 64 multipliziert. Gib die
Ergebnisse an.

6 Ein Mountain-Bike wird zum Barpreis
von 624 € angeboten. In einem anderen
Geschäft bekommt man das gleiche
Rad für 12 Monatsraten zu je 56 €.
Welches Angebot ist günstiger?

· 1
· 5   · 3
142 857
· 4   · 2
· 6

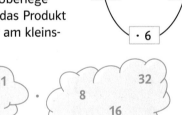

7 Immer zwei Aufgaben sind falsch.
Du kannst sie durch Überschlagen finden.
Rechne dann genau und verbessere.

a)
507·97 = 41054
976·68 = 66368
219·52 = 11388
486·84 = 4824

b)
159·125 = 11875
140·637 = 89180
515·145 = 74674
327·216 = 70632

8 Berechne und setze fort.

a) 1089·1
   1089·2
   1089·3
   …

b) 143· 7
   143·14
   143·21
   …

c) 3737·3
   3737·6
   3737·9
   …

d) 175· 40
   175· 40
   175·120
   …

9 Vergleiche jeweils.
a) 5·5 + 6·6 + 30·30 und 31·31
b) 20·20 + 21·21 + 420·420
   und 421·421
c) 9·9 + 10·10 + 90·90 und 91·91
d) 50·50 + 51·51 + 2550·2550
   und 2551·2551
e) Überprüfe weitere Beispiele.

10
a) 275·48
   260·245
   543·180
   956·90
   308·240

b) 404·205
   857·108
   346·209
   125·408
   320·307

11 Multipliziere die Zahl 250 mit sich selbst. Multipliziere dann die um 1 kleinere und um 1 größere Zahl miteinander. Vergleiche die Ergebnisse. Gilt die Regel für alle Zahlen?

12 Beim Bremsen aus einer Geschwindigkeit von 30 km pro Stunde kommt ein Personenzug nach 85 m zum Stehen. Bei 4facher Geschwindigkeit ist der Bremsweg etwa 16-mal so lang.
a) Wie viele Kilometer pro Stunde legt der Zug bei dieser 4fachen Geschwindigkeit zurück?
b) Wie lang ist dann der Bremsweg?

13 ☃☃☃
a) Die Zahl 12345679 soll mit 9; 18; 27 und 36 multipliziert werden. Jedes Teammitglied übernimmt eine Aufgabe.
b) Vergleicht die Ergebnisse miteinander und überlegt, wie die Ergebnisse der Multiplikation mit 45; 54; 63; 72 und 81 lauten. Überprüft eure Vermutungen durch Rechnen.
c) Jedes Teammitglied denkt sich eine Zahl zwischen 1 und 99. Jeder multipliziert seine Zahl mit 1443 und das errechnete Produkt mit 7. Gebt nur das Ergebnis bekannt. Könnt ihr aus den Ergebnissen eurer Mitschüler die gedachten Zahlen herausfinden?

Bauernregel

Lesen

Vor etwa 3000 Jahren lösten die Ägypter Multiplikationsaufgaben durch Verdoppeln, Halbieren und Addieren. Einige Bauern rechnen dort noch heute so.
Auch die Römer rechneten auf diese merkwürdige Art.

81·123

81	123
~~40~~	~~246~~
~~20~~	~~492~~
~~10~~	~~984~~
5	1968
~~2~~	~~3936~~
1	7872
	1 1 1
	9963

1. Der erste Faktor wird so oft halbiert, bis man 1 erhält. Tritt beim Halbieren ein Rest auf, so wird dieser weggelassen.
2. Der zweite Faktor wird so oft verdoppelt, wie der erste Faktor halbiert wird.
3. In der Tabelle werden alle Zeilen gestrichen, bei denen der erste Faktor eine gerade Zahl ist.
4. Alle Zahlen, die in der rechten Spalte übrig bleiben, werden addiert, auch die oberste Zahl.
Die Summe ist das Ergebnis der Multiplikationsaufgabe.

Überprüfe diese alte Regel bei den folgenden Produkten.
a) 16·15   b) 18·52   c) 84·39   d) 128·7

7

	Rechnung	Überschlag	Ergebnis
a)	507·97 = 41 054 f	500·100 = 50 000	49 179
	976·68 = 66 368	1000·70 = 70 000	66 368
	219·52 = 11 388	220·50 = 11 000	11 388
	486·84 = 4824 f	500·80 = 40 000	40 824
b)	159·125 = 11 875 f	200·100 = 20 000	19 875
	140·637 = 89 180	140·600 = 84 000	89 180
	515·145 = 74 674	500·150 = 75 000	74 675
	327·216 = 70 632	330·210 = 69 300	70 632

8 a) 1089; 2178; 3267; 4356; 5445;
6534; 7623; 8712; 9801; 10 890
b) 1001; 2002; 3003; 4004; 5005;
6006; 7007; 8008; 9009; 10 010
c) 11 211; 22 422; 33 633; 44 844; 56 055;
67 266; 78 477; 89 688; 100 899; 112 110
d) 7000; 14 000; 21 000; 28 000; 35 000;
42 000; 49 000; 56 000; 63 000; 70 000

Bauernregel   Lesen

a) 16 · 15   Addition: 240
~~16   15~~
~~8   30~~   16·15 = 240
~~4   60~~   Die Bauernregel stimmt.
~~2   120~~
1   240
b) 18 · 52   104 + 832 = 936
~~18   52~~
9   104   18·52 = 936
~~4   208~~   Die Bauernregel stimmt.
~~2   416~~
1   832
c) 84 · 39   156 + 624 + 2496 = 3276
~~84   39~~
~~42   78~~   84·39 = 3276
21   156   Die Bauernregel stimmt.
~~10   312~~
5   624
~~2   1248~~
1   2496
d) 7·128 ist schneller gerechnet als 128·7.
7·128   128 + 256 + 512 = 896
3·256   128·7 = 896
1·512   Die Bauernregel stimmt.
Diese Regel beruht auf dem Zweiersystem. Bei a) wird
mit 16 multipliziert, 16 = 10 000$_2$ im Zweiersystem. Von
hinten nach vorne gelesen entspricht die 0 einer gestri-
chenen Zeile und die 1 einer nicht gestrichenen Zeile.

9 a) 5·5 + 6·6 + 30·30 = 961
31·31 = 961
b) 20·20 + 21·21 + 420·420 = 177 241
421·421 = 177 241
c) 9·9 + 10·10 + 90·90 = 8281
91·91 = 8281
d) 50·50 + 51·51 + 2550·2550 = 6 507 601
2551·2551 = 6 507 601
e) *Um selbst solche Aufgaben stellen zu können, müs-*
sen die Kinder erkennen, welche Struktur die Aufgaben
haben. Ist n eine natürliche Zahl, so sehen die Aufga-
ben folgendermaßen aus:
$n·n + (n+1)·(n+1) + n(n+1)·n(n+1) = \square$
$(n(n+1)+1)·(n(n+1)+1) = \square$

10

a)	b)
13 200	82 820
63 700	92 556
97 740	72 314
86 040	51 000
73 920	98 240

11 250·250 = 62 500
249·251 = 62 499
Das zweite Ergebnis ist nur um 1 kleiner als das Ergebnis der ersten Aufgabe. *Egal mit welchen Zahlen*
die Kinder dies ausprobieren, der Unterschied der Er-
gebnisse ist immer um 1 kleiner. Das liegt an der drit-
ten binomischen Formel $(n+1)·(n-1) = n^2-1$, *die den*
Kindern aber noch nicht bekannt ist.

12 a) Der Personenzug fährt 120 km pro Stunde.
b) Der Bremsweg beträgt 1360 m.

13 *Die Aufgaben werden im Team aufgeteilt und die*
Ergebnisse verglichen. Durch gegenseitiges Helfen wird
das unterschiedliche Leistungsniveau kompensiert.
a) 111 111 111; 222 222 222; 333 333 333;
444 444 444.
b) Die Zahlen mit denen multipliziert wird, stammen
aus der Neunerreihe. Deshalb sind alle Ergebnisse
ein Vielfaches vom 111 111 111.
555 555 555; 666 666 666; 777 777 777; 888 888 888;
999 999 999
c) Individuelle Lösungen. 38·7·1443 = 383 838.
7·1443 = 10 101, daher ist das Ergebnis die Ausgangszahl dreimal hintereinander geschrieben.

9 Schriftliche Division

Einstieg

Das Fach Biologie sieht als ein Ziel vor, dass die Schülerinnen und Schüler Tiere klassifizieren und deren Lebensweise kennen. Da Bienenvölker in unserer unmittelbaren Umgebung leben, bietet es sich an, dieses Insekt genauer unter die Lupe zu nehmen. Die Schülerinnen und Schüler lernen in Zusammenhängen zu denken und erkennen, dass verschiedene Fächer miteinander vernetzt sind.

Impulse

→ Eine Biene legt 6 m Flugstrecke in einer Sekunde zurück. 1500 m : 6 m = 250. Für 1500 m benötigt sie etwa 250 s, das sind 4 min 10 s.

→ Man rechnet, wie oft die 6 m in die 1500 m passen. Das Ergebnis gibt die Sekunden an.

! Merkkasten

Die Division ist die schwierigste der vier schriftlichen Rechenverfahren. Im Merkkasten sind zwei unterschiedliche Methoden dargestellt. Bei der linken Rechnung werden die Teildivisionen mit aufgeschrieben, bei der rechten Schreibweise handelt es sich um eine Kurzschreibweise.

Auch bei der Division hilft eine Überschlagsrechnung Fehler aufzuspüren. Die Probe erfolgt über die Multiplikation, also über die Umkehroperation der Division. Bei Ergebnissen mit Rest muss bei der Probe der Rest zu den Multiplikationsergebnissen addiert werden.

Die Division durch Null ist nicht möglich!

Randspalte

Die Markierungsstriche über (wahlweise unter) dem Dividenden sind ein wichtiges Hilfsmittel für die Schülerinnen und Schüler bei der schriftlichen Division. Mit ihnen kann die Stellenzahl überprüft werden: Beispielsweise entsprechen die zwei Striche über dem Dividenden (der erste über der 71, der zweite über der 5) den zwei Stellen im Ergebnis. Beim ersten Schritt der Division ist es wichtig, dass der Markierungsstrich über alle Stellen des Teildividenden gezogen wird. Zwischen- und Endnullfehler können mit dieser Kontrollmöglichkeit vermieden werden.

Weiter geht´s

→ Bei der einen Rechnung werden die Teildivisionen ganz ausgeschrieben. Die andere Rechnung ist eine Art Kurzschreibweise. Die Ergebnisse beider Rechnungen sind gleich.

→ Überschlagsrechnung zum Merkkasten:
9000 : 30 = 300 und zur Randspalte: 720 : 20 = 36

Probe zum   Probe zur
Merkkasten: Randspalte:

2 5 4 · 3 4	3 1 · 2 3
7 6 2	6 2
+ 1 0 1 6	+ 9 3
	1
8 6 3 6	7 1 3	7 1 3 + 2 = 7 1 5

Macht man eine Probe zu Divisionsaufgaben mit Rest, wird zunächst das Ergebnis ohne Rest mit dem Divisor multipliziert und dann der Rest addiert.

→

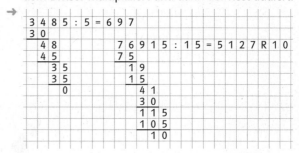

Die typischen Fehler bei der schriftlichen Division werden auf der nächsten Seite im Informationskasten dargestellt.

Weiteres Angebot   Kopfrechnen

Da bei der Division ständig Vielfache von Zahlen verwendet werden, ist es sinnvoll, während des Unterrichts Kopfrechenaufgaben aus dem kleinen und dem großen Einmaleins zu stellen. Zum Beispiel in Form von Kopfrechenketten. Bei den Kopfrechenketten können Zwischenergebnisse genannt werden:

2 · 4 = 8;	8 · 7 = 56;	56 : 4 = 14;	14 : 2 = 7;
7 · 5 = 35;	35 · 2 = 70;	70 : 7 = 10;	10 · 12 = 120;
120 : 2 = 60;	60 : 2 = 30;	30 : 2 = 15;	15 : 3 = 5;
5 · 9 = 45;	45 · 2 = 90;	90 : 3 = 30;	30 : 5 = 6;
6 · 7 = 42;	42 · 2 = 84;	84 : 4 = 21;	21 · 3 = 63;
63 : 7 = 9;	9 · 9 = 81;	81 : 3 = 27;	27 · 2 = 54;
54 : 9 = 6;	6 : 3 = 2;	2 · 2 = 4;	4 · 25 = 100.

9 Schriftliche Division

Ein Bienenvolk besteht aus etwa 30 000 Bienen. Mit 98 % stellen die Arbeitsbienen den weitaus größten Anteil im Bienenvolk. Neben der Königin sind für eine gewisse Zeit auch noch die männlichen Bienen, die Drohnen, im Bienenstock. Ein Teil der Arbeitsbienen sind Sammelbienen. Sie beschaffen außerhalb des Bienenstocks Nektar. Bei einem einzigen Ausflug sammeln 100 Bienen insgesamt rund 5 g Nektar, wovon sie 2 g selbst verbrauchen und die restlichen 3 g zu 1 g Honig verarbeiten. Der Nektar wird meist in einem Umkreis von höchstens 1500 m um den Bienenstock gesammelt. Dabei legen sie in einer Sekunde etwa 6 m Flugstrecke zurück.

→ Wie viele Sekunden benötigt eine Biene für die Strecke von 1500 m?
→ Beschreibe, wie du rechnest.

> Bei der schriftlichen Division zerlegt man die zu teilende Zahl schrittweise und dividiert dann.   Kurzform:
>
> | T | H | Z | E | | | | H | Z | E |
> |---|---|---|---|---|---|---|---|---|---|
> | 7 | 8 | 7 | 4 | : | 3 | 1 | = 2 | 5 | 4 |
> | − 6 | 2 | 0 | 0 | : | 3 | 1 | = 2 | 0 | 0 |
> | | 1 | 6 | 7 | 4 | | | | | |
> | − | 1 | 5 | 5 | 0 | : | 3 | 1 | = 5 | 0 |
> | | | 1 | 2 | 4 | | | | | |
> | − | | 1 | 2 | 4 | : | 3 | 1 | = | 4 |
> | | | | 0 | | | | | | |
>
> | T | H | Z | E | | | | H | Z | E |
> |---|---|---|---|---|---|---|---|---|---|
> | 7 | 8 | 7 | 4 | : | 3 | 1 | = 2 | 5 | 4 |
> | − | 6 | 2 | | | | | | | |
> | | 1 | 6 | 7 | | | | | | |
> | − | 1 | 5 | 5 | | | | | | |
> | | | 1 | 2 | 4 | | | | | |
> | − | | 1 | 2 | 4 | | | | | |
> | | | | 0 | | | | | | |
>
> 78 H : 31 = 2 H Rest 16
> 167 Z : 31 = 5 Z Rest 12
> 124 E : 31 = 4 E Rest 0

Weiter geht's
→ Vergleiche die beiden Lösungswege. Wodurch unterscheiden sie sich?
→ Berechne zu den Aufgaben im Kasten und Filmstreifen die Überschläge.
Zur Probe kannst du auch die Umkehraufgaben (Multiplizieren) rechnen.
→ Rechne wie auf dem Filmstreifen:
3485 : 5; 76 915 : 15.

1 Immer zwei Aufgaben haben einen Rest.
a) 873 : 9   b) 785 : 5   c) 97 542 : 6
   6986 : 7   9246 : 3   12 345 : 5
   9879 : 8   1111 : 2   23 427 : 8
  15 240 : 6   22 222 : 4   46 987 : 9
  49 382 : 4   23 331 : 7   98 765 : 1

2 Dividiere und rechne dann die Probe.
Rechnung: 270 : 30 = 9
Probe: 9 · 30 = 270
a) 240 : 20   b)   480 : 40   c) 73 500 : 60
   450 : 90   690 : 30   42 080 : 80
   630 : 70   3350 : 50   15 420 : 60
   540 : 60   4160 : 80   37 380 : 70

3 Berechne die Anzahl der Packungen und den Rest.
a) 484 Eier in 10er-Schachteln
b) 5000 Saftflaschen in 6er-Kisten
c) 1000 Schulhefte in 3er-Packs
d) 750 Bleistifte in 8er-Schachteln
e) 375 Tennisbälle in 4er-Schachteln

4 Schreibe zuerst die Vielfachen auf und dividiere dann.
a) Vielfache: 14; 28; 42; …; 126
   6482 : 14   68 712 : 14   81 340 : 14
b) Vielfache: 37; 74; 111; …
   4033 : 37   86 765 : 37   324 305 : 37
c) Vielfache: 125; 250; …
   1625 : 125   15 625 : 125   630 000 : 125

5 Berechne. Achte auf die Nullen.
a) 9060 : 6   b) 40 500 : 45
   9006 : 6   54 945 : 99
   4060 : 4   131 670 : 63
  81 837 : 9   501 125 : 125
  72 744 : 8   312 090 : 309

6 a) Die Zahl 2520 ist durch alle Zahlen von 1 bis 10 ohne Rest teilbar. Prüfe nach.
b) Dividiere die Zahl 12 958 durch 3, durch 4, durch 5 und durch 6. Achte auf den Rest. Was fällt dir auf?
c) Überprüfe ebenso die Zahlen 51 838 und 362 878.

7 Besondere Ergebnisse
a)   84 : 7   b)   45 : 9
    8484 : 7   495 : 9
  848 484 : 7   4995 : 9
      …   …

8 Rechne schriftlich.
a) 253 : 11   b) 950 : 38
   247 : 19   928 : 58
   748 : 22   779 : 41
c) 5184 : 81   d) 10 626 : 69
  2346 : 69   26 319 : 31
  3038 : 49   30 742 : 38

9 Finde durch Überschlagen heraus, an welcher Stelle das Divisionszeichen stehen muss, sodass eine richtige Rechnung entsteht.
a) 9 6 4 2 4 1 = 4
b) 5 8 8 7 2 9 = 203
c) 1 6 4 3 3 1 = 53
d) 1 6 6 6 9 8 = 17
e) 1 0 8 2 7 9 = 1203

Bei beiden Aufgaben wurde im Ergebnis eine Null vergessen.

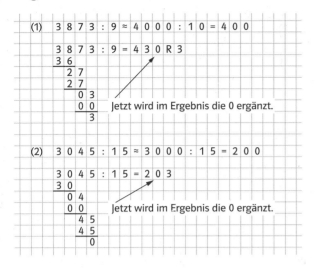

(1) $3873 : 9 \approx 4000 : 10 = 400$

$3873 : 9 = 430 \, R \, 3$

Jetzt wird im Ergebnis die 0 ergänzt.

(2) $3045 : 15 \approx 3000 : 15 = 200$

$3045 : 15 = 203$

Jetzt wird im Ergebnis die 0 ergänzt.

Aufgaben

1

a) 97
998
1234 R 7
2540
12345 R 2

b) 157
3082
555 R 1
5555 R 2
3333

c) 16257
2469
2928 R 3
5220 R 7
98765

2 *Die Probe ist eine Multiplikationsaufgabe, da alle Ergebnisse ohne Rest sind. Hinweis: Teilt man sowohl Dividend als auch Divisor durch 10, erhält man dasselbe Ergebnis. Die Aufgaben können dann zum größten Teil im Kopf berechnet werden. Also statt $240 : 20$ rechnet man $24 : 2$.*

a) 12
5
9
9

b) 12
23
67
52

c) 1225
526
257
534

3 *Wird bei Aufgaben mit Rest eine Probe durchgeführt, muss besonders auf den Rest geachtet werden, da dieser zum Multiplikationsergebnis addiert wird.*
a) 48 Schachteln, Rest 4 Eier
b) 833 Kisten, Rest 2 Flaschen
c) 333 Dreierpacks, Rest 1 Heft
d) 93 Schachteln, Rest 6 Bleistifte
e) 93 Schachteln, Rest 3 Bälle

4 a) Vielfache von 14: 14; 28; 42; 56; 70; 84; 98; 12; 126
Ergebnis: 463; 4908; 5810
b) Vielfache von 37: 37; 74; 111; 148; 185; 222; 259; 296; 333
Ergebnis: 109; 2345; 8765
c) Vielfache von 125: 125; 250; 375; 500; 625; 750; 875; 1000; 1125
Ergebnis: 13; 125; 5040

5 a) 1510; 1501; 1015; 9093; 9093
b) 900; 555; 2090; 4009; 1010

6 a) 2520; 1260; 840; 630; 504; 420; 360; 315; 280; 252
b) $12958 : 3 = 4319 \, R \, 1$
$12958 : 4 = 3239 \, R \, 2$
$12958 : 5 = 2591 \, R \, 3$
$12958 : 6 = 2159 \, R \, 4$
Der Rest ist immer um zwei kleiner als die Zahl, durch die geteilt wird.
Sicher probieren manche Kinder, ob die Regel noch weitergeht: $12958 : 7 = 1851$ Rest 1.
c) $51838 : 3 = 17279 \, R \, 1$ $362878 : 3 = 120959 \, R \, 1$
$51838 : 4 = 12959 \, R \, 2$ $362878 : 4 = 90719 \, R \, 2$
$51838 : 5 = 10367 \, R \, 3$ $362878 : 5 = 72575 \, R \, 3$
$51838 : 6 = 8639 \, R \, 4$ $362878 : 6 = 60479 \, R \, 4$
Der Rest ist auch hier um zwei kleiner als die Zahl, durch die geteilt wird.

7 a) 12; 1212; 121212   b) 5; 55; 555; …

8
a) 23
13
34

b) 25
16
19

c) 64
34
62

d) 154
849
809

9 *Tipp: Es ist leichter, rückwärts zu rechnen. Z.B. bei Teilaufgabe a) 4 mal 1 gleich 4 – passt nicht; 4 mal 41 gleich 164 – passt nicht; 4 mal 241 gleich 964 – 964 ist die Lösung!*
a) $964 : 241 = 4;$ Überschlag: $1000 : 250 = 4$
b) $5887 : 29 = 203;$ Überschlag: $6000 : 30 = 200$
c) $1643 : 31 = 53;$ Überschlag: $1500 : 30 = 50$
d) $1666 : 98 = 17;$ Überschlag: $1700 : 100 = 17$
e) $10827 : 9 = 1203;$ Überschlag: $11000 : 10 = 1000$

10 a)

Zahl	geteilt durch 7	geteilt durch 11	geteilt durch 13
837 837	119 691	76 167	64 449
642 642	91 806	58 422	49 434
854 854	122 122	77 714	65 758
596 596	85 228	54 236	45 892
100 100	14 300	9 100	7 700
444 444	63 492	40 404	34 188

Jede dieser Zahlen ist ohne Rest durch die Zahlen 7;
11 und 13 teilbar.

b) 837 837; 119 691; 10 881; 837
642 642; 91 806; 8 346; 642
854 854; 122 122; 11 102; 854
596 596; 85 228; 7 748; 596
100 100; 14 300; 1 300; 100
444 444; 63 492; 5 772; 444

c) *Da 7·11·13 = 1001, hat die Multiplikation mit 1001
bei einer dreistelligen Zahl den gleichen Effekt, wie
wenn man die Zahl zweimal hintereinander schreibt,
was zu Beginn getan wurde.*

11 *Diese Aufgabe ist etwas für Kinder die gerne
Knobeln. Aber auch wer nicht so gerne knobelt, kann
mit System ans Ziel kommen.*
a) 935 : 5 = 187
Die 1 steht im Ergebnis, weil eine einstellige Zahl von
9 abgezogen wird. Die 8 folgt, weil 8·5 = 40 ist und
7, weil 7·5 = 35.
b) 1548 : 4 = 387
Erkennt man 8·4 = 32, ergeben sich alle anderen
Zahlen.
c) Die Vielfachen von 746 werden gebildet und aufgeschrieben: 746; 1492; 2238; 2984; 3730;
    4476; 5222; 5968; 6714; 7460.
Die einzige Zahl, die mit 8 endet und mit 2 beginnt,
ist die Zahl 2238. Daher kommt als Zehner im Ergebnis nur die Ziffer 3 in Frage. Das andere Vielfache
von 746, das während der Rechnung subtrahiert wird,
endet ebenfalls mit 8 und hat eine 9 an der Stelle
der Hunderter stehen, kann also nur 5968 sein. Das
Ergebnis lautet: 38.

```
  28 348 : 746 = 38
-  2238
   5968
-  5968
      0
```

12 a) 15 121 : 2 = 7560 R 1; 15 121 : 3 = 5040 R 1;
    15 121 : 4 = 3780 R 1; 15 121 : 5 = 3024 R 1;
    15 121 : 6 = 2520 R 1; 15 121 : 7 = 2160 R 1;
    15 121 : 8 = 1890 R 1; 15 121 : 9 = 1680 R 1.
Alle Divisionen ergeben ein Ergebnis mit Rest 1. Je
größer der Divisor ist, desto kleiner wird das Ergebnis. Ist der Divisor das 2-; 3-; 4fache ... eines anderen
Divisors, so ist das Ergebnis der 2., 3., 4., ... Teil des
Ergebnisses.
b) 2·3·4·5·6·7·8·9 = 362 880 oder 5·7·8·9 = 2520
und alle Vielfachen dieser Zahl.
c) Der Rest kann höchstens eins kleiner sein als der
Divisor, also 1; 2; 3; 4; 5; 6; 7 und 8.
d) Um eins kleiner als der Divisor.
e) 1512 R 1; 756 R 1; 504 R 1; 378 R 1.

13 a) Nein, da 1000 min = 16 h 40 min.
b) Ja, da 1000 Tage = 2 Jahre 270 Tage.
c) Nein, da 1000 Wochen = 19 Jahre 12 Wochen.
d) Vielleicht, da 1000 Monate = 83 Jahre 4 Monate.

14 3500 kg : 2 kg = 1750; 1750 Buchen sind nötig, um
den Sauerstoff zu ersetzen.

15 a)

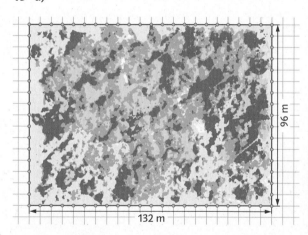

b) 132 : 6 = 22 Pfosten.
Für die längere Seite werden 22 + 1 = 23 (2 Eckpfosten) Pfosten benötigt.
c) Für die kürzere Seite werden 96 : 6 = 16 Pfosten
benötigt. Die Eckpfosten dürfen nicht doppelt berechnet werden. Deshalb werden für den gesamten
Zaun 2·23 + 2·15 = 76 Pfosten benötigt.
d) u = 2·132 m + 2·96 m
    = 264 m + 192 m = 456 m

10 Schreibe eine dreistellige Zahl zweimal nebeneinander, sodass eine sechsstellige Zahl entsteht.

837 837	596 596
642 642	100 100
854 854	444 444

a) Teile diese Zahlen durch 7, durch 11 oder durch 13. Was stellst du fest?
b) Rechne als Kette:

837837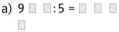

c) Untersuche weitere Beispiele.

11 Ersetze die Platzhalter im Heft.

a) 9 ☐ ☐ : 5 = ☐ ☐ ☐
　 ☐
　☐ 3
　4 0
　　☐ 5
　　☐ ☐
　　　0

b) 1 ☐ 4 ☐ : 4 = 3 ☐ 7
　☐ ☐
　　3 ☐
　　3 2
　　　☐ 8
　　　☐ ☐
　　　　0

c) 2 8 ☐ ☐ ☐ : 746 = ☐ ☐
　2 ☐ ☐ 8
　　5 ☐ ☐ 8
　　☐ 9 ☐ ☐
　　　　0

12 a) Die Zahl 15 121 soll durch 2; 3; 4; 5; 6; 7; 8 und 9 dividiert werden. Vergleicht die Ergebnisse. Was fällt dabei auf?
b) Findet gemeinsam eine Zahl, die sich ohne Rest durch 2; 3; 4; 5; 6; 7; 8 und 9 dividieren lässt.
c) Welcher Rest kann bei der Division durch 2; 3; 4; 5; 6; 7; 8 und 9 höchstens im Ergebnis stehen?
d) Wie groß kann der bei einer Division auftretende Rest höchstens sein?
e) Bestimmt möglichst geschickt die Ergebnisse der Division von 15 121 durch 10; 20; 30; 40.

13 Tausend
a) 1000 Minuten – Schläfst du so lange in einer Nacht?
b) 1000 Tage – Konntest du in diesem Alter schon laufen?
c) 1000 Wochen – Bist du schon so alt? (52 Wochen = 1 Jahr)
d) 1000 Monate – Kennst du jemanden, der so alt ist?

14 Eine gesunde, hundertjährige Buche produziert pro Stunde etwa 2 kg Sauerstoff. Ein Düsenflugzeug verbraucht je Stunde Flugzeit 3500 kg Sauerstoff. Wie viele Buchen sind nötig, um den von einem Flugzeug in einer Stunde verbrauchten Sauerstoff wieder zu erzeugen?

15 Ein 132 m langes und 96 m breites Waldstück soll nach einem Sturmschaden neu aufgeforstet werden. Um die kleinen Pflanzen vor „Wildverbiss" zu schützen, soll um die Fläche ein Zaun errichtet werden.
a) Fertige zunächst eine Skizze des Waldstücks an.
b) Die Pfosten sollen einen Abstand von jeweils 6 m haben. Wie viele Pfosten werden für eine der längeren Seiten benötigt?
c) Wie viele Pfosten werden für den gesamten Zaun benötigt?
d) Wie viel Meter Zaun wird benötigt?

Bundesrepublik Deutschland

Die Bundesrepublik Deutschland liegt in Mitteleuropa. Sie besteht aus 16 Bundesländern. Auf dieser Seite findest du viele Angaben über das Land und die einzelnen Bundesländer.

Deutschland in Zahlen

Hauptstadt:	Berlin
Fläche:	357 022 km²
Einwohnerzahl:	82 260 000
Höchster Berg:	Zugspitze 2962 m
Größte Insel:	Rügen (927 km²)

Bundesland	Einwohner-zahl	Fläche in km²
Baden-Württemberg	10 524 000	35 751
Bayern	12 230 000	70 548
Berlin	3 388 000	892
Brandenburg	2 602 000	29 477
Bremen	660 000	404
Hamburg	1 715 000	755
Hessen	6 068 000	21 114
Mecklenburg-Vorp.	1 776 000	23 173
Niedersachsen	7 962 000	47 616
Nordrhein-Westfalen	18 010 000	34 081
Rheinland-Pfalz	4 035 000	19 847
Saarland	1 069 000	2 569
Sachsen	4 426 000	18 413
Sachsen-Anhalt	2 615 000	20 446
Schleswig-Holstein	2 790 000	15 763
Thüringen	2 431 000	16 172

1 a) Wie ist die Tabelle geordnet?
b) In welchem Bundesland leben die meisten Menschen, wo die wenigsten?
c) Erstelle eine neue Tabelle, in der nach Einwohnerzahlen geordnet wird.
d) Runde die Einwohnerzahlen jeweils auf hunderttausend. Stelle sie dann in einem geeigneten Diagramm dar.

2 👥 Arbeitet zusammen.
a) Welches Bundesland bedeckt die größte Fläche, welches die kleinste?
b) Sortiert die Länder nach ihrer Größe.
c) Vergleicht eure Ergebnisse mit der Reihenfolge der Einwohnerzahlen aus Aufgabe 1. Beschreibt die Unterschiede und überlegt euch Gründe für diese.
d) Rundet die Flächen auf 100 Quadratkilometer genau. Überlegt, welches Diagramm sinnvoll ist und erstellt es.
e) Bei vielen Diagrammen sind die kleinen Bundesländer nicht mehr unterscheidbar. Wie kann man diese besser darstellen? Findet mehrere Möglichkeiten.

Thema: Baden-Württemberg

1 a) Die Bundesländer sind in alphabetischer Reihenfolge nach ihrem Namen geordnet.

b) Die meisten Menschen leben in Nordrhein-Westfalen (18 010 000), die wenigsten in Bremen (660 000).

c)

Bundesland	Einwohnerzahl	gerundet
Nordrhein-Westfalen	18 010 000	18 000 000
Bayern	12 230 000	12 200 000
Baden-Württemberg	10 524 000	10 500 000
Niedersachsen	7 962 000	8 000 000
Hessen	6 068 000	6 100 000
Sachsen	4 426 000	4 400 000
Rheinland-Pfalz	4 035 000	4 000 000
Berlin	3 388 000	3 400 000
Schleswig-Holstein	2 790 000	2 800 000
Sachsen-Anhalt	2 615 000	2 600 000
Brandenburg	2 602 000	2 600 000
Thüringen	2 431 000	2 400 000
Mecklenburg-Vorp.	1 776 000	1 800 000
Hamburg	1 715 000	1 700 000
Saarland	1 069 000	1 100 000
Bremen	660 000	700 000

d)

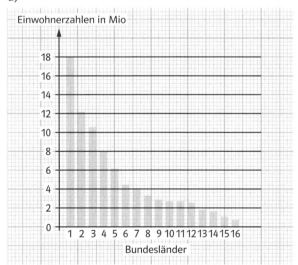

2 a) Bayern hat die größte Fläche (70 548 km²), Bremen die kleinste (404 km²).

b)

Bundesland	Fläche in km²	gerundet
Bayern	70 548	70 500
Niedersachsen	47 616	47 600
Baden-Württemberg	35 751	35 800
Nordrhein-Westfalen	34 081	34 100
Brandenburg	29 477	29 500
Mecklenburg-Vorp.	23 173	23 200
Hessen	21 114	21 100
Sachsen-Anhalt	20 446	20 400
Rheinland-Pfalz	19 847	19 800
Sachsen	18 413	18 400
Thüringen	16 172	16 200
Schleswig-Holstein	15 763	15 800
Saarland	2 569	2 600
Berlin	892	900
Hamburg	755	800
Bremen	404	400

c) Folgende Besonderheiten sollten den Schülerinnen und Schülern auffallen:
Nordrhein-Westfalen hat eineinhalb mal mehr Einwohner als Bayern, aber nur die Hälfte der Fläche. Ein ähnliches Verhältnis besteht zwischen Hessen und Rheinland-Pfalz bei gleicher Fläche.
Die Stadtstaaten Hamburg, Berlin und Bremen haben im Verhältnis zu ihrer Fläche eine hohe Einwohnerzahl.

d) Es entsteht das Problem der Werte von 400 km² bis 70 500 km², die auf der Hochskala abgetragen werden müssen. Hier werden die Schülerinnen und Schüler Platzschwierigkeiten bekommen. Daher bietet sich an, ein Säulen- oder Balkendiagramm zu verwenden und dabei ein gesamtes DIN-A4-Blatt voll auszunutzen. Aus Platzgründen kann das Diagramm hier nicht dargestellt werden.

e) Durch größere Längeneinheiten bei Balken- oder Säulendiagrammen lassen sich kleine Bundesländer deutlicher darstellen. Alternativ kann man neben dem Diagramm aus Teilaufgabe d die kleinen Bundesländer in einem zweiten Diagramm erneut darstellen, allerdings mit einem günstigeren Maßstab.

3 a) Die Schülerinnen und Schüler verwenden Nachschlagewerke, Atlanten, Schulbücher oder das Internet, um ausgewählte Informationen über die Bundesländer zusammenzustellen. Dies könnte die Landeshauptstadt, weitere geographische Informationen, Geschichtliches, die Bevölkerungsstruktur (Anteil der Ausländer), Traditionen wie Feste, Bräuche, Legenden oder Sagen ebenso sein wie eine Beschreibung, Erläuterung und Verwendung des Landswappens. Besonders fündig werden die Kinder auf dem jeweiligen online-Landesportal ihres ausgewählten Bundeslandes.

b)

Niedersachsen

Bayern

Brandenburg

Sachsen

Thüringen

Baden-
Württemberg

Bremen

Berlin

Hamburg

Mecklenburg-
Vorpommern

Nordrhein-
Westfalen

Sachsen-
Anhalt

Hessen

Rheinland-
Pfalz

Schleswig-
Holstein

Saarland

4 a) Die Aussage stimmt. Das Zehnfache der (tatsächlichen) Einwohnerzahl Frankfurts beträgt 6,5 Mio. Einwohner. Hessen hat 6 068 000 Einwohner.
b) Die Aussage ist falsch. Sachsen-Anhalt und Hamburg haben zusammen 4,33 Mio Einwohner, Mecklenburg-Vorpommern aber nur 1 776 000 Einwohner.
c) Die Aussage ist falsch. Die Bundesrepublik Deutschland hat etwa 82 260 000 Einwohner. Zieht man hiervon die 18 010 000 Einwohner Nordrhein-Westfalens ab, verblieben 64 250 000 Einwohner.
d) Die Aussage ist falsch. Die Einwohnerzahl Niedersachsens multipliziert mit 5 ergibt rund 40 Millionen Einwohner (genau: 39,81 Mio.). Das entspricht etwa der Hälfte der Einwohner der Bundesrepublik Deutschland. $\frac{1}{5}$ von 82 260 00 wären genau 16 452 000 Einwohner.

5 a) Richtig, da alle Einwohnerzahlen (außer 1996) gerundet auf Hunderttausender 3 400 000 ergeben.
b) Falsch, da im Jahr 2000 die Einwohnerzahl am niedrigsten war.
c) Falsch, da es zwischen 2000 und 2002 eine Erhöhung gab.
d) Richtig, wenn man großzügig rundet.
e) Dies ist nicht sicher vorhersagbar.
f) Individuelle Lösungen.

6 Bei dieser Aufgabe muss fächerverbindend gearbeitet werden. Dabei werden wichtige Hilfsmittel wie Printmedien und das Internet benutzt.

3 👥 a) Teilt die Bundesländer unter eurer Gruppe auf. Jeder von euch erstellt ein kleines Plakat pro Bundesland, auf dem alle wichtigen Informationen zu dem Bundesland zu finden sind.
b) Sucht euch aus den nebenstehenden Wappen das Wappen aus, das zu eurem Plakat passt und malt es dazu.

4 👥 Lest den Text und überschlagt im Kopf, ob die Aussagen stimmen können.
a) Frankfurt am Main ist die größte Stadt in Hessen. Dort leben etwa 650 000 Menschen. Im Bundesland Hessen leben etwa zehnmal so viele Menschen.
b) Sachsen-Anhalt und Hamburg haben zusammen etwa so viele Einwohner wie Mecklenburg-Vorpommern.
c) Ohne sein einwohnerreichstes Bundesland Nordrhein-Westfalen hätte die Bundesrepublik Deutschland nur 70 Millionen Einwohner.
d) Etwa ein Fünftel der Einwohner der Bundesrepublik Deutschland wohnt in Niedersachsen.

Berlins Einwohner in Zahlen	
1996:	3 458 800
1998:	3 398 800
2000:	3 382 200
2002:	3 392 400
2004:	3 387 800

5 Prüfe die folgenden Aussagen.
a) Berlin hat etwa 3 400 000 Einwohner.
b) Die Einwohnerzahl war im Jahr 2002 am niedrigsten.
c) Seit 1996 nimmt die Einwohnerzahl ständig ab.
d) 👥 Berlin ist eine Dreieinhalb-Millionen-Stadt.
e) 👥 Die Einwohnerzahlen werden in den nächsten Jahren noch weiter sinken.
g) @ Suche im Internet nach den Einwohnerzahlen deiner Landeshauptstadt. Schreibe ähnliche Aussagen auf.

6 👥 Was interessiert euch an Deutschland besonders? Die größten Städte, die höchsten Berge, die längsten Flüsse, …?
a) @ Jeder von euch überlegt sich drei Fragen und schreibt sie auf einen Zettel. Tauscht die Zettel aus. Jeder sucht die Antworten zu einer der drei Fragen im Lexikon, dem Atlas oder dem Internet.
b) Erkläre deiner Partnerin oder deinem Partner, warum du dich für diese Frage entschieden hast.
c) Stellt eure Daten für eure Klasse übersichtlich auf einem Plakat dar.

Üben – Wiederholen

Ergebnisse zu Aufg. 1:

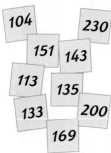

104   230
151   143
113   135
133   200
169

1 Ordne die Aufgaben den richtigen Ergebnissen zu.
a) 156 + 13   b) 288 – 137   c) 118 + 17
d) 134 – 21   e) 168 – 64   f) 156 – 13
g) 175 + 55   h) 188 + 12   i) 95 + 38

2 a) Übertrage die Aufgaben ins Heft und berechne jeweils die Differenzen.

3223	5445	6556	7667
– 2332	– 4554	– 5665	– 6776

b) Was fällt dir auf?
c) Bilde zwei weitere Aufgaben.

3 👥 a) Bildet mit den Zahlen und Karten vier Aufgaben und stellt sie eurem Partner. Kontrolliert euch gegenseitig.

60   75   –   =   10   15
95   80   20
                         45

b) Vergleicht die Aufgaben miteinander. Gibt es noch mehr Möglichkeiten? Wie viele könntet ihr finden?

Überschlagsrechnung nicht vergessen!

4 Berechne schriftlich.
a) 123 + 412 + 819
b) 2829 + 3377 + 9073 + 678
c) 404 404 – 321 819
d) 8 947 513 – 629 412
e) 606 347 + 412 + 84 791 211
f) 1 987 656 + 897 + 593 557 106 + 88 + 9
g) 76 454 023 – 35 792 345 – 768 – 3614

5 Ein 1256 m langer Tunnel ist im Bau. Der Bautrupp auf der einen Seite hat bereits 332 m geschafft. Der Bautrupp von der anderen Seite erst 296 m.
a) Wie viel Meter hat der erste Bautrupp mehr geschafft als der zweite? Nenne mögliche Gründe dafür.
b) Wie weit sind die beiden Bautrupps voneinander entfernt? Fertige hierzu eine Skizze an.

Zahlenzauber   *Knobeln*

1 Entziffere die Rechnungen auf dem Papyrus. Siehe auch Seite 38.

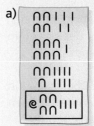

2 Berechne 111 111 111 · 111 111 111. Es geht sehr schnell, wenn du die Regel findest, die sich in der folgenden Aufstellung zeigt. Prüfe nach!

1·1	=	1
11·11	=	121
111·111	=	12321
1111·1111	=	1234321

3 Setze links den Malpunkt richtig.
a) 8   1   1   8   1 = 65 691
b) 6   9   9   6   1 = 42 639
c) 4   2   4   2   4 = 16 968
d) 1   3   1   3   1 = 1 703
e) 1   1   1   1   1 = 1 111
f) 5   5   5   5   5 = 30 525
Suche die richtige Stelle mithilfe einer Überschlagsrechnung und prüfe dann durch Rechnung nach.

4 👥 Wie geht es weiter?
Setzt die Aufgaben von oben nach unten und von links nach rechts fort. Welche Aufgabe steht unter 89·99? Welche Aufgabe steht rechts von 4445·99? Rechnet einige Aufgaben in Arbeitsteilung. Was fällt euch auf?

12·99	112·99	1112·99	…
23·99	223·99	2223·99	…
34·99	334·99	3334·99	…
…	…	…	…
100·99	…	…	…

Die Lösungen findest du auf Seite 166.

Üben – Wiederholen

1

a) 169   b) 151   c) 135
d) 113   e) 104   f) 143
g) 230   h) 200   i) 133

2

a)	3 2 2 3		5 4 4 5		6 5 5 6		7 6 6 7
	− 2 3 3 2		− 4 5 5 4		− 5 6 6 5		− 6 7 7 6
	₁₁		₁₁		₁₁		₁₁
	8 9 1		8 9 1		8 9 1		8 9 1

b) Alle Aufgaben haben dasselbe Ergebnis.

c)	2 1 1 2		4 3 3 4		8 7 7 8		9 8 8 9
	− 1 2 2 1		− 3 4 4 3		− 7 8 8 7		− 8 9 9 8
	₁₁		₁₁		₁₁		₁₁
	8 9 1		8 9 1		8 9 1		8 9 1

3 *Es bietet sich an, die Zahlenkärtchen herzustellen.*
a) Die Kinder kontrollieren sich gegenseitig.
b) Es gibt 16 mögliche Aufgaben:

$60 − 50 = 10$; $80 − 70 = 10$;
$60 − 45 = 15$; $80 − 65 = 15$;
$60 − 40 = 20$; $80 − 60 = 20$;
$60 − 15 = 45$; $80 − 35 = 45$;
$75 − 65 = 10$; $95 − 85 = 10$;
$75 − 60 = 15$; $95 − 80 = 15$;
$75 − 55 = 20$; $95 − 75 = 20$;
$75 − 30 = 45$; $95 − 50 = 45$

Eine Strategie zur Aufgabenfindung könnte sein, dass die erste Zahl zunächst nicht verändert wird und das Ergebnis variiert, bevor die erste Zahl getauscht wird.

4

a)   1354   b)   15 957
c)   82 585   d)   8 318 101
e) 85 397 970   f) 595 545 756
g) 40 657 296

5 a) $332 m − 296 m = 36 m$
Der erste Bautrupp hat 36 m mehr geschafft.
Mögliche Gründe: Der Berg ist auf der einen Seite schwerer zu bearbeiten oder der „langsame" Bautrupp besteht aus weniger Arbeitern.
b) $1256 m − 332 m − 296 m = 628 m$
Die beiden Bautrupps sind 628 m voneinander entfernt.

Zahlenzauber **Knobeln**

1 *Die eingerahmten ägyptischen Ziffern stellen die Summe der darüber stehenden Ziffern dar (vgl. Schülerbuch, S. 36/37).*
a) $23 + 22 + 61 + 24 + 14 = 144$
b) $313 + 312 + 320 + 310 + 313 + 212 = 1780$

2

$$1 \cdot 1 = 1$$
$$11 \cdot 11 = 121$$
$$111 \cdot 111 = 12\,321$$
$$1111 \cdot 1111 = 1\,234\,321$$
$$11\,111 \cdot 11\,111 = 123\,454\,321$$
$$111\,111 \cdot 111\,111 = 12\,345\,654\,321$$
$$1\,111\,111 \cdot 1\,111\,111 = 1\,234\,567\,654\,321$$
$$11\,111\,111 \cdot 11\,111\,111 = 123\,456\,787\,654\,321$$
$$111\,111\,111 \cdot 111\,111\,111 = 12\,345\,678\,987\,654\,321$$

3 *Hier hilft eine Überschlagsrechnung.*
a) $8 \cdot 1000 = 8000$; $80 \cdot 200 = 1600$ und
   $800 \cdot 80 = 64\,000$, daher ist $811 \cdot 81 = 65\,691$
b) $6 \cdot 10\,000 = 60\,000$; $70 \cdot 1000 = 70\,000$ und
   $700 \cdot 60 = 42\,000$, daher ist $699 \cdot 61 = 42\,639$
c) $4 \cdot 2400 = 9600$; $40 \cdot 400 = 16\,000$ aber
   $42 \cdot 424 = 17\,808$ und $400 \cdot 20 = 8000$, daher ist
   $4242 \cdot 4 = 16\,968$
d) $1 \cdot 3000 = 3000$; $10 \cdot 130 = 1300$
   $130 \cdot 30 = 3900$; $1300 \cdot 1 = 1300$
   Es ist $13 \cdot 131 = 1703$, da $1313 \cdot 1 = 1313$
e) Hier ergibt jeder Überschlag 1000. Es ist:
   $1 \cdot 1111 = 1111 \cdot 1 = 1111$
f) Hier hilft der Überschlag nicht.
   $55 \cdot 555 = 555 \cdot 55 = 30\,525$

4

$12 \cdot 99$	$112 \cdot 99$	$1112 \cdot 99$	$11\,112 \cdot 99$	$111\,112 \cdot 99$
$23 \cdot 99$	$223 \cdot 99$	$2223 \cdot 99$	$22\,223 \cdot 99$	$222\,223 \cdot 99$
$34 \cdot 99$	$334 \cdot 99$	$3334 \cdot 99$	$33\,334 \cdot 99$	$333\,334 \cdot 99$
$45 \cdot 99$	$445 \cdot 99$	$4445 \cdot 99$	$44\,445 \cdot 99$	$444\,445 \cdot 99$

usw.
Lösungen

1188	11 088	110 088	1 100 088	11 000 088
2277	22 077	220 077	2 200 077	22 000 077
3366	33 066	330 066	3 300 066	33 000 066
4455	44 055	440 055	4 400 055	44 000 055

usw.
Bei den Lösungen wird in einer Spalte von links nach rechts in der Mitte der Zahl eine Null ergänzt.

6 Der Tausendfüßler trägt seinen Namen nicht zu Recht, da er nur 750 Beine besitzt.

7 a) Um auszurechnen, wie viel Fuß eine 50-m-Bahn lang ist, gibt es viele Möglichkeiten. Beispiel: 10 Fuß entsprechen 300 cm, also entspricht ein Fuß 30 cm. 50 m = 5000 cm. 5000 cm : 30 cm = 166 Rest 20 cm. 50 m entsprechen also fast 167 Fuß.
Oder man zerlegt 50 m in 50 m = 16 · 3 m + 2 m.
Die Anzahl in Fuß: 16 · 10 Fuß + 7 Fuß = 167 Fuß.
(Die Länge der 75-m-Bahn:
75 m = 25 · 3 m, das heißt in Fuß:
        25 · 10 Fuß = 250 Fuß.
Die 75-m-Bahn hat eine Länge von 250 Fuß.
Die 100-m-Bahn ist doppelt so lang wie die 50 m Bahn, also fast 334 Fuß.)
b) Bei diesen Aufgaben ist es am einfachsten, von der Länge der 100-m-Bahn in Fuß auszugehen.
  400 m: 4 · 334 Fuß = 1336 Fuß
  800 m: 8 · 334 Fuß = 2672 Fuß
1500 m: 15 · 334 Fuß = 5010 Fuß.
Da 1500 durch drei teilbar ist, kann man exakt rechnen:
1500 m = 500 · 3 m das heißt in Fuß:
        500 · 10 Fuß = 5000 Fuß.
Rechnet man auf beide Arten, so erkennt man, dass sich der Fehler 50 m entsprechen fast 167 Fuß (genau sind es $166\frac{2}{3}$ Fuß) fortpflanzt.
c) Individuelle Lösung.

8 Strecke in einer Woche: 450 km · 6 = 2700 km
Strecke in vier Wochen: 2700 km · 4 = 10 800 km
In vier Wochen fährt Alis Vater mehr als 10 000 km.

9
a)	b)	c)	d)	e)
1484	87	11 248	449 916	363
3590	95	123 355	1 714 338	54
5628	107	374 311	3 145 233	503
8217	303	883 494	4 679 847	1003

10 12 · 37 = 444   492 :   4 = 123
15 · 37 = 555   984 :   8 = 123
18 · 37 = 666   1968 :   16 = 123
21 · 37 = 777   3936 :   32 = 123
24 · 37 = 888   7872 :   64 = 123
27 · 37 = 999   15 744 : 128 = 123
 6 · 37 = 222   31 488 : 256 = 123
 3 · 37 = 111   62 976 : 512 = 123
Es sind Gesetzmäßigkeiten erkennbar.

11 a) 111 111   444 444   666 666
b) *Geschickt rechnet man, indem man den zweiten Faktor in Faktoren zerlegt. Das Ergebnis 111 111 lässt sich dann im Kopf mit der entsprechenden Zahl multiplizieren.*
Beispiel: 37 037 · 6
        = 37 037 · 3 · 2
        = 111 111 · 2
        = 222 222
222 222; 555 555; 777 777

12 a) 1. Block: 50 + 90 passt nicht. Der erste Summand wird um 20 verringert, der zweite Summand um 20 erhöht. Es müsste 60 + 100 heißen.
2. Block: 260 − 130, da ein anderes Ergebnis herauskommt. Es müsste 260 − 140 heißen.
3. Block: 8 · 14, da der erste und der zweite Faktor vertauscht wurden. 14 · 8 wäre richtig.
4. Block: 40 : 5, da das Ergebnis immer 9 ist. Die Rechnung müsste 45 : 5 heißen.
b) Die Reihen könnten so fortgeführt werden.
20 + 140; 300 − 180; 17 · 11; 36 : 4,
und 0 + 160; 320 − 200; 18 · 12; 27 : 3.
c) 1. Block: Der 1. Summand wird immer um 20 vermindert, während der 2. um 20 erhöht wird. Das Ergebnis bleibt jeweils dasselbe.
2. Block: Beide Zahlen werden jeweils um 20 erhöht. Das Ergebnis bleibt jeweils dasselbe.
3. Block: Beide Faktoren werden immer um eins größer.
4. Block: Das Ergebnis bleibt jeweils gleich. Der Dividend wird um 9 größer, der Divisor um 1.

13 *Hier ist wieder ein Überschlag hilfreich.*
a) 500 · 8 = 4000; 4072 : 8 = 509
b) 20 · 40 = 800; 630 : 35 = 18
c) 5 · 15 = 75; 87 : 15 = 5 R 12
d) 4 · 200 = 800; 856 : 214 = 4
e) 1000 · 10 = 10 000; 9657 : 9 = 1073
f) 500 · 10 = 5000; 6252 : 12 = 521
g) 400 · 100 = 40 000; 50 125 : 125 = 401
h) 70 · 80 = 5600; 5381 : 79 = 68 R 9

Trainingsmatte
Wiederholung aus Kapitel 1 zur Auffrischung.

Die Lösungen zur Trainingsmatte sind auf Seite 167 im Schülerbuch zu finden.

6 Eine kalifornische Tausendfüßlerart hat 375 „Beinpaare".
Trägt das Tier den Namen zu Recht? Begründe.

7 Der *Fuß* ist ein altes Längenmaß. Zehn Fuß ergeben etwa drei Meter.
a) Wie lang ist die 50-m-Bahn (75-m-Bahn; 100-m-Bahn) in Fuß gemessen?
b) Wie viel Fuß müssen die 400-m-Läufer; 800-m-Läufer; 1500-m-Läufer) in einem Rennen zurücklegen?
c) Wie hast du gerechnet? Erkläre. Wie genau kannst du rechnen?

8 Alis Vater ist Fernfahrer und fährt jede Woche dreimal von Duisburg nach Paris (450 km) und zurück. Ali behauptet: „Mein Vater fährt mit seinem Lkw in 4 Wochen mehr als 10 000 km."

9 Rechne schriftlich.
a) 371·4   b) 435:5   c) 2812·4
   718·5   570:6   24671·5
   804·7   749:7   53473·7
   913·9   909:3   98166·9
d) 37493·12   e) 6897:19
   63494·27   1674:31
   76713·41   26659:53
   88299·53   28084:28

10 Übertrage und ergänze im Heft.

12·37 = 444	492: 4 = □
15·37 = □	984: 8 = □
18·37 = □	1968:16 = □
□·37 = □	3936:32 = □
□·37 = □	7872:□ = 123
27·□ = 999	□:128 = 123
□·37 = 222	31488:□ = 1□
□·37 = 111	62□:□ = □2□

11 a) Berechne.
37037·3;   37037·12;   37037·18
b) Gib die Ergebnisse der folgenden Rechnungen an.
Rechne dabei möglichst geschickt.
37037·6;   37037·15;   37037·21

12 a) Finde heraus, welche Aufgabe jeweils nicht in den Aufgabenblock passt und erkläre, warum. Verändere sie so, dass sie passt.

120 + 40		12·6	81 : 9
100 + 60	200 – 80	13·7	72 : 8
80 + 80	220 – 100	8·14	63 : 7
50 + 90	240 – 120	15·9	54 : 6
40 + 120	260 – 130	16·10	40 : 5
	280 – 160		

b) Finde zu jedem Aufgabenblock zwei weitere passende Aufgaben. Übertrage die veränderten Aufgabenblöcke mit Lösungen in dein Heft.
c) Nach welchen Regeln sind die einzelnen Aufgabenblöcke aufgebaut?

13 Wo muss das Divisionszeichen stehen?
a) 4 0 7 2 8   = 509
b) 6 3 0 3 5   = 18
c) 8 7 1 5   = 5 R 12
d) 8 5 6 2 1 4   = 4
e) 9 6 5 7 9   = 1073
f) 6 2 5 2 1 2   = 521
g) 5 0 1 2 5 1 2 5   = 401
h) 5 3 8 1 7 9   = 68 R 9

1 Runde auf Hunderter.
a) 326   b) 1352   c) 12 953   d) 184 699

2 a) Subtrahiere neuntausendzweihundertacht von siebenundzwanzigtausenddreihundertelf.
b) Bilde die Differenz aus einer Milliarde und acht Millionen achthundertzehntausendsiebenhundertfünfzehn.

3 23 456   24 567   23 789   24 576   23 546
a) Ordne die Zahlen der Größe nach.
b) Nenne zu jeder Zahl die nächstliegende Tausenderzahl.

4 Wie viele Monate sind es jeweils?
a) 1 Jahr und 5 Monate   b) $\frac{1}{4}$ Jahr   c) $2\frac{1}{2}$ Jahre

Die Lösungen findest du auf Seite 167.

490	EP	56	AY
20 394	E	63	LE
1595	AN	18 538	AW
1753	AY	39	OR
4295	S	387	A
39 411	PP	1371	CT
8520	AD	689	TH
407	KE	302	DO

14 👥 Sprecht zuerst ab, welche Aufgaben jedes Teammitglied übernimmt. Zu jedem Ergebnis gehören Buchstaben. Die Buchstaben ergeben in der Reihenfolge der Ergebnisse ein englisches Sprichwort.

a) $1102 + 493$
b) $791 - 404$
c) $453 \cdot 87$
d) $1071 : 17$
e) $72 + 8448$
f) $1997 - 244$
g) $37 \cdot 11$
h) $6860 : 14$
i) $3388 + 907$
j) $1269 - 580$
k) $18 \cdot 1133$
l) $2718 : 9$
m) $987 + 384$
n) $756 - 717$
o) $403 \cdot 46$
p) $728 : 13$

15 Die Summe der ersten zwei, drei … ungeraden Zahlen lässt sich recht einfach bestimmen.
Summe der ersten
- **zwei** ungeraden Zahlen:
  $1 + 3 = 4 = 2 \cdot 2$
- **drei** ungeraden Zahlen:
  $1 + 3 + 5 = 9 = 3 \cdot 3$
- **vier** ungeraden Zahlen:
  $1 + 3 + 5 + 7 = 16 = 4 \cdot 4$

a) Bestimme die Summe der ersten fünf, sechs, sieben und acht ungeraden Zahlen nach dieser Regel.
Überprüfe das so bestimmte Ergebnis durch Rechnung.
b) Schreibe in einem Merksatz, wie die Summe der ersten zehn ungeraden Zahlen bestimmt werden kann.
c) Bestimme die Summe der ersten 12 (15; 16; 20) ungeraden Zahlen. Rechne dabei möglichst wenig.

$$6 : \boxed{} = \boxed{}$$
$$\boxed{} - \boxed{} = \boxed{}$$
$$=$$
$$\boxed{} + \boxed{} = \boxed{}$$

16 Die Zahlen 1; 2; 3; 4; 5; 6; 7; 8; 9 sollen auf die neun Felder am Rand verteilt werden.
a) Übertrage die drei Zeilen in dein Heft. Verteile die übrigen Zahlen so, dass die Rechnungen in den Zeilen stimmen.
b) Finde weitere mögliche Lösungen durch Vertauschen der Zahlen.
c) Wie müssen die Zahlen angeordnet sein, damit auch die 4. Rechnung in der rechten Spalte stimmt?

17 Setze im Heft die angegebenen Rechenzeichen richtig ein.
a) $128 \bigcirc 40 \bigcirc 13 = 155$ ($+$; $-$)
b) $72 \bigcirc 2 \bigcirc 12 = 12$ ($\cdot$; $:$)
c) $256 \bigcirc 4 \bigcirc 4 = 60$ ($:$; $-$)
d) $17 \bigcirc 3 \bigcirc 9 = 60$ ($\cdot$; $+$)

18 👥 Bildet Multiplikationsaufgaben. Überschlagt und rechnet dann genau. Das Ergebnis soll

96 3800 1390 850 26300 · 7 40 970 780 130

a) zwischen 10 000 und 50 000,
b) zwischen 50 000 und 100 000,
c) zwischen 100 000 und 200 000
liegen.

19 a) Eine Kirchturmuhr schlägt zu jeder vollen Stunde die Stundenzahl. Zu jeder halben Stunde schlägt sie einmal. Wie oft schlägt die Uhr in 24 Stunden?

b) Bei einer anderen Kirchturmuhr wird das Schlagwerk abends kurz nach 22 Uhr abgestellt, um die Nachtruhe der Anwohner nicht zu stören. Morgens um 6 Uhr schlägt die Uhr dann erstmals wieder. Wie oft schlägt diese Uhr in 24 Stunden?
c) Eine Kirchturmuhr geht falsch. Wenn es 8.15 Uhr ist, zeigt sie 8.27 Uhr an. Wie spät ist es, wenn sie 12 Uhr schlägt?

Die Lösungen findest du auf Seite 167.

14 *Durch die Gruppenarbeit findet eine Differenzierung statt. Stärkere Kinder können den schwächeren helfen. Unterschiedlichem Lerntempo wird Rechnung getragen. Auch verschiedene Leistungsniveaus kommen zum Tragen. Die Überprüfung des Ergebnisses findet mithilfe der Selbstkontrolle durch das Finden des richtigen Lösungssatzes statt. Durch Herstellen der Lösungskärtchen erkennen die Schülerinnen und Schüler die einzelnen Wörter des Sprichworts leichter:*
AN APPLE A DAY KEEPS THE DOCTOR AWAY
(Wer jeden Tag einen Apfel isst, braucht keinen Doktor.)

15
a) $1 + 3 + 5 + 7 + 9 = 25 = 5 \cdot 5$
   $1 + 3 + 5 + 7 + 9 + 11 = 36 = 6 \cdot 6$
   $1 + 3 + 5 + 7 + 9 + 11 + 13 = 49 = 7 \cdot 7$
   $1 + 3 + 5 + 7 + 9 + 11 + 13 + 15 = 64 = 8 \cdot 8$
b) Die Summe der ersten 10 ungeraden Zahlen kann bestimmt werden, indem man entweder das Produkt aus $10 \cdot 10$, also die Quadratzahl von 10 bildet, oder die einzelnen Zahlen addiert.
c) $12 \cdot 12 = 144$
   $15 \cdot 15 = 225$
   $16 \cdot 16 = 256$
   $20 \cdot 20 = 400$

16
a)

$6 : 2 = 3$

$9 - 5 = 4$

$7 + 1 = 8$

b)

$6 : 3 = 2$

$8 - 1 = 7$

$4 + 5 = 9$

c)

$6 : 3 = 2$
           $\cdot$
$9 - 5 = 4$
           $=$
$1 + 7 = 8$

Bei dieser Aufgabe hilft vielen Kindern der Einsatz von Zahlenkärtchen und solchen mit Rechenzeichen.

17 a) $128 + 40 - 13 = 155$
b) $72 \cdot 2 : 12 = 12$
c) $256 : 4 - 4 = 60$
d) $17 \cdot 3 + 9 = 60$

18 a) $96 \cdot 130 = 12\,480$; $850 \cdot 40 = 34\,000$;
$3800 \cdot 7 = 26\,600$
b) $96 \cdot 780 = 74\,880$; $96 \cdot 970 = 93\,120$;
$1390 \cdot 40 = 55\,600$
c) $850 \cdot 130 = 110\,500$; $3800 \cdot 40 = 152\,000$;
$26\,300 \cdot 7 = 184\,100$

19 a) *Annahme: Die Kirchturmuhr schlägt so oft zur vollen Stunde, wie die Ziffern auf dem Ziffernblatt angeben, also um 23.00 Uhr elfmal.*
Die Überlegungen zur Lösung könnte man in Tabellenform notieren:

Uhr-zeit	Anzahl der Schläge
0.00	12
0.30	1
1.00	1
1.30	1
2.00	2
…	…
11.00	11
11.30	1

Die Anzahl der Schläge an einem Tag berechnet sich daraus wie folgt:
$(12 + 1 + 1 + 1 + 2 + 1 + 3 + 1 \ldots + 10 + 1 + 11 + 1) = 90$
Diese Zahl muss noch mit 2 multipliziert werden, denn die Schläge von 12.00 Uhr bis 23.30 Uhr kommen noch hinzu: $90 \cdot 2 = 180$.
Eine andere Strategie wäre, sich zu notieren, wie oft die halbe Stunde in 24 Stunden geschlagen wird (24-mal) und die Summe der Schläge der Uhr zu allen vollen Stunden zu notieren:
$2 \cdot (1 + 2 + 3 + 4 \ldots + 11 + 12) = 156$
Bildet man die Summe, erhält man wieder 180.
b) Von der Gesamtsumme der Teilaufgabe a) muss man die Schläge von 22.30 Uhr bis 5.30 Uhr subtrahieren:
$180 - 11 - 12 - 1 - 2 - 3 - 4 - 5 - 8 \cdot 1 = 134$
c) Die Uhr geht 12 Minuten vor, d. h. wenn es 12.00 Uhr schlägt, ist es erst 11.48 Uhr oder 23.48 Uhr.

Aufgabenvorschläge für Klassenarbeiten zu Kapitel 2

1 Rechne im Kopf.

a) 104 + 320 = ■;   345 + ■ = 999

b) 250 − 80 = ■;   1040 − ■ = 520

c) 8·15 = ■;   ■·75 = 300

d) 2400:8 = ■;   ■:25 = 8

2 Rechne schriftlich. Mache vorher eine Überschlagsrechnung.

a) 60 489 + 8794 + 27 368;   58 234 + 11 201 + 7487

b) 35 817 − 2570;   64 921 − 5317

c) 423·16;   6808·7

d) 603:9;   21 343:7

3 Zeichne das Rechennetz ins Heft und fülle es aus.

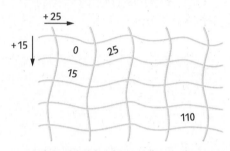

4 a) Berechne die Summe aus 5437 und 6430.

b) Berechne die Differenz aus 7508 und 2690.

c) Berechne den achten Teil von 3720.

d) Vervierfache das Produkt der Zahlen 222 und 5.

5 a) Am Samstag kamen 158 Erwachsene und 412 Kinder ins Freibad.

Eintritts-preise

Erwachsene   6 €

Kinder unter
14 Jahren   4 €

b) Am Aktionstag: „Jeder Schwimmbadbesucher zahlt den halben Preis."
Es kamen 226 Erwachsene und 452 Kinder. Verwende verschiedene Rechenwege.

6 Übertrage die Tabelle in dein Heft. Was kannst du berechnen?
Blumengeschäft Beck:

Filiale	Bahnhof	Stadtmitte	Kurpark
Einnahmen Woche 1	3824 €	5812 €	2137 €
Einnahmen Woche 2	4196 €	6436 €	1814 €
Einnahmen Woche 3	4217 €	5624 €	2008 €
Einnahmen Woche 4	2930 €	6739 €	1936 €

7 Die Klasse 4a (12 Jungen und 9 Mädchen) fährt für 5 Tage ins *Schullandheim*. Dafür müssen insgesamt 1827 € bezahlt werden. Wie viel Euro muss jedes Kind zahlen?

8 Frau Lange verdient 1876 €. Davon werden für Steuer 317 € und für Versicherungen 196 € abgezogen. Wie viel Euro werden monatlich überwiesen?

Lösungen

1 a) 424; 654   b) 170; 520

c) 120; 4   d) 300; 200

2 a) 96 651; 76 922   b) 33 247; 59 604

c) 6768; 47 656   d) 67; 3049

3 Unten rechts steht eine Prüfzahl.

4 a) 5437 + 6430 = 11 867   b) 7508 − 2690 = 4818

c) 3720:8 = 465   d) 4·222·5 = 4440

5 a) Die Einnahmen am Samstag betragen 2596 €.

b) Die Einnahmen am Aktionstag betragen 1582 €.

6 Die Wocheneinnahmen betragen 11 773 €; 12 446 €; 11 849 € und 11 605 €. Die Einnahmen am Bahnhof betragen 15 167 €; in der Stadtmitte 24 611 € und im Kurpark 7895 €.

7 Jedes Kind muss 87 € zahlen.

8 Frau Lange bekommt 1363 € überwiesen.

Test

Leicht
Jede Aufgabe: 2 Punkte

1 Rechne im Kopf.
a) 26 + 54
b) 73 − 28
c) 8·23
d) 84:7

2 Rechne schriftlich. Mache vorher eine Überschlagsrechnung.
a) 6728 + 2772
b) 2578 − 1344
c) 225·8
d) 1888:5

3 Gleiche Zeichen bedeuten gleiche Zahl.

10 000 − ☐ = 2617
☐ : 3 = △
7539 + △ = ◯

4 Fünf Freunde haben in einer Lotterie insgesamt 15 000 € gewonnen. Der Gewinn soll gleichmäßig aufgeteilt werden. Welchen Betrag erhält jeder Mitspieler?

5 Eine Wasserpumpe fördert in einer Stunde 825 l Wasser. Wie viel Wasser wird an einem Tag gefördert, wenn die Pumpe ohne Unterbrechung läuft?

Mittel
Jede Aufgabe: 3 Punkte

1 Rechne im Kopf.
a) 257 + ☐ = 1000
b) 125·8·12
c) 900:30

2 Rechne schriftlich. Mache vorher eine Überschlagsrechnung.
a) 64 578 + 25 422 − 6666
b) 614·25
c) 25 919:21

3 Gleiche Zeichen bedeuten gleiche Zahl.

5555 · 7 = ☐
☐ : 5 = △
△ + 2223 = ◯

4 Ein Angestellter fährt an fünf Tagen in der Woche zu seinem 14 km entfernten Arbeitsplatz. Wie viele Kilometer fährt er in vier Wochen auf seinem Weg zum Arbeitsplatz und zurück?

5 Frau Bildstein arbeitete im Monat Dezember 144 Stunden. Pro Stunde erhält sie 12,50 €. Im Dezember erhält sie zusätzlich Weihnachtsgeld in Höhe von 900 €.

Schwierig
Jede Aufgabe: 4 Punkte

1 Rechne im Kopf.
a) 126 + 84 − 15
b) 7000 − ☐ = 6666
c) 420·20·5
d) 10 000:1000

2 Rechne schriftlich. Mache vorher eine Überschlagsrechnung.
a) 12 495 − 658 − 5048
b) 8125·44
c) ☐·32 = 207 488
d) 273 + 182·4

3 Gleiche Zeichen bedeuten gleiche Zahl.

46 913 + ☐ = 56 789
12 · △ = ☐
1823 − △ = ◯

4 Zu Beginn der einen Woche hat das Fahrzeug von Herrn Laubacher einen Kilometerstand von 14 857 km. Vier Wochen später zeigt der Kilometerzähler 16 000 km an. Herr Laubacher fuhr in dieser Zeit an fünf Tagen in der Woche zu seinem 14 km entfernten Arbeitsplatz. Wie viele Kilometer ist er für sonstige Fahrten gefahren?

5 Ein Konzerthaus hat Sitzplätze für 900 Besucher. Bei einem Konzert war ein Drittel der Plätze nicht belegt. Die Einnahmen betrugen 21 000 €. Wie viel kostete eine Karte durchschnittlich?

Training

3 Finde die Rechenregeln der Zahlen-reihe. Ergänze je fünf weitere Zahlen.
a) 45; 56; 67; 78; …
b) 125; 113; 101; …
c) 13; 35; 57; …
d) 2; 4; 7; 11; 16; …
e) 46; 50; 100; 104; 208; 212; …
f) 15; 17; 14; 16; 13; …

4 Bilde aus allen vier Ziffernkarten ver-schiedene Aufgaben.

a) Bilde eine Additionsaufgabe mit dem größtmöglichen Ergebnis.
b) Bilde eine Subtraktionsaufgabe mit dem Ergebnis 14.
c) Suche eine Divisionsaufgabe ohne Rest.
d) Bilde eine Multiplikationsaufgabe mit dem kleinstmöglichen Ergebnis.
e) Suche eine Multiplikationsaufgabe mit drei Faktoren und dem Ergebnis 380.

Liebe Schülerin, lieber Schüler!
In diesem Training findest du eine bunte Zusammenstellung von Aufgaben, die dir hilft verschiedene, bereits gelernte Inhal-te aufzufrischen. In manchen Aufgaben findest du mehrere Themen.
Falls Schwierigkeiten auftauchen, so hilft dir vielleicht ein Blick in den Anhang „Zum Nachschlagen". Und nun viel Erfolg!

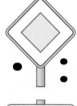

1. Klammern zuerst
2. Punktrechnung
3. Strichrechnung

1 Berechne im Kopf.
a) 267 + 25   b) 7·8
   93 + 288   9·6
   687 − 456   40:5
   735 − 592   66:6
Achte auf die Reihenfolge.
c) 7·4 + 27   d) (7 + 48):5
   81:9 + 79   6·(61 − 49)
   289 − 15·10   (36 + 14)·(15 − 9)
   3·4·5 − 2·15   (460 − 339):11

2 Übertrage die Rechendreiecke ins Heft und fülle sie aus.

a)
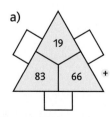

b)
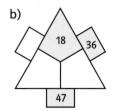

c)
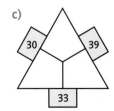

5 Übertrage die Aufgabe jeweils in dein Heft. Setze in das grüne Feld nachei-nander die Zahlen 5, 10, 15 und 20 ein. Was fällt dir auf?
a)

b)

c) Erfinde selbst eine Aufgabe.

6 Berechne schriftlich.
a) 378 + 675 + 92
b) 5899 − 687 − 543
c) 654·6
d) 2115:9
e) 3398 + 438 + 123 497
f) 663·37
g) 4275:25

Training

1 a) 292; 381; 231; 143
b) 56; 54; 8; 11
c) 55; 88; 139; 30
d) 11; 72; 300; 11

2
a)   b)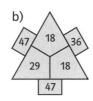

c) Eine Strategie zur Lösungsfindung könnte sein:
Man zerlegt zunächst die 30 in zwei Summanden,
z. B. 13 und 17. Man stellt fest, dass die Summen 39
und 33 so nicht erreicht werden können. Also wählt
man eine andere Zerlegung usw.

3 a) …; 89; 100; 111; 122; 133
Es wird immer 11 addiert.
b) …; 89; 77; 65; 53; 41
Es wird immer 12 subtrahiert.
c) …; 79; 101; 123; 145; 167
Es wird immer 22 addiert.
d) …; 22; 29; 37; 46; 56
Ausgehend von plus zwei wird immer mit einer um 1
erhöhten Zahl addiert.
e) …; 424; 428; 856: 860; 1720
Es wird immer zuerst 4 addiert und dann verdoppelt.
f) …; 15; 12; 14; 11; 13
Es wird immer zuerst 2 addiert und dann 3 subtrahiert.

4 a) 853 + 2 = 855 oder 852 + 3 = 855
b) 52 – 38 = 14
c) z. B. 358 : 2 = 179
d) 2 · 358 = 716
e) 2 · 5 · 38 = 380

5 a) Setzt man 5 ein, erhält man 48. Beim Einsetzen
von 10; 15; 20; … erhöht sich das Ergebnis jeweils
um 10.
Man erhält 58; 68; 78; …
b) Setzt man 5 ein, erhält man 393. Beim Einsetzen
von 10; 15; 20; … erhöht sich das Ergebnis jeweils
um 45.
Man erhält 438; 483; 528; …
c) Individuelle Lösungen.

6 a) 1145
b) 4669
c) 3924
d) 235
e) 127333
f) 24531
g) 171

7 Die Schülerinnen und Schüler müssen erkennen, dass Schweine vier und Hühner zwei Beine haben. Die Lösung ist über Probieren oder eine systematische Notierung aller möglichen Kombinationen in einer Tabelle möglich.
Es sind 8 Schweine und 9 Hühner.

8 Ziffernkärtchen sind hier nützlich. Als Impuls können die Eckzahlen des Dreiecks angegeben werden. Eine Strategie kann sein, dass zunächst jeweils drei Summanden zusammengelegt werden, die die Summe 19 ergeben.

a)

b)

c)

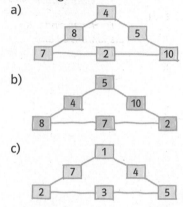

Die Kinder können hier auch versuchen, ein größeres Zauberdreieck zu füllen, z.B.

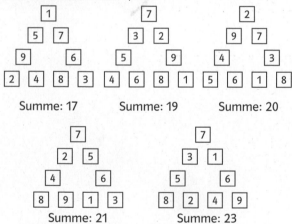

Summe: 17   Summe: 19   Summe: 20

Summe: 21   Summe: 23

Als Hilfestellung können zwei Eckzahlen und die magische Zahl vorgegeben werden. Dann werden analog zu Teilaufgabe c) die anderen Zahlen gesucht.

9 a) Falsch, das richtige Ergebnis ist 1329.
b) Das Ergebnis ist richtig.
c) Falsch, das richtige Ergebnis ist 12.
d) Falsch, das richtige Ergebnis ist 717.

10 Es sind insgesamt 91 Bonbons (52 und 39).

11 Mario hat für insgesamt 17,90 € eingekauft und bekommt 2,10 € zurück.

12 Das Faultier schläft in der Woche 147 Stunden, in einem Monat 630 Stunden (30 Tage · 21 h) und in einen Jahr 7665 Stunden (365 Tage · 21 h).

13 a) Je nach Geburtsjahr haben die Schülerinnen und Schüler mindestens zwei und höchstens vier Schaltjahre erlebt.
b) Bei den individuellen Lösungen sind die unterschiedliche Gesamttage der einzelnen Monate zu berücksichtigen.
c) Individuelle Lösungen.
d) Im 5. Schuljahr sind die Kinder in der Regel 11 oder 12 Jahre alt. Das entspricht ohne Berücksichtigung der Schaltjahre und des individuellen Geburtstages rund 4000 bzw. 4380 Tagen.
e) Hier muss das individuelle Ergebnis der Teilaufgabe d) mit 24 multipliziert werden.
f) Individuelle Lösungen.

14 Die Schülerinnen und Schüler verwenden beim genauen Zeichnen einen gespitzten Bleistift und ein Geodreieck. Die zentralen Punkte der Muster werden anhand der Kästchen abgezählt.

15
a) II + I = III; VII + I = VI; V + I = VI oder IV + I = V; V + V = X; I + I + I + I = IV
b) XIV + I = XV

7 In einem Stall sind Hühner und Schweine. Zusammen haben sie 17 Köpfe und 50 Beine. Wie viele Schweine und Hühner sind es?

8 Dies soll ein Zauberdreieck werden.

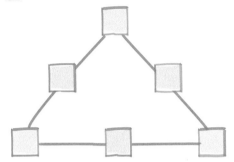

a) Verteile die Zahlen 2, 4, 5, 7, 8 und 10 so, dass alle Seiten des Dreiecks die Summe 19 haben.
b) Finde mit den Zahlen aus Teilaufgabe a) ein Zauberdreieck mit der Seitensumme 17.
c) Nun stehen dir alle Zahlen von 1 bis 10 zur Verfügung. Versuche ein eigenes Zauberdreieck zu finden.

9 Kontrolliere, ob die folgenden Ergebnisse stimmen.
a) 2678 − 1349 = 439
b) 5677·5 = 28 385
c) 192:16 = 13
d) 456 + 238 + 23 = 517

10 In einer Tüte sind 52 Bonbons. In einer anderen Packung sind 13 weniger. Wie viele Bonbons sind es insgesamt?

11 Mario hat sich zwei Comics für jeweils 2 €, ein Eis für 3 € und eine Luftmatratze für 10,90 € gekauft. Er bezahlt mit einem 20-Euro-Schein.

12 Das Faultier schläft ungefähr 21 Stunden am Tag. Wie viele Stunden schläft es in einer Woche (in einem Monat, in einem Jahr)?

13 Ein Jahr hat 365 Tage. Alle vier Jahre gibt es ein Schaltjahr. Dies hat dann einen Tag mehr. 2004 war ein Schaltjahr.
a) Wie viele Schaltjahre hast du schon erlebt?
b) Wie viele Tage sind es noch bis zu deinem nächsten Geburtstag?
c) Wie viele Tage sind es noch bis Weihnachten?
d) Wie viele Tage bist du alt? Schätze zuerst und rechne danach genau.
e) Wie viele Stunden bist du alt?
f) 👥 Denkt euch selbst Fragen aus und stellt sie eurem Partner.

Ausnahmen sind z. B. die Jahre 1900 und 2100.

14 Zeichne die Muster ab und setze sie im Heft fort.

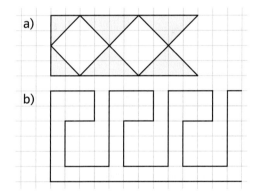

15 Streichholzscherze
a) Wenn du ein einziges Streichholz umlegst, wird die falsche Rechnung richtig.

b) Die Rechnung bleibt richtig, auch wenn du ein Streichholz umlegst.

Die Lösungen findest du auf Seite 168.

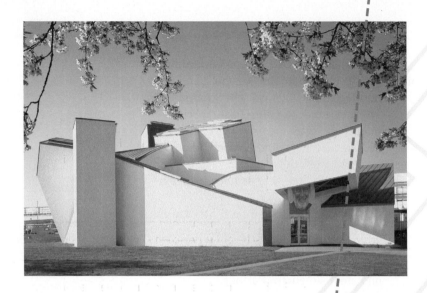

Bei diesem Design-Museum in Weil am Rhein wählte der Architekt verschiedene Körperformen aus, die scheinbar wirr zusammengefügt wurden.

Das Bundeskanzleramt

in Berlin ist der Dienstsitz des Bundeskanzlers seit 2001. Besonders das Gebäude in der Mitte mit einer Höhe von 36 m beeindruckt durch seine strenge geometrische Form. Es hat eine quadratische Grundfläche mit einer Seitenlänge von 55 m.

3 Flächen und Körper

Aufbau und Intentionen des Kapitels

Das Kapitel Flächen und Körper hat zum Ziel, dass die Schülerinnen und Schüler eine klare **Vorstellung vom Unterschied zwischen Länge, Fläche und Raum** gewinnen und dabei insbesondere **das räumliche Vorstellungsvermögen** schulen.

Zunächst lernen sie, Punkte und Flächen im **Koordinatensystem** darzustellen. Die **parallelen und senkrechten Linien** bilden die Grundlage, um damit Vierecke und Körper zu klassifizieren.

Die **Eigenschaften der Vierecke Rechteck, Quadrat, Parallelogramm** und **Raute** werden erkannt. Die Vierecke werden auch in **Formen der Umwelt** und **in der Kunst** entdeckt. **Der Umgang mit dem Geodreieck** wird systematisch vertieft.

In allen Lerneinheiten müssen die Schülerinnen und Schüler **gedanklich mit Punkten, Längen (Kanten), Flächen und Körpern in allen drei Dimensionen** operieren. Quader und Würfel werden auch in **Schrägbildskizzen** und als **Körpernetze** dargestellt. Die **Eigenaktivität** und das **entdeckende Lernen** stehen dabei im Vordergrund.

Die Seiten der Rubrik **Auf geht's** „Lauter Vierecke" und „Zusammengewürfelt" ermöglichen sowohl einen Themenzugang im Sinne einer **Gesamtbehandlung** als auch **einer systematischen Wiederholung** zu einem späteren Zeitpunkt.

Die **Projektseite** „Kantenmodelle bauen" unterstützt die anderen Lerneinheiten durch das **Herstellen anschaulicher Modelle**.
Die Rubrik **Üben – Wiederholen** wiederholt alle Themen des Kapitels systematisch.

In den **Trainingsmatten** dieses Kapitels werden
– Additions- und Subtraktionsaufgaben sowie
– Textaufgaben
wiederholt.

Die wichtigsten Intentionen des Kapitels sind:
– Unterscheidung zwischen Länge, Fläche und Raum.
– Schulung des räumlichen Vorstellungsvermögens.
– Flächen und Körper erkennen, benennen und nach ihren Eigenschaften klassifizieren können.
  – Zueinander parallele und senkrechte Linien erkennen und zeichnen.
  – Netze und Modelle von Würfeln und Quadern anfertigen und die Körper in entsprechenden Darstellungen erkennen.
  – Schrägbildskizzen anfertigen.

Werkzeugkasten

Bei Zeichnungen ist grundsätzlich darauf zu achten, dass diese mit gespitztem Bleistift und Lineal oder Geodreieck durchgeführt werden.
Bei der Darstellung ist stets auf Genauigkeit und Sorgfalt zu achten.
⌂ Es ist sinnvoll, wenn sich die Lehrerin oder der Lehrer dazu entschließt, das Steckbrett von Seite 80 herzustellen. Dies sollte gleich zu Beginn des Kapitels eingeplant werden, da es in fast allen Lerneinheiten eingesetzt werden kann.
An Material wird benötigt:
Lineal mit einer Länge von 30 cm, Geodreieck mit farbiger Hinterlegung des gegenläufigen Winkelmessers, Bleistift (gespitzt), Spitzer inkl. Auffangbehälter, Radierer, Blankopapier, Steckbrett.

Krumm und schief?

Die Abbildungen auf den Auftaktseiten faszinieren durch ihre klaren aber auch bizarren Formen und ästhetischen Gebäude. Sie sollen neugierig machen und Möglichkeiten des Entdeckens bieten. Die Seite ist so konzipiert, dass sie zu verschiedenen didaktischen Zwecken einsetzbar ist.

Den Schülerinnen und Schülern muss bewusst werden, dass die Geometrie (ursprüngliche Bedeutung „Landvermessung") für fast alle Lebensbereiche grundlegend ist. Im Unterricht bieten die ansprechenden Abbildungen Gelegenheiten, bisher erworbene Kompetenzen der Kinder zu erfassen und sich auf die kommenden Inhalte einzustellen. Geometrieunterricht kann besonders für rechenschwache Schülerinnen und Schüler eine neue Motivation für das Fach Mathematik auslösen.

Dies könnte mit folgenden Fragen geschehen:

– Vergleiche das Design-Museum mit dem Bundeskanzleramt. Was fällt dir auf? (Die Formen des Design-Museums sind vielfältiger, es wirkt weniger geordnet.)

– Was ist krumm oder schief, was gerade? (Beide Gebäude zeigen krumme und gerade Linien.)

– Welche Flächen- und Körperformen sind zu erkennen? (Man erkennt Rechtecke, Quadrate, Parallelogramme, Quader und zusammengesetzte Körper.)

– Welchen Umfang hat das mittlere quadratische Gebäude des Bundeskanzleramtes? (220 m)

– Wie könnte man die Größe der Grundfläche des Bundeskanzleramtes angeben? (3025 m²)

– Beschreibe die Lage des einzelnen Baumes, aus welcher Richtung weht der Wind? (Der Wind bläst von links so heftig über den Berg, dass der Baum nicht nach oben wachsen kann, er wächst krumm in Windrichtung.)

– Was ist das Besondere an der „geraden" Allee? (Die Bäume stehen im gleichen Abstand zueinander, die einen rechts, die anderen links entlang der Straße auf einer Linie.)

– Was ist hier alles gerade? (Die Baumstämme verglichen mit dem einzelnen Baum. Die Reihe, in der die Bäume gesetzt wurden.)

– Gibt es Parallelen? (Die Baumstämme sind zueinander parallel, die Pflanzreihen sind zueinander und zu den Linien auf der Straße parallel.)

Weiteres Angebot   **Spielidee**

Dieses Spiel dient zur Verdeutlichung der Wichtigkeit klarer mathematischer Begriffe und genauer Angaben.

Ein Schüler oder eine Schülerin sucht sich einen bestimmten Punkt (Ecke, Kante, Fläche, Körper) auf einem der Bilder dieser Auftaktseiten und notiert diesen auf einem Zettel. Die anderen Kinder müssen die genaue Lage durch Fragen erraten. Der Lehrer oder die Lehrerin achtet auf das richtige Verwenden der Fachbegriffe.

Weiteres Angebot   **Informationsrecherche**

Die meisten Kinder bringen dem Umgang mit dem Computer großes Interesse entgegen. Dabei trainieren sie viele Fähigkeiten und verbessern Ihre Methodenkompetenz. Passend zu diesen Seiten könnte die Aufgabe gestellt werden:

@ Sucht unter www.google.de Informationen über das Design-Museum und das Bundeskanzleramt.

Um Kinder erfolgreich zu einem Thema recherchieren zu lassen, sollte man dies selbst mit einer Suchmaschine ausprobieren. So erscheinen bei der Eingabe „Design-Museum" unter www.google.de alle möglichen Informationen über die verschiedensten Museen. Gibt man stattdessen „Design-Museum + Weil am Rhein" ein, ist man schon fast am Ziel.

Genauso ist es, wenn man „Bundeskanzleramt" unter www.google.de eingibt. Auch in Österreich gibt es ein Bundeskanzleramt. Wählt man den Button „Seiten aus Deutschland" aus, wird die Auswahl deutlich eingeschränkt, aber man hat immer noch eine große Informationsflut. Ans Ziel kommt man, wenn man „Gebäude + Bundeskanzleramt + Daten + Fakten" eingibt. Aber auf solche Tricks kann man nur hinweisen, wenn man die Internetsuche vorher ausprobiert.

Beim Umgang mit dem Internet sollte nicht versäumt werden, die Kinder auf das Urheberrecht hinzuweisen. So dürfen Fotos und Daten aus dem Internet nicht einfach runtergeladen und vervielfältigt werden.

3 Flächen und Körper

Krumm und schief?

In der Natur, aber auch in der Technik, der Architektur
und der Kunst haben Formen, die nicht gerade sind,
eine besondere Wirkung auf unser Auge.
Oft meint man, dass etwas nicht in Ordnung ist.
Und trotzdem geht von diesen Formen ein besonderer
Reiz aus.

Auch der Wind erzeugt
bizarre Formen.

Ausblick

In diesem Kapitel findest du:
- Das Koordinatensystem
- Parallele und senkrechte Linien
- Unterschiedliche Vierecke
- Quader und Würfel

1 Koordinatensystem

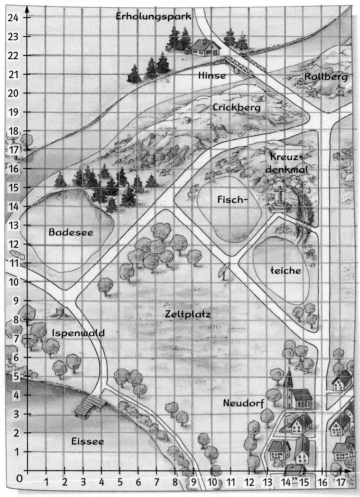

Die Klasse 5a plant einen Wandertag. Calvin, Benedikt und Aishe haben die Schatzsuche vorbereitet: Um die Orientierung im Gelände zu vereinfachen, haben sie auf die Karte ein Gitter gelegt. Findest du heraus, wie die Anweisungen zu verstehen sind? Die ersten Buchstaben der gesuchten Wörter ergeben den Lageort des Schatzes.

Schatzsuche

– Startet die Suche neben unserem Schulgebäude am Punkt (16|3).
– Geht dann bis zum Wegpunkt (16|7).
– Dreht euch nach links und lauft bis zum Punkt (11|11) weiter.
  Rechts von euch seht ihr auf das ▭ .
– Weiter geht's zum Punkt (2|9). Hier beginnt der ▭ .
– Wandert zum Punkt (16|19). Ihr geht genau auf den ▭ zu.
– Auf der anderen Seite des Weges liegt der ▭ .
– Geht weiter über die ▭ zum Punkt (11|22).
– Von dort aus seht ihr auf den ▭ .

→ Wo liegt der Schatz verborgen?

→ 🧑‍🤝‍🧑 Denkt euch selbst eine Schatzsuche aus. Versucht gegenseitig die Lageorte eurer Schätze zu finden.

Markiere einen Punkt immer so:

Wichtig:
Zuerst Rechtswert,
dann Hochwert

Zur genauen Beschreibung der Lage von Punkten verwendet man ein Netz aus senkrecht aufeinander stehenden Linien: das **Koordinatensystem**.

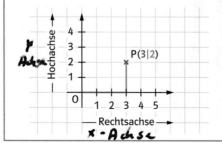

Der Punkt wird durch folgendes Zahlenpaar beschrieben: P(3|2)
Die erste Zahl nennt man den Rechtswert, die zweite den Hochwert des Punktes.
Beide bezeichnet man auch als **Koordinaten** des Punktes.

1 Koordinatensystem

In dieser Lerneinheit lernen die Schülerinnen und Schüler geometrische Objekte im Koordinatensystem darzustellen und Lagebeziehungen zu erkennen, zu beschreiben und auf der Themenseite „Orientierung im Stadtplan" anzuwenden. Dahinter steckt die Grundidee, dass die Lage von Punkten auf einer Linie, später auf Flächen und im Raum, durch Zahlen und durch Koordinaten beschrieben werden kann. Diese Koordinaten bilden in höheren Klassen die Grundlage für eine systematische Geometrie und für grafische Darstellungen von Funktionen.

Je nach Klasse kann man den Schülerinnen und Schülern nach dem anfänglichen eigenen Anfertigen eines Koordinatensystems hierfür eine Kopiervorlage zur Verfügung stellen.

Einstieg
Ausgehend von der Notwendigkeit die Lage eines Punktes, eines Weges oder eines Ortes anzugeben, können die Schülerinnen und Schüler Überlegungen anstellen, wie sie den Schatz finden können.

Impulse
→ Um das Schulgebäude zu finden, betrachten die Kinder sowohl den Punkt (3|16) als auch den Punkt (16|3), da sie nicht wissen, welcher der Koordinaten für den Rechts- und welcher für den Hochwert steht. Einer der Punkte befindet sich am Waldrand, der andere im Dorf, also steht die Schule am Punkt (16|3). An den Punkten (16|7) und (11|11) befinden sich Wegkreuzungen. Rechts sieht man das **K**reuzdenkmal. Am Punkt (2|9) beginnt der **I**spenwald, am Punkt (16|19) läuft man auf den **R**ollberg zu. Auf der anderen Seite des Weges liegt der **C**rickberg, unter dem Punkt (11|22) liegt der Fluss **H**inse und von dort sieht man auf den **E**rholungspark. Das heißt, der Schatz liegt in der **KIRCHE** von Neudorf.
→ Bei der eigenen Schatzsuche kann das Lösungswort entfallen, die Kinder können den Weg direkt vom Start zum Ziel beschreiben.
Sollten die Kinder noch Schwierigkeiten haben, können folgende Aufgaben gestellt werden:
- Beschreibe den kürzesten Weg von der Schule zum Badesee am Kreuzdenkmal vorbei. (Markante Punkte sind: (16|3), (16|7), (16|13), (14|14), (11|11), (8|14) und z.B. (5|12).

- Nach einer Rudertour auf dem Eissee möchtet ihr auf den Rollberg wandern. (Markante Punkte sind: (4|4), (2|9), (7|14) und (16|19).)

! Merkkasten
Im Merkkasten wird noch einmal übersichtlich, mit Farben unterstützt, dargestellt, dass die Lage von Punkten in einem Koordinatenssystem durch sich schneidende Linien und nicht durch die Fläche eines Karokästchens beschrieben wird. Beim Hefteintrag sollten zunächst ebenfalls unterschiedliche Farben für den Rechts- und Hochwert verwendet werden, da die Verwechslung der Koordinaten sowohl beim Punkteeintragen als auch beim Ablesen von Koordinaten die häufigste Fehlerquelle ist. Auf den Nullpunkt als zentralen Ausgangspunkt sollte besonders hingewiesen werden, da dieser häufig mit den Punkten (1|0) oder (0|1) verwechselt wird.

Als Eselsbrücke gilt:
Man geht zuerst ins
Haus hinein und dann
mit dem Lift nach oben.

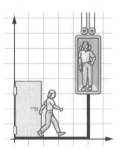

Weiteres Angebot   Koordinatensystem
Koordinatensysteme finden Anwendung:
- in Stadtplänen und Landkarten (wie auf Seite 81), wobei hier meist von Planquadraten gesprochen wird, die mit Buchstaben und Zahlen, statt mit Koordinaten beschrieben werden.
- auf Hydrantenschildern (siehe Seite 80 Aufgabe 7), wobei der Ort, an dem das Schild hängt, dem Nullpunkt entspricht. Die Zahlen auf dem Schild geben die Entfernung zum Hydranten in Metern an.
- Die Längen- und Breitengrade auf der Weltkarte oder dem Globus sind, vereinfacht dargestellt, auch ein Beispiel für ein Koordinatensystem.
- Die Züge bei einem Schachspiel werden auch mithilfe von Planquadraten angegeben.

Weiter geht's

→ Die Koordinaten der Gebäude sind:
Rathaus R(4|8), Postamt P(9|7),
Bahnhof B(10|2), Schwimmbad S(6|1),
Museum M(1|5).

→ Die Schule liegt im Punkt (8|4) und das Rathaus
im Punkt R(4|8), sicher hat Aylin die Koordinaten
verwechselt.

→ Um vom Museum zur Post zu gelangen, muss
man acht Kästchen nach rechts und zwei nach
oben gehen. Geht man stattdessen vier Kästchen
nach rechts und eins nach oben, kommt man zum
Punkt (5|6).

Aufgaben

1 *Als Übung für die Kinder kann man auch das
Koordinatensystem und die Punkte ins Heft übertragen
lassen. Das ist eine gute Orientierungsübung. Bei der
Zeichnung des Koordinatensystems muss auf die richtigen Abstände (Einheit), die Andeutung der Unendlichkeit mit einer Pfeilspitze und auf den Nullpunkt geachtet werden. Punkte sind immer als Kreuz zu markieren
(siehe Seite 74, Randspalte).*
Die Koordinaten der Punkte sind A(2|1), B(11|0),
C(8|2), D(9|5), E(7|8), F(3|8), G(4|4).

2
a) A(2|2), B(5|2), C(5|5), D(2|5)
b) und c)

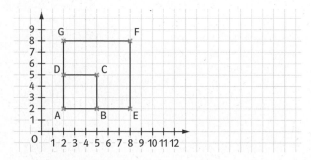

Das entstandene Quadrat AEFG ist 4-mal so groß wie
das Quadrat ABCD.

3 a) A(2|1), B(12|1), C(12|8), D(10|8), E(4|8),
F(2|6)
b) Weitere mögliche Punkte:
– Die anderen drei Eckpunkte des großen Fensters:
links oben (8|5), rechts oben (11|5), rechts unten
(11|3), links unten (8|3).
– Die vier Eckpunkte des kleinen Fensters:
links oben (3|5), rechts oben (5|5), rechts unten
(5|4), links unten (3|4).
– Die vier Eckpunkte der Tür:
links oben (4|3), rechts oben (6|3), rechts unten
(6|1), links unten (4|1).
– Kamin:
links oben (11|8), rechts unten (12|6), links unten
(11|7).
*Außerdem kann man die Kinder alle Gitterpunkte
sammeln lassen, die zum Haus gehören.*

Koordinaten würfeln   **Spielen**

Das benötigte Koordinatensystem sollen die Schülerinnen und Schüler selbst anfertigen. Die Frage, wie
groß es gezeichnet werden muss, können die Kinder
selbst beantworten: Da die Rechts- und Hochwerte
beim Würfeln nur zwischen eins und sechs liegen
können, genügt ein Koordinatensystem, dessen
Rechts- und Hochachsen jeweils bis sechs gehen.

Die Frage auf der Randspalte „Wie oft muss man mindestens würfeln, bis alle Koordinaten belegt sind?"
ist besonders für gute Schülerinnen und Schüler eine
interessante mathematische Überlegung. Die Antwort kann berechnet werden: Die möglichen Koordinaten sind durch die Würfelergebnisse eins bis sechs
vorgegeben. Daher sind mindestens 36, also (6 mal 6)
Würfe notwendig, um alle 36 möglichen Koordinaten
zu besetzen. (Die Gitterpunkte auf den Achsen können nicht belegt werden, da die Zahl 0 beim Würfeln
nicht vorkommt!)
Aber aufgrund der Wahrscheinlichkeit ist es nahezu
unmöglich, mit 36 Würfen genau 36 verschiedene
Kombinationen zu erzielen. Daher muss man wesentlich häufiger würfeln, ehe alle Koordinaten belegt
sind.

Weiter geht's

→ Gib die Koordinaten der rechts eingezeichneten öffentlichen Gebäude an.

→ „Unsere Schule befindet sich im
Punkt (8|4)." Aylin sagt: „Dann liegt sie
also direkt beim Rathaus." Was meinst
du?

→ Welcher Punkt liegt genau zwischen
dem Museum und dem Postamt?

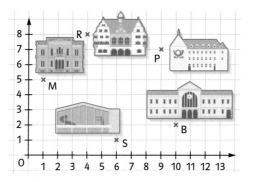

R: Rathaus
P: Postamt
B: Bahnhof
S: Schwimmbad
M: Museum

---

1 Gib die Koordinaten der Punkte an.

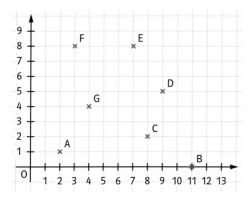

2 a) Übertrage das Koordinatensystem
und die Punkte in dein Heft. Notiere die
Koordinaten der Punkte A, B, C und D.

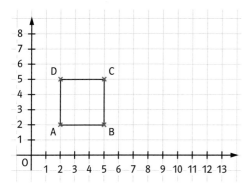

b) Trage die Punkte E (8|2), F (8|8)
und G (2|8) in das Koordinatensystem
ein.

c) Verbinde nun die Punkte A, E, F und
G, sodass ein Viereck entsteht. Wie groß
ist dieses Viereck im Vergleich zum Viereck ABCD?

3 a) Gib die Koordinaten der Punkte an.

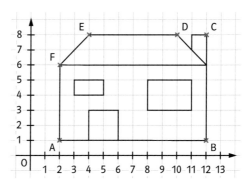

b) 🏠 Punkt (11|5) ist die rechte obere
Ecke des großen Fensters. Nenne deinem Partner die Koordinaten eines weiteren Punktes. Dein Partner beschreibt
nun die Lage des Punktes mit Worten.

Koordinaten würfeln

Jeder Spieler nimmt einen anderen
Farbstift. Außerdem werden zwei ver-
schiedenfarbige Würfel und ein aufge-
zeichnetes Koordinatensystem benötigt. Der jüngere Spieler darf beginnen
und würfelt mit beiden Würfeln. Die
gewürfelten Augenzahlen stellen Koordinaten dar (z. B. rot: Rechtswert, blau:
Hochwert). Er zeichnet den Punkt mit
seinem Stift in das Koordinatensystem
ein. Eine einmal besetzte Koordinate
ist für immer belegt. Nun ist der Nächste dran. Wer konnte nach fünf Minuten
die meisten Koordinaten belegen?

*Wie oft muss man
mindestens würfeln
bis alle möglichen Ko-
ordinaten belegt sind?*

Das Steckbrett – ein Koordinatensystem aus Holz

Material:
ca. 4 mm dicke Sperrholzplatte (22 cm x 22 cm), Karopapier, Rundholz (∅ 4 mm), Reißnägel

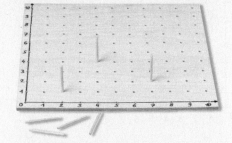

Zeichne ein Koordinatensystem mit einer 20 cm langen Rechts- und einer 20 cm langen Hochachse. Markiere nun im Abstand von 2 cm die Einheiten. Befestige das Papier mit den Reißnägeln auf der Sperrholzplatte, sodass die

Achsen jeweils 1 cm vom Rand entfernt sind. Übertrage alle möglichen Koordinatenpunkte auf die Holzplatte, indem du mit den Reißnägeln durchs Papier stichst.

Bohre nun jeweils ein Loch (∅ 4 mm) an den markierten Stellen durch das Holz. Zeichne mit einem Filzstift die Rechtsachse über die unterste Lochreihe. Zeichne die Hochachse über die erste senkrechte Lochreihe.

Säge von dem Rundholz mehrere Stücke mit 4 cm Länge ab, damit kannst du dann die gewünschten Koordinatenpunkte markieren.

Die Aufgaben dieser Spalte kannst du auch mit dem Steckbrett lösen.
Benutze zum Umspannen der Figuren ein Gummiband.

4 a) Trage die Punkte P (3|2), Q (7|1), R (8|5) und S (4|6) in deinem Heft in ein Koordinatensystem ein. Verbinde dann jeden Punkt mit jedem anderen.
b) Trage in ein neues Koordinatensystem die folgenden Punkte ein: A (5|1), B (6|4), C (9|5), D (6|6), E (5|9), F (4|6), G (1|5), H (4|4). Verbinde die Punkte der Reihe nach.
c) 👥👥👥 Zeichne eine schöne Figur in ein Koordinatensystem. Diktiere den anderen Gruppenmitgliedern die Koordinaten der Eckpunkte. Sie versuchen nun, die gleiche Figur in ihr Koordinatensystem zu zeichnen.

5 Trage zunächst die gegebenen Punkte ein und verbinde sie nacheinander. Setze dann einen weiteren Punkt, sodass ein Buchstabe entsteht, sobald du eine weitere Linie zu diesem Punkt zeichnest. Schreibe die Koordinaten des letzten Punktes auf.
a) C (6|6); (4|6); (4|2); (?|?)
b) V (2|9); (3|6); (?|?)
c) S (9|9); (7|9); (7|7); (9|7); (9|5); (?|?)
d) N (7|0); (7|4); (10|0); (?|?)
e) 👥👥 Stellt euch gegenseitig ähnliche Aufgaben.

6 Gib die fehlenden Koordinaten der gekennzeichneten Punkte an. Geht es auch ohne Zeichnung?

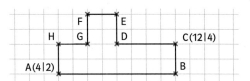

7 Dieses Schild an einer Hauswand informiert die Feuerwehr darüber, dass 6,1 m vor dem Schild und 11,8 m nach links ein Wasseranschluss für einen Schlauch mit einer Dicke von 150 mm vorhanden ist.

a) Fertige eine Zeichnung an.
b) Wie müsste das Schild aussehen, wenn der Hydrant 6,8 m vor und 11,3 m links des Schildes liegt?
c) 👥👥 Erfinde weitere Schilder dieser Art. Kann dein Partner erklären, was dein Schild bedeutet?
d) Suche derartige Schilder auf deinem Schulweg und zeichne sie ab.

⌂ Die Herstellung des Steckbrettes erscheint im ersten Moment sehr aufwändig, es ist aber ein gutes Hilfsmittel, besonders für schwächere Kinder und sollte im Mathematikunterricht nicht fehlen. Es ist weit über diese Lerneinheit hinaus bei folgenden Themen mithilfe von Gummis einsetzbar: Darstellung von Bruchteilen und Diagrammen, Bruchvergleiche, Spiel „Schiffe versenken", Linien und Geraden, Parallelen, Strecken, Senkrechte, Vierecke, Flächeninhalt und Umfang von Vierecken. Das Steckbrett ermöglicht, zwischen enaktiver (handelnder) und ikonischer (zeichnerischer) Darstellung zu wechseln und bietet damit genügend Gelegenheiten für kreativhandelndes Lernen mit hoher Übungseffektivität. Dies beginnt bereits bei der Herstellung durch das Übertragen der Gitterpunkte vom karierten Papier auf das Steckbrett.

Da die Achsen bewusst 1 cm vom Rand entfernt sind, können mehrere Steckbretter zu einem größeren zusammengelegt werden. Es müssen nur die Rechts und die Hochachse angepasst werden. So können viele der Aufgaben in Partner- oder Gruppenarbeit gelöst werden.

Für manche Aufgaben mit dem Steckbrett, zum Beispiel beim Darstellen von Vierecken auf der Seite 87, benötigt man nicht unbedingt das Koordinatensystem des Steckbrettes, hier kann auch die Rückseite verwendet werden.

4 a) Es entsteht ein Quadrat.
b) Es entsteht ein vierzackiger Stern.

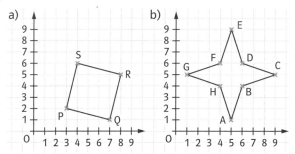

c) *Manche Kinder sind hierbei sehr kreativ, sie zeichnen Autos, Schiffe, Tiere oder Blumen. Andere Kinder haben weniger Ideen, sie können dazu angeregt werden, regelmäßige Figuren zu finden.*

5 a) C (6 | 2)   b) V (4 | 9)   c) S (7 | 5)   d) N (10 | 4)

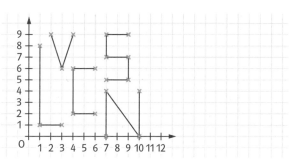

e) *Statt Buchstaben können auch Zahlen verwendet werden. Bei Buchstaben wie dem L, mit den vorgegebenen Koordinaten (1 | 1) und (1 | 8), ist die dritte Koordinate nicht eindeutig, es könnte auch (4 | 1) sein.*

6 Das Fehlen des Koordinatensystems bereitet den Kindern Schwierigkeiten. Die Punkte können durch Zahlen entlang der Gitterpunkte benannt werden.
B (12 | 2),   D (8 | 4),   E (8 | 6),   F (6 | 6),   G (6 | 4),   H (4 | 4)

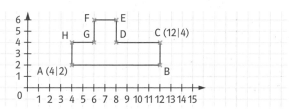

7 a) Siehe Hydrantenschild im Buch.
b)

c) Individuelle Schülerlösungen.
d) Individuelle Schülerlösungen.

Thema: Orientierung im Stadtplan

Die Thematik „Orientierung im Stadtplan" bietet vielfältige Anlässe, zwischen mathematischem Denken und Alltagsdenken, zwischen praktischem Tun und Reflexion Brücken zu schlagen. Eine solche Orientierung gelingt besser, wenn die Schülerinnen und Schüler im Vorfeld Grundvorstellungen von einem Koordinatensystem und von Koordinatenpunkten erworben haben. Im Unterrichtsgespräch muss geklärt werden, dass die Lage eines Koordinatenpunktes nicht wie in der Lerneinheit zuvor durch den Schnittpunkt zweier Linien, sondern durch die Fläche eines Quadrats beschrieben wird.

⌂ *Die Orientierungsübungen können auch mit dem Atlas fortgeführt werden oder im Rahmen einer Stadterkundung mit einem vorgegebenen Stadtplan konkret durchgeführt werden.*

Aufgaben

1
a) Stadion: F1   b) Stadttor: C4
c) Post: E2   d) Finanzamt: E2
e) Krankenhaus: B3   f) Johanneskirche: D2

2 Universität: B3 | C3; Polizei: F3 | F2;
Münster: A2 | B2; Bücherei: B2 | C2;
Oper: C2 | D2; Landratsamt: E1 | F1

3 Es sind die Planquadrate D2, C2 und A3 dargestellt.

4 Die Schillerstraße beginnt im Planquadrat B4, da hier auch der Schillerplatz ist, und durchquert die Planquadrate C4, D4, E4, F4 und F3, falls sie nach dem Konrad-Adenauer-Platz noch immer Schillerstraße heißt.

5 a) *Mögliche Schülerfragen:*
- Wo liegen weitere öffentliche Gebäude wie Hallenbad, Zoo, Stadthalle, Museum usw.?
- Beschreibe den Weg vom Hallenbad zum Stadion, vom ...
- Durch welche Planrechtecke verlaufen die U-Bahn, die Berliner Allee , ...?

b) Individuelle Lösungen

Weiteres Angebot   **Stadtplan**

Natürlich ist neben einem fiktiven Stadtplan ein realistischer Stadtplan noch viel interessanter. Wenn die Kinder den Umgang mit dem kleinen Stadtplan geübt haben, können sie z. B. bekannte Gebäude auf einem Stadtplan der eigenen Stadt, einer nahe gelegenen Stadt oder der Landeshauptstadt suchen:
Auf einem Innenstadtplan können die Kinder folgende Ziele suchen:
- das Kultusministerium
- das Staatstheater
- das Rathaus
- den Hauptbahnhof
- alle Krankenhäuser
- das Innenministerium
- eine Post
- den Stadtgarten
- die Höhere Handelsschule oder alle Schulen
- einen Platz im Grünen zum Ausruhen
  usw.

Eine andere Möglichkeit ist, dass die Schülerinnen und Schüler mithilfe von Planquadraten und Straßennamen die Wege beschreiben, die sie gehen würden.
- Durch welche Planquadrate geht die Einkaufsstraße?
- Wo verläuft die Theodor-Heuss-Straße?
- An welchen U- und S-Bahn-Haltestellen kann man aussteigen, wenn man mit öffentlichen Verkehrsmitteln zur Schillerstraße möchte?
- Wo kann man parken, wenn man mit dem eigenen Auto fährt?
- Wie läuft man vom Hauptbahnhof zum Museum?
usw.

Die Schülerinnen und Schüler können sich gegenseitig Start und Ziel nennen und die Wege gemeinsam suchen, wobei sie die Planquadrate notieren, durch die sie laufen müssen.

Orientierung im Stadtplan

Ein Stadtplan hilft, sich in einer fremden Stadt zurechtzufinden. Wichtige Einrichtungen oder Sehenswürdigkeiten sind durch farbige Flächen und Symbole dargestellt. In der Legende werden diese Zeichen erklärt.

Ein Stadtplan besteht aus einem Kartenteil und einem Straßen- bzw. Gebäudeverzeichnis. Um eine bestimmte Stelle im Plan zu finden, ist über den Stadtplan ein Gitternetz gelegt, das die Stadt in rechteckige Gebiete einteilt. Jedes Quadrat lässt sich mit am Rand vermerkten Buchstaben und Ziffern eindeutig beschreiben. So wird z. B. das Quadrat rechts oben in dem Plan mit F1 bezeichnet.

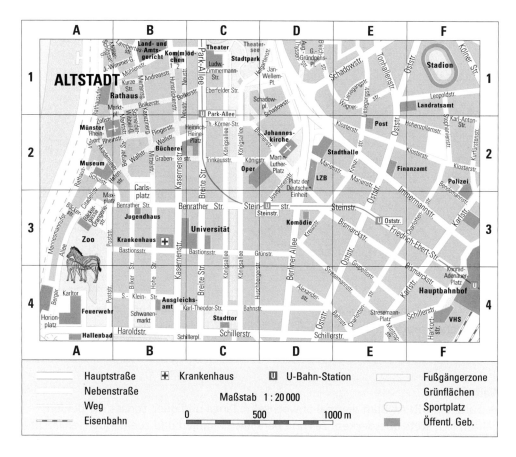

1 Suche die öffentlichen Gebäude im Stadtplan. Schreibe so in dein Heft:
Rathaus: A1
a) Stadion   b) Stadttor
c) Post   d) Finanzamt
e) Krankenhaus f) Johanneskirche

2 Suche Gebäude, die genau auf einer Linie des Gitternetzes liegen.
Hauptbahnhof: F3/F4

3 Welche Planquadrate sind auf der Randspalte dargestellt?

4 Welche Planquadrate durchquert die Schillerstraße?

5 👥 a) Stellt euch gegenseitig ähnliche Aufgaben.
b) Besorgt euch einen Plan von eurem Wohnort und stellt ähnliche Fragen.

2 Parallele und senkrechte Linien

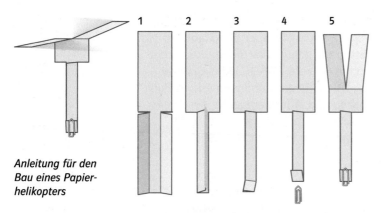

Anleitung für den Bau eines Papierhelikopters

Papierflieger sind für viele Menschen eine Leidenschaft. Beim Falten kommt es auf korrektes Arbeiten an. Wenn man krumm und schief faltet, bleiben die Flieger meist nicht sehr lange in der Luft! Neben vielen Flugzeugmodellen gibt es auch Papierhelikopter. Diese können, wenn sie von einem hohen Punkt losgelassen werden, einige Meter zurücklegen. Der Rotor arbeitet genauso wie der eines richtigen Hubschraubers.

→ Baue selbst einen Papierhelikopter. Worauf musst du achten?
→ Wie verlaufen die Knicke auf dem Papier?
→ Kennst du weitere Modelle? Stelle sie der Klasse vor.

Gerade Linien können besondere Lagen zueinander haben.

Senkrecht zueinander verlaufende Linien werden in einer Zeichnung so gekennzeichnet: ⌐

Sind zwei Linien immer gleich weit voneinander entfernt, so verlaufen sie **parallel**.

Die Linien g und h verlaufen **senkrecht** zueinander.

Weiter geht's
→ Falte ein DIN-A4-Blatt viermal abwechselnd längs und quer, sodass die beiden Hälften sich stets überdecken. Zeichne parallele Faltlinien und zueinander senkrechte Faltlinien gleichfarbig ein.
→ Erfinde eigene Faltmuster. Untersuche, ob es Faltlinien gibt, die parallel oder senkrecht zueinander verlaufen.

---

1 a) Suche in deiner Umgebung parallele und senkrechte Linien.
b) Schau dir die Fotos auf den Seiten 76 und 77 an. Finde auch hier senkrechte und parallele Linien.
c) Suche in Zeitschriften nach weiteren Beispielen. Klebe sie in dein Heft. Kennzeichne senkrechte und parallele Linien.

2 Zeichne alle großen Druckbuchstaben, in denen zueinander parallele bzw. senkrechte Linien vorkommen. Kennzeichne die parallelen Linien rot. Verwende bei senkrechten Linien das Zeichen ⌐.

3 Wo findest du am Geodreieck zueinander senkrechte und parallele Linien?

2 Parallele und senkrechte Linien

In dieser Lerneinheit lernen die Schülerinnen und Schüler die Begriffe „parallel" und „senkrecht" kennen. Mithilfe des Geodreiecks zeichnen sie parallele und senkrechte Linien und erkennen diese zunehmend in ihrer Umwelt.

Einstieg

Viele Schülerinnen und Schüler haben schon mit Begeisterung Papierflieger gebaut. Daher wissen die Kinder, dass manche Flieger besser, andere schlechter fliegen. Um herauszufinden, welcher Flieger am weitesten fliegt oder, welcher Flieger am längsten in der Luft bleibt, kommt es manchmal zu Wettkämpfen. Die hier gebauten Papierhelikopter drehen sich – wie die Früchte des Ahornbaumes – wie Kreisel durch die Luft. Je genauer die Kanten gefaltet sind, desto länger bleiben sie in der Luft. Sie können zunächst auf kariertem Papier gefaltet werden, schwieriger ist einfarbig buntes Papier, da sich die Kinder dann nicht mehr am Karoraster orientieren können. Dabei denken sie über parallele und senkrechte Linien nach.

Impulse

→ Als Faltpapier bietet sich ein Rechteck mit 6 Kästchen Breite und 28 Kästchen Länge an. Beim Falten müssen die Knicke parallel und die Schnitte senkrecht zum Rand verlaufen.

→ Die gefalteten Kanten verlaufen zueinander parallel. Das Karoraster kann dabei als Hilfslinien dienen.

→ Bei weiteren Modellen ist der besondere Reiz, die Größe zu verändern, oder mit Papier ohne Raster zu arbeiten, da man sich dabei die parallelen Linien und auch die Schnittkanten für die senkrechten Schnitte denken muss.

! Merkkasten

Man könnte auch sagen: Die zwei Geraden a und b sind parallel, wenn sie keinen oder alle Punkte gemeinsam haben. Oder: Die Linien verlaufen zueinander parallel, wenn sie überall den gleichen Abstand haben. Die Kinder können selbst zwei Merksätze für die Begriffe parallel und senkrecht formulieren. Die Kurzschreibweisen folgen in der Information auf der nächsten Seite.

Weiter geht's

→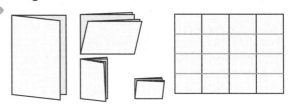

Die drei hellgrauen Linen stehen zueinander parallel und senkrecht auf den drei dunklen Linien, die ebenfalls zueinander parallel stehen.

→ Beim Papierfalten können Linien entstehen, die mit anderen gemeinsame Punkte haben. Manche von ihnen stehen senkrecht, andere schneiden sich, aber nicht im rechten Winkel. Faltmuster, die nur parallele Linien haben, sind eher langweilig.

Aufgaben

1 a) Die Kanten des Klassenzimmers, die Tischkanten, Karoraster auf dem Papier, Tabellen im Buch oder die Begrenzungslinien eines Lineals sind Beispiele für parallele und senkrechte Linien.
b) Senkrecht: die Fensterkreuze des Bundeskanzleramtes, die Kanten der Fotos selbst und die Ränder der Hintergrundgrafik bilden rechte Winkel.
Parallel: die Turmkanten des Design-Museums, die Säulen und Kanten der Fenster des Bundeskanzleramtes und die Bäume an der Allee.
c) Individuelle Lösungen

2 Je nach Schriftart ist dies unterschiedlich:

3 Parallele Linien sind z. B. die Millimeter-Einteilung des Lineals und die zum Lineal parallelen Linien. Die Linien, mit welchen Winkel gemessen werden, sind nicht parallel. An der Spitze des Geodreiecks ist ein rechter Winkel und zwischen 45° und 135° sind gestrichelte Linien, die senkrecht zueinander stehen.

i Information — Zeichnen mit dem Geodreieck

Beim ersten Zeichnen mit dem Geodreieck lernen die Schülerinnen und Schüler möglichst exakt zu zeichnen. Diese Zeichenübung sollte zunächst auf weißem Papier gemacht werden, damit die Kinder nicht vom Raster auf dem Papier abgelenkt werden.

Um senkrechte Linien zu zeichnen, legt man das Geodreieck so an, dass man möglichst wenig von der bereits gezeichneten Linie sehen kann. Mit dem rechten Winkel kennzeichnet man, dass die Seiten senkrecht aufeinander stehen.

Beim Zeichnen paralleler Linien, dienen die Parallellinien auf dem Geodreieck der Orientierung. Schwierig wird es, wenn die parallelen Linien sehr weit auseinander liegen sollen oder die erste Linie nicht auf den Parallellinien des Geodreiecks liegt. Dann wird die Parallele mithilfe einer senkrechten Hilfslinie gezeichnet.

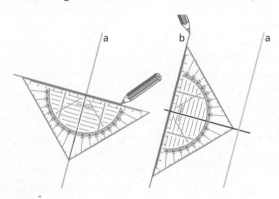

Der richtige Umgang mit dem Geodreieck muss zu Beginn stets begleitet und überprüft werden.

---

4 Senkrecht zueinander verlaufende Linien:
$h \perp l$, $h \perp m$, $j \perp l$, $j \perp m$
Parallel zueinander verlaufende Linien:
$h \parallel j$, $l \parallel m$

5 a) und b)

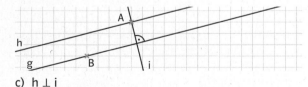

c) $h \perp i$

6 a) *Durch Abzählen kann das Muster fortgesetzt werden.*
b) *Beim Zeichnen ohne Karoraster dienen die Parallellinien auf dem Geodreieck als Hilfsmittel.*
Um zu überprüfen, wie genau gezeichnet wurde, können die Kinder die Zeichnungen übereinander legen und gegen das Licht halten.

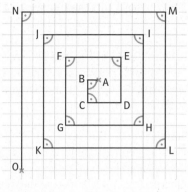

7 Die Grafik wurde auf 25 % verkleinert, 1 cm ≙ 4 cm.

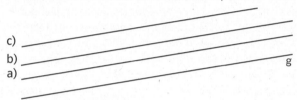

Um die Genauigkeit zu prüfen, sollten die Kinder den Abstand der Geraden an verschiedenen Stellen messen.

8 a) *Beim Zeichnen der parallelen und senkrechten Linien entstehen Quadrate. Der Abstand der parallelen Linien beträgt 7 mm.*
Kinder, die Schwierigkeiten haben, können auf Karoraster zeichnen, dann treffen sie immer genau die Gitterpunkte. Eine andere Möglichkeit ist, das Muster so vergrößert zu zeichnen, dass die parallelen Linien 1 cm Abstand haben, sodass die Kinder die Hilfslinien des Geodreiecks besser nutzen können.

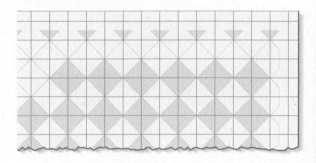

b) Individuelle Lösungen

Zeichnen mit dem Geodreieck

So kann man mit dem Geodreieck zueinander senkrechte Linien zeichnen.

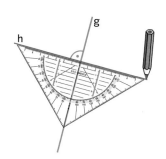

Man schreibt kurz: g ⊥ h

Und auf diese Weise zeichnet man parallele Linien.

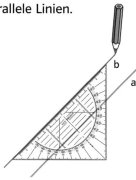

Man schreibt kurz: a ‖ b

4 Welche Linien verlaufen senkrecht zueinander?
Überprüfe mithilfe des Geodreiecks.

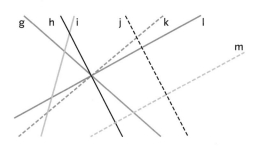

Notiere dein Ergebnis in der Kurzschreibweise.

5 Übertrage die Gerade g und die Punkte A und B in dein Heft.

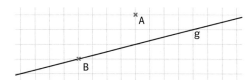

a) Zeichne eine zu g parallele Gerade h, die durch A geht.
b) Zeichne durch den Punkt A eine Gerade i, die senkrecht zur Geraden g verläuft.
c) Wie verlaufen die Geraden h und i zueinander?

6 a) Übertrage die Figur ins Heft und setze sie um sechs Strecken fort.

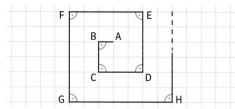

b) Zeichne sie auf unliniertes Papier.

7 Zeichne jeweils zwei parallele gerade Linien, die
a) 2 cm   b) 3,5 cm   c) 42 mm
voneinander entfernt sind.

8 a) Setze das Muster mit parallelen und senkrechten Linien auf unliniertem Papier fort.

b) Erfinde eigene schöne Muster.

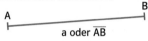
12 Wie viele Geraden, Halbgeraden und wie viele Strecken findest du?

a)

b) 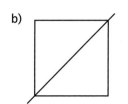   c)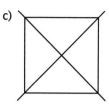

d) 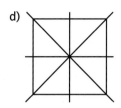   e)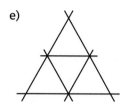

Das Licht der Sonne oder einer Taschenlampe ist ein Beispiel für einen Strahl, man sagt Sonnenstrahl oder Lichtstrahl.

9 Zeichne die Strecken mit den angegebenen Längen.

a = 4 cm   ├──────────────┤

a

a) 3 cm   b) 8 cm   c) 23 cm   d) 9,5 cm

$\overline{AB}$ = 35 mm   ├──────────┤

A   B

e) $\overline{AB}$ = 70 mm   f) $\overline{CD}$ = 89 mm

g) $\overline{EF}$ = 6,9 cm   h) $\overline{PQ}$ = 5,4 cm

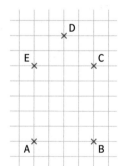

10 a) Übertrage die Punkte aus der nebenstehenden Grafik in dein Heft und verbinde sie in folgender Reihenfolge:
A, B, E, C, D, E, A, C, B
b) Miss und notiere die Länge aller Teilstrecken. $\overline{AB}$ = 20 mm
c) Welche Strecken sind zueinander senkrecht, welche parallel?
Notiere in der Kurzschreibweise.

11 Zeichne jeweils drei Geraden, die
a) einen Schnittpunkt,
b) zwei Schnittpunkte,
c) drei Schnittpunkte,
d) keinen Schnittpunkt haben.
e) Welche Möglichkeiten ergeben sich mit vier Geraden?

Parallele Gerade?   *Knobeln*

Wie kannst du prüfen, ob die roten Geraden doch parallel sind?

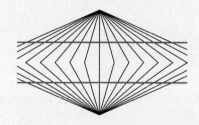

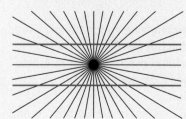

Bisher wurde nur von Linien gesprochen. In der Mathematik unterscheidet man zwischen verschiedenen Arten von Linien. Eine Linie ohne Endpunkte heißt Gerade, mit einem Endpunkt heißt sie Halbgerade oder Strahl und mit zwei Endpunkten spricht man von Strecken. Von diesen Linien kann man nur die Strecken messen, da Gerade und Halbgerade unbegrenzt sind. Die Kurzschreibweisen $\overline{AB}$ und $\overline{BA}$ beschreiben die gleiche Strecke.

9 *Wegen des in der Mitte liegenden Nullpunkts beim Geodreieck lassen sich die angegebenen Strecken besser mit einem 30-cm-Lineal messen. Bei Strecken, die länger als 7 cm sind, müssten hier Teilmaße addiert werden.*
Bei der Teilaufgabe c) muss man das DIN-A4-Heft drehen oder über die linke und die rechte Heftseite zeichnen. Die Strecken der Teilaufgaben a) bis d) werden mit den Kleinbuchstaben a bis d bezeichnet, bei den Teilaufgaben e) bis h) werden jeweils die Anfangs- und Endpunkte an der Strecke markiert.

10 a)

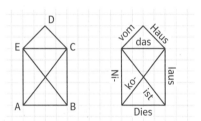

b) $\overline{AB}$ = 20 mm, $\overline{BC}$ = 25 mm, $\overline{CD}$ = 20 mm
$\overline{ED}$ = 14 mm, $\overline{DC}$ = 14 mm, $\overline{AC}$ = 32 mm
$\overline{AE}$ = 25 mm, $\overline{BE}$ = 32 mm
c) Diese Strecken sind zueinander parallel:
$\overline{AE} \parallel \overline{BC}$ und $\overline{AB} \parallel \overline{EC}$.
Folgende Strecken stehen senkrecht zueinander:
$\overline{AE} \perp \overline{EC}$, $\overline{EC} \perp \overline{CB}$, $\overline{CB} \perp \overline{BA}$, $\overline{BA} \perp \overline{AE}$, $\overline{ED} \perp \overline{DC}$
Zeichnet man das Haus vom Nikolaus so, dass die Strecken $\overline{AE}$ und $\overline{BC}$ nur 2 cm lang sind, entstehen noch weitere senkrechte und parallele Linien:
$\overline{EB} \parallel \overline{DC}$ und
$\overline{AC} \parallel \overline{DE}$ und $\overline{AC} \perp \overline{EB}$
$\overline{AC} \perp \overline{DC}$ und $\overline{DE} \perp \overline{EB}$

11
a)   b)
c)   d)

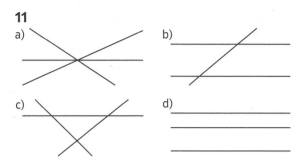

e) Es können null, eins, drei, vier Schnittpunkte sein.

12 *Um die Strecken zählen zu können, muss man den Punkten Namen geben.*
a) Eine Gerade, sechs Halbgeraden und drei Strecken:
$\overline{AB}$, $\overline{BC}$, $\overline{AC}$
b) Eine Gerade, vier Halbgeraden, fünf Strecken:
$\overline{AB}$, $\overline{BC}$, $\overline{AC}$, $\overline{CD}$, $\overline{DA}$
c) zwei Geraden, zwölf Halbgeraden und zehn Strecken
d) vier Geraden, 24 Halbgeraden und 24 Strecken
e) sechs Geraden, 30 Halbgeraden und zwölf Strecken

Parallele Gerade?   Knobeln
Bei diesen optischen Täuschungen erscheinen die parallelen Geraden (rote Linien) durch die Hintergrundgrafik verformt. Die sich überschneidenden Konturen leiten das Auge fehl. Mit dem Lineal oder mit dem Geodreieck kann man überprüfen, ob die Linien zueinander parallel sind.

Die Schülerinnen und Schüler lernen, wie man den Abstand zwischen der Geraden h und dem Punkt P bzw. zwischen den Parallelen h und g mithilfe des Geodreiecks misst. Entscheidend ist das richtige Anlegen des Geodreiecks, d.h., dass der Nullpunkt und die Senkrechte darüber auf eine der Parallelen gelegt werden müssen. Das richtige Anlegen sollte immer wieder geübt und vom Lehrer oder der Lehrerin kontrolliert werden.

13 a) Die Strecke $\overline{SE}$ ist am kürzesten.
b) *Eine Skizze verdeutlicht, dass die Strecken zu den äußeren Punkten immer länger werden.*

14 a)

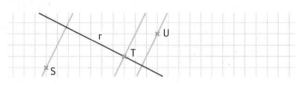

b) Der Abstand von S zu r beträgt 14 mm, von U zu r 12 mm, von T zu r 0 mm, da T auf r liegt.

15 a)

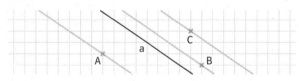

b) Der Abstand der Punkte A, B und C zur Gerade a beträgt von A: 15 mm; B: 6 mm; C: 15 mm.
Man kann auch die Abstände der Punkte zueinander messen: $\overline{AB}$ = 4,6 cm; $\overline{BC}$ = 1,6 cm und $\overline{AC}$ = 4,0 cm.

16 *Diese Aufgabe kann auch in einem Koordinatensystem gelöst werden.*
a) Damit die Strecke $\overline{AB}$ parallel zur Strecke $\overline{CD}$ ist, muss D von C den gleichen Abstand haben wie B von A und in der gleichen Richtung liegen. Also fünf Löcher nach rechts und eins nach oben.
Alle Verbindungen von Punkten, die eins nach oben und fünf nach rechts, oder zwei nach oben und zehn nach rechts auseinander liegen, sind parallel zu $\overline{AB}$. Also auch die Strecke von (0|0) nach (10|2). Damit hat D die Koordinaten (9|5).
b) Senkrecht zueinander stehende Strecken liegen auf senkrecht zueinander liegenden Geraden, daher liegt der Punkt E auf (3|9).
c) *Bei den Aufgaben, die sich die Kinder gegenseitig stellen, fallen sicher verschiedene typische Fehler auf. Manche Kinder vermuten, dass parallele Strecken immer gleich lang sein müssen, oder wie in Aufgabe b) senkrechte Strecken sich immer schneiden müssen.*

Auf der Baustelle   Lesen

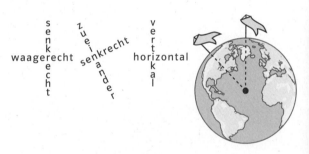

Im täglichen Leben bedeutet senkrecht etwas anderes als in der Mathematik. Ein Fahnenmast steht senkrecht, wenn seine Fahnenstange mit dem unteren Ende genau zum Mittelpunkt der Erde zeigt. Weil die Erde eine Kugel ist, sind an verschiedenen Orten aufgestellte Fahnenmasten nicht zueinander parallel. Statt senkrecht sagt man daher auch lotrecht oder vertikal. Ein Lot ist ein Gewicht, das an einer Schnur nach unten hängt. Linien, die auf lotrechten Linien senkrecht stehen, heißen waagerecht oder horizontal.

Entfernung – Abstand

Die kürzeste Entfernung zwischen einem Punkt und einer geraden Linie nennt man **Abstand**. Die Abbildung zeigt, wie man den Abstand zwischen zwei Parallelen misst.

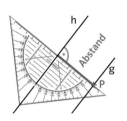

13

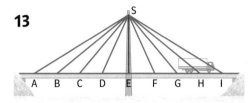

Die Punkte A – I auf der Fahrbahn haben verschiedene Entfernungen zur Spitze des Tragpfeilers (Punkt S).
a) Welche Strecke ist am kürzesten?
b) Zeichne eine Skizze.

14 a) Übertrage ins Heft. Zeichne durch die Punkte S, T und U jeweils eine Gerade, die senkrecht zu r verläuft.

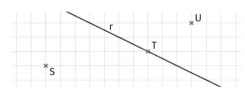

b) Miss die Abstände der Punkte von r.

15 a) Übertrage die Zeichnung ins Heft und zeichne durch die Punkte A, B, C jeweils eine Parallele zur Geraden a.
b) Miss alle Abstände.

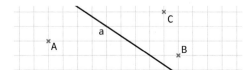

16 Auch auf dem Steckbrett (siehe Seite 76) kannst du zueinander senkrechte und parallele Strecken mit Gummibändern spannen.
a) Wo muss der Punkt D liegen, damit $\overline{CD}$ zu $\overline{AB}$ parallel ist? Welche anderen Strecken sind zu $\overline{AB}$ parallel? Bestimme die Koordinaten.
b) Bestimme den Punkt E, damit $\overline{EC}$ zu $\overline{AB}$ senkrecht ist. Notiere auch hier weitere senkrechte Strecken.
c) 🙎 Stellt euch gegenseitig weitere Aufgaben.
Tipp: Falls ihr kein Steckbrett besitzt, könnt ihr auch in einem gezeichneten Koordinatensystem arbeiten.

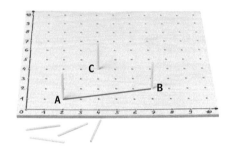

Auf der Baustelle

Mit der **Wasserwaage** prüft der Maurer, ob eine Mauer gerade oder schief ist. Fehler gleicht er mit Mörtel aus.
Die Wasserwaage hat zwei Röhrchen, die bis auf eine Luftblase mit Alkohol gefüllt sind. Die Oberkante der Mauer ist waagerecht, wenn im Röhrchen an der langen Seite der Wasserwaage die Luftblase genau in der Mitte steht. Für lotrechte Kanten schaut der Maurer auf das andere Röhrchen.
Ein **Lot** kann man aus einer Schnur und einem Gewicht schnell herstellen. Ab jetzt nie mehr unabsichtlich schief aufgehängte Poster!

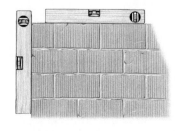

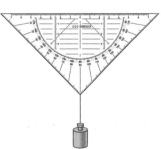

Lauter Vierecke

1 👥👥 In unserer Umwelt treffen wir auf viele viereckige Formen.
Betrachtet die Fotos. Wo entdeckt ihr Gemeinsamkeiten? Versucht, die Formen zu beschreiben. Sucht eigene Fotos mit Vierecken.

Auf geht's: Lauter Vierecke

Aus didaktischer Sicht muss die Erarbeitung der Viereckeigenschaften nicht zwingend in der vorgeschlagenen Reihenfolge der Lerneinheiten dieses Kapitels erfolgen.

Diese Sonderseiten bieten die Möglichkeit zu einem alternativen, ganzheitlicheren Einstieg:
Zunächst werden die vorhandenen Vierecke in der Umwelt erfasst und beschrieben. Anschließend werden sie auf unterschiedliche Eigenschaften untersucht und nach diesen geordnet. Hierzu finden die Kinder sicherlich noch weitere Sortierungskriterien. Hierauf aufbauend können die Merkkästeninhalte der Lerneinheiten entdeckt und die entsprechenden Aufgaben bearbeitet werden.

Selbstverständlich können diese Doppelseiten auch übersprungen oder zu einem späteren Zeitpunkt im Sinne einer systematischen Wiederholung („Kumulatives Lernen") bearbeitet werden.

Aufgaben

1 *Bei der Betrachtung der Fotos könnte auf folgende Details eingegangen werden:*

- *Bei einem Fachwerkhaus (welches die Kinder auch selbst zeichnen könnten) entstehen viele Vierecke und Dreiecke.*
- *Ein Schachbrett besteht aus 64 Quadraten.*

Auf den anderen Abbildungen werden die Kinder Rauten, Parallelogramme und Rechtecke entdecken. Ausgehend von den Fotos sollen die Kinder ähnliche Vierecke im Klassenzimmer oder in ihrer Umgebung nennen und beschreiben. Bei den Beschreibungen sollten Begriffe wie gegenüberliegende, gleich lange oder parallele Seiten bereits zunehmend bewusst verwendet werden.

Dabei ist wichtig, dass die Schülerinnen und Schüler die mathematische Fachsprache als nützlich erkennen, um etwas genau und eindeutig beschreiben zu können.

Es sollten Gegenstände zum Thema Vierecke im Klassenzimmer gesammelt und geordnet werden, damit genügend Material zur Verfügung steht, um die Eigenschaften der Vierecke zu entdecken.
Hierbei treten erfahrungsgemäß Verwechslungen zwischen Flächen und mathematischen Körpern auf. Die Verwechslung, insbesondere von Quadrat und Quader, muss im Unterricht aufgegriffen und immer wieder thematisiert werden, auch wenn es in dieser Lerneinheit noch nicht um die Entwicklung eines Flächeninhaltsbegriffes geht.

Weiteres Angebot   Parkettieren
Die Kinder bringen bereits vielfältige Erfahrungen im Umgang mit Vierecken aus der Grundschule mit. Sie können versuchen eine Fläche mit Quadraten oder anderen Vierecken auszulegen oder als offene Aufgaben selbst Muster, Ornamente oder ein Mosaik zu entwerfen. Hierbei stellen sie fest, dass manche Vierecke zum Parkettieren oder zum Herstellen eines Musters geeigneter sind (Quadrat, Rechteck, Raute) und, dass die Muster unterschiedlich schwer zu zeichnen sind. Die Ergebnisse sollen die Kinder motivieren, mehr über die Eigenschaften der Vierecke zu erfahren.

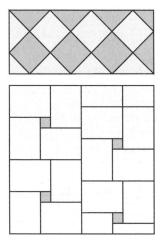

2 a) Die Schülerinnen und Schüler einer Gruppe teilen die Vierecke, die abgezeichnet und ausgeschnitten werden, untereinander auf.

b) Nachdem in der vorangegangenen Einheit parallele und senkrechte Linien behandelt wurden, sortieren die Kinder auch danach:

Vierecke bei denen alle benachbarten Strecken senkrecht sind, sind die Vierecke 6; 7; 8 und 9.

Ein Paar gegenüberliegende parallele Strecken haben die Vierecke 10 und 14.

Zwei Paare gegenüberliegende parallele Strecken haben die Vierecke 1; 2; 3; 5; 6; 7; 8; 9 und 13.

Außerdem kann nach der Anzahl der Symmetrieachsen – Faltlinien – sortiert werden:
- keine haben die Vierecke 1; 3; 10; 12; 13; 14 und 15;
- eine haben die Vierecke 4 und 11;
- zwei haben die Vierecke 2; 5; 6 und 7;
- drei Symmetrieachsen hat kein Viereck;
- vier haben die Vierecke 8 und 9.

c) Beim Vorstellen der Vierecke verwenden manche Kinder bereits die Namen der aus der Grundschule bekannten Vierecke, wobei meistens jedem Viereck genau ein Name zugeordet wird. D.h. sie erkennen nicht, dass ein Quadrat ein Rechteck ist.
- Quadrate sind die Vierecke 8 und 9;
- Rechtecke sind die Vierecke 6; 7; 8 und 9;
- Parallelogramme sind die Vierecke 1; 2; 3; 5; 6; 7; 8; 9 und 13;
- Rauten sind die Vierecke 2; 5; 8 und 9
- beliebige Vierecke, die zu keinen der oben genannten Gruppen gehören, sind die Vierecke 4; 10; 11; 12; 14 und 15.

3 *Kinder, die mit dem Erfinden von Vierecken Probleme haben, können eines der Vierecke aus der Aufgabe 2 auf ihrem Streckbrett abbilden und sich dann überlegen, wie sie dieses zu einem neuen Viereck verändern können.*

Das Aufzeichnen der Vierecke ins Heft kann mit und ohne Koordinatensystem erfolgen. Entsprechend kann man die Seite des Rechtecks mit oder ohne Koordinatensystem verwenden.

4 Bei dem Partnerspiel „Ich sehe was, was du nicht siehst …" erkennen die Kinder, dass eine genaue Beschreibung oder Formulierung der Vierecke wichtig ist. Dabei verwenden sie natürlich auch Beschreibungen, die nicht auf die mathematischen Eigenschaften der Vierecke hinzielen. So könnte bei der Beschreibung der Tafel der Satz fallen „… und es ist grün."

5 a) Beim Erstellen des Memorys und beim anschließenden Spielen, merken die Kinder, dass ihre Karten keine eindeutigen Paare bilden. Dann müssen die Kinder sich entscheiden, ob sie das Spiel so lassen oder so umformulieren, dass es eindeutig wird. Beispiel:

| Ich habe vier gleich lange Seiten. | Bei mir sind alle benachbarten Seiten senkrecht zueinander. |

Ordnet man dem Quadrat, die Karte „Ich habe vier gleich lange Seiten" zu, so bleiben zwei Karten übrig.

b) Das Tauschen mit anderen Gruppen stellt eine weitere Kontrolle des Memoryspiels dar. Die beiden Kinder, die das Spiel eines anderen Paares spielen, können sich ihre Fragen beim Spielen aufschreiben und hinterher mit dem anderen Paar diskutieren.

Das Spiel wird interessanter, wenn die beiden Spielerpaare ihre Karten zusammenlegen und zu viert mit allen Karten spielen.

2 👥 Vierecke lassen sich nach unterschiedlichen Eigenschaften sortieren.
a) Übertragt die verschiedenen Vierecke auf Papier und schneidet sie aus.
b) Welche Vierecke passen zusammen, welche nicht? Überlegt gemeinsam, nach welchen Eigenschaften ihr sie ordnen könnt.
c) Stellt euer Ergebnis auf einem Plakat dar. Vergleicht es mit euren Mitschülern.

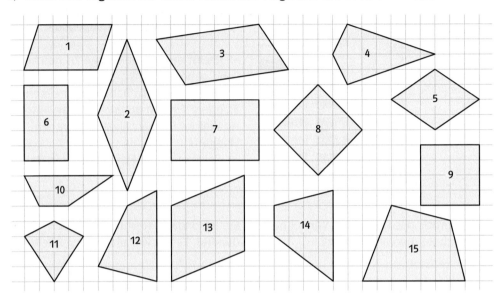

3 Mit dem Steckbrett kannst du durch das Spannen eines Gummirings über die Holzstifte Figuren darstellen.

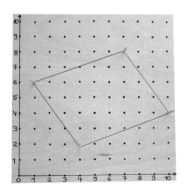

Spanne auf dem Steckbrett möglichst viele verschiedene Vierecke und zeichne sie in dein Heft.
Wenn du kein Steckbrett hast, kannst du die Holzstifte und die Figuren auch als Punkte und Strecken ins Heft zeichnen.

4 👥 Suche Vierecke in deinem Klassenraum und auf dem Schulhof. Beschreibe sie deiner Tischnachbarin bzw. deinem Tischnachbarn wie in dem Spiel „Ich sehe was, was du nicht siehst ...". Zum Beispiel „... und das hat vier gleich lange Seiten".

5 👥 a) Stellt ein Viereck-Memoryspiel mit Kartenpaaren her.
Zwei Pappkarten gehören jeweils zusammen:
– Auf eine Karte kommt die Zeichnung eines Vierecks.
– Auf der dazugehörenden Karte steht die genaue Beschreibung.
b) Tauscht euer Spiel mit dem der Nachbargruppe.
Kontrolliert die Beschreibungen auf den Memory-Karten, indem ihr die Spiele ausprobiert.

Vier gleich lange Seiten

3 Rechteck und Quadrat

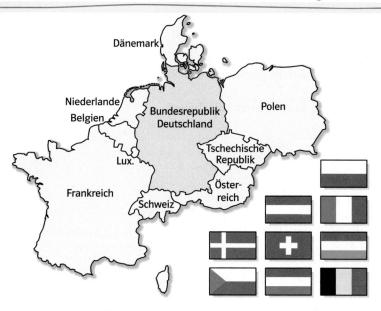

Eine Flagge war ursprünglich das von Schiffen geführte Zeichen der Heimatstadt, später das des Heimatlandes. Etwa um 1700 entstanden die ersten Nationalflaggen.
Links sind die Flaggen der Nachbarländer von Deutschland abgebildet.

→ Weißt du, welche Flagge zu welchem Land gehört?
→ Welche Formen haben die meisten Flaggen? Findest du auch andere?
→ Welche Formen findest du in den Flaggen?
→ Zeichne einige Flaggen in dein Heft.

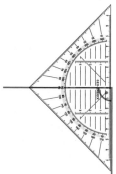

Rechter Winkel ∟

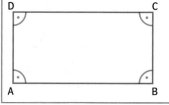

Ein Viereck, das vier rechte Winkel hat, bezeichnet man als **Rechteck**.

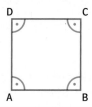

Ein besonderes Rechteck ist das **Quadrat**. Es hat vier gleich lange Seiten.

Weiter geht's
→ Notiere alle weiteren Eigenschaften des Rechtecks.
→ Nenne mindestens fünf Gegenstände mit rechteckigen und quadratischen Flächen. Sieh dir dazu auch die Fotos auf Seite 76 an.

1 Welche der folgenden Figuren sind Rechtecke, welche Quadrate?

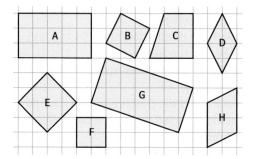

2 👥 Wie viele Rechtecke und wie viele Quadrate verstecken sich in den Liniennetzen?

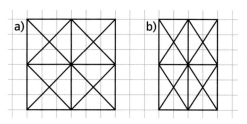

Zähle mit Köpfchen!

3 Rechteck und Quadrat

In dieser Lerneinheit lernen die Schülerinnen und Schüler Rechteck und Quadrat als besondere Vierecke mit ihren geometrischen Eigenschaften kennen. Die Kinder erkennen beide in Abgrenzung zu anderen Formen und können sie nach ihren Eigenschaften klassifizieren. Mithilfe des Geodreiecks zeichnen sie Rechtecke und Quadrate auf weißem Papier.

Einstieg
⌂ Die Schülerinnen und Schüler sollten Gelegenheit erhalten, mehr über die Nachbarländer Deutschlands zu erfahren.

Impulse
→ Die Flaggen gehören in der Reihenfolge ihrer Anordnung zu den Ländern

		Polen
	Österreich	Niederlande
Dänemark	Schweiz	Belgien
Tschechische Rep.	Frankreich	BRD

→ Die meisten Flaggen haben die Form eines Rechtecks. Die Flagge der Schweiz findet man auch häufig in Form eines Quadrats.
→ Durch die farblichen Muster entstehen auf den Flaggen neue Formen wie Rechtecke, Quadrate, Trapeze oder Dreiecke und das schweizer Kreuz. Viele Flaggen sind in meist gleich große Flächen geteilt, die wieder Rechtecke sind. Das liegt vermutlich mit daran, dass Stoff in Ballen geliefert wird und Rechtecke einfacher zu nähen sind.
→ Das Zeichnen der Flaggen kann entweder auf weißem Papier erfolgen, um das Zeichnen von parallelen und senkrechten Linien zu wiederholen, oder die Kinder zeichnen die Flaggen in ihr kariertes Heft. Dann bieten sich Rechtecke an, die neun Kästchen breit und sechs Kästchen hoch sind.
Als Hausaufgabe könnten weitere Flaggen der Europäischen Union oder der Teilnehmerstaaten der letzten oder nächsten Fußballwelt- oder Europameisterschaft gezeichnet werden.

! Merkkasten
Die Vierecke Rechteck und Quadrat gehören zu den Grundformen der Geometrie. An ihnen können die meisten Eigenschaften entdeckt werden.

Weiter geht's
→ Im Rechteck sind die Mittellinien die Symmetrieachsen, im Quadrat sind es zusätzlich die beiden Diagonalen. Im Rechteck stehen die Mittellinien senkrecht aufeinander, im Quadrat stehen zusätzlich die Diagonalen senkrecht aufeinander. Bei beiden werden die Diagonalen und Mittellinien jeweils durch ihren Schnittpunkt halbiert.

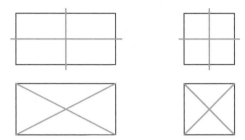

Bei einem Rechteck, das kein Quadrat ist, sind nicht alle Seiten gleich lang, das eine Paar der Seiten ist länger als das andere Paar. *Um die Eigenschaften beider Vierecke beschreiben zu können, werden die Begriffe „Strecke", „parallel", „senkrecht", „rechtwinklig" und „gleich lang" oder „länger als" aus der vorangegangenen Lerneinheit verwendet.*
→ Beim Finden von Rechtecken und Quadraten kann auf die vorangegangenen Seiten zurückgegriffen werden. Weitere Beispiele für Rechtecke, die keine Quadrate sind: Blätter des Heftes, Tischplatte, Fensterscheibe, Wand, Fußboden, Fußball- oder Handballfeld. Beispiele für Quadrate sind: Papiertaschentücher, Servietten, eine Tafelhälfte, Kästchen im karierten Heft, Papphülle einer CD.

Aufgaben

1 Rechtecke sind die Vierecke A, B, E, F und G. Quadrate sind die Vierecke B, E und F.

2 *Es ist sinnvoll, die Rechtecke und Quadrate einer bestimmten Größe zu zählen und mit den Quadraten zu beginnen.*
a) 10 Quadrate und insgesamt 18 Rechtecke, da Quadrate auch Rechtecke sind.
b) 0 Quadrate und 9 Rechtecke.

i Information — Zeichnen mit dem Geodreieck

Das Zeichnen von Rechtecken und Quadraten auf weißem Papier mit dem Geodreieck bereitet den Kindern erfahrungsgemäß Schwierigkeiten. Die Hauptursache liegt in der Unübersichtlichkeit. Das Geodreieck ist für viele unbedarfte Kinder zunächst ein Lineal mit vielen verwirrenden Linien.
Folgende Fehler treten daher häufig auf:

– Senkrechte und Grundlinie werden nicht genau angelegt.
– Die Parallelskala wird falsch angelegt oder nicht verwendet.
– Maße werden ungenau abgelesen.
– Das Geodreieck wird seitenverkehrt (Spiegelschrift) angelegt und daher nicht richtig abgelesen.

Um erfolgreich mit dem Geodreieck zu arbeiten, ist es hilfreich, die Lineatur in die einzelnen Funktionen wie folgt aufzugliedern.

Senkrechte	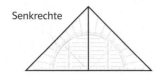	Zeichnen und Überprüfen von Senkrechten.
Parallelmarken		Zeichnen und Überprüfen von Parallelen.
45°-Sonderlinien	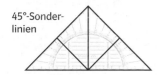	Zeichnen und Messen von 45°-/90°-Winkeln (erst in Band 2).
Winkelmesser	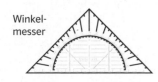	Zeichnen und Messen von beliebigen Winkeln (erst in Band 2).
Lineal		Messen, Vergleichen und Zeichnen von Strecken (Lineal).

3 *Das Zeichnen mit dem Geodreieck sollte auf weißem Papier geübt werden. Die Kontrolle erfolgt über das Messen der Diagonalen.*
a) 42 mm b) 57 mm c) 92 mm

4 *Kontrolle über das Messen der Diagonalen*
a) 45 mm b) 58 mm c) 60 mm

5
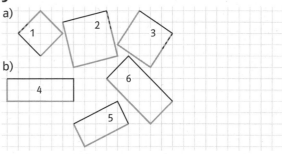

6 Der fehlende Punkt heißt D (3|8). *Viele Kinder zeichnen ein Koordinatensystem als Hilfsmittel.*

7 Die Diagonalen der Quadrate haben die Längen 71 mm (C), 49 mm (D) und 76 mm (F).

8 Es entstehen vier Quadrate mit den Seitenlängen 1 cm; 2 cm; 3 cm und 4,5 cm und sechs Rechtecke mit folgenden Maßen in cm:

Länge	1	1	1	2	2	3
Breite	2	3	4,5	3	4,5	4,5

Stellen die Kinder die verschiedenen Längen mehrfach her, kann die Aufgabe handlungsorientiert gelöst werden.

9
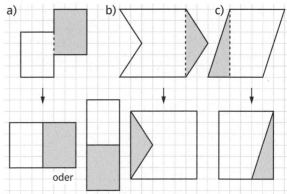

L 89

Zeichnen mit dem Geodreieck

So kannst du ein Rechteck mit 6 cm Länge und 4 cm Breite zeichnen:

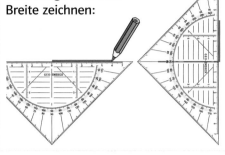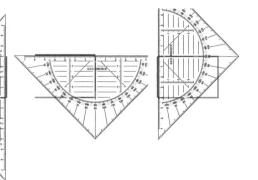

3 Zeichne je ein Quadrat mit der Seitenlänge
a) 3 cm   b) 4 cm   c) 65 mm.

4 Zeichne mit dem Geodreieck die Rechtecke ins Heft. Färbe zueinander parallele Seiten in derselben Farbe.

	Länge	Breite
a)	4 cm	2 cm
b)	52 mm	26 mm
c)	5,5 cm	2,5 cm

5 Übertrage die folgenden Strecken ins Heft und ergänze
a) ① bis ③ zu einem Quadrat
b) ④ bis ⑥ zu einem Rechteck.

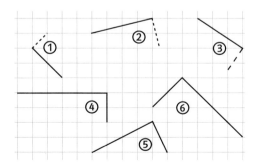

6 Von einem Quadrat sind folgende Punkte bekannt:
A (3|3), B (8|3) und C (8|8). Findest du den Punkt D auch ohne Zeichnung?

7 Zeichne nur die Quadrate ins Heft.

	Länge	Breite
Viereck Ⓐ	7 cm	3 cm
Ⓑ	6 cm	4 cm
Ⓒ	5 cm	5 cm
Ⓓ	35 mm	35 mm
Ⓔ	6,2 cm	4,9 cm
Ⓕ	5,4 cm	54 mm

8 👥 Zeichnet mithilfe dieser Strecken verschiedene Rechtecke und Quadrate. Jede Strecke darf mehrfach verwendet werden.

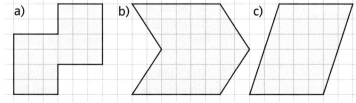

Wie viele verschiedene Formen hat eure Gruppe gefunden?

9 Übertrage die Figuren auf Karopapier und schneide sie aus. Zerlege sie durch einen Schnitt und setze die Teile jeweils zu einem Rechteck zusammen. Finde mindestens zwei Lösungsmöglichkeiten.

a)   b)   c)

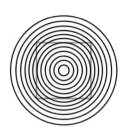

Erkennst du ein Quadrat?

10 Setze die Muster fort. Zeichne bis du sechs Quadrate bzw. sechs Rechtecke hast. Gib die Seitenlänge des größten Quadrats bzw. Rechtecks an.

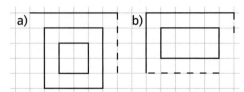

a) b)

Diagonale

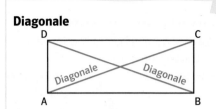

Die im Rechteck farbig eingezeichneten Strecken nennt man **Diagonalen**.

11 a) Zeichnet ein Quadrat mit der Seitenlänge 10 cm auf ein Blatt Papier. Jeder schneidet ein Quadrat aus. Faltet es so, dass zwei gleiche Hälften übereinander liegen. Wie viele Möglichkeiten findet ihr?
b) Gibt es beim Rechteck mehr oder weniger Möglichkeiten? Begründe.
c) Mithilfe eines Spiegels wird aus einem halben Ball ein ganzer.
Wie wird aus einem Rechteck ein Quadrat?

 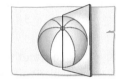

12 Welcher der folgenden Sätze ist richtig, welcher falsch? Begründe.
„Jedes Rechteck ist auch ein Quadrat."
„Jedes Quadrat ist auch ein Rechteck."

13 Zeichne die Rechtecke ins Heft.
a) Länge 4 cm, Breite 3 cm
b) Länge 6 cm, Breite 45 mm
c) Zeichne jeweils die Diagonalen in beide Rechtecke ein und miss ihre Länge.

14 Ein Rechteck ist 12 cm lang. Seine Breite ist 7 cm kürzer als die Länge.
a) Wie breit ist das Rechteck?
b) Wie lang sind die Diagonalen?

15 Zeichne ein Quadrat mit der Seitenlänge 5 cm auf unliniertes Papier. Trage die Diagonalen ein. Beschreibe ihre Lage zueinander.

16 Übertrage die Punkte in ein Koordinatensystem und verbinde sie zu einem Viereck.
a) A (0|6); B (12|6); C (12|11); D (0|11)
b) E (14|0); F (17|3); G (14|6); H (11|3)
c) Gib die Länge der Diagonalen an.

Trainingsmatte

1 a) 37 + 28
33 + 87
285 + 15
453 + 117

b) 87 − 43
46 − 16
785 − 0
878 − 128

c) 75 + ☐ = 94
☐ + 67 = 83
517 + ☐ = 629
☐ + 394 = 803

d) ☐ − 52 = 17
63 − ☐ = 46
☐ − 54 = 112
218 − ☐ = 218

2 a) Subtrahiere von 87 die Zahl 19.
b) Zu welcher Zahl muss man 34 addieren, um 71 zu erhalten?
c) Welche Zahl muss man zu 28 addieren, um 54 zu erhalten?

3 Der Montblanc ist mit 4807 m der höchste Berg in Europa. Der höchste Berg der Erde ist der Mount Everest mit 8848 m. Berechne den Unterschied.

Die Lösungen zur Trainingsmatte findest du auf Seite 168.

Randspalte

Genau wie in dem Knobelkasten auf Seite 84 führt die optische Täuschung dazu, dass die gegenüberliegenden Linien der Figur, die aus den blauen Linien gebildet wird, nicht parallel erscheinen. Sie wirken nach innen gebeugt. Mithilfe des Geodreiecks erkennt man, dass es sich um ein Quadrat handelt.

10 a)

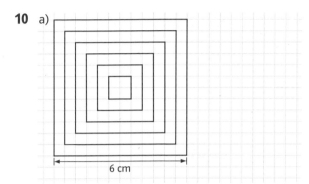

6 cm

Die Seitenlänge des letzten Quadrats beträgt 6 cm.

b)

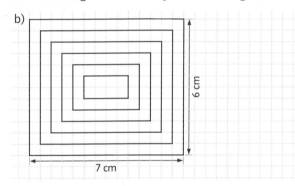

6 cm

7 cm

Das sechste Rechteck ist 7 cm lang und 6 cm breit.

11 a) Es gibt vier Möglichkeiten (es wird jeweils entlang der Symmetrieachsen gefaltet).
b) Beim Rechteck gibt es nur zwei Möglichkeiten, denn entlang der Diagonalen darf hier nicht gefaltet werden.
c) Der Spiegel muss wie beim Ball angelegt werden, und zwar so, dass die noch sichtbare Breite des Rechtecks genau der Hälfte seiner Höhe entspricht.

12 Die Aussage „Jedes Rechteck ist auch ein Quadrat." stimmt nicht, da bei Rechtecken in der Regel nicht alle vier Seiten gleich lang sind.
Jedes Quadrat ist auch ein Rechteck, da alle Eigenschaften des Rechtecks auch auf jedes Quadrat zutreffen (Vgl. Merkkasten, Seite 88).

Trainingsmatte

Die Aufgabe 1 bietet Kopfrechenübungen zur Addition und Subtraktion. Die Aufgabe 2 wiederholt die Begriffe Subtrahieren und Addieren und die Aufgabe 3 ist eine einfache Anwendung.
Die Lösungen zu der Trainingsmatte findet man im Schülerbuch auf Seite 168.

i **Information**   Diagonale

Man erkennt auch hier, dass sich die Diagonalen im Rechteck halbieren.

13 Haben die Schülerinnen und Schüler die Teilaufgaben a) und b) richtig gezeichnet, so erhalten sie:
c) Die Längen der Diagonalen betragen bei a) 5 cm und bei b) 7,5 cm.

14 a) Das Rechteck ist 5 cm (12 cm – 7 cm) breit.
b) Die Diagonalen sind jeweils 13 cm lang.
Um die Aufgaben zu lösen, zeichnen die Schülerinnen und Schüler das Rechteck ins Heft.

15 Die Diagonalen stehen senkrecht zueinander, sie sind beide 7,1 cm lang und halbieren sich.
Die Schülerinnen und Schüler können diese Erkenntnis zu ihren Merksätzen über Quadrate notieren.

16
c) Die Längen der Diagonalen betragen bei a) 6,5 cm und bei b) 3 cm.

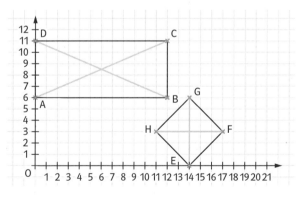

4 ... noch mehr Vierecke

In dieser Lerneinheit lernen die Schülerinnen und Schüler das Parallelogramm und die Raute mit ihren geometrischen Eigenschaften kennen. Sie sind in der Lage, beide in Abgrenzung zu anderen Formen zu erkennen und nach ihren Eigenschaften zu klassifizieren. Mithilfe des Geodreiecks zeichnen sie Parallelogramme und Rauten auf weißes Papier.
Das Mosaik in der Einstiegssituation lässt die Schülerinnen und Schüler geometrische Formen auch in der Kunst entdecken, identifizieren und klassifizieren.

Einstieg
Vielleicht gibt es in der Umgebung der Kinder ein Mosaik oder ein ähnliches Muster aus Boden- oder Wandfliesen, welches mit der Abbildung im Buch verglichen oder nachgezeichnet werden kann.

Impulse
→ Den äußersten Rand des Mosaiks bilden Parallelogramme und Dreiecke, das innere Kreismosaik wird von unregelmäßigen Steinen umgeben. Den äußeren Kreisring bilden Quadrate, es folgen Rechtecke, im Inneren bilden Rauten und Dreiecke einen Kreis. Im Unterrichtsgespräch sollen die Unterschiede von Rechteck und Quadrat zu Parallelogramm und Raute erarbeitet werden:
Beim Parallelogramm sind die gegenüberliegenden Seiten zwar gleich lang und parallel, benachbarte Seiten verlaufen aber nicht senkrecht zueinander wie bei einem Rechteck.
Bei einer Raute sind zwar alle Seiten gleich lang und die gegenüberliegenden Seiten parallel zueinander, aber benachbarte Seiten verlaufen nicht senkrecht zueinander wie bei einem Quadrat.
→ Beim Zeichnen der Mosaikmuster sollen die Kinder kreativ werden und die Vorteile der Karokästchen und des Geodreieckes nutzen. Die Flächen können auch durch Falten vervielfältigt werden. Dabei merken die Kinder schnell, dass bei ihrem Papier möglichst wenig Rest entsteht, wenn sie mit parallelen Linien arbeiten.
→ Sind den Kindern keine Mosaike auf Fußböden oder auf Plätzen in der Stadt bekannt, so können entweder Mosaike im Internet oder in Prospekten eines Fliesenfachgeschäftes bzw. eines Landschaftsgärtners gesucht werden. Auch in diesen Berufen spielen Mosaike eine wichtige Rolle.

! Merkkasten
Man kann auch einen Zusammenhang zum Rechteck und Quadrat aus der vorherigen Lerneinheit herstellen: Ein Parallelogramm, bei dem die benachbarten Seiten senkrecht zueinander verlaufen, ist ein Rechteck. Eine Raute mit diesen Eigenschaften ist ein Quadrat.

Weiter geht's
→ Betrachtet man auch bei diesen Vierecken die Diagonalen, so stellt man fest, dass sich beim Parallelogramm die Diagonalen halbieren. Bei der Raute stehen sie noch zusätzlich senkrecht aufeinander. Das Parallelogramm hat keine Symmetrieachsen, die Raute hat zwei.
→ Parallelogramme sind die Vierecke B, C, D, F und G. Rauten sind die Vierecke B und G. G ist ein Parallelogramm, weil die gegenüberliegenden Seiten des Quadrats parallel sind.

Aufgaben

1 a) *Die Gitterpunkte helfen beim Zeichnen.*
b) Man erkennt in der Figur sieben kleine und zwei große Rauten, die aus je vier kleinen Rauten bestehen.
c) Außer den Rauten aus Teilaufgabe b), die auch Parallelogramme sind, erkennt man zehn Parallelogramme, wovon acht aus je zwei Rauten und zwei aus je drei Rauten zusammengesetzt werden.

2 Bei Teilaufgabe d) gibt es mehrere Lösungen.

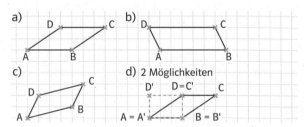

Randspalte
Es wird darauf hingewiesen, dass man die Eckpunkte der Aufgabe 2 ohne zu messen, nur mit Zählen finden kann.

4 ... noch mehr Vierecke

Das Mosaik gehört zu den ältesten künstlerischen Techniken. Ein Mosaik wird aus vielen kleinen, bunten Steinen zusammengesetzt. Oft werden damit Böden und Wände verziert.

→ Beschreibe die Vierecke, die in dem Mosaik zu sehen sind. Nenne Gemeinsamkeiten und Unterschiede.
→ Zeichne die Formen der verschiedenen viereckigen Steine in dein Heft.
→ Kennst du noch andere Mosaike? Welche Form haben die Steine?

Ein Viereck, dessen gegenüberliegende Seiten parallel sind, nennt man **Parallelogramm**.

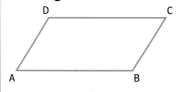

Die **Raute** ist ein besonderes Parallelogramm, sie hat vier gleich lange Seiten.

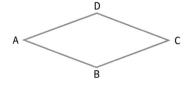

Weiter geht's
→ Notiere alle weiteren Eigenschaften von Parallelogramm und Raute.
→ Welche der Vierecke rechts sind Parallelogramme, welche Rauten? Ist das Viereck G auch ein Parallelogramm? Begründe.

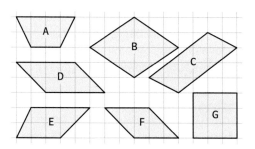

1 a) Übertrage die Figur in dein Heft.
b) Wie viele Rauten erkennst du?
c) Wie viele Parallelogramme erkennst du, die keine Rauten sind?

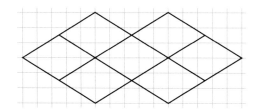

2 Übertrage in dein Heft und ergänze jeweils zu einem Parallelogramm.

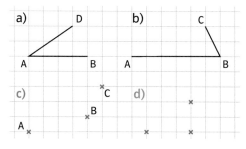

Die fehlenden Eckpunkte des Parallelogramms kannst du auch durch Auszählen der Kästchen finden.

3 Übertrage die Strecken und Punkte ins Heft und ergänze zu einer Raute.

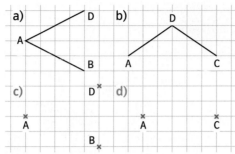

a)
b)
c)
d)

7 👥 Denke dir ein Viereck und beschreibe es deinem Partner so, dass er es zeichnen kann.

8 Schneide vier solche Dreiecke aus.

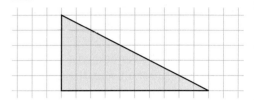

4 Ein Parallelogramm hat die Ecken:
a) A (3|2); B (8|2); D (5|6)
b) A (2|4); B (10|2); D (2|10)
Zeichne jeweils das Parallelogramm und gib die Koordinaten des Punktes C an.
c) Findest du für das Parallelogramm A (2|3), B (8|3), C (12|8) den Punkt D auch ohne Zeichnung?

Lege aus ihnen
a) ein Quadrat,
b) ein Rechteck, das kein Quadrat ist,
c) eine Raute, die kein Quadrat ist,
d) ein Parallelogramm, das kein Rechteck ist.
Zeichne die Figuren mit ihren Teilungslinien ins Heft.

5 Tim sagt: „Bei der Raute und beim Rechteck schneiden sich die Diagonalen rechtwinklig."
Überprüfe mithilfe einer Zeichnung, ob seine Aussage stimmt.

9 Mit einem Meterstab (Zollstock) können Vierecke gebildet werden.

6 Welcher Satz ist richtig, welcher falsch? Begründe deine Antwort.
a) Jedes Parallelogramm ist eine Raute.
b) Jede Raute ist ein Parallelogramm.

Forme ein Quadrat, ein Rechteck, eine Raute und ein Parallelogramm.
Gibt es mehrere Lösungen?

Kannst du auch ein Parallelogramm so falten, dass zwei gleiche Hälften übereinander liegen?

Steckbrett – Vierecke *Spielen*

1 Du darfst in der ursprünglichen Figur jeweils zwei Holzstifte (Punkte) verschieben, um neue Vierecke zu bilden:
a) Raute, b) Rechteck, c) Quadrat.
Zeichne deine Lösungen ins Heft.

2 Versuche, eine Lösung zu finden. Verschiebe jeweils nur einen Holzstift, um Vierecke zu bilden:
a) ein Quadrat,
b) ein Parallelogramm,
c) ein Rechteck,
d) eine Raute.

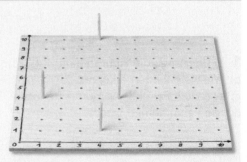

3 👥 Stecke eine neue Grundfigur und finde weitere Aufgaben. Lass diese von deinem Partner lösen.

3

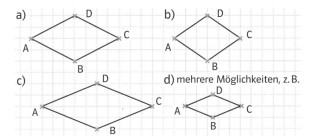

a)

b)

c)

d) mehrere Möglichkeiten, z. B.

4

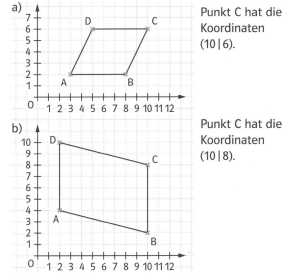

a) Punkt C hat die Koordinaten (10 | 6).

b) Punkt C hat die Koordinaten (10 | 8).

c) D liegt von A aus gesehen 4 nach rechts und 5 nach oben. D hat die Koordinaten (6 | 8).

5 Für die Raute stimmt diese Aussage, für das Rechteck nicht. *Um aussagekräftige Erkenntnisse zu erlangen, müssen möglichst verschiedene und spezielle Rauten und Rechtecke untersucht werden.*

6 a) Diese Aussage ist falsch, weil nicht alle Seiten eines Parallelogramms gleich lang sein müssen.
b) Da Rauten besondere Parallelogramme sind, ist die Aussage richtig.

Randspalte
Da ein Parallelogramm keine Symmetrieachsen hat kann es auch nicht symmetrisch gefaltet werden.

7 Hier sollen Begriffe wie „Länge", „Breite", „Diagonale", „gegenüberliegende Seiten", „gleich lang", „parallel" usw. geübt werden.

8

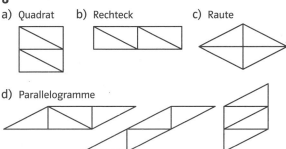

a) Quadrat   b) Rechteck   c) Raute

d) Parallelogramme

9 Die Elemente des Zollstocks sind 20 cm lang. Man kann nur Seitenlängen mit 20 cm; 40 cm; 60 cm und 80 cm verwenden.
Beim Quadrat und der Raute kommt man rechnerisch auf maximal 50 cm, an dieser Stelle hat der Zollstock aber kein Gelenk. Man kann Quadrate und Rauten mit 20 cm und 40 cm Seitenlänge formen.
Rechtecke und Parallelogramme haben die Seitenlängen 20 cm Breite und 40 cm oder 60 cm oder 80 cm Länge; 40 cm Breite und 60 cm Länge.

Steckbrett – Vierecke   Spielen

1 Es sind mehrere Lösungen möglich.
a) Der Stecker (1 | 4) wird auf (3 | 4) und der Stecker (4 | 10) auf (4 | 7) verschoben.
b) Stecker (4 | 1) auf (5 | 1) und (4 | 10) auf (1 | 1).
c) Stecker (5 | 4) auf (7 | 4) und (4 | 10) auf (4 | 7).

2
a) Hier sollen die Kinder erkennen, dass es keine Lösung gibt.
b) Der Stecker (5 | 4) wird auf (7 | 7) verschoben.
c) Hier sollen die Kinder erkennen, dass es keine Lösung gibt.
d) Hier sollen die Kinder erkennen, dass es keine Lösung gibt.

3 *Die Kinder sollen ihre Aufgaben und die Lösungen ihrer Partner im Heft aufzeichnen, damit überprüfbar ist, ob sie die Aufgabe verstanden haben.*

Auf geht's: Zusammengewürfelt

Schülerinnen und Schüler, denen es an räumlichem Vorstellungsvermögen fehlt, haben Schwierigkeiten zweidimensionale Abbildungen gedanklich in den dreidimensionalen Raum zu übertragen. Sie sollten die Figuren mit Steckwürfeln nachbauen. Wer sich die Figuren nicht vorstellen kann, hat enorme Schwierigkeiten zu entscheiden, aus wie vielen Würfeln eine Figur besteht. Das handelnde Tun bietet die Möglichkeit, die Figuren zu drehen und von allen Seiten zu betrachten. So kann diese Seite zum Steckwürfel-Projekt ausgebaut werden.

1

a) z.B.:

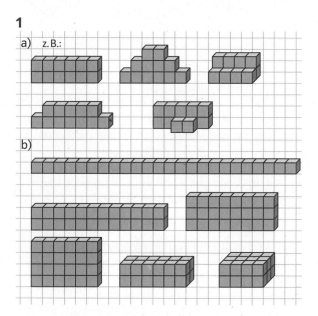

b)

2 Die abgebildeten Figuren wurden aus 4; 36 und 33 Würfeln zusammengebaut.

3 Wenn die Gefäße vollständig gefüllt sind, passt in jedes Gefäß gleich viel Sand, denn es sind jeweils 12 Maßeinheiten. *Füllt man die Kisten allerdings so mit Sand, dass ein Sandberg auf der Kiste entsteht, passt in die erste Kiste am meisten Sand, weil sie die größte Öffnung hat.*

4 a) 8 Würfel; 27 Würfel
b) 4 Würfel · 4 Würfel · 4 Würfel = 64 Würfel. Der nächstgrößere Würfel besteht aus 64 Würfeln.
c) 125 Würfel; 216 Würfel; 343 Würfel; 512 Würfel; 729 Würfel und für den zehnten 1000 Würfel.

Randspalte
Wenn das Tier symmetrisch und nicht hohl ist, braucht man 32 Würfel.

5 a) 1 Würfel; 4 Würfel; 9 Würfel
b) 16 Würfel
c)

  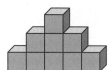

d) Gebäude-höhe	1	2	3	4	5	10	11	12
Würfel in der untersten Schicht	1	3	5	7	9	19	21	23
Gesamtzahl der Würfel	1	4	9	16	25	100	121	144

e) In der unteren Reihe stehen (2 · Höhe − 1) Würfel; die Anzahl der Würfel beträgt (Höhe · Höhe).

6 *Von links nach rechts kommt jeweils ein Quadrat mit Würfeln hinzu, das zwei Würfel breiter ist als in der Reihe davor. Daher wird hier jeweils die übernächste Quadratzahl, also die nächste ungerade Quadratzahl, addiert.*
1 Würfel;
1 W + 9 W = 10 Würfel;
1 W + 9 W + 25 W = 35 Würfel;
1 W + 9 W + 25 W + 49 W = 84 Würfel;
165 W; 286 W; 455 W; 680 W; 969 W;
1 W + 9 W + 25 W + 49 W + 81 W + 121 W + 169 W + 225 W + 289 W + 361 W = 1330 Würfel

7 *Zunächst wird die Lösung ohne Nachbauen gesucht, dabei fällt den meisten Kindern das Argumentieren ohne die Gegenstände in die Hand nehmen zu dürfen sehr schwer. Die Figuren können mit Steck- oder Holzwürfeln nachgebaut und die Lösung überprüft werden. Die Lösung ist der Baustein ③.*

Zusammengewürfelt

1 a) Zwölf Holzwürfel kannst du zu verschiedenen Körpern zusammensetzen. Finde verschiedene Möglichkeiten. Statt Holzwürfel kannst du auch Spielwürfel nehmen. Baue damit die verschiedenen Körper nach.

b) Wie viele verschiedene Quader kannst du aus 24 Würfeln zusammensetzen?

2 Aus wie vielen kleinen Würfeln wurden die abgebildeten Figuren zusammengebaut?

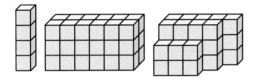

3 In welche der Kisten kannst du am meisten Sand einfüllen?

4 a) Aus wie vielen kleinen Würfeln sind der zweite und dritte Würfel zusammengesetzt?

1. Würfel   2. Würfel   3. Würfel

b) Aus wie vielen kleinen Würfeln besteht der nächstgrößere Würfel?
c) Setze die Würfelreihe fort. Kannst du auch sagen, wie viele Würfel zum Bau des zehnten Würfels benötigt werden?

5 a) Aus wie vielen Würfeln bestehen diese Würfelgebäude?

b) Wie müsste das nächste Würfelgebäude aussehen?
c) Zeichne die Würfelgebäude aus einer anderen Perspektive.
d) Ergänze die Tabelle im Heft.

Gebäudehöhe (Würfel)	1	2	3	4	5	10	11	12
Würfel in der untersten Schicht	1	3						
Gesamtzahl der Würfel	1							

e) Welche Gesetzmäßigkeit kannst du erkennen?

6 Sieh dir die folgenden Würfelbauten an und verfahre wie in Aufgabe 5.

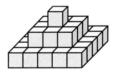

7 Welches der kleinen Würfelgebilde ergibt mit Körper ④ zusammengesetzt einen Quader?

① ②

③ 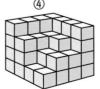④

Wie viele Würfel brauchst du für den Bau des Würfeltieres?

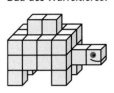

5 Quader und Würfel

Bei Iglu denkt man meist an das kuppelförmige Schneehaus der Inuit, der Ureinwohner der Arktis.
Heute leben die Inuit in der Regel in festen Häusern, wie wir sie kennen. Bei der Jagd oder als Notunterkünfte werden Iglus auch heute noch gebaut. Hierzu schneiden die Inuit Blöcke aus windgepresstem Schnee und schichten diese zunächst kreisförmig auf. Den Abschluss des Iglus bildet eine kleine Kuppel.

→ Welche Form haben die aus dem Schnee geschnittenen Körper?
→ Vergleiche mit den Bausteinen, die bei uns zum Hausbau verwendet werden.
→ Warum eignet sich diese Körperform besonders gut zum Bauen?

Aus Würfeln kann man Quader bauen.
→ Baue aus sechs gleich großen Würfeln verschiedene Quader. Wie viele Möglichkeiten gibt es? Wie viele Möglichkeiten gibt es mit 8; 12 und 18 Würfeln?
→ Was haben alle Quader gemeinsam?

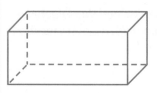

| Der **Quader** hat sechs rechteckige Seitenflächen. | Der **Würfel** hat sechs quadratische Seitenflächen. |

Körper sind durch **Flächen** *begrenzt. Stoßen zwei Flächen aneinander, so entstehen* **Kanten**. *Stoßen drei und mehr Kanten aneinander, so entstehen* **Ecken**.

Weiter geht's
→ Schreibe einen Steckbrief für den Würfel. Denke an möglichst viele Eigenschaften, die Flächen, Kanten oder Ecken bei allen Würfeln haben. Schreibe auch einen Steckbrief für den Quader.
→ Nenne fünf Gegenstände, die ungefähr die Form eines Quaders haben. Denke auch an ganz kleine und sehr große Gegenstände.
→ Nenne fünf würfelförmige Gegenstände.

5 Quader und Würfel

In dieser Lerneinheit lernen die Kinder Würfel und Quader mit ihren geometrischen Eigenschaften kennen. Sie lernen diese beiden Körper von anderen Körpern zu unterscheiden und nach ihren Eigenschaften zu klassifizieren. Sie müssen gedanklich mit Ecken, Kanten, Flächen und Körpern operieren.

Einstig

⌒ Das Thema Iglu lädt ein, mehr über das Leben der Ureinwohner der Arktis zu erfahren. Viele Kinder wünschen sich Schnee zum Iglu bauen. Das Wort Iglu wird in der Sprache der Inuit für alle Häuserformen verwendet, egal, ob es sich dabei um ein Haus aus Stein oder Schnee handelt.

Impulse

→ Die aus windgepresstem Schnee herausgeschnittenen Blöcke haben große Ähnlichkeit mit Quadern und teilweise auch mit Würfeln.
→ Den Schülerinnen und Schülern sind Backsteine oder Ytong-Steine – beide haben Quaderform – bekannt. Aber auch die Betonplatten beim sog. Plattenbau sind riesige, flache Quader.
→ Durch die senkrecht zueinander stehenden Flächen lassen sich die Blöcke größtenteils lückenlos aneinander reihen und stapeln.
→ Aus sechs Würfeln:

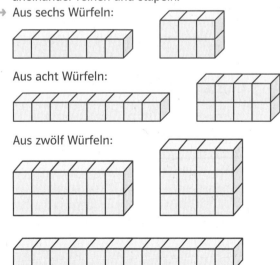

Aus acht Würfeln:

Aus zwölf Würfeln:

Aus 18 Würfeln: Reihe mit 18 Würfeln oder Doppelreihe mit neun, oder Dreierreihe mit sechs Würfeln.

→ Alle Quader haben 8 Ecken, 12 Kanten und 6 paarweise gleiche rechteckige Seitenflächen.

! Merkkasten

Der Quader ist der Oberbegriff für alle Rechtecksäulen oder Rechteckprismen, zu denen auch die Würfel gehören. Die Kinder lernen durch reale Beispiele und veranschaulichende Modelle (vgl. Seite 99) die Formen und Eigenschaften eines Quaders und eines Würfels entdecken. Dabei müssen im Rahmen der Förderung einer kindgemäßen mathematischen Fachsprache u.a. folgende Begriffe richtig verwendet werden: parallel, senkrecht, rechtwinklig, quadratisch, gegenüberliegend und ist gleich groß, ist größer als oder kleiner als.

Weiter geht's

→ Der Steckbrief für den Würfel könnte lauten: Meine sechs Flächen sind gleich große Quadrate, je zwei Quadrate haben eine Kante gemeinsam, je drei Quadrate treffen sich in einer Ecke. Ich habe acht Ecken und zwölf Kanten.
Der Steckbrief für den Quader könnte heißen: An mir kann man Länge, Breite und Höhe messen. Ich habe genauso viele Ecken, Kanten und Flächen wie der Würfel, aber meine Flächen sind zwei mal drei verschiedene Rechtecke.
→ Beispiele für Quader sind: Schuhkarton, Streichholzschachtel, CD-Hülle, Buch, Tischplatte, Flachdachgarage, Dominostein, Hochhaus.
→ Beispiele für Würfel sind: Spielwürfel, Zettelblock, Bauklotz, Geschenkverpackung, Kerze in Würfelform.

Weiteres Angebot   Kopfgeometrie

Kopfgeometrische Übungen schulen das räumliche Vorstellungsvermögen. Aufgabe: Stellt euch eine Spinne vor, die nur entlang der Kanten laufen

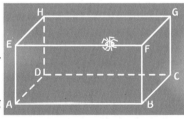

kann. Sie startet bei A, läuft nach hinten, weiter nach rechts, dann senkrecht nach oben und von dort nach vorne. (Die Spinne steht bei F.)

Aufgaben

1 Beim Würfel sind Länge, Breite und Höhe gleich lang.

a)
Kantenlänge großer Würfel	Anzahl der kleinen Würfel
2 cm	2 · 2 · 2 = 8
3 cm	3 · 3 · 3 = 27
4 cm	4 · 4 · 4 = 64
5 cm	5 · 5 · 5 = 125

b) 10 cm   10 · 10 · 10 = 1000

Für Würfel mit 6 cm Kantenlänge sind es 216 kleine Würfel; 7 cm (343); 8 cm (512) und 9 cm (729).

2 a) Der Würfelzucker müsste Quaderzucker heißen.
b) Je nach Form des Würfelzuckers kommen ganz unterschiedliche Ergebnisse heraus.
Möchte man nicht mit Würfelzucker arbeiten, kann man Dominosteine oder Bauklötze verwenden.

3 a) Ein Würfel hat acht Ecken, hier wurde jede Ecke dreifach gezählt, weil sich dort drei Kanten treffen.
b) Ein Quader hat 12 Kanten. Da jede Kante zwei Ecken berührt, wurden alle Kanten doppelt gezählt.
c) Auch Peter hat alle Kanten doppelt gezählt, da jede Kante mit zwei Eigenschaften beschrieben werden kann, z. B. links hinten. So hat Peter diese eine Kante zu den linken Kanten und zu den Kanten hinten gezählt, also doppelt.

4 *Haben die Kinder Schwierigkeiten, so können sie zunächst die Figuren mit Steckwürfeln nachbauen. Manchen Kindern fällt es leichter, sich die Figuren zunächst gekippt vorzustellen.*
a) drei Würfel: einer in der Mitte und zwei rechts
b) neun Würfel: vier links, vier mittig, einer rechts
c) drei Würfel: einer links und zwei rechts
d) drei Würfel in den rechten Spalten
e) fünf Würfel: einer links, vier rechts
f) 15 Würfel: sechs links, drei mittig, sechs rechts

5 a) Alle acht Würfel sind Eckwürfel und haben somit je drei blaue Flächen.
b) Der zusammengesetzte Würfel besteht aus 27 (3 · 3 · 3 = 27) Würfeln, davon sind
– acht Eckwürfel, diese haben drei gefärbte Flächen
– zwölf Kantenwürfel mit zwei gefärbten Flächen

– sechs Seitenwürfel mit einer gefärbten Fläche
– ein nicht sichtbarer Würfel ohne gefärbte Flächen.

c) Würfel	Anzahl der kleinen Würfel	Anzahl der blauen Flächen			
		3	2	1	0
2·2·2	8	8	0	0	0
3·3·3	27	8	12	6	1
4·4·4	64	8	24	24	8
5·5·5	125	8	36	54	27
6·6·6	216	8	48	96	64
7·7·7	343	8	60	150	125

– Es gibt bei jedem zusammengesetzten Würfel 8 Ecken, also 8 Würfel, die 3 blaue Flächen haben.
– Alle Kantenwürfel, die nicht an einer Ecke sitzen, haben 2 blaue Flächen.
– Alle Würfel im Inneren des zusammengesetzten Würfels bilden wieder einen kleinen Würfel.

6 a) links unten   b) rechts unten
           c) vorne
d) links oben   e) rechts oben

7

a)   von hinten   von links   von rechts

b)   von hinten   von links   von rechts

c)   von hinten   von links   von rechts

d)   von hinten   von links   von rechts

1 Aus kleinen Würfeln mit einer Kantenlänge von 1 cm kann man große Würfel
herstellen.

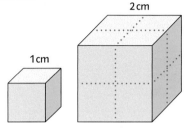

2 cm

1 cm

a) Wie viele Würfel brauchst du für
einen großen Würfel mit der Kantenlänge 2 cm (3 cm; 4 cm; 5 cm)?
b) Aus wie vielen kleinen Würfeln besteht ein großer Würfel mit der Kantenlänge 10 cm?

2 a) Betrachte ein Stück Würfelzucker
näher. Trägt es seinen Namen zu Recht?
Begründe deine Antwort kurz.
b) Wie viele Stückchen Würfelzucker
brauchst du mindestens, um einen
großen Würfel zu bauen?

3 Was meinst du zu den Sätzen?
a) Jede Kante verbindet zwei Ecken.
Ein Würfel hat 12 Kanten, also hat er
24 Ecken.
b) Beim Quader stoßen an einer Ecke
immer drei Kanten zusammen. Da er
8 Ecken hat, hat er auch 24 Kanten.
c) Peter behauptet: „Ein Würfel hat
24 Kanten: 4 oben, 4 unten, 4 vorne,
4 hinten, 4 links und 4 rechts."

4 Wie viele Würfel benötigt man mindestens, um die abgebildeten Figuren
zu einem Quader zu ergänzen?

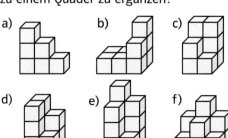

a)   b)   c)

d)   e)   f)

5 Die Außenflächen eines aus kleinen
Würfeln, mit 1 cm Kantenlänge, zusammengesetzten Würfels werden blau angemalt.
a) Der zusammengesetzte Würfel hat
die Kantenlänge 2 cm. Wie viele blaue
Flächen hat jeder kleine Würfel?
b) Der zusammengesetzte Würfel hat
die Kantenlänge 3 cm. Wie viele der kleinen Würfel haben drei blaue Flächen,
wie viele haben zwei, eine und keine?
c) Lege eine Tabelle an und fülle sie aus.

zusammen-gesetzter Würfel	Anzahl der kleinen Würfel	Würfel mit			
		3 blauen Flächen	2 blauen Flächen	1 blauer Fläche	0 blauen Flächen
2 cm · 2 cm · 2 cm					
3 cm · 3 cm · 3 cm					

6 Von wo aus musst du schauen, um
einen Quader so zu sehen, wie es die
fünf Bilder zeigen? Von oben oder unten,
rechts oder links? Von wo aus siehst du
den Quader so wie im mittleren Bild?

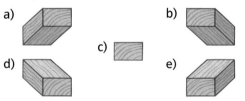

a)   b)

c)

d)   e)

7 Wie sehen die Würfelbauten von
hinten aus, wie von links und rechts?
Zeichne die Ansichten in dein Heft.

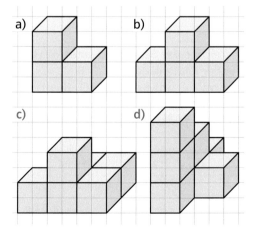

a)   b)

c)   d)

**Schrägbild eines Quaders
mit der Länge 4 cm, Breite 2 cm und Höhe 1,5 cm**

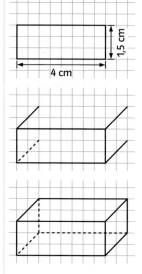

1. Man zeichnet die Kanten der Vorderfläche.

2. Man zeichnet die Kanten, die nach hinten laufen, schräg und verkürzt. Für 1 cm Seitenlänge zeichnet man eine Kästchendiagonale. Die nicht sichtbare Kante wird gestrichelt.

3. Die Endpunkte der schräg nach hinten verlaufenden Kanten werden verbunden. Die nicht sichtbaren Kanten werden gestrichelt.

8 Übertrage ins Heft und vervollständige dann jeweils zum Schrägbild
a) eines Quaders   b) eines Würfels
c) eines Quaders und eines Würfels.

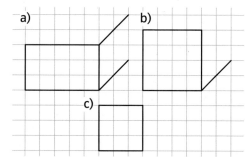

9 Zeichne das Schrägbild eines Würfels mit der Kantenlänge
a) 4 cm   b) 8 cm   c) 10 cm

10 Zeichne die Schrägbilder in dein Heft.
a)   b)

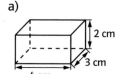

11 Aus Würfeln kannst du Buchstaben legen. Zeichne T und E im Schrägbild. Zeichne auch andere Buchstaben so.

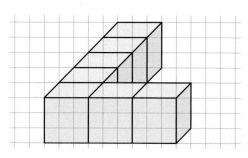

12 Zeichne die Schrägbilder und trage alle verdeckten Kanten gestrichelt ein.

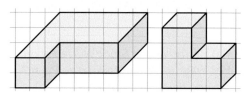

13 Die schräg verlaufenden Kanten kann man auch anders zeichnen. Zeichne so vier Ansichten eines Quaders.

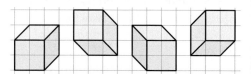

14 Aus welcher Himmelsrichtung sieht man die Bauklötze so? Eine Ansicht ist falsch. Welche? Zeichne sie richtig.

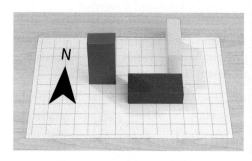

a)
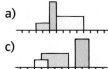
b)

c)
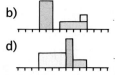
d)

Das Zeichnen von Schrägbildern ist in diesem Band
eine vereinfachte Darstellung auf Karopapier und bildet eine der Grundlagen für räumliches Denken. Das
Schrägbild bietet den Schülerinnen und Schülern die
Möglichkeit Dreidimensionalität auch in komplexerer
Form zeichnerisch darzustellen. Beim Üben muss auf
besonders sauberes, korrektes und übersichtliches
Zeichnen geachtet werden. Als erste Übung können
die Kinder das Schrägbild aus dem Buch abzeichnen.

8
a)   b)

c)

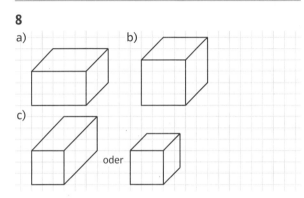

oder

9 *Die Verkürzungen der schrägen Kanten müssen beachtet werden (1 cm = 1 Kästchendiagonale). Die nicht
sichtbaren Kanten dürfen nicht vergessen werden. Aus
Platzgründen wird auf die Grafik verzichtet.*
Die nach hinten laufenden Kanten sind bei
a) 2,8 cm   b) 5,6 cm   c) 7,0 cm

10
a)   b)

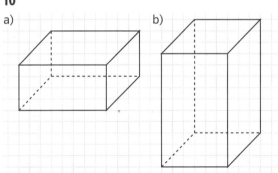

11

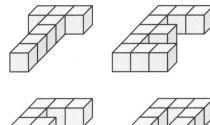

*Möchte man z. B. seinen ganzen Namen schreiben, so
kann man diesen zunächst auf Karoraster skizzieren.*

12

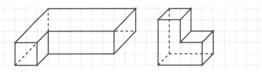

13 *Als Maße eignen sich 1,5 cm; 3 cm und 4 cm.*

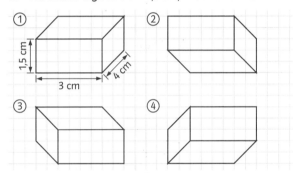

14 *Der Merksatz zur Windrose lautet im Uhrzeigersinn:
Nicht **o**hne **S**eife **w**aschen.*
a) Man schaut von Osten aus auf die Quader.
b) aus Süden
c) Die Ansicht aus Norden ist falsch, der gelbe Quader wurde liegend gezeichnet und der rote stehend.
d) aus Westen

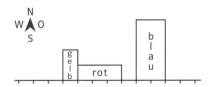

6 Quadernetz und Würfelnetz

In dieser Lerneinheit lernen die Schülerinnen und Schüler, wie sie anhand der Schrägbildskizze eines Würfels oder eines Quaders und anhand von Maßen, einen Würfel oder Quader bauen können. Zum Bau eines Quaders benötigt man ein Quadernetz, das man ausschneiden und zu einem Quader zusammensetzen kann. Die Eigenaktivität der Kinder steht im Vordergrund.

Einstieg

Die Kinder können zunächst quaderförmige Verpackungen sammeln. Wenn man vorsichtig ist, kann man diese an den Klebestellen auftrennen und man erhält ein Quadernetz der Verpackung (mit Klebefalzen).

Impulse

→ Für den Transport von Waren sind Quader besser geeignet, weil man sie gut stapeln und auf Paletten verladen kann. Wer schon einmal ein Päckchen zum Geburtstag verpackt hat, merkt schnell, dass sich Bücher und Kassetten viel leichter einpacken lassen als Bälle und unförmige Geschenke. Wenn man sein Geschenk gar nicht verpackt bekommt, greift man zum Schuhkarton und legt das Geschenk dort hinein.

→ Bei zerlegten Verpackungen kann man die Seitenflächen und Klebefalze der Quader erkennen.

→ Die zerlegten Verpackungen werden nach Quadern und Würfeln sortiert. Auf dem Poster können die sichtbaren Teile der Verpackungen von den Klebefalzen farbig unterschieden werden.

→ Da der Würfel an jeder Kante einen Klebefalz hat, sind es insgesamt zwölf. Nach dem Auseinanderfalten sind noch fünf Klebefalze verbunden, also wurden sieben aufgeschnitten.
Zum Herstellen von Würfeln und Würfelnetzen sind quadratische Bierdeckel geeignet, die mit Klebestreifen verbunden werden können.

→ Beim Auseinanderschneiden sollten die Kinder alle elf Würfelnetze finden. Sicher tauchen zunächst mehr als elf Netze auf, die durch Vergleichen auf elf eingegrenzt werden können.
Diese elf Würfelnetze gibt es, weitere sind bis auf Symmetrie oder Drehung identisch:

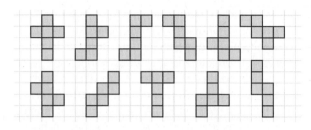

! Merkkasten

Ein Körpernetz stellt die Oberfläche eines Körpers dar. Durch die Netzdarstellung wird die Dreidimensionalität des Gegenstandes in die Zweidimensionalität übertragen. Für die Kinder bietet sich ein handlungsorientierter Ablauf an. Dazu werden Verpackungen entlang der Kanten aufgeschnitten und auf ein Papier gelegt. Nun werden die Umrisse nachgezeichnet. Durch das Nachfahren der Faltlinien entsteht ein Netz. Der umgekehrte Vorgang ist den Kindern von Bastelbögen bekannt. Da diese Methode aber nur bei modellhaften Hohlkörpern funktioniert, muss den Kindern die Gelegenheit gegeben werden, mit Flächen und Körpern gedanklich zu operieren, um die räumliche Vorstellungskraft zu schulen.

Weiter geht's

→ Als Beispiel können folgende Maße vorgegeben werden: Breite 3 cm; Höhe 1 cm; Länge 2 cm.

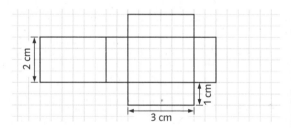

→ Das Netz besteht aus Rechtecken, deren Seitenlängen je zwei Seitenlängen des Quaders sind. Die Rechtecke zum obigen Quader sind:

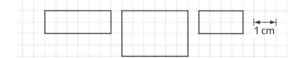

6 Quadernetz und Würfelnetz

Verpackungen gehören zu unserem täglichen Leben. Sie informieren, schützen ihren Inhalt und machen Waren transportfähig. Sechs von zehn Verpackungen werden heute für Lebensmittel und Getränke verwendet. Obwohl Verpackungen unterschiedliche Formen haben können, sind die meisten quader- oder würfelförmig.

→ Warum haben so viele Verpackungen die Form eines Quaders oder Würfels?
→ Wie sehen die zerlegten quader- und würfelförmigen Verpackungen aus?
→ 🚸 Sammelt verschiedene quader- und würfelförmige Verpackungen. Zerlegt sie und klebt sie auf ein Poster für euer Klassenzimmer.

Aus sechs Quadraten kann man mit Klebestreifen einen Würfel zusammenkleben.
→ Wie viele Klebestreifen muss man aufschneiden, um den Würfel flach ganz aufklappen zu können? Wie viele Klebestreifen bleiben ganz?
→ 🚸 Findet ihr verschiedene Möglichkeiten, den Würfel aufzuschneiden?

> Faltet man einen Quader (Würfel) auseinander, so erhält man das **Netz eines Quaders (Würfels)**.

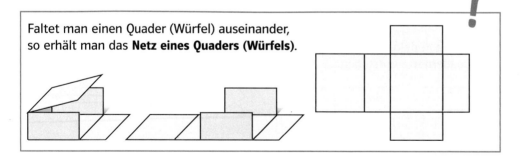

Weiter geht's
→ Zeichne das Netz einer quaderförmigen Verpackung (ohne Falze und Klebelaschen) in dein Heft.
→ Aus welchen Flächenformen besteht das Netz? Welche Eigenschaften haben die Flächen?

1 Wo kannst du das fehlende Rechteck ergänzen, damit aus dem Netz ein Quader gefaltet werden kann? Zeichne in dein Heft.

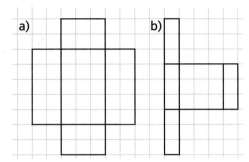

2 Welche der folgenden Figuren stellt ein Quadernetz dar? Begründe.

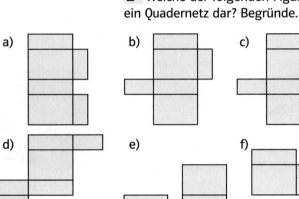

3 Zeichne in dein Heft und ergänze so, dass Quadernetze entstehen.

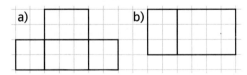

4 Übertrage die Spielwürfelnetze in dein Heft und ergänze die fehlenden Augenzahlen.

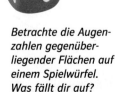

Betrachte die Augenzahlen gegenüberliegender Flächen auf einem Spielwürfel. Was fällt dir auf?

5 Welches Netz passt zu welchem Quader? Ordne zu.

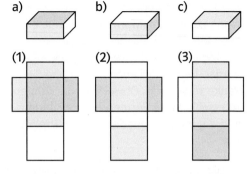

6 Gegenüberliegende Flächen haben die gleiche Farbe. Welches Netz gehört zu welchem Würfel?

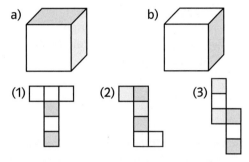

7 Auf manchen Würfelnetzen kann der Würfel abrollen, ohne dass er umkehren muss. Eines dieser „Abrollnetze" siehst du hier. Zeichne die drei weiteren möglichen Netze.

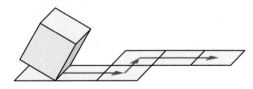

8 Zeichne das Netz ins Heft. Übertrage die Buchstaben der Würfelecken an die Eckpunkte des Netzes.

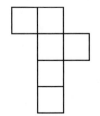 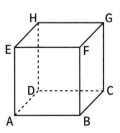

Aufgaben

1 *Es ist jeweils eine mögliche Lösung abgebildet.*

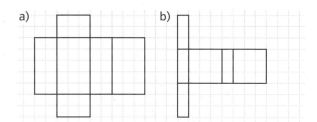

a)

b)

2 a) Diese Figur ist kein Quadernetz, weil man beim Zusammenfalten einen doppelten Boden und keinen Deckel bekommen würde.
b) Diese Figur ist ein Quadernetz, da es drei Paare von Rechtecken gibt und der Quader beim Falten geschlossen werden kann.
c) Dies ist kein Quadernetz, weil es von den kleinen Rechtecken nur eines gibt und von den großen Rechtecken drei.
d) Diese Figur ist ein Quadernetz.
e) Diese Figur hat nicht drei Paare von gleich großen Rechtecken, ist also kein Quadernetz.
f) vgl. Teilaufgabe e)

3 *Es ist jeweils eine mögliche Lösung abgebildet.*

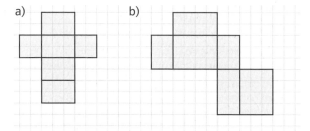

a)

b)

4

a)   b)   c)

5 *Um zu entscheiden, welches Netz zu welchem Quader gehört, sucht man sich z.B. die gelben Flächen aus und vergleicht die Netze mit den Quadern. Die Zuordnung ist möglich, obwohl man drei der Flächen jedes Quaders nicht sehen kann.*
a) Das kleinste Rechteck ist gelb, daher gehört das Netz (3) dazu.
b) Die Deckfläche ist gelb und sie ist das größte Rechteck, das Netz (1) gehört dazu.
c) Bei diesem Quader ist das mittlere Rechteck gelb, genau wie beim Netz (2).

6 a) Zu diesem Würfel gehört Netz (3), da nur bei Netz (3) drei verschieden farbige Flächen zusammentreffen.
b) Zu diesem Würfel gehört Netz (1), da bei Netz (2) gegenüberliegende Flächen nicht die gleiche Farbe haben.
Haben die Kinder Schwierigkeiten, können sie die Netze mit Bierdeckeln oder mit Moosgummi nachbauen und zusammensetzen.

7 Die Würfelnetze bei denen der Würfel so abrollen kann, dass jede Seitenfläche den Boden berührt sind:

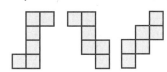

8

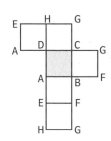

Projet: Kantenmodelle bauen

Mit der vorliegenden Bauanleitung stellen die Schülerinnen und Schüler für den Lernprozess wertvolle Kantenmodelle und geschlossene Modelle von Körpern her. Durch diese Anregung zur Eigenaktivität wird das Verständnis für typische Körpereigenschaften erhöht und die bereits bekannten Körper werden auch in Form eines Kantenmodells wieder erkannt.

Alle Arbeitsschritte und Aufgaben können in Gruppen arbeitsteilig gelöst werden.

Aufgaben

1 Man benötigt acht Ecken für den Bau eines Quaders. *Beim Zeichnen der Quadrate wird der richtige Umgang mit dem Geodreieck geübt.*

Man benötigt vier Kanten mit je 18 cm Länge, vier Kanten mit je 14 cm Länge und vier Kanten mit je 10 cm Länge. Bei geschickter Aufteilung reicht für die Ecken und Kanten ein DIN-A4-Blatt:

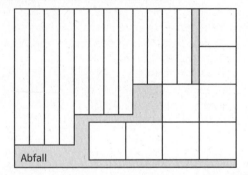

Für die Seitenflächen benötigt man je zwei Rechtecke mit 14 cm und 18 cm; 10 cm und 14 cm; 10 cm und 18 cm.

Weiteres Angebot   Kantenlänge

Der rechnerische Aspekt wird erwähnt, indem die Kinder von einem weiteren Quader die Gesamtlänge aller Kanten ermitteln: Der Quader soll 12 cm lang, 8 cm hoch und 5 cm breit werden. Die benötigte Länge Papierstreifen beträgt 100 cm.

Eine Aufgabe könnte heißen: Findet weitere Möglichkeiten mit 100 cm Papierstreifen Kantenmodelle zu bauen. (Hierzu muss die Zahl 25 in drei Summanden zerlegt werden. Die Kinder notieren auch die Maße der Rechtecke, die notwendig sind, um aus dem Kantenmodell ein geschlossenes Modell zu machen.)

Weiteres Angebot   Körperausstellung

Da für die weitere formenkundliche Betrachtung auch massive Modelle von Vollkörpern geeignet sind, können diese mit Knete hergestellt werden. Dieses Material ist den Kindern vertraut und wirkt motivierend.

Mit dem folgenden Rezept kann Knete schnell, einfach und preiswert hergestellt werden:

Man benötigt für fünf Kinder:

– 500 g Mehl
– 200 g Salz
– 1 Esslöffel Weinsäure aus der Apotheke
– Lebensmittel- oder Ostereierfarben
– $\frac{1}{2}$ l Wasser
– 4 Esslöffel Öl

Und so geht's:

Das Mehl mit dem Salz, der Weinsäure und den Farben in eine Schüssel geben. Wasser und Öl zum Kochen bringen und in die Schüssel gießen. Wenn der Teig gut durchgeknetet wird, erhält man eine sehr geschmeidige Knete, die sich in einem Gefrierbeutel im Kühlschrank auch über Monate aufbewahren lässt. Die Knete kann problemlos zu Hause vorbereitet werden.

Vor der Herstellung in der Schule sollten die Kinder selbst die Gesamtzutaten berechnen, die für die ganze Klasse benötigt werden.

Die Herstellung selbst kann in Gruppen erfolgen.

Mit der Knete können die Kinder Modelle aller Körper dieser Lerneinheit herstellen. Da zur genauen Herstellung Messer notwendig sind, müssen die Kinder auf die Gefahren im Umgang mit diesen hingewiesen und zu besonderer Disziplin aufgefordert werden.

Gemeinsam mit den Kantenmodellen helfen die Knetmodelle, viele Aufgaben dieser Lerneinheit handlungsorientiert und anschaulich zu bearbeiten und schließlich eine interessante „Körperausstellung" zu präsentieren. Für die Ausstellung wird jeder Körper auf einem Kärtchen beschrieben.

Dieses Kärtchen ist die so genannte „Modellbeschreibung".

Kantenmodelle bauen

Du benötigst:
- festes Papier
- Klebstoff
- Pfeifenreiniger
- Büroklammern
- dickere Trinkhalme
- Schere
- Stift

1 Baue das Kantenmodell eines **Quaders** aus Papier.
Im ersten Schritt werden die Eckverbindungen hergestellt, im zweiten die Kanten. Klebst du die Ecken und Kanten zusammen, so erhältst du einen offenen Quader.

Ecken basteln
Überlege zunächst, wie viele Ecken du zum Bau benötigst. Zeichne entsprechend viele Quadrate mit 5 cm Seitenlänge auf festes Papier.

Schneide die Quadrate aus und falte die Diagonalen.

Schneide dann eine Diagonale bis zur Mitte ein.

Gib etwas Klebstoff auf eines der beiden Dreiecke. Lege das andere Dreieck darüber. Halte die Ecke bis zum Trocknen des Klebstoffs zusammen.

Der Quader soll 18 cm lang, 10 cm breit und 14 cm hoch werden. Stelle nun die Kanten her.

Kanten basteln
Falte hierzu 2 cm breite Papierstreifen der Länge nach. Wie viele Papierstreifen von jeder Länge benötigst du?
Beachte, dass nur die Faltlinie die Kante des Modells ist. Zeichne die Faltlinie mit Lineal und einem Farbstift nach, um sie zu verdeutlichen.

Fertigstellung
Klebe die Kanten in die Ecken. Du kannst auch noch entsprechende Rechtecke zeichnen und auf die Kanten kleben, sodass du einen geschlossenen Körper erhältst. Welche Maße müssen die Rechtecke haben?

Üben – Wiederholen

1 Wie lauten die Koordinaten der markierten Punkte?

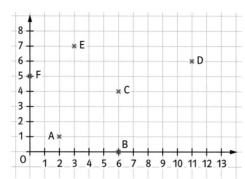

2 a) Zeichne in ein Koordinatensystem:
A(1|2), B(4|6), C(7|10), D(7|2).
b) Miss die Längen folgender Strecken.
$\overline{AB}$, $\overline{BC}$, $\overline{CD}$, $\overline{AD}$, $\overline{AC}$ und $\overline{BD}$.

3 Welche Abstände haben die Punkte A bis F jeweils von der Geraden g?
Übertrage zuerst ins Heft und miss dann.

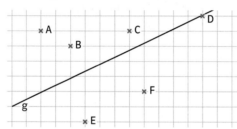

4 a) Zeichne die Punkte A(2|8) und B(6|4) in ein Koordinatensystem und verbinde sie. Was erhältst du?
b) Wodurch unterscheidet sich diese Linie von einer Geraden (Halbgeraden)?

5 a) Zeichne durch den Punkt P(3|2) eine Gerade parallel zur Hochachse.
b) Nenne drei Punkte, die auf dieser Geraden liegen.
c) Welcher der folgenden Punkte liegt auf dieser Geraden: A(3|0), B(1|3), C(3|3)? Begründe jeweils.
d) Liegt der Punkt (3|64) auf der Geraden?

6 a) Zeichne die Punkte A(2|2) und B(8|2) in ein Koordinatensystem und ergänze zu einem Quadrat.
b) Benenne die Eckpunkte und beschreibe die Lage der Strecken zueinander, verwende die Zeichen || und ⊥.
c) Zeichne die Punkte (2|2), (6|0) und (10|2) in ein neues Koordinatensystem und ergänze zu einer Raute.
d) 🙎🙎 Zeichnet die Punkte (2|2), (6|0) und (8|2) in ein neues Koordinatensystem und ergänzt sie zu einem Parallelogramm. Findet ihr drei verschiedene Möglichkeiten?

7 🙎🙎 Stellt euch gegenseitig folgende Aufgaben.
a) Zeichne eine Gerade g und einen Punkt A, der auf g liegt. Zeichne durch den Punkt die Senkrechte zu g.
b) Zeichne eine Gerade h und einen Punkt P, der nicht auf h liegt. Zeichne durch den Punkt die Parallele zu h.

8 🙎🙎 Zeichne auf unlinertes Papier eine Gerade g und einen Punkt P, der nicht auf g liegt. Deine Partnerin bzw. dein Partner zeichnet nun die Parallele und die Senkrechte zu g durch P.

9 Ergänze in deinem Heft
a) zu einem Parallelogramm,
b) zu einer Raute,
c) zu einem Quadrat.

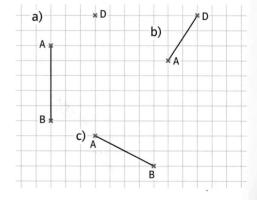

Die Lösungen findest du auf Seite 168.

Üben – Wiederholen

1 A(2|1), B(6|0), C(6|4), D(11|6), E(3|7), F(0|5)

2

a)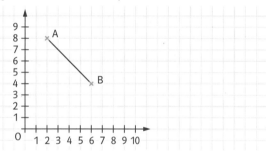

b) Bei 1 LE = 0,5 cm:
$\overline{AB}$ = 25 mm,
$\overline{BC}$ = 25 mm,
$\overline{CD}$ = 40 mm,
$\overline{AD}$ = 30 mm,
$\overline{AC}$ = 50 mm,
$\overline{BD}$ = 25 mm

3 A hat von g den Abstand 1,8 cm; B hat 1,0 cm; C hat 0,6 cm; D hat 0 cm; E hat 1,5 cm und F hat 1,4 cm Abstand zu g.

4

a) Man erhält die Strecke $\overline{AB}$.

b) Die Strecke $\overline{AB}$ hat zwei Begrenzungspunkte. Eine Halbgerade hat nur einen Anfangs- und eine Gerade weder einen Anfangs- noch einen Endpunkt. Die Länge der Strecke $\overline{AB}$ beträgt 2,8 cm.

5

a)

b) Q(3|3), R(3|4), S(3|5)

c) A(3|0) und C(3|3) liegen auf der Geraden, B(1|3) liegt nicht auf der Geraden.

d) Der Punkt (3|64) liegt auf der Geraden; obwohl er nicht ins Koordinatensystem gezeichnet werden kann.

6

a)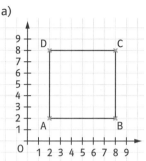

b) Die Eckpunkte sind C(8|8) und D(2|8).
$\overline{AB} \parallel \overline{DC}$, $\overline{BC} \parallel \overline{AD}$,
$\overline{AB} \perp \overline{BC}$, $\overline{AB} \perp \overline{AD}$,
$\overline{BC} \perp \overline{BA}$, $\overline{BC} \perp \overline{CD}$,
$\overline{CD} \perp \overline{CB}$, $\overline{CD} \perp \overline{DA}$,
$\overline{DA} \perp \overline{DC}$, $\overline{DA} \perp \overline{AB}$.

c)

d)

7 Die Lösungen könnten so aussehen:

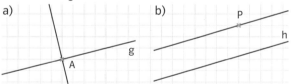

a)

b)

8 Es ist wichtig, den richtigen Gebrauch des Geodreiecks zu überprüfen.

9 Hier entstehen die meisten Fehler durch falschen Drehsinn der Bezeichnungen für die Punkte.

a)

b)

c)

L 100

10

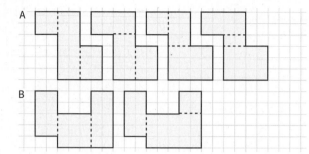

11

a)

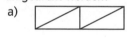

b)

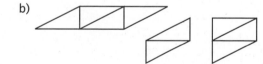

c) Da die Figur aus 44 Kästchen besteht, kann kein Quadrat gelegt werden (44 ist keine Quadratzahl).

12 *Die einzelnen rechtwinkligen Dreiecke dürfen auch umgedreht werden!*

a)

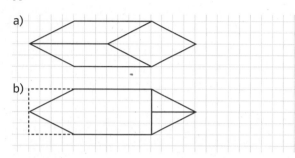

b)

13 *Zur Lösung dieser Aufgabe ist es hilfreich, wenn sich die Schüler noch einmal das Haus der Vierecke und die typischen Eigenschaften der Vierecke vergegenwärtigen.*

a) Quadrat   b) Parallelogramm

c) Parallelogramm oder Raute

d) Quadrat oder Raute

14 a) Klebt man die Ergebnisse auf, sind manche Flächenteile mehrfach notwendig.

b)

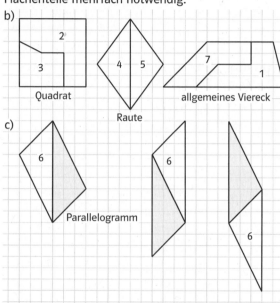

c)

15 Alle möglichen elf Würfelnetze sind auf der Lehrerbandseite L 97 dargestellt.

16 *Aus Platzgründen ist keine Darstellung möglich.*

17 Zwei mögliche Quadernetze sind:

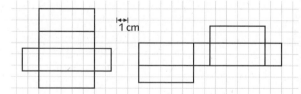

10 a) Übertrage die Figuren ins Heft und teile sie jeweils in drei Rechtecke ein.
b) Zeichne die Figuren noch einmal und suche eine zweite Lösungsmöglichkeit.

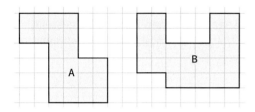

11 a) Übertrage die Figur ins Heft und zerlege sie in eine Raute und zwei Parallelogramme.
b) Zeichne die Figur erneut ins Heft. Zerlege sie so, dass du ein Rechteck legen kannst.
c) Kannst du auch ein Quadrat legen? Begründe deine Entscheidung.

12 Zeichne ein Quadrat mit 10 cm Seitenlänge und zerschneide es so wie auf der Abbildung.
a) Lege ein Rechteck und eine Raute.
b) Lege drei verschiedene Parallelogramme. Du musst nicht alle Teile verwenden.

13 Welches Viereck ist gemeint?
a) Es hat vier gleich lange Seiten. Zwei benachbarte Seiten verlaufen senkrecht zueinander.
b) Die Diagonalen stehen nicht senkrecht aufeinander und es hat paarweise parallele Seiten.
c) Die gegenüberliegenden Seiten sind jeweils parallel und es gibt keinen rechten Winkel.
d) Die Diagonalen teilen das Viereck in zwei Hälften, die beim Falten übereinander liegen.

14 a) Zeichne die Flächenteile auf Karopapier und schneide sie aus.

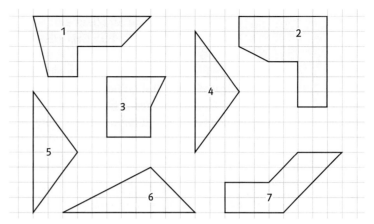

b) Lege jeweils zwei Teile zu einem Viereck zusammen und klebe sie ins Heft. Beschrifte das Viereck.
c) Ein Teil bleibt übrig. Zeichne es ins Heft und ergänze es zu einem Parallelogramm. Finde verschiedene Möglichkeiten.

15 👥 Ein Würfel hat eine Kantenlänge von 1 cm. Es gibt elf verschiedene Würfelnetze. Versucht, so viele wie möglich zu finden und zeichnet die verschiedenen Würfelnetze in eure Hefte.

16 Zeichne jeweils ein Netz des Quaders in dein Heft.

	Länge	Breite	Höhe
a)	50 mm	30 mm	20 mm
b)	4,5 cm	3,5 cm	1,5 cm
c)	6 cm	4 cm	2,5 cm
d)	20 mm	2 cm	20 mm

17 Zeichne zwei verschiedene Netze des Quaders.

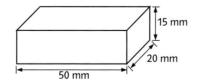

15 mm
20 mm
50 mm

Die Lösungen findest du auf Seite 169.

18 a) Zeichne ins Koordinatensystem:
A(1|1), B(5|1), C(7|3), D(3|3), E(1|7),
F(5|7), G(7|9) und H(3|9).
b) Zeichne folgende Strecken ein:
$\overline{AB}$, $\overline{BC}$, $\overline{CD}$, $\overline{DA}$, $\overline{EF}$, $\overline{FG}$, $\overline{GH}$, $\overline{HE}$, $\overline{AE}$,
$\overline{BF}$, $\overline{CG}$ und $\overline{DH}$.
c) Nun ist die Schrägbildskizze eines
Körpers dargestellt. Wie heißt er?
d) 👥 Zeichne das Schrägbild eines
Würfels ins Koordinatensystem. Nenne
deinem Nachbarn die Koordinaten, damit
er den Würfel zeichnet.

19 a) Zeichne die Schrägbildskizze eines
Würfels mit 5 cm Kantenlänge.
b) Markiere die Ecken rot, die Kanten
blau und färbe eine Fläche grün.

20 Welche der nachstehenden Sätze
sind richtig?
a) Ein Würfel hat genau vier Ecken. (F)
b) Ein Quadernetz besteht aus sechs
Rechtecken. (GE)
c) Ein Quader wird von sechs rechteckigen Flächen begrenzt, also ist er auch
ein Würfel. (A)
d) Ein Würfel hat genauso viele Kanten
wie ein Quader. (OM)
e) Ein Würfel setzt sich aus acht Quadraten zusammen. (LS)
f) Ein Quader hat acht Ecken. (ET)
g) Man kann einen Würfel nicht mit einem Schritt in zwei Quader teilen. (CH)
h) Es gibt einen Quader, den man mit
einem Schnitt in zwei Würfel schneiden
kann. (RIE)
Zur Selbstkontrolle:
Die Buchstaben hinter den wahren und
hinter den falschen Sätzen ergeben jeweils ein Lösungswort.

21 Die Körper wurden geteilt.
a) Welche Teilkörper entstehen jeweils?
b) Benenne die Schnittfläche.

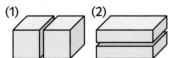

(1)   (2)

1 Für bestimmte Spiele benutzt
man Würfel mit Buchstaben auf jeder
Seite. Unten sind zwei verschiedene
Lagen desselben Würfels dargestellt.
Welcher Buchstabe liegt gegenüber
von H?

2 Wie viele abge-
knickte H entstehen
beim Zusammen-
bauen?

a)   b)   c)

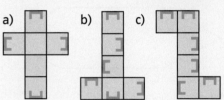

3 Wo befinden sich
die beiden anderen
roten Dreiecke in
den Würfelnetzen?

a)   b)   c)

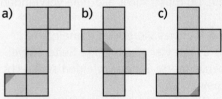

4 Bei den Würfeln wurden Ecken
ausgeschnitten. Nur zwei haben die
gleiche Form.

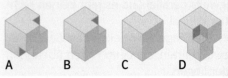

A   B   C   D

18 a) und b)

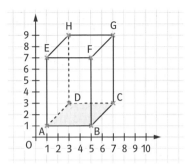

c) Der Körper heißt Quader.
d) Individuelle Lösungen.

19 a) und b)

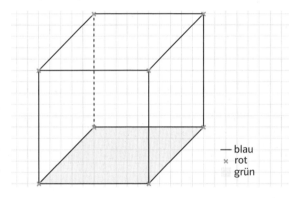

— blau
× rot
  grün

20 *Die Lösungswörter geben den Schülerinnen und Schülern die Möglichkeit, sich selbst zu kontrollieren und ihre Kenntnisse zu überprüfen.*

	Richtig	Falsch
a)		F
b)	GE	
c)		A
d)	OM	
e)		LS
f)	ET	
g)		CH
h)	RIE	

Die Lösungswörter heißen GEOMETRIE und FALSCH.

21 a) (1): zwei Würfel; (2): zwei Quader
b) (1): Quadrat; (2): Rechteck

Kopfgeometrie   Knobeln

1 Dreht man den rechten Würfel so, dass das P rechts auf dem Kopf steht, so liegt das O unten und das A hinten. Also liegt O gegenüber von H.

2 *Hier zählen die Kinder die halben Hs und teilen die Anzahl durch 2. Sie müssen prüfen, ob die Hälften der Hs sich treffen.*
a) Es trifft nur die obere Hälfte vom H auf die untere Hälfte, die rechte und die linke H-Hälfte berühren sich nicht, wenn das Würfelnetz zusammengebaut wird. Es entsteht ein H.
b) Es entstehen drei Hs.
c) Es entstehen zwei Hs.

3

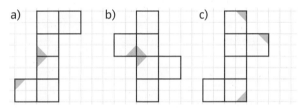

4 Die Würfel A und D sind gleich.

Aufgabenvorschläge für Klassenarbeiten zu Kapitel 3

1 Trage die Punkte A(2|2), B(7|1), C(8|6) und D(3|7) in ein Koordinatensystem ein. Verbinde die Punkte in der Reihenfolge A, B, C, D, A.
a) Welche Figur entsteht?
b) Vergleiche die Längen der Strecken $\overline{AC}$ und $\overline{BD}$.

2 Trage die Punkte A(6|0), B(8|4), C(12|6), D(8|8), E(6|12), F(4|8), G(0|6) und H(4|4) in ein Koordinatensystem ein. Verbinde sie in der Reihenfolge A, D, G, B, E, H, C, F, A. Welche Figur entsteht?

3 a) Zeichne vier Geraden so, dass vier Schnittpunkte entstehen.
b) Zeichne fünf Geraden so, dass fünf Schnittpunkte entstehen.
c) Zeichne sechs Geraden so, dass sechs Schnittpunkte entstehen.

4 Wie heißen die Figuren?

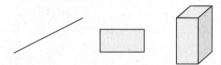

5 Zeichne die Vierecke ins Heft. Wie heißen sie? Verbinde gegenüberliegende Eckpunkte. Prüfe, ob die Strecken zueinander senkrecht stehen.

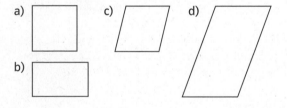

6 a) Aus wie vielen Würfeln bestehen die Figuren?

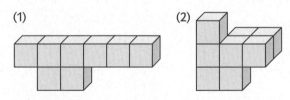

b) Wie viele Würfel brauchst du jeweils, um die Figuren zu Quadern zu ergänzen?

7 Wo überall kannst du das sechste Quadrat an den Quadratfünfling anlegen, damit ein Würfelnetz entsteht?

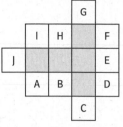

8 Angelina bastelt aus Strohhalmen und Knetkugeln das Kantenmodell eines Körpers. Welcher Körper könnte das sein und wie viele Strohhalme und Knetkugeln benötigt sie?

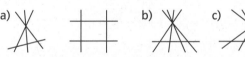

Lösungen

1 a) Es entsteht ein Quadrat.
b) Sie sind gleichlang: 36,5 mm (oder 73 mm bei 1 cm Kästchengröße).

2 Es entsteht ein achtzackiger Stern.

3

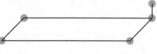

4 Gerade, Rechteck, Quader

5 a) Im Quadrat sind die Diagonalen senkrecht zueinander.
b) Im Rechteck sind die Diagonalen nicht senkrecht zueinander.
c) Bei der Raute sind die Diagonalen senkrecht zueinander.
d) Im Parallelogramm sind die Diagonalen nicht senkrecht zueinander.

6 a) Jeder Körper besteht aus acht Würfeln.
b) Bei Figur (1) vier und bei (2) zehn Würfel.

7 Das sechste Quadrat kann an der Stelle von D, E, F oder J sein.

8 Es kann sich nur um einen Quader handeln. Angelina benötigt 8 Knetkugeln; 4 lange, 4 mittlere und 4 kurze Strohhalme.

Test

Leicht
Jede Aufgabe: 2 Punkte

1 Welche Geraden sind senkrecht, welche parallel zueinander?

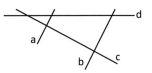

2 Wie heißen die Vierecke?

3 Ergänze zu einer Raute.
a) Zeichne die Diagonalen ein.
b) Wie lang sind die Diagonalen?

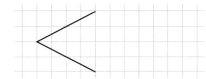

4 Wie viele Würfel müssen mindestens hinzugefügt werden, damit ein Quader entsteht?

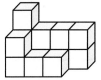

5 Zeichne das angefangene Würfelnetz ab und vervollständige es.

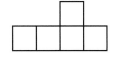

Mittel
Jede Aufgabe: 3 Punkte

1 Welche Geraden sind senkrecht, welche parallel zueinander?

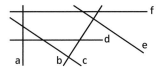

2 Welche Vierecke entstehen beim Aufklappen der Blätter?

3 Ergänze zu einem Quadrat und zeichne die Diagonalen ein.
a) Wie lang sind die Diagonalen?
b) Wie stehen die Diagonalen?

4 Betrachte die Abbildung bei Aufgabe 4 (Leicht).
Die kleinen Würfel haben eine Kantenlänge von 1 cm. Die Figur soll zu einem möglichst kleinen Quader ergänzt werden. Zeichne dessen Netz.

5 Bei diesem Würfel sind gegenüberliegende Seiten gleich gefärbt. Zeichne das Netz ins Heft und färbe die Flächen richtig ein. Die Seitenlänge jedes Quadrats soll 2 cm sein.

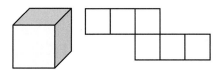

Schwierig
Jede Aufgabe: 4 Punkte

1 Zeichne eine Senkrechte zu $\overline{AB}$ durch C und eine Parallele zu $\overline{AB}$ im Abstand von 3 cm.

2 Zeichne die Figur auf Karopapier und schneide sie aus. Durch einen Schnitt sollen zwei Teile eines Rechtecks entstehen.

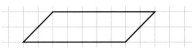

3 Ergänze die Figur, sodass
a) ein Rechteck,
b) ein Parallelogramm entsteht. Findest du zwei Möglichkeiten?

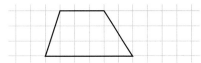

4 Betrachte die Abbildung bei Aufgabe 4 (Leicht).
a) Wie viele Würfel müssen mindestens hinzugefügt werden, damit ein Würfel entsteht?
b) Zeichne eine Schrägbildskizze des Würfels.

5 Die Summe der Augen auf den gegenüberliegenden Seiten des Würfels ist jeweils 7. Übertrage das abgebildete Würfelnetz ins Heft und trage die Augen ein. Die Seitenlänge jedes Quadrats soll 2 cm betragen.

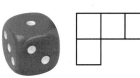

Die Lösungen zum Test findest du auf Seite 170.

Elefanten sind richtige Schwergewichte, sie wiegen häufig über 3,5 Tonnen.

Beim Besuch einer Zirkusvorstellung kann man zwischen zwei Uhrzeiten und unterschiedlich teuren Plätzen wählen.

Vorstellung täglich
um 15 Uhr und um 18 Uhr

Sitzplatz	voller Preis	ermäßigter Preis
2. Rang	10,00 Euro	8,00 Euro
1. Rang	13,00 Euro	10,00 Euro
Sperrplatz	17,00 Euro	15,00 Euro
Parkett	20,00 Euro	17,00 Euro
Loge	27,00 Euro	24,00 Euro

4 Rechnen mit Größen

Übersicht

Aufbau und Intentionen des Kapitels

Zur Entwicklung der Größenvorstellungen ist es wichtig, dass dem **Schätzen** und **Messen** vorab genügend Bedeutung beigemessen wird. Erst wenn Größen nicht mehr nur geraten, sondern mithilfe von Vergleichsgrößen geschätzt werden, macht es Sinn, die einzelnen Größenbereiche zu vertiefen und zu festigen.

Die Größenbereiche **Länge, Gewicht, Zeit** und **Geld** werden in den Lerneinheiten kennen gelernt, um anschließend mit ihnen zu rechnen.

In den Lerneinheiten **Maßstab** und **Alltagsprobleme**, sowie auf den **Auf geht's-** und **Themenseiten** und in der Einheit **Üben – Wiederholen** werden die Kenntnisse über die verschiedenen Größen angewandt. Das Schätzen, das Messen und das Überschlagen haben dabei ebenfalls ihre Bedeutung.

Die **Sachaufgaben** können alle mit dem **Zweisatz** gelöst werden und behandeln ausschließlich Fragestellungen zur proportionalen Zuordnung.

In den **Trainingsmatten** dieses Kapitels werden folgende Themen wiederholt:

- Schriftliches Rechnen als Vorbereitung zum Umwandeln von Größen
- Würfel- und Quadernetze (Kopfgeometrie)
- Rechnen mit Stufenzahlen als Vorbereitung zum Umrechnen von den Flächen

Die Größenvorstellungen, basierend auf den Kenntnissen aus der Grundschule, werden weiterentwickelt:

- Schätzen, Messen und Vergleichen
- Maßeinheiten kennen und umwandeln
- Das Rechnen mit Größen, wobei immer verschiedene Rechenwege erlaubt und erwünscht sind
- Rechenaufgaben mit Maßeinheiten
- Einfache Textaufgaben
- Sachaufgaben
- Ergebnisse überschlagen
- Das Anwenden des Erlernten in Sachzusammenhängen
- Zusammenhänge zwischen Größen erkennen
- Aufgaben mit dem Zweisatz lösen
- Verschiedene Lösungswege finden
- Größen in einer Aufgabe verändern
- Fragestellungen variieren

Werkzeugkasten

Zum handlungsorientierten Arbeiten oder zur Überprüfung der Ergebnisse sind hilfreich:

- Atlas, Landkarte von Deutschland, Wanderkarte der Umgebung, Stadtplan
- Meterstab, Maßband, Geodreieck oder kleines Lineal
- verschiedene Waagen und ein Satz Gewichtsstücke
- Gegenstände als Vergleichsgrößen (1-kg-Packung Mehl, 100-g-Tafel Schokolade, …)
- Uhren mit Sekundenzeiger oder einige Stoppuhren
- @ Fahrplan regionaler Verbindungen oder Internetzugang zur Bahnauskunft

Zirkuswelt im Zirkuszelt

Das Thema Zirkus finden Kinder in diesem Alter in der Regel spannend. Jeder hat ein Lieblingstier, war schon mal im Zikus oder würde gerne einmal hingehen.

Rund um das Thema Zirkus können Fragen zu allen in diesem Kapitel behandelten Größenbereichen und zu den erwähnten Intentionen entwickelt werden. Das Thema Zirkus kann innerhalb des Kapitels immer wieder aufgegriffen werden.

Durch genaueres Betrachten der Fotos, können im Gespräch Fragen zur Erarbeitung der Größen entwickelt werden. Zum Beispiel:
- Wie kann man die Höhe der Zeltmasten schätzen? (Indem man sie mit der Größe der Menschen vergleicht.)
- Wie lange dauert der Zeltaufbau? (sechs Stunden)
- Wie viel Euro werden bei einer Veranstaltung eingenommen? (Rund 100 000 €, wenn jeder Besucher im Durchschnitt 20 € Eintritt bezahlt.)
- Was kostet der Eintritt für eine Familie mit zwei Kindern? (Im 2. Rang 36 €, im 1. Rang 46 €, im Sperrsitz 64 €, im Parkett 74 € und in der Loge 102 €)
- Welches Gewicht haben einzelne Zirkustiere? *(@ Hierzu kann eine Liste der Zirkustiere angelegt und im Internet nach Daten recherchiert werden.)* Gewichte einzelner Tiere:

Tier	Gewicht
Elefant	3,5 t – 4,5 t
Giraffe	bis 800 kg
Flusspferd	1 t – 4,5 t
Löwe	150 kg – 250 kg
Pferd	300 kg – 750 kg
Pinguin	3 kg – 50 kg

- Wie viel Futter benötigt ein Tier? *(@ Auch hier kann im Internet recherchiert werden.)*

Weiteres Angebot   Informationen zum Zirkus

Futtermengen und Art des Futters:
- Ein Elefant frisst etwa 300 kg Laub und Gras am Tag und braucht 80 l Wasser.
- Giraffen fressen mit Vorliebe Akazienblätter und trinken wenig. Sie können bis zu einem Monat ohne Wasser auskommen. Den Flüssigkeitsbedarf nehmen sie über die Blätter auf.
- Ein Flusspferd frisst Wasser- und Landpflanzen.
- Löwen jagen Beutetiere, fressen bis zu 40 kg Fleisch während einer Mahlzeit und können dann einige Tage ohne weitere Nahrung auskommen. .

@ Die Kinder können zu ihrem Lieblingstier viele Informationen aus Büchern und dem Internet zusammentragen.

Weiterführende Fragen können sein:
- Wie viele Lastwagen werden für den Transport des Zirkus benötigt? *(@ Hierzu kann man Daten vom Zirkus Krone unter www.circus-krone.de im Internet abrufen)*
- Welche Aufgaben haben die Mitarbeiterinnen und Mitarbeiter im Zirkus? (Außer den Artisten arbeiten unter anderem noch Köche, Küchenhelfer, Lehrer, Buchhalter, Tierpfleger, usw. in einem Zirkus.)

⌂ Um projektorientiert arbeiten zu können, bietet sich das Thema Zirkus auch als Abschluss des Kapitels, in Verbindung mit anderen Fächern, an. Es könnte Rahmenthema für ein Spielefest oder einen Klassennachmittag sein.
In ähnlicher Weise können aber auch ein Schulsportfest, ein Klassenfest, ein Ausflug, die Gestaltung des Klassenraums, die Zusammenarbeit mit örtlichen Vereinen oder außerschulische Lernorte Anlässe zum Sachrechnen ergeben.

4 Rechnen mit Größen

Zirkuswelt im Zirkuszelt

Das größte und eines der modernsten europäischen Zirkuszelte besitzt der Zirkus Krone. Die Sonderanfertigung mit den Maßen von 48 m Breite, 64 m Länge und einer Kuppelhöhe von bis zu 14 m hat über eine halbe Million Euro gekostet. Das Zirkuszelt ist damit so groß, dass es fast die Hälfte eines Fußballfeldes ausfüllen würde.

120 Hände müssen 6 Stunden lang hart zupacken, bis das riesige Zeltdach aufgebaut ist. Vier 20 m hohe Stahlmasten, unzählige Hilfsmasten, 120 Rondell- und Sturmstangen sowie 250 Eisenanker, die in der Erde eingegraben werden, sorgen für die nötige Sicherheit und Stabilität, selbst beim größten Sturm.

Das Zelt wird pro Saison rund 30-mal aufgebaut und bietet 5000 Zuschauerinnen und Zuschauern Platz.

Ausblick

In diesem Kapitel findest du:
- Übungen zum Schätzen und Messen
- Länge und Maßstab
- Die Größen Gewicht, Zeit und Geld
- Tipps zum Lösen von Sachaufgaben

1 Schätzen

Der Tempel von Luxor steht in Ägypten am Nilufer. Der Bau wurde von Ramses dem Zweiten vor etwa 3300 Jahren vollendet. Auf dem Foto wird seine Statue gerade vom Wüstensand befreit.
Um die Höhe der Statue schätzen zu können, braucht man ein Vergleichsmaß.

➜ Schätze die Höhe der Ramses-Statue. Womit kannst du vergleichen? Beschreibe, wie du vorgehst.

➜ 🙎🙎🙎 Im Alltag muss man oft rasch erkennen, wie lang oder schwer ein Gegenstand ist, wie lange etwas dauert oder um wie viele Gegenstände es sich handelt. Nennt solche Beispiele.

> Nicht immer ist es möglich, eine Größe genau anzugeben. Eine ungefähre Vorstellung zum Beispiel von einer Länge, einem Gewicht oder einer Anzahl erhält man durch das **Schätzen**. Dazu braucht man **Vergleichsgrößen** und Erfahrung.

Weiter geht's

➜ Wie hoch könnte die Rutsche sein? Beschreibe deine Lösung.

➜ Schätze das Gewicht der drei Angler auf dem Foto.

1 Schätzen

In dieser Lerneinheit lernen die Schülerinnen und Schüler den Unterschied zwischen **Raten**, **Schätzen** und **Messen** kennen. Unter **Schätzen** versteht man die ungefähre Angabe einer Größe, die auf Grund von Vorerfahrungen zustande kommt. Sind diese Erfahrungen nicht vorhanden, wird beim Schätzen nur geraten oder eine zufällige Größe genannt. Schätzergebnisse werden häufig durch Nachmessen mit normierten Einheiten wie zum Beispiel cm, m, g, kg oder min überprüft. Dabei wird der Umgang mit Messgeräten wie dem Meterstab, verschiedenen Waagen und Uhren geübt.

Einstieg
Würde man das Bild von Ramses dem Zweiten ohne die Personen betrachten und die Höhe der Statue schätzen, so könnte man nur **raten**.
Vergleicht man die Statue mit den Personen auf dem Foto, lässt sich die Höhe ungefähr **schätzen**.
Wollte man die Höhe der Statue **messen**, so müsste man vor Ort einen Zollstock anlegen.

Impulse
→ Die Frage nach einer Vergleichsgröße führt weg vom reinen Raten, hin zum Vergleich mit bekannten Größen, also zum Schätzen. Eine Person ist mit dem Lineal gemessen 2 cm hoch, die Ramsesstatue vom Scheitel bis zur Sohle etwas mehr als 7 cm. Zum Vergleich müssten also etwa $3\frac{1}{2}$ Personen übereinander gestellt werden. Da ein Mensch etwa 2 Meter groß ist, kann dann die Höhe der Statue geschätzt werden. Sie beträgt ungefähr 7 m.

→ Die Länge des Klassenzimmers kann man z. B. mit großen Schritten schätzen. Ein großer Schritt ist ungefähr 1 m lang. Das Gewicht eines Buches vergleicht man mit einer 1-kg-Packung Zucker, das Gewicht des Mäppchens mit einer 100-g-Tafel Schokolade. Die Zeitdauer, die für das Ausrechnen einer Kopfrechenaufgabe gebraucht wird, kann eine andere Person mithilfe von regelmäßigem Zählen vergleichen.

Weiter geht's
→ Hier kann eine reale Situation zum Schätzen nachvollzogen werden. Das Kind ist etwa 1,50 m groß, es dient als Vergleichsgröße. Die Schülerinnen und Schüler können die Größe des Kindes auf der Abbildung messen, es ist etwa 1 cm hoch. Die Rutsche ist auf dem Papier gemessen 4 cm, also viermal so hoch wie das Kind. Damit ist die Rutsche 4 · 1,50 m = 6,00 m.

→ Um das Gewicht der drei Angler zu schätzen, brauchen die Kinder Erfahrungswerte. Vielleicht nehmen sie ihr eigenes Gewicht und sagen: „Das kleine Kind ist deutlich leichter, der Mann ist sicher schwerer." Das Gewicht des Elefanten zu schätzen ist am schwersten. Nur wer weiß, wie viel ein anderes großes Tier wiegt, hat eine Vergleichsmöglichkeit. So könnte ein Kind, das 40 kg wiegt sagen: „Ich schätze, das kleine Kind wiegt halb so viel wie ich, also 20 kg. Der Mann das Doppelte, also 80 kg, und der Elefant hundertmal so viel wie ich, nämlich 4000 kg." (Ein ausgewachsener Elefant kann 6000 kg wiegen.)

Weiteres Angebot   Optische Täuschung
An der Tafel sind zwei gleich lange Strecken gezeichnet, deren Endpunkte unterschiedlich aussehen:

Nachdem die Schülerinnen und Schüler geschätzt haben, welche Strecke länger ist, wird mit dem Lineal überprüft. Dann kommt die Überraschung, denn beide Strecken sind gleich lang. Die Pfeile an den Enden stören die Wahrnehmung und lassen die Strecken unterschiedlich lang erscheinen.
Die Kinder können selbst optische Täuschungen erzeugen. Auch gleich lange Linien in unterschiedlichen Farben oder Dicken, die ungeordnet auf einem Blatt verteilt sind, können unterschiedlich lang wahrgenommen werden.

Aufgaben

1 *Bei dieser Aufgabe muss zunächst eine Vergleichs-größe genannt werden, um eine Schätzung abgeben zu können.*
a) Hier kann das Motorrad als Vergleichsgröße die-nen, ein Motorrad ist etwa 2,50 m lang. Auf dem Bild hat das linke Motorrad eine Länge von 0,5 cm, der Bus ist auf dem Bild gemessen 2,5 cm also fünfmal so lang.
5 · 2,50 m = 12,50 m. Der Bus ist etwa 12,50 m lang.
@ *Die Länge eines Motorrads oder Busses findet man im Internet, indem man in eine Suchmaschine die Be-griffe „Motorrad + Länge" oder „Bus + Länge" eingibt.*
b) *Dieses Bürogebäude hat der Architekt James Ster-ling entworfen. Es steht in Melsungen in Hessen und ist ein auf Stelzen stehender Halbrundbau.*
Um die Höhe des Gebäudes schätzen zu können, misst man an einer bestimmten Stelle z. B. ganz links eine Etagenhöhe und die Höhe des Bürogebäudes. Die Höhe des Gebäudes ist sechsmal so hoch, wie die Höhe einer Etage. Ist eine Etage 2,50 m hoch, so ist das Gebäude 15 m hoch.
c) Die Höhe des Schulgebäudes kann ebenfalls über die Anzahl der Etagen geschätzt werden.

2

a)

	geschätzt	wirklich
Giraffenhöhe		5,80 m
Löwenlänge		1,90 m
Pferdehöhe		bis zu 3,00 m
Blaumeise		12 g
Elefant		bis zu 6000 kg
Mensch		(beim 100-m-Lauf: 36 km/h)

b) Blaumeise / Elefant (wie Tabelle oben)
c) Mensch (wie Tabelle oben)

d) Die Kinder können alle möglichen Schätzaufgaben erfinden, dabei kann sich eine Gruppe auf ein Tier konzentrieren, z. B. auf die Katze:
– Wie schwer kann eine Katze werden?
  (bis zu 10 kg)
– Wie alt kann eine Katze werden? (Die ältesten Katzen wurden fast 35 Jahre alt.)
– Wie lang ist eine Katze – ohne Schwanz?
  (50 cm – 60 cm)
Aus den verschiedenen Angaben können die Kinder Steckbriefe zu den verschiedenen Tieren entwerfen.

Randspalte

Die Gegenstände und Maße auf der Randspalte dienen den Kindern als Vergleichsgrößen um die Aufgabe 3 lösen zu können.

3 a) Geeignet sind Bücher, Mäppchen, Hefte, Stifte, Radiergummi, Zirkel, Lineal. Durch das Vergleichen von je zwei Gegenständen wird eine Reihenfolge festgelegt.
b) Jeder Gegenstand wird mit bekannten Vergleichs-größen verglichen.
Geeignete Vergleichsgrößen sollten zur Verfügung ste-hen, z. B. Müsli-Riegel mit dem Aufdruck 25 g.
c) Waagen wie Diätwaage, Küchenwaage, Brief-waage oder Balkenwaage sollten vorhanden sein.

4 *Jede Gruppe benötigt eine Uhr mit Sekundenzeiger.*
a) Die Ergebnisse dieser Aufgabe sind sehr unter-schiedlich, da den Kindern die Erfahrung im Schätzen von Zeit fehlt.
b) Vergleichsmöglichkeiten können sein: gleichmäßi-ges Zählen, Vorsprechen eines Satzes, einen Liedvers singen. Sätze oder Liedverse können nur Vergleichs-maße sein, wenn ihre Dauer bekannt ist.
c) und d) Bei mehreren Versuchen mit Vergleichs-größen werden die Schülerinnen und Schüler allmäh-lich genauere Schätzergebnisse erzielen.
e) Die Ideen und Ergebnisse können auf einem Pla-kat festgehalten und der Klasse vorgestellt werden. Sie sollten anschließend mit der ganzen Klasse aus-probiert werden.

5 Die Personen am Beckenrand wurden mitgezählt. Das Gitter hilft beim Schätzen. In jedem Kästchen sind ungefähr vier Personen, es sind zwölf Kästchen. Ein Kästchen dient als Vergleichsgröße. Auf dem Foto sieht man ungefähr 50 Personen im und am Schwimmbecken.

6 Auf einer DIN-A4-Seite ohne Rand sind es etwa 2400 Kästchen.

7 Es sind ungefähr 1600 Buchstaben.
Schätzhilfen können sein:
– Eine Zeile hat ungefähr 30 Buchstaben oder
– eine Aufgabe hat ungefähr 5 Zeilen oder
– 5 cm Text enthalten ungefähr 10 Zeilen.

1 @ Schätze zunächst, finde auch die wirklichen Maße heraus. Wie gut hast du geschätzt?

a) Die Länge des Reisebusses.

b) Die Höhe des Bürogebäudes.

c) Die Höhe eures Schulgebäudes. Vergleicht es mit den Angaben zum Zirkuszelt auf Seite 105.

2 @ Schätze. Suche wirkliche Angaben im Lexikon oder im Internet.

a) Wie lang, wie hoch ...?

	geschätzt	wirklich
Giraffe		
Löwe		
Pferd ...		

b) Wie schwer ...?

	geschätzt	wirklich
Blaumeise		
Elefant ...		

c) Wie schnell ...?

	geschätzt	wirklich
Mensch ...		

d) 🏃🏃 Findet jeweils weitere Beispiele.

3 a) Ordne fünf kleine Gegenstände aus deiner Schultasche nach ihrem Gewicht, indem du jeweils zwei Gegenstände miteinander vergleichst.

b) Schätze so genau wie möglich.

c) Überprüfe mit einer Waage.

4 🏃🏃🏃

a) Bildet Vierer-Gruppen. Drei Kinder sollen 30 Sekunden lang die Augen schließen. Ein Kind notiert, wann jeder die Augen öffnet.

b) Sammelt Ideen, wie eine Zeitdauer gut geschätzt werden kann.

c) Probiert die Vorschläge aus. Schließt wieder die Augen und haltet 1 Minute lang das rechte Ohr fest. Eine Person notiert die Schätzergebnisse.

d) Macht drei weitere Schätzversuche. Legt jeweils eine Zeitdauer unter zwei Minuten fest.

e) Stellt eure Ergebnisse der Klasse vor.

5 Schätze die Anzahl der Personen im Becken und am Beckenrand.

6 Befinden sich auf einer Seite deines Mathematikheftes mehr oder weniger als 1000 Kästchen? Schätze zuerst und zähle dann geschickt aus.

7 Schätze die Anzahl der Buchstaben auf dieser Buchseite. Welche Hilfen zum Schätzen kannst du dabei verwenden?

Vergleichsgrößen:

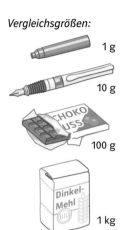

1 g

10 g

100 g

1 kg

Um eine ungefähre Anzahl abschätzen zu können, hilft häufig eine Überschlagsrechnung mit gerundeten Werten.

8 👥 a) Schätzen ohne Ende!

Was wiegt …	… dein rechter Arm?
	… dein Lieblingsbuch?
	… dein linker Sport- schuh?
Wie hoch …	… kannst du springen?
	… ist der höchste Baum auf dem Schulgelände?
Wie weit …	… ist es bis zum Bahn- hof?
	… kannst du einen Ball werfen?
Wie viele …	… Schülerinnen und Schüler sind auf deiner Schule?
	… Einwohner leben in deiner Heimatstadt?
	… Mitglieder hat dein Sport- verein?
Wie oft …	… sagst du am Tag „äh"?
	… hast du am Tag eine Tür- klinke in der Hand?

b) Erfindet selbst weitere Fragen.

9 In einem Zeitungsbericht steht:

Noch mehr Besucher

Nach Schätzungen der Veran-
stalter haben am Wochenende
10 000 Gäste unser Stadtfest besucht, das sind 2 000 Besucher
mehr als im vergangenen Jahr.

Wie wurde das Ergebnis ermittelt, was
meinst du?

10 Sinne lassen sich täuschen.
a) Welche Strecke ist länger, die rote
oder die blaue?

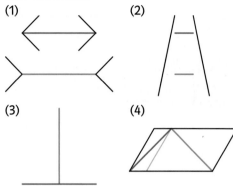

(1)   (2)

(3)   (4)

b) Welche der beiden Figuren ist größer?

c) Menschen empfinden Zeit sehr unterschiedlich.
Vergleiche 30 Minuten bei den Hausaufgaben mit 30 Minuten bei deiner Lieblingsbeschäftigung.

Trainingsmatte

1 Rechne schriftlich.
a) 3646 + 6221   b) 5331 + 3102 + 1234
   5733 + 7869   63 425 + 8723 + 73 578
   8748 − 2624   9887 − 2314 − 4251
   3874 − 2096   12 816 − 7603 − 2437

2 Berechne.
a) 425 · 6   b) 864 : 4
   827 · 23   2154 : 6
   609 · 86   3068 : 13
   3524 · 254   7866 : 19

3 Berechne.
a) 24 348 + 2754 − 874 + 4387
b) 76 · 34 − 965 + 3817
c) 6144 : 12 · 24 − 12 288
d) 4597 + 403 − 2400 : 8

4 a) Dividiere die Summe von 1438
und 701 durch die Differenz von 428
und 397.
b) Addiere das Produkt von 32 und 45
zur Differenz von 6379 und 1528.

8 a) Was wiegt ...?
– Der rechte Arm kann nicht abgenommen und gewogen werden. Daher ist nur eine Schätzung möglich. Er wiegt etwa ein Zehntel des eigenen Körpergewichts.
– Buch und Turnschuhe können mitgebracht und gewogen werden.
Wie hoch ...?
– Die Sprunghöhe ist aus dem Sportunterricht bekannt.
– Die Höhe des Baumes muss mit etwas Messbarem verglichen werden, z.B. mit der Höhe des Stockwerks bis zu dem der Baum wächst.
Wie weit ...?
– Die Entfernung bis zum Bahnhof kann zu Fuß, mit dem Fahrrad, einem Messrad oder auf einer Karte gemessen werden.
– Die Wurfweite wird nachgemessen.
Wie viele ...?
– Die Anzahl der Schülerinnen und Schüler kann im Sekretariat erfragt werden.
– @ Die Anzahl der Einwohner findet man im Internet oder im Rathaus.
– Hierzu muss man beim Verein nachfragen.
Wie oft ...?
– Die „Ähs" eines Tages können nur mit einem Partner oder einer Partnerin zusammengezählt werden. Jedes Kind kann ein anderes Kind beobachten und die „Ähs" für eine Stunde zählen und für den Tag hochrechnen.
– Wie oft man am Tag eine Türklinke in die Hand nimmt, ist zählbar.
b) Individuelle Lösungen.

9 Die Besucherzahlen des Stadtfestes wurden nur geschätzt, da nicht alle Besucherinnen und Besucher gezählt werden können.
Beim Schätzen können die verkauften Speisen und Getränke die Vergleichsgrößen darstellen.

Trainingsmatte

Die Trainingsmatte wiederholt das schriftliche Rechnen aus Kapitel 2, bevor es in den folgenden Lerneinheiten beim Rechnen mit Größen und beim Lösen der Sachaufgaben wieder Anwendung findet.

1 Addition und Subtraktion von zwei und drei Zahlen jeweils mit und ohne Übertrag.

2 Multiplikation mit ein-, zwei und dreistelligem Multiplikator, Division durch ein- und zweistelligen Divisor.

3 Verbindung verschiedener Rechenarten, wobei „Punkt- vor Strichrechnung" zu beachten ist!

4 Wiederholung mathematischer Begriffe zu den Rechenarten in einfachen Textaufgaben.

Die Lösungen zur Trainingsmatte stehen im Schülerbuch auf Seite 171.

10 a) Bei allen vier Teilaufgaben sind die rote und die blaue Linie gleich lang. Die Linien um die rote und die blaue Linie herum lenken unsere Wahrnehmung ab.
(1) Hier wirkt die rote Linie eingeengt und somit schmaler.
(2) Die rote Linie scheint die ganze Spur auszufüllen und wirkt somit länger.
(3) Der blaue Strich hat nach oben beliebig viel Platz, er erscheint länger.
(4) Der rote Strich ist in das kleinste Parallelogramm eingeengt, er wirkt kürzer.
Durch Nachmessen kann man beweisen, dass die Linien jeweils gleich lang sind.
b) Die Figuren auf dem Bild sind gleich groß. Die hintere Figur wirkt durch die Perspektive größer. Auch hier liegt eine optische Täuschung vor.
c) Bei Zeitschätzungen ist die momentane persönliche Befindlichkeit entscheidend. Deshalb können sie auch bei einer einzelnen Person sehr unterschiedlich sein.
Bei Dingen, die man gerne tut, z.B. bei einer Lieblingsbeschäftigung, „vergeht die Zeit wie im Fluge".
Bei Dingen, die man nicht mag, vielleicht bei den Hausaufgaben, „vergeht die Zeit im Schneckentempo".

2 Länge

Ziel dieser Lerneinheit ist, die Vorstellung von Längen zu festigen. Die Längen unterschiedlicher Gegenstände werden geschätzt und gemessen. Dabei werden die aus der Grundschule bekannten **Maßeinheiten km, m, dm, cm** und **mm** wiederholt. Das Umrechnen der Längenmaße wird geübt und in Sachzusammenhängen angewendet.

Einstieg

1875 wurde der Urmeter in Paris eingeführt, seit 1889 wird er im Museum aufbewahrt. Bis dahin gab es – je nach Region – für Maße mit dem gleichen Namen unterschiedliche Längen. Der Unterschied wird am Beispiel der Maßeinheit „Fuß" deutlich. 1 Fuß war

in Baden 30 cm;   in Paris 32,5 cm;
in Bayern 29,2 cm;   im Rheinland 31,4 cm;
in Dresden 28,3 cm;   in den USA 30,48 cm;
in Finnland 35 cm;   in Württemberg 28,6 cm.

Das führte zum Streit zwischen den Ländern. Mit zunehmender Industrialisierung und dem damit verbundenen Handel über die Grenzen hinaus wurde es im 18. und 19. Jahrhundert notwendig, einheitliche Maßsysteme einzuführen.

Impulse

→ Wenn man die Längen der Körpermaße Handspanne, Elle, Fußlänge, Klafter oder Schritt kennt, kann man diese als Vergleichsgrößen beim Schätzen von Längen verwenden. Jedes Kind legt eine Liste seiner Körperlängen an. Anschließend wird die Länge, Breite und Höhe des Tischs in Handspannen gemessen. Die Ergebnisse werden miteinander verglichen, diskutiert und mit dem Maßband nachgemessen.

→ Um das Klassenzimmer auszumessen, müssen möglichst gleich lange Schritte gemacht werden. Jedes Kind schreibt seine Schrittlänge und die Anzahl der Schritte auf. Multipliziert man die Zahlen miteinander, können die Ergebnisse verglichen werden.

! Merkkasten

Neben den heute noch geläufigen Längenmaßen, gab es früher noch weitere, zwischen dem Meter und dem Kilometer liegende, Maße:
Dekameter (dam) und Hektometer (hm).
10 m = 1 dam;   10 dam = 1 hm;   10 hm = 1 km

Weiter geht's

→ Die Gegenstände haben folgende Längen:
Fingerdicke: 1 cm,   Hausbreite: 10 m,
Schrittlänge: 1 m,   Länge des Fußballfeldes: 100 m,
Breite der Kassette: 1 dm.
Als weitere Beispiele könnten noch der Millimeter und der Kilometer aufgenommen werden:
1 mm ≙ Dicke eines Streichholzes, 1 km ≙ Weg von der Schule bis zu einem markanten Punkt, den alle Kinder kennen.

Aufgaben

1 a) ein Streichholz, ein Regenwurm, die Breite eines Fahrradweges, die Länge eines Bettes, ein Pkw, ein Lkw
b) Streichholz ≈ 4 cm, Regenwurm ≈ 10 cm, Breite eines Fahrradweges ≈ 2 m, Bett ≈ 2 m, Pkw ≈ 4 m, Lkw ≈ 8 m

2 Beispiele: 1 mm: Dicke einer Bleistiftmine, Breite einer Stopfnadel, Dicke eines Nagels;
1 cm: die Breite eines Fingers, 2 Kästchen im Mathematikheft, die Dicke des Mathematikbuches;
1 dm: die Breite einer Handfläche, Breite einer DIN-A6-Karteikarte, die Hälfte von der Breite einer Mathematikheftseite; usw.
Die Dinge dieser Aufgabe finden als Vergleichsgrößen für das Schätzen von Längen in den folgenden Aufgaben immer wieder Verwendung. Alle genannten Angaben sollten, wenn möglich nachgemessen werden.

Randspalte

Die Vorsilben „milli", „zenti" und „dezi" der Maße geben die Umrechnungszahlen an. Wenn die Schülerinnen und Schüler diese Abkürzungen gelernt haben, müssen sie beim Umrechnen nicht mehr raten, sondern können auf ihr Wissen zurückgreifen.

⌂ Der Text auf der Randspalte eignet sich auch als Lernplakat für das Klassenzimmer. Dabei sollen auch die abgebildeten Strecken und – wenn der Platz reicht – eine Strecke von 1 m auf das Plakat gezeichnet werden.

Schwächere Schülerinnen und Schüler können dann durch Aneinanderlegen von 10 Strecken mit 1 dm Länge selbst erfahren, dass 10 dm = 1 m sind.

2 Länge

Früher benutzte man die Arme, die Beine oder die Finger zum Messen von Längen. Diese Körperteile sind aber nicht bei allen Menschen gleich lang. Du kannst dir sicher vorstellen, dass es deshalb mit diesen Maßen häufig Streit gab.

→ 👥 Benutze deine Arme, Füße oder Hände zum Messen von verschiedenen Gegenständen im Klassenzimmer. Vergleicht die Ergebnisse untereinander.
→ Schätze die Länge und Breite deines Klassenzimmers. Überprüfe dein Ergebnis durch Abschreiten.

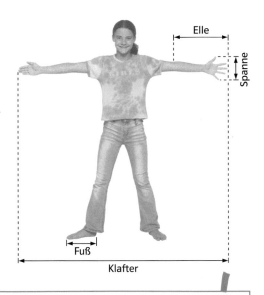

1 Klafter
= 4 Ellen
= 6 Fuß
= 8 Spannen
= 24 Handbreiten
= 96 Fingerbreiten

> Die Grundeinheit unserer Längenmessung ist 1 Meter (m). Weitere Längenmaße sind Millimeter (mm), Zentimeter (cm), Dezimeter (dm) und Kilometer (km).

*Eine **Größe** besteht aus Maßzahl und Maßeinheit.*

7 m
Maßzahl   Maßeinheit

Weiter geht's
→ 👥👥 Ordnet den Bildern Längenangaben zu. Sucht weitere Beispiele und erstellt ein Plakat zu den Längen für euer Klassenzimmer.

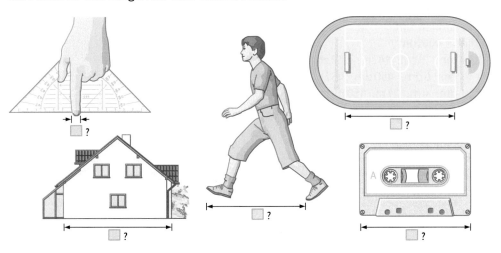

*Milli*meter
– der **tausendste** Teil eines Meters

*Zenti*meter
– der **hundertste** Teil eines Met,ers

*Dezi*meter
– der **zehnte** Teil eines Meters

1 Ordne der Länge nach.
a) ein Pkw, ein Regenwurm, ein Lkw, ein Streichholz, die Breite eines Fahrradweges, die Länge eines Bettes.
b) Schätze die Längen.

2 👥 Nennt jeweils drei Gegenstände, die ungefähr folgende Länge haben:

1 mm	1 cm	1 dm	1 m
5 mm	5 cm	5 dm	5 m
10 m	100 m	1 km	10 km

3 Auf der Randspalte ist ein Lineal abgebildet. Stelle fest,
a) wie viele Millimeter 1 cm entsprechen,
b) wie viele Zentimeter 1 dm entsprechen,
c) wie viele Millimeter 1 dm entsprechen.

4 Tom behauptet: „Ein Meter ist genau so lang wie 10 Dezimeter."
Ute meint: „Ein Meter ist genau so lang wie 100 Dezimeter."
Mirko vermutet: „Ein Meter ist genau so lang wie 1000 Millimeter."
Wer hat Recht?

5 Übertrage die Übersicht im Infokasten in dein Heft und ergänze die Leerstellen.

1 dm 1 cm 1 mm

Bastel den Dezimeter-Streifen nach. Miss eine Strecke von einem Meter und verschiedene Gegenstände in deiner Klasse. Notiere die Ergebnisse in deinem Heft.

Umwandeln von Längen
Kilometer (km)
Meter (m)
Dezimeter (dm)
Zentimeter (cm)
Millimeter (mm)

1 km = 1000 m
1 m = ☐ dm
1 dm = ☐ cm
1 cm = ☐ mm

---

6 Wandle die Längen in die angegebene Einheit um.
40 cm = 400 mm
a) in mm: 9 cm; 14 cm; 560 cm
b) in cm: 6 dm; 480 dm; 452 dm
c) in dm: 4 m; 21 m; 150 m; 198 m
d) in m: 2 km; 12 km; 135 km

7 Wandle um.
350 dm = 35 m
a) in m: 50 dm; 370 dm; 5800 dm
b) in dm: 70 cm; 8800 cm; 90 900 cm
c) in cm: 110 mm; 2500 mm; 1350 mm
d) in km: 15 000 m; 21 000 m; 100 000 m

8 Schreibe in der gemischten Schreibweise.
75 dm = 7 m 5 dm
a) 91 dm; 69 dm; 101 dm; 253 dm
b) 213 cm; 901 cm; 1050 cm; 2578 cm
c) 12 mm; 350 mm; 1030 mm; 2605 mm
d) 797 dm; 1000 dm; 5736 cm; 3207 cm

9 Wandle die Längen in die angegebene Einheit um.
2 m 20 cm = 200 cm + 20 cm
          = 220 cm
a) in cm: 4 m 70 cm; 9 m 2 cm;
   3 dm 4 cm; 7 m 8 dm; 2 m 5 dm 3 cm
b) in mm: 13 cm 8 mm; 4 dm 8 mm;
   4 dm 3 cm 9 mm; 7 m 6 cm 5 mm
c) in m: 4 km 457 m; 15 km 897 m;
   5 km 67 m; 6 km 4 m

10 Entfernungsangaben auf Wegweisern und Verkehrsschildern findest du häufig in Kommaschreibweise.
Was bedeuten die Angaben?

Grillplatz 2,7 km
Wildgehege 300 m

Badesee 13,5 km

2,8 m

11 Übertrage die Tabelle in dein Heft und ergänze die fehlenden Werte.

	m	dm	cm	mm
	1,5	15	150	1500
a)	2,5			
b)		300		
c)			550	
d)				1000

12 Rechne in m um. Gib das Ergebnis in der gemischten Schreibweise und in der Kommaschreibweise an.
715 cm = 7 m 15 cm
       = 7,15 m
a) 890 cm; 135 cm; 1775 cm; 907 cm
b) 15 000 cm; 42 132 cm; 98 004 cm
c) 17 dm; 139 dm; 670 dm; 3224 dm

13 Ordne aufsteigend.
a) 4 m 6 dm; 4,06 m; 466 cm
b) 1030 m; 1 km 3 m; 10 km 30 m
c) 0,85 m; 8 dm 50 cm; 85 dm
d) 1,21 dm; 1,12 m; 1 m 2 dm
e) 4 m 44 dm; 40 m 4 dm; 44,44 m

Mithilfe der Aufgaben 3 bis 5 erarbeiten sich die Schülerinnen und Schüler den Inhalt der darauf folgenden Information selbstständig.

3 a) 10 mm = 1 cm
b) 10 cm = 1 dm
c) 100 mm = 1 dm
Bei Aufgabe c) zählen die Kinder die Striche auf dem Lineal nicht mehr ab.

4 Toms Aussage stimmt, da 1 dm = 10 cm und somit 10 dm = 10 · 10 cm = 100 cm = 1 m sind.
Utes Aussage stimmt nicht. 100 dm = 1000 cm = 10 m.
Mirkos Aussage stimmt. „Milli" bedeutet tausendstel.

5 Mit dem Wissen, das die Kinder zu Beginn der Lerneinheit erworben haben, sollten sie den Infokasten gemeinsam ausfüllen können. Einfacher ist es unten zu beginnen.

i Information   **Umwandeln von Längen**

1 cm = 10 mm
1 dm = 10 cm
1 m = 10 dm
1 km = 1000 m (kilo bedeutet „tausend")
Diese Umrechnungszahl wird mithilfe der alten Maße deutlich:
1 km = 10 hm; hm bedeutet Hektameter
1 hm = 10 dam; dam bedeutet Dekameter
1 dam = 10 m

6 *Bei den Teilaufgaben a) bis c) ist die Umrechnungszahl 10, bei d) 1000.*
a) 90 mm; 140 mm; 5600 mm
b) 60 cm; 4800 cm; 4520 cm
c) 40 dm; 210 dm; 1500 dm; 1980 dm
d) 2000 m; 12 000 m; 135 000 m

7 *Bei den Teilaufgaben a) bis c) ist die Umrechnungszahl 10, bei d) 1000.*
a) 5 m; 37 m; 580 m
b) 7 dm; 880 dm; 9090 dm
c) 11 cm; 250 cm; 135 cm
d) 15 km; 21 km; 100 km

8 a) 9 m 1 dm; 6 m 9 dm; 10 m 1 dm; 25 m 3 dm
b) 2 m 1 dm 3 cm; 9 m 1 cm; 10 m 5 dm; 25 m 7 dm 8 cm
c) 1 cm 2 mm; 3 dm 5 cm; 1 m 3 cm; 2 m 6 dm 5 mm
d) 79 m 7 dm; 100 m; 57 m 3 dm 6 cm; 32 m 7 cm

9 a) 470 cm; 902 cm; 34 cm; 780 cm; 253 cm
b) 138 mm; 408 mm; 439 mm; 7065 mm
c) 4457 m; 15 897 m; 5067 m; 6004 m

10 Der Grillplatz liegt 2 km und 700 m rechts von dem Schild, bis zum Wildgehege sind es noch 300 m. Der Badesee liegt $13\frac{1}{2}$ km in die entgegengesetzte Richtung. Das andere Schild gibt eine Maximalhöhe an. Ein Fahrzeug, das hier lang fährt, darf höchstens 2 m und 80 cm hoch sein.

11

	m	dm	cm	mm
a)	2,5	25	250	2500
b)	30	300	3000	30 000
c)	5,5	55	550	5500
d)	1	10	100	1000

12 a) 8 m 90 cm = 8,90 m; 1 m 35 cm = 1,35 m; 17 m 75 cm = 17,75 m; 9 m 7 cm = 9,07 m
b) 150 m = 150,00 m; 421 m 32 cm = 421,32 m; 980 m 4 cm = 980,04 m
c) 1 m 70 cm = 1,7 m; 13 m 90 cm = 13,9 m; 67 m = 67,0 m; 322 m 40 cm = 322,4 m

13 *Für Kinder mit Schwierigkeiten ist es einfacher, alle Angaben in der gleichen Einheit darzustellen.*
a) 4,06 m = 406 cm; 4 m 6 dm = 460 cm; 466 cm
4,06 m < 4 m 6 dm < 466 cm
b) 1 km 3 m = 1003 m; 1030 m; 10 km 30 m = 10 030 m
1 km 3 m < 1030 m < 10 km 30 m
c) 0,85 m = 85 cm; 8 dm 50 cm = 80 cm + 50 cm = 130 cm; 85 dm = 850 cm
0,85 m < 8 dm 50 cm < 85 dm
d) 1,21 dm; 1,12 m = 11,2 dm; 1 m 2 dm = 12 dm
1,21 dm < 1,12 m < 1 m 2 dm
e) 4 m 44 dm = 40 dm + 44 dm = 84 dm
40 m 4 dm = 400 dm + 4 dm = 404 dm; 44,44 m = 444,4 dm
4 m 44 dm < 40 m 4 dm < 44,44 m

Die Aufgaben 14 und 15 bereiten den Inhalt der Information vor. Addieren die Kinder die Zahlen ohne vorher umzuwandeln, kann man auf die Größenvorstellung hinweisen. Man könnte fragen: Wie weit sind die Längenangaben von der eigenen Schule entfernt?

14 Um die Angaben addieren zu können, müssen sie in die gleiche Einheit umgewandelt werden.
1,55 m = 155 cm
180 cm + 155 cm = 335 cm
Mario benötigt 335 cm. (3 m 35 cm oder 3,35 m)

15 Hier wird in Meter oder in Dezimeter gerechnet.
Nadine 5200 m, Franzi 7600 m, Ayshe 450 m, Dennis 1450 m, Elena 3050 m, Admir 380 m. Der gesamte Schulweg ist 18 130 m lang.

i Information

Um Dezimalzahlen beim Rechnen zu vermeiden, wandelt man die Größen vor der Addition bzw. Subtraktion häufig in kleinere Maßeinheiten um. Das führt allerdings zu großen Zahlen. Daher entscheidet man sich manchmal doch für eine größere Einheit.
Zum Beispiel:
  1300 cm + 45 dm + 2,5 m =
  1300 cm + 450 cm + 250 cm = 2000 cm
oder 130 dm + 45 dm + 25 dm = 200 dm
Der häufigste Fehler ist, dass beim Umwandeln die Nullen vergessen werden.
Zum Beispiel:
4 km 13 m = 4000 m + 13 m = 4013 m

16

a) 185 m
  116 m
  487 m

b) 455 cm
  1445 cm
  1100 cm

Bei der Subtraktion kann die so genannte „Borgetechnik" verwendet werden.

c) 67 m − 12 cm =
  66 m 100 cm − 12 cm =
  66 m 88 cm;
  791 cm;
  6250 mm

d) 15 m − 345 cm =
  1500 cm − 345 cm =
  1155 cm;
  12 450 m;
  1199 915 cm

17

a) 20 m 7 dm
c) 16 m 24 cm
e) 6 m 6 dm

b) 14 m 15 cm
d) 9 cm 1 mm

18 *Die Kinder rechnen mit Dezimalzahlen oder sie rechnen in kleineren Einheiten um.*

a) 9,39 m
  9,52 m

b) 19,90 m
  10,97 m

c) 11,20 m
  41,81 m

d) 6850 m
  9,60 km

19 a) Bei dieser Aufgabe wird ganz grob geschätzt, wie weit jedes Kind von der Schule entfernt wohnt. Von diesen Entfernungen nimmt man den Mittelwert und multipliziert ihn mit der Anzahl der Kinder der Klasse. (Man könnte auch die Entfernungen für ihren Schulweg schätzen lassen und diese addieren.) Mit 5 multipliziert erhält man die „Wochenlaufleistung" der Klasse. Die Nord-Süd-Erstreckung Deutschlands beträgt rund 1000 km.
b) Um die Schätzung aus Aufgabe a) überprüfen zu können, werden die genauen Entfernungen ermittelt.
c) 32 000 m : 5 = 6400 m (pro Tag)
6400 m : 2 = 3200 m (ein Weg)
Sarah muss an einem Tag 6,4 km zurücklegen, sie wohnt 3,2 km von der Schule entfernt.

20

a) 105 m; 152 dm
c) 4489 km; 10 791 cm
e) 25 m; 56 mm

b) 437 cm; 945 dm
d) 12 dm; 12 mm
f) 89 km; 99 cm

21 a) Ein Stück Schnur ist 15 cm lang.
b) Das Halbieren der Schnur ergibt zwei Stücke. Das Halbieren von jedem Stück ergibt vier Stücke. Erneutes Halbieren der kleineren Stücke ergibt acht Stücke.
Diese Aufgaben kann mit einem Wollfaden ausprobiert werden. Auch ein Faden beliebiger Länge kann durch mehrmaliges Halbieren in acht gleich lange Stücke geteilt werden. Man kann mit dreimal Schneiden auskommen.

22 a) 10,50 m   r   S
b) 29 dm   r   P
c) 2975 dm   f   –
d) 6 dm   r   O
e) 3 m   f   –
f) 33 cm   r   R
g) 2235 mm   r   T
Das Lösungswort heißt SPORT.

14 Mario hilft seiner Mutter beim Zu-
sammenbinden von Altpapier. Für die
Zeitungen braucht er 180 cm Schnur
und für die Zeitschriften 1,55 m. Wie viel
Schnur braucht er insgesamt?

15 Susanne und Gamal haben die
Länge der Schulwege ihrer Klassen-
kameraden recht merkwürdig notiert.
Nadine 5,2 km   Franzi   7600 m
Ayshe 4500 dm   Dennis 1 km 450 m
Elena 3,05 km   Admir   380 m
Wie lang sind ihre Schulwege zusam-
mengerechnet?

Längenangaben kann
man addieren oder
subtrahieren, wenn sie
in derselben Maßeinheit
angegeben sind.

Ist die Maßeinheit verschieden,
müssen sie vorher in eine gemeinsame Einheit umgewandelt werden.

16 Berechne.
a) 172 m + 13 m   b) 43 dm + 25 cm
   21 m + 95 m   12 m + 245 cm
   145 m + 342 m   10 m + 100 cm
c) 67 m − 12 cm   d) 15 m − 345 cm
   89 dm − 99 cm   13 km − 550 m
   7 m − 750 mm   12 km − 85 cm

17 Schreibe das Ergebnis in der
gemischten Schreibweise.
a) 3 m 4 dm + 17 m 3 dm
b) 8 m 35 cm + 5 m 80 cm
c) 4 m 8 cm + 12 m 16 cm
d) 12 cm 5 mm − 3 cm 4 mm
e) 106 m 5 dm − 99 m 9 dm

18 Schreibe das Ergebnis in der
Kommaschreibweise.
a) 6,12 m + 3,27 m   b) 12,50 m + 7,40 m
   7,34 m + 2,18 m   3,45 m + 7,52 m
c) 45,90 m − 34,70 m d) 7,2 km − 350 m
   98,69 m − 56,88 m   800 m + 8,8 km

19 👥
a) Michael schätzt:
„Die Schulwege
aller Kinder in un-
serer Klasse erge-
ben in einer Woche
eine Strecke, die
länger ist als
Deutschland in
der Nord-Süd-Erstreckung."
Was meint ihr?
b) 👥👥 Bestimmt die Entfernung zwischen eurem Wohnort und der Schule
mit dem Fahrradtacho. Berechnet, wie
viele Kilometer euer Schulweg in der
Woche, im Monat, in einem Schuljahr
beträgt.
c) Sarah legt auf ihrem Schulweg in
einer Woche 32 km zurück.
Wie viele Kilometer muss sie an einem
Tag zurücklegen? Wie weit wohnt sie von
der Schule entfernt?

Wie viele
Kinder?

Wie viele km?

Wie viele Tage?
...

? km

20 Berechne.
a) 7 · 15 m;   8 · 19 dm
b) 19 · 23 cm;   21 · 45 dm
c) 67 · 67 km;   109 · 99 cm
d) 108 dm : 9;   144 mm : 12
e) 325 m : 13;   672 mm : 12
f) 1869 km : 21;   9801 cm : 99

21 Zum Basteln muss eine Schnur von
120 cm Länge in acht gleich lange Stücke
geschnitten werden.
a) Wie lang ist ein Stück Schnur?
b) Wie erhältst du acht gleich lange Teil-
stücke ohne zu messen?

22 Richtig oder falsch?
Die Buchstaben bei den richtigen Ergebnissen ergeben ein Lösungswort.
a) 12 m − 150 cm = 10,50 m   (S)
b) 145 dm : 5 = 29 dm   (P)
c) 3 km − 250 dm = 750 dm   (A)
d) 15 · 40 mm = 6 dm   (O)
e) 200 · 15 cm = 3 m   (L)
f) 132 cm : 4 = 33 cm   (R)
g) 22 dm + 35 mm = 2235 mm   (T)

23 👥👥👥 Jede Schülerin und jeder Schüler eurer Klasse gibt einen Tipp ab für die Länge des Klassenzimmers.
Addiert alle Schätzergebnisse und teilt diesen Wert durch die Anzahl der Schülerinnen und Schüler, die geschätzt haben. Das ist der Mittelwert der Schätzergebnisse.
Vergleicht diesen Wert mit dem gemessenen Ergebnis.

24 Bei einem Schwimm-Wettbewerb ist die 4 × 100-m-Staffel am Start. Wie viele Bahnen müssen im 50-m-Becken zurückgelegt werden?

25 Bei einem Staffellauf werden insgesamt 62,500 km zurückgelegt. Jeder Läufer legte eine Strecke von 2500 m zurück.
Wie viele Läufer waren am Start?

26 Aishe, Konrad und Philipp gehen in die gleiche Klasse. Aishes Schulweg ist 350 m lang. Philipp muss nur die Hälfte gehen und Konrads Weg ist 4-mal so lang wie der von Philipp.
a) Wie lang sind die einzelnen Wege?
b) Wie oft muss Aishe gehen, bis sie die gleiche Schulwegstrecke wie Konrad zurückgelegt hat?

Alte Maße

Lesen

1 Fuß betrug früher in ...

Baden	*30 cm*
Bayern	*29,2 cm*
Dresden	*28,3 cm*
Rheinland	*31,4 cm*
Paris	*32,5 cm*
Düsseldorf	*28,74 cm*

Das Meter ist zwar schon 200 Jahre alt, aber dennoch sind in vielen Bereichen die alten Maße recht beharrlich.

Moderne ICE-Züge fahren auf einer Spurweite von 4 *Fuß* und 8,5 *Zoll* (14,35 m), und Piloten fliegen ihre Jets in 10 000 Fuß Höhe. Felgendurchmesser beim Fahrrad und beim Auto werden in Zoll angegeben.
Diese Maße waren allerdings selten einheitlich. So schwankte die Länge des Fußes zwischen 25 cm und 35 cm.

Die heute noch gebräuchliche Längeneinheit Fuß wurde vor 1000 Jahren von König Edgar festgelegt: „36 der Länge nach aneinander gelegte Gerstenkörner aus der Mitte der Ähre."
1 Fuß (englisch: 1 foot) = 30,48 cm.

Die im Sport häufig anzutreffende Längeneinheit *Yard* wurde von Heinrich I. (1068–1135) als die Länge seines Armes festgelegt und das waren etwa 91 cm.
1 Yard = 3 Feet = 36 Inches.
1 Inch = 2,54 cm (deutsch: 1 Zoll).

16 Fuß = 1 Rute

4 Fuß = 1 m?

23 Der Mittelwert der Schätzungen liegt vermutlich näher beim genauen Messwert als viele der Schätzungen.

Die einzelnen Schätzungen, der Mittelwert und das genaue Messergebnis können in einem Blockdiagramm dargestellt und dann von der Klasse ausgewertet werden. Wie weit liegen die Schätzungen vom Messergebnis entfernt? Wo liegt der Mittelwert? Wie sind die Schätzungen verteilt?

24 Pro 100 m müssen zwei Bahnen geschwommen werden, daher sind es insgesamt acht Bahnen.

25 62,500 km = 62 500 m
62 500 m : 2500 m = 25
Es waren 25 Läufer am Start.

26 a) Philipps Schulweg ist 175 m und Konrads 700 m lang.
b) Aishe muss zweimal gehen.
Das Zeichnen einer Skizze kann hilfreich sein.

Konrad

Philipp

Aishe

Weiteres Angebot **Arbeiten mit dem Atlas**
⌂ **Geografie** Die Schülerinnen und Schüler können mit dem Atlas arbeiten und sich über die Bedeutung der Farben in Bezug auf Höhen und Tiefen auf Landkarten informieren. Die Farben haben folgende Bedeutung: Je dunkler die blaue Farbe ist, desto tiefer sind die Meere. Grün wird für Landhöhen bis etwa 200 Meter verwendet. Je dunkler das Braun wird, desto höher sind die Berge.
Markante Punkte werden in einer Tabelle festgehalten, z. B. der höchste oder der niedrigste Punkt, an dem ein Kind je war.

Höhenangaben in m über dem Meeresspiegel (m. ü. M.)	
Zugspitze	2963 m
Wurmberg	971 m
Langenberg	843 m
Eberskopf	816 m
Dein Heimatort	? m

Alte Maße **Lesen**
Das Meter wurde 1795 von der französischen Nationalversammlung als der zehnmillionste Teil des Erdmeridianquadranten festgelegt. 1889 wurden in Paris Kopien vom Urmeter, einem Stab mit zwei auf einen Platin-Iridium-Stab geritzten Linien mit x-förmigem Querschnitt, an alle Mitgliedstaaten der sog. Meterkonvention verteilt. 1983 wurde das Längenmaß Meter abermals neu definiert. Ein Meter ist heute die Strecke, die das Licht im Vakuum während der Dauer von $\frac{1}{299\,792\,458}$ Sekunden durchläuft.

Mit zunehmender Industrialisierung und dem damit verbundenen Handel über die Grenzen hinaus wurde es im 18. und 19. Jahrhundert notwendig, einheitliche Maßsysteme einzuführen.
Die noch heute üblichen Maße sind wie folgt festgelegt und werden im englischen Sprachraum noch heute verwendet:
1 Zoll = 2,54 cm, es gilt 12 Zoll = 1 Fuß
1 Fuß = 30,48 cm, es gilt 3 Fuß = 1 Yard
1 Yard = 91,44 cm
(Das engl. Wort yard bedeutet Gerte oder Messrute.)
– Die Spurweite des ICE beträgt:
  4 Fuß 8,5 Zoll =
  $4 \cdot 30,48$ cm $+ 8,5 \cdot 2,54$ cm =
  121,92 cm + 21,59 cm = 143,51 cm
– Das Flugzeug in 10 000 Fuß Höhe fliegt 3048 m über der Erde.
– Die Felgendurchmesser beim Fahrrad beginnen mit 12 Zoll (30,48 cm) beim Kinderfahrrad und gehen bis 28 Zoll (71,12 cm) beim Erwachsenenfahrrad.
– Die Einheit Yard wird heute noch bei Sportarten verwendet, die aus dem englischen Sprachraum kommen, so z. B. bei Football, Baseball, Golf, Bowl, …

Weiteres Angebot **Meile**
Ein weiteres englisches Maß ist die Meile, sie beträgt 1852 m. Das Wort stammt vom lateinischen „milia (passuum)" und bedeutet tausend Doppelschritte. Die Meile findet heute noch in der Schifffahrt Verwendung. Die Geschwindigkeit von Schiffen wird in Seemeilen pro Stunde, auch Knoten genannt, gemessen.

3 Maßstab

In dieser Lerneinheit lernen die Kinder Entfernungen auf Karten zu lesen, und zu verstehen, wie groß diese Entfernungen in Wirklichkeit sind. Will man die „Wirklichkeit" abbilden, ist dies selten mit den Orginalmaßen möglich, auf Bauplänen oder Landkarten ist sie verkleinert dargestellt. Sehr kleine Objekte werden vergrößert dargestellt, damit Details erkennbar sind. Auch hier lernen die Kinder mithilfe des Maßstabs die reale Größe zu bestimmen.

Einstieg

Will eine Familie am Wochenende eine Fahrradtour unternehmen, so ist es notwendig zu prüfen, ob die Strecke von allen Familienmitgliedern bewältigt werden kann. Häufig kennt man die Länge bereits gefahrener Strecken und weiß, ob eine bestimmte Entfernung zu schaffen ist. Auf der Fahrradkarte sind neben den Entfernungen auch die Höhenmeter eingezeichnet. Außerdem ist zu sehen, ob die Strecke entlang einer Straße oder über Nebenstrecken führt.

Impulse

→ Auf Karten werden in der Regel nur Luftlinien gemessen (hier ca. 11 cm). Will man Entfernungen entlang von Wegen oder Straßen genauer messen, kann man kleinere Teilstrecken mit dem Lineal messen oder die Strecke mit einem Faden nachlegen und anschließend die Länge des Fadens messen (ca. 14 cm).
Ist die Länge des Fadens ermittelt, benötigt man den Maßstab, um zu wissen, wievielmal vergrößert oder verkleinert wurde.

→ Der Maßstab gibt an, mit wie viel man die auf der Karte gemessene Strecke multiplizieren muss, um die reelle Strecke zu ermitteln.
Luftlinie: 11 cm · 50 000 = 550 000 cm = 5,5 km,
Faden: 14 cm · 50 000 = 700 000 cm = 7 km
Die Entfernung beträgt etwa 7 km. *Die Strecke kann auch mit einem Landkartenkilometermesser ermittelt werden. Durch Einstellen des Maßstabes und Entlangrollen der Strecke kann die reelle Entfernung abgelesen werden.*

→ Neben der Durchschnittsgeschwindigkeit muss die Anzahl und Länge der Pausen festgelegt werden. Die reine Fahrzeit beträgt je nach Geschwindigkeit ungefähr eine halbe Stunde.

! Merkkasten

Im Merkkasten wird der Maßstab 1:100 000 eingeführt. Mit diesem Maßstab lässt sich gut rechnen, da 1 cm auf der Karte 1 km in der Realität entspricht. Zum besseren Verständnis sollten die Kinder viele verschiedene Maßstäbe kennen lernen.

Weiter geht's

→ Beim Maßstab 1:2 wird die Länge halbiert, da 2 cm in der Realität 1 cm auf der Zeichnung entsprechen.

10 cm
Maßstab 1:2

5 cm in der Realität ≙ 1 cm auf der Zeichnung:

10 cm
Maßstab 1:5

1 cm auf der Karte ≙ 10 cm in der Realität:

10 cm
Maßstab 1:10

→ Mögliche Maßstäbe: 1:2 (50 cm Strecke quer im Heft); 1:4 (25 cm); 1:5 (20 cm); 1:8 (12,5 cm); 1:10 (10 cm); 1:20 (5 cm); 1:25 (4 cm); 1:50 (2 cm); 1:100 (1 cm) und 1:200 (0,5 cm).

→ Hat der Tisch zum Beispiel die gerundeten Maße 60 cm Breite und 100 cm Länge, so könnte er im Maßstab 1:10, 1:5 oder 1:20 gezeichnet werden.

→ Auf Karten findet man folgende Maßstäbe vor.

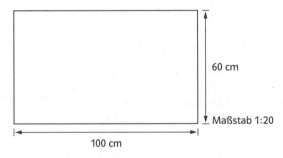

60 cm

Maßstab 1:20

100 cm

→ Landkarten: 1:100 000; 1:200 000; 1:400 000
Wanderkarten: 1:25 000; 1:30 000; 1:50 000
Stadtpläne: 1:20 000; 1:30 000
Atlanten: 1:1 000 000; 1:3 000 000; 1:5 000 000
Gröbere Maßstäbe findet man bei Bauplänen oder im Grundbuch.

3 Maßstab

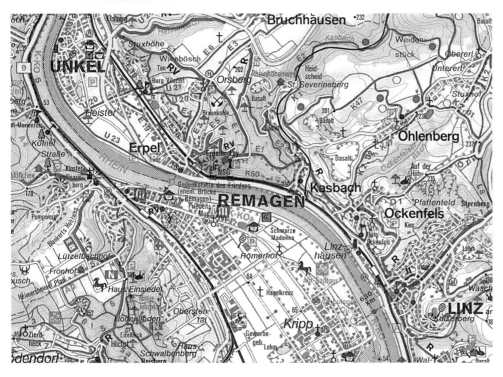

1:50 000

0   0,5   1 km

Familie Holl wohnt in Linz. Sie fahren am Sonntag mit dem Fahrrad am Rhein entlang nach Unkel. Die Kinder Simone und Janine möchten mithilfe der Radkarte herausfinden, wie lang die Strecke ist.

→ Wie könnten die beiden dies lösen? Welche Hilfsmittel bieten sich an?
→ Neben der Karte ist ein Maßstab angegeben. Was bedeutet er?
→ Wie lang ist die Familie wohl unterwegs?

1:100 000
lies:
„1 zu 100 000"

> Der **Maßstab** einer Karte gibt das Maß ihrer Verkleinerung an.
> Ein Maßstab 1:100 000 bedeutet:
> Das Gebiet ist auf der Karte 100 000-mal kleiner abgebildet als in der Natur.
> Also entspricht 1 cm auf der Karte 100 000 cm = 1 km in der Wirklichkeit.

Weiter geht's

→ Zeichne eine 10 cm lange Strecke in den Maßstäben 1:2; 1:5 und 1:10 in dein Heft. Wievielmal kleiner ist die Strecke jeweils im Heft als in der Realität?
→ ⚇ In welchem Maßstab könnt ihr eine 1 m lange Strecke in euer Heft zeichnen? Findet mehrere Möglichkeiten. Stellt sie der Klasse vor.
→ ⚇ Zeichnet eure Tischplatte und die Grundfläche eures Klassenzimmers ins Heft. Welche Maßstäbe sind geeignet?
→ Suche auf Landkarten, Wanderkarten, in Stadtplänen oder Atlanten weitere Maßstäbe. Welche findest du? Erkläre, was sie bedeuten.

1 In welchem Maßstab werden die einzelnen Pläne und Karten dargestellt? Ordne richtig zu. Wie gehst du vor?
1:100   1:25 000   1:3 000 000
1:25 000 000   1:90 000 000

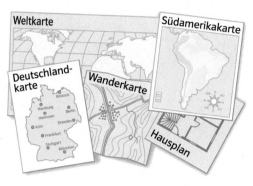

2 Nimm einen Atlas zur Hand. Ermittle die Entfernungen (Luftlinie).
a) Bonn–Berlin
b) Trier–Leipzig
c) 👥 Wähle eigene Städtepaare aus und lass deine Partnerin oder deinen Partner die Entfernung ermitteln.
d) Wie groß ist die Entfernung auf der Straße? Wie kannst du das herausfinden?

Die Entfernung per Luftlinie entspricht der Länge einer gespannten Schnur auf der Karte.

3 a) Wie weit ist es in Luftlinie von Talhausen nach Bergdorf? Miss von Ortsmitte zu Ortsmitte.
b) Wie weit ist es auf der Straße von einem Ort zum anderen? Schätze zuerst und miss dann so gut es geht. Wie groß ist der Umweg gegenüber der Luftlinie?
c) Wie weit ist es von Talhausen zur Straße L 111, wenn man geradeaus quer über die Felder und durch den Wald geht?

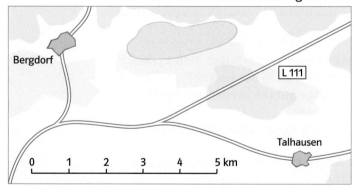

4 Dies ist der Lageplan eines Schulgeländes. Eine Kästchenlänge entspricht 12 m in der Wirklichkeit.

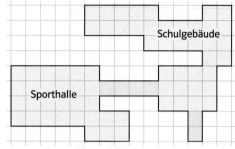

a) Übertrage den Plan in dein Heft.
b) Berechne alle Längen in Wirklichkeit.
c) Zeichne euer Schulgebäude ebenso.

5 Vervollständige die Tabelle im Heft.

Maßstab	1 cm auf der Karte sind in der Natur		
	cm	m	km
1:10 000	10 000	100	0,1
1:50 000			
1:200 000			

6 Vervollständige die Tabelle im Heft.
a) Wie lang sind die Strecken in Wirklichkeit?

Maßstab	1 cm	4 cm	8 cm	16 cm
1:1000	10 m			
1:4000				
1:8000				

b) Wie lang müssen die Strecken auf der Karte sein?

Maßstab	1 m	4 m	8 m	16 m
1:100	10 mm			
1:500				
1:1000				

7 Elefanten werden bis zu 3,50 m groß. Welcher Maßstab passt am ehesten zum Elefanten von Seite 104?
1:5; 1:10; 1:50; 1:1000 oder 1:500

Aufgaben

1 Beim Sortieren wird der Maßstab mit der kleinsten Zahl hinter dem Doppelpunkt dem detailliertesten Plan zugeordnet und der mit der größten Zahl dem gröbsten Plan.

Hausplan	1 : 100
Wanderkarte	1 : 25 000
Deutschlandkarte	1 : 3 000 000
Südamerikakarte	1 : 25 000 000
Weltkarte	1 : 90 000 000

Es bietet sich an, verschiedene Pläne oder Karten bezüglich ihres Maßstabs zu betrachten. Das kann der Plan eines Zimmers oder des Schulhauses, der Stadtplan oder eine Autokarte sein.
Mit diesen Beispielen kann das Berechnen von Strecken in der Wirklichkeit geübt und die Vorstellung beim Kartenlesen vertieft werden.

2 *Da die Schülerinnen und Schüler die Multiplikation von Dezimalzahlen noch nicht im Unterricht gelernt haben, können die Entfernungen auf der Karte auch in Millimetern (mm) gemessen werden oder die Zentimeter-Angaben werden auf volle cm gerundet. Durch das Runden ändern sich dann auch die Ergebnisse.*
a) ca. 570 km
b) ca. 520 km
c) Individuelle Lösungen.
d) Um die Entfernung genauer zu ermitteln können Teilstrecken gemessen werden oder ein Faden auf die Strecke gelegt werden.
@ Auch ein Routenplanprogramm im Internet liefert exaktere Werte für die Entfernungen.

3 a) Die Entfernung beträgt ungefähr 7 cm auf der Karte. Das entspricht 7 km in der Realität.
b) Man misst mit einem Faden etwa 10 cm, das entspricht 10 km. Die Entfernung ist um 3 km größer.
c) ca. 25 mm, also 2500 m (oder auch 2,5 km)

4 a) *Auf eine Darstellung wird aus Platzgründen verzichtet.*
b) Alle Längen zusammen ergeben 924 m, da eine Kästchenlänge 12 m in der Wirklichkeit entspricht.
c) Individuelle Lösung
Wer das Schulgebäude nicht abmessen möchte, kann direkt am Grundriss der Schule arbeiten.

5

Maßstab	1 cm auf der Karte sind in der Natur		
	cm	m	km
1 : 10 000	10 000	100	0,1
1 : 50 000	50 000	500	0,5
1 : 200 000	200 000	2000	2

Die Zahl, die im Maßstab angegeben wird, findet man in der ersten Spalte wieder. Um von cm auf m zu kommen wird durch 100 geteilt und von m zu km durch 1000.

6 a) Beim Maßstab 1 : 1000 entspricht 1 cm auf der Karte 1000 cm in Wirklichkeit. 1 cm $\triangleq$ 10 m.

Maßstab	1 cm	4 cm	8 cm	16 cm
1 : 1000	10 m	40 m	80 m	160 m
1 : 4000	40 m	160 m	320 m	640 m
1 : 8000	80 m	320 m	640 m	1280 m

b) Beim Maßstab 1 : 100 entspricht 1 m in Wirklichkeit 1 cm auf der Karte, weil 1 cm $\triangleq$ 100 cm.
Bei vielen Aufgaben ist es einfacher, die Ergebnisse in Millimetern anzugeben, so ist die Regelmäßigkeit besser zu erkennen.

Maßstab	1 m	4 m	8 m	16 m
1 : 100	10 mm	40 mm	80 mm	160 mm
1 : 500	2 mm	8 mm	16 mm	32 mm
1 : 1000	1 mm	4 mm	8 mm	16 mm

7 Der Elefant auf der Auftaktseite ist im Stehen etwa 5 cm hoch.
In der Realität ist er 250 cm hoch.
250 cm : 5 cm = 50.
Der Maßstab, der am besten passt, ist 1 : 50.

8 a) 1:100
b) 1:200
c) 1:100 000
d) 1:200 000
Als Anwendung könnten den Kindern Karten ohne Angabe des Maßstabs vorgelegt werden. Dazu brauchen sie die Entfernung zweier Punkte. Also z.B. eine Deutschlandkarte und die tatsächliche Entfernung zweier Großstädte. Messen die Kinder die Entfernung der Städte, so können sie den Maßstab der Karte selbst ermitteln.

9 a) Maßstab 1:50; Länge 16 cm; Breite 10 cm; oder Maßstab 1:100; Länge 8 cm; Breite 5 cm.
Welcher Maßstab am geeignetsten ist, hängt von der jeweiligen Sportplatz- und Schulhausgröße ab.
b) Maßstab 1:500 oder Maßstab 1:1000
c) Maßstab 1:200 oder 1:500 oder 1:1000
Es spielt natürlich auch eine Rolle, wie groß man den fertigen Plan haben möchte.

10 a) Der D-Zug hat in Wirklichkeit eine Länge von 26,10 m, denn 30 cm · 87 = 2610 cm.
b) Die Strecke wäre in Wirklichkeit 696 m lang, denn 87 · 8 m = 696 m.
c) Ein Mensch wäre 1,74 m groß, denn 87 · 2 cm = 174 cm.
d) 200 m : 87 = 2 Rest 26
Der ICE wäre länger als 2 m.

11 a) 18 · 25 cm = 450 cm.
Das Auto ist im Original 4,50 m lang.
b) 11 cm · 42 = 462 cm.
Das Originalauto ist 4 m 62 cm lang.
c) *Um diese Aufgabe rechnen zu können, werden die Längeneinheiten gerundet und in Zentimeter umgerechnet.*
480 cm : 16 cm = 30
Der Maßstab beträgt etwa 1:30.
Anhand von mitgebrachten Bastel- oder Bauanleitungen und anhand von selbst gebauten Modellautos oder -schiffen kann erkundet werden, wie groß die Gegenstände in der Wirklichkeit sind.

Papiertüten basteln   Basteln

Bastelanleitungen stellen die Realität häufig verkleinert dar. Die Originalmaße sind meist angegeben, somit fällt es leicht, die richtigen Maße auf das Bastelpapier zu übertragen.
Zum Basteln der Papiertüten wird Folgendes benötigt.
– 1 Bogen Tonpapier oder festes Papier (50 cm mal 30 cm)
– Schere, Klebstift oder Klebstoff, Lochzange oder ein Locher und etwa 1 m Kordel
– Eventuell Farben zum Bemalen des Papiers.
Die Maße der Papiertüten sind je nach Anlass veränderbar. Man kann kleine dicke und große schlanke Tüten basteln. Tüten aus Zeitschriften oder von Werbungsseiten liefern häufig interessante Motive.

Weiteres Angebot   **Vergrößerung**

Manche Dinge sind sehr klein. Möchte man die Details dieser Dinge erkennen, so muss man sie nicht verkleinern, sondern vergrößern. Vergrößern kann man zum Beispiel mit einem Mikroskop. Damit kann man die Bestandteile des Bluts erkennen, ein Tier genau untersuchen oder die Struktur eines Haares erkennen. Eine sehr bekannte Anwendung der Vergrößerung ist das Entwickeln eines Films und das Belichten der zugehörigen Bilder. Die Negative des Films sind in der Regel 36 mm lang und 24 mm breit. Die Fotos können dann z.B. 18 cm lang und 12 cm breit sein. Sie haben den Maßstab 5:1.

Um selbst Bilder zu vergrößern, kann ein Raster verwendet werden. So kann eine auf ein 3-mm-Raster gezeichnete Grafik auf ein selbst gezeichnetes 3-cm-Raster übertragen werden. Die Grafik ist dann 10fach vergrößert dargestellt.

8 Löse wie im Beispiel.

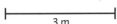

3 cm entsprechen 3 m = 300 cm.
Die Strecke ist 100-mal kleiner als in
Wirklichkeit, sie ist also im Maßstab
1:100 abgebildet.

a)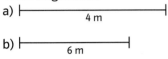
4 m

b)
6 m

c) 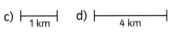 d)
1 km   4 km

9 Welcher Maßstab würde sich jeweils
eignen, um den Grundriss in dein Heft zu
zeichnen? Begründe.
a) Ein Gebäude mit einer Länge von 8 m
und einer Breite von 5 m.
b) Den Sportplatz eurer Schule.
c) Das Haus, in dem du wohnst.

10 Manche Kinder haben zu Hause
eine Modelleisenbahn. Es gibt sie in verschiedenen Spurbreiten. Häufig gibt es
die Breite H0 (Halbnull). Diese Spur ist
16,5 mm breit. H0 hat den Maßstab 1:87.

a) Ein D-Zug-Wagen ist bei H0 30 cm
lang. Wie lang wäre er in Wirklichkeit?
b) Auf einer Modelleisenbahnanlage der
Spur H0 sind 8 m Gleis verlegt. Wie lang
wäre die Strecke in Wirklichkeit?
c) Auf einer Zuganlage mit H0 sind die
Menschen etwa 2 cm groß. Passt dies
zum Maßstab?
d) Der ICE ist in Wirklichkeit etwa 200 m
lang. Wäre ein Modell-ICE bei H0 länger
oder kürzer als zwei Meter?

11 Autos werden auch verkleinert als
Modellautos gebaut.
a) Ein Modellauto im Maßstab 1:18 ist
25 cm lang.
b) Ein anderes Modellauto ist 11 cm lang.
Das Original ist 42-mal so lang.
c) Das Modellauto ist 16,2 cm lang. Das
Original misst 4,78 m. Bestimme über-
schlägig den Maßstab.

Papiertüten basteln   Basteln

Übertrage die Maße aus der Skizze auf
festes Papier und bastle die Papiertüte.

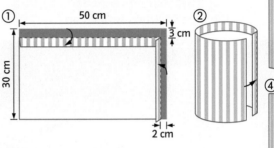

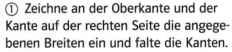

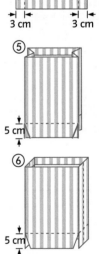

① Zeichne an der Oberkante und der
Kante auf der rechten Seite die angegebenen Breiten ein und falte die Kanten.
② Klebe die Oberkante fest und die
linke Seite auf den rechten Klebefalz.
③ Drehe das Papier so, dass die Naht
hinten liegt. Drücke das Papier flach.
Streiche die Seitenkanten mit dem
Daumen fest aus. Das Papier liegt jetzt
doppelt.
④ Zeichne die Faltlinien auf der rechten und der linken Seite ein. Falte das
Papier an diesen Kanten nach innen.
⑤ Zeichne die untere Faltlinie ein.
⑥ Schneide an der Unterseite der Tüte
kleine Dreiecke wie angegeben heraus.
⑦ Klappe für den Tütenboden zuerst die
Seitenteile nach innen. Klebe das hintere
und das vordere Bodenteil gut fest.
⑧ Stanze mit einer Lochzange Löcher
in die Seitenteile und befestige eine
Kordel als Henkel.

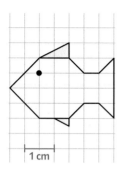

1 cm

12 👥 a) Erkläre deiner Partnerin oder deinem Partner, was man unter dem Maßstab 1:2 versteht.

b) Was bedeutet der Maßstab 1:1? Zeichnet den Fisch in diesem Maßstab auf kariertes Papier.

c) Im Maßstab 2:1 wird der Fisch doppelt so groß. Zeichnet ihn ins Heft.

d) Zeichnet den Fisch in den Maßstäben 3:1, 4:1 und 5:1.

13 Kleine Lebewesen werden häufig vergrößert dargestellt. Beispielsweise wird eine Länge von 1mm im Maßstab 100:1 auf 100mm vergrößert. Gib die wirklichen Größen an.

Rosenblattlaus
Maßstab 7:1

Ameise
Maßstab 4:1

14 Ein Insekt ist in einem Buch 42mm lang abgebildet. Der Maßstab ist 7:1. Wie groß ist es in Wirklichkeit?

15 In Wirklichkeit ist der Marienkäfer 9mm lang. In welchem Maßstab ist er hier abgebildet?

16 Welcher Maßstab kann für die Abbildungen verwendet werden? Ordne zu.
100:1; 1:100; 10:1; 1:10000

a) Grundriss einer Wohnung
b) Stadtplan
c) Haar
d) Blattlaus

Trainingsmatte

1 a) Welche Netze kannst du zu einem Würfel zusammenfalten?

(1) (2) (3) (4)

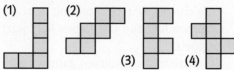

b) Welche Netze kannst du zu einem Quader zusammenfalten?

(1) (2) (3)

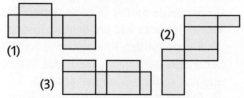

2 Kippe den abgebildeten Würfel wie unten beschrieben und schreibe auf, welche Augenzahl dann oben liegt. Tipp: Schau dir bei einem Würfel jeweils die Augenzahlen der gegenüberliegenden Seiten an. Was fällt dir auf?

a) 2-mal nach rechts.
b) 1-mal nach rechts und 1-mal nach vorn.
c) 👥 Stelle deiner Partnerin oder deinem Partner weitere Aufgaben. Überprüft die Ergebnisse mit einem Würfel.

3 Wie kannst du einen Würfel mit einem Schnitt so zerschneiden, dass folgende Schnittflächen entstehen? a) Quadrat b) Rechteck c) Dreieck.

Die Lösungen zur Trainingsmatte findest du auf Seite 171.

12 *Die Fische werden auf lose Blätter mit Karos gezeichnet, angemalt und ausgeschnitten.*

1 cm

a) *Die Länge aller Strecken muss beim Zeichnen halbiert werden.*

b) *Der Maßstab 1:1 bedeutet, dass 1 cm in der Realität als 1 cm auf dem Plan dargestellt wird, man spricht von der so genannten Originalgröße.*

c) *Wird der Fisch im Maßstab 2:1 gezeichnet, sind alle Strecken doppelt so lang wie in der Vorlage.*

d) *Die Strecken werden in dreifacher, vierfacher und fünffacher Länge gezeichnet.*

Die Kinder können die Fische in beliebigen Größen zeichnen, wobei sie jeweils den entsprechenden Maßstab ergänzen sollten.

Wird der Fisch vom 5-mm-Raster auf ein 5-cm-Raster übertragen, so ist der Maßstab 10:1.

13 *Damit allen Schülerinnen und Schülern klar wird, warum hier die „große" Zahl vorne steht, sollte an dieser Stelle noch einmal auf die Definition im Merkkasten hingewiesen werden.*

Der Maßstab 5:1 bedeutet: 5 cm auf der Abbildung entsprechen 1 cm in Wirklichkeit.

Die Umrechnung ist hier einfacher, wenn in Millimeter gemessen wird. Bei Verkleinerungen werden die gemessenen Maße durch die linke Zahl des Maßstabes dividiert.

Rosenblattlaus: Ameise:

Maßstab 7:1   Maßstab 4:1

21 mm : 7 = 3 mm   40 mm : 4 = 10 mm = 1 cm

So erhält man die Maße der Originalgrößen.

14 *Das Insekt ist in Wirklichkeit 6 mm groß, denn 42 mm : 7 = 6 mm.*

15 *Auf dem Foto gemessen ist der Marienkäfer 50 mm lang; hebt er den Kopf, ist er sogar 54 mm lang. In Wirklichkeit ist er 9 mm lang. Somit entspricht 1 mm in Wirklichkeit 6 mm auf dem Foto, der Maßstab beträgt 6:1.*

16 a) *Grundriss der Wohnung: Maßstab 1:100*

b) *Maßstab des Stadtplans: 1:10 000*

c) *Maßstab des Haares: 100:1*

d) *Maßstab der Blattlaus: 10:1*

Weiteres Angebot   **Originalgröße**

⌂ **Biologie** *Die Kinder können weitere Abbildungen in ihren Biologiebüchern, im Lexikon, in Tier- und Pflanzenbüchern suchen. Häufig ist die Originalgröße oder der Maßstab angegeben.*

Dieses Nachtpfauenauge hat eine Spannweite von 9,2 cm. Die gemessene Strecke beträgt 4,6 cm, also ist der Maßstab 1:2.

Weitere Aufgaben wären:

– *Ein Weizenkorn ist im Maßstab 8:1 abgebildet und hat im Buch eine Länge von 40 mm. Wie groß ist es in Wirklichkeit? (In der Realität ist das Weizenkorn 40 mm : 8 = 5 mm lang.)*

– *Ein Kind ist auf einem Foto 3 cm groß und in Wirklichkeit 1,50 m. Bestimme den Maßstab. (1:50)*

– *Ein Käfer ist auf einer Abbildung 6 cm groß, in Wirklichkeit jedoch 12 mm. Bestimme den Maßstab. (5:1)*

Trainingsmatte

Regelmäßiges Wiederholen der Kopfgeometrie verbessert die Vorstellung von Fläche und Raum.

1 *Die Lösungen können mit Netzen aus Papier, Moosgummi-Elementen oder quadratischen Bierdeckeln nachvollzogen werden.*

2 *Werden die Lösungen mit Würfeln nachvollzogen, so ist darauf zu achten, dass die Augenzahlen auf den verwendeten Würfeln in gleicher Weise angeordnet sind wie auf der Abbildung.*

Bei manchen Würfeln liegt die Augenzahl 2 nicht links, sondern rechts von der Augenzahl 4, wenn die Augenzahl 1 oben liegt.

 oder

3 *Zur Überprüfung der Ergebnisse können kleine Würfel aus Knetmasse hergestellt und zerschnitten werden. Viele Schülerinnen und Schüler schneiden zunächst nur parallel zu den Flächen des Würfels.*

Die Lösungen zur Trainingsmatte stehen im Schülerbuch auf Seite 172.

4 Gewichte

Ziel der Lerneinheit ist es, die Vorerfahrungen zum Thema Gewichte zu festigen und die Vorstellungen zu vertiefen. Gewichte sind noch nicht so geläufig wie die Längen oder das Geld, da es an konkreten Handlungserfahrungen fehlt. Durch den handelnden Umgang und das **Schätzen, Vergleichen und Messen** von Gewichten bekommen die Kinder mehr Sicherheit im Umgang mit Gewichten.

Sicherheit und Erfahrung ist auch beim **Umwandeln in eine andere Einheit** und beim **Rechnen mit Gewichten** notwendig. Dies ist besonders für das Lösen von Sachsituationen von Bedeutung, denn nur wer eine Vorstellung von Gewichten hat, kann entscheiden, ob sein Ergebnis stimmen kann. Die Kinder müssen stutzen, wenn sie ausrechnen, dass ein Mensch 7,8 kg oder ein Laster 25 kg wiegt.

Einstieg

Dass manche Gewichte schwer zu tragen sind, wissen alle Kinder. Bevor wir etwas hochheben, schätzen wir das Gewicht instinktiv und stellen uns darauf ein. Verschätzt man sich und ist ein dickes Buch, das man heben will, nur eine Attrappe, schnellt der Arm in die Höhe.

Impulse

→ Sicherlich hat eines der Kinder Obst im Schulranzen und der Apfel, die Banane oder der Pfirsich kann direkt gewogen werden. Das Ergebnis liegt zwischen 60 g und 150 g.

→ Wenn in dem Korb 100 Pfirsiche sind und einer im Schnitt 100 g wiegt, so wiegt der Korb 10 kg.

→ Zwei Kinder können den Korb zusammen tragen, für ein Kind alleine ist er zu schwer.

→ Um Gewichte zu ermitteln, gibt es verschiedene Waagen. Die meisten Waagen sind nach dem Gegenstand, den sie wiegen, benannt:
Briefwaage, Personenwaage, Haushaltswaage, Paketwaage, Goldwaage, …
Es gibt Balkenwaagen, Federwaagen, elektromagnetische Waagen und Waagen mit digitaler Anzeige.

→ Dinge, die man nicht wiegen kann, sind Häuser, aber auch Zeit, Glück, Gesundheit, …

! Merkkasten

Beim Umgang mit Gewichten ist Kilogramm die Grundeinheit. Große Gewichte werden in Tonnen (t), kleine Gewichte in Gramm (g) gemessen. Die Umrechnungszahl ist hier – im Gegensatz zu den Längen – stets 1000.

Um das Gefühl für Gewichte zu verbessern, sollten die Gewichte 1 kg und 1 g durch Gewichtsstücke oder Gegenstände, die 1 kg oder 1 g wiegen, „erspürt" werden.

Randspalte

Wichtig ist es, die Kinder immer wieder darauf hinzuweisen, dass eine Größe aus der Maßzahl und der Maßeinheit besteht. Maßeinheiten dürfen nicht weggelassen werden. Beim Umwandeln in eine größere oder kleinere Einheit ändern sich Maßzahl und Maßeinheit, aber der Wert bleibt gleich, z. B. 8 kg = 8000 g.

Weiter geht's

→ Dinge, die 1 kg wiegen, sind meist allen bekannt: eine Tüte Zucker, Mehl oder der Atlas.
Dinge, die 1 g wiegen, sind schon schwerer zu finden: eine Tintenpatrone, eine Viertel Scheibe Salami, ein Viertel Stück Schokolade (wenn die 100-g-Tafel 24 Stücke hat), ein DIN-A6-Papier.
Eine Tonne wiegt z. B. ein Mittelklassewagen oder alle Kinder einer 5. Klasse (bei einer Klassenstärke von 25 Kindern und einem Durchschnittsgewicht von 40 kg).

→ Dianas Schultasche sollte 3850 g nicht überschreiten, Paul sollte höchstens 4,2 kg tragen. Diese Aufgabe kann gut in Gruppen bearbeitet werden, weil die Kinder miteinander diskutieren können, welche Gegenstände für die Schule notwendig sind und welche nicht. Kommt die Klasse zu dem Ergebnis, dass die notwendigen Materialien deutlich schwerer sind als ein Zehntel des Körpergewichtes der meisten Kinder, so sollte überlegt werden, wo Gewicht gespart werden kann.

4 Gewichte

Die Obsternte ist nicht selten eine Aufgabe für die ganze Familie. In vielen
Gemeinden kann man den Weg des
Obstes vom Baum bis in die Saftflasche
mitverfolgen.

→ Wie viel wiegt eigentlich ein Pfirsich,
ein Apfel oder eine Birne?
→ Wie viel wiegt wohl so ein ganzer
Korb voll Obst?
→ Könnt ihr ihn zu zweit tragen?

Man kann kleine und große, schwere
und leichte Dinge wiegen.
→ Welche Waagen kennst du und was
wiegst du damit?
→ Welche Dinge fallen dir ein, die man
nicht wiegen kann?

Gewichte werden in verschiedenen Maßeinheiten angegeben.
Häufig verwendet werden Tonne (t), Kilogramm (kg) und Gramm (g).

$$1\,t = 1000\,kg$$
$$1\,kg = 1000\,g$$

*Eine **Größe** besteht
aus Maßzahl und
Maßeinheit.*

3 kg

Maßzahl Maßeinheit

Weiter geht's
→ Sucht in eurer Umgebung Dinge, die 1 g; 1 kg und 1 t wiegen.

→ ⌂⌂⌂ Wissenschaftliche Untersuchungen haben ergeben, dass Kinder höchstens $\frac{1}{10}$
ihres Körpergewichtes tragen sollen.
Wiegt euch selbst und auch eure Schul-
taschen. Tragt die Ergebnisse in eine
Tabelle ein und vergleicht.
Was könnt ihr an Gewicht in eurer Schultasche einsparen?

Name	Gewicht Kind	Gewicht Schultasche
Diana	38,5 kg	6,5 kg
Paul	42 kg	6,5 kg

*Statt Gewicht sagt
man auch Masse.*

1 a) Ordne die Gegenstände nach ihrem Gewicht: eine Flasche Mineralwasser, ein Ei, dein Mathematikbuch, ein 10-l-Eimer voll mit Wasser, ein Füller, eine 1-Euro-Münze.
b) Überlege, welche der folgenden Gewichtsangaben zu den Gegenständen passen könnten.
10 g; 10 kg; 500 g; 7 g; 60 g; 1350 g.

2 a) Versuche folgende Gewichte zu schätzen: dein Federmäppchen, deinen Schulranzen, den Atlas, deine Freundin oder deinen Freund, einen Radiergummi. Trage die Ergebnisse in einer Tabelle ein.
b) Überprüfe nun deine Schätzungen mit einer geeigneten Waage.

3 Nenne jeweils zwei Lebensmittel, die ungefähr folgendes Gewicht haben:
100 g; 250 g; 500 g; 1 kg.
Überprüfe deine Ergebnisse.

4 Bei den Gewichtsangaben für die Tiere wurde alles durcheinander gebracht. Ordne die Angaben wieder richtig zu.
Meise 30 kg, Pferd 1 g, Katze 300 kg, Gorilla 5 kg, Fliege 750 kg, Hund 10 g

5 Vor einer Brücke steht das links abgebildete Verkehrsschild.
Wer muss es beachten?

6 Ordne von leicht nach schwer.
2 t; 3000 kg; 22 000 g; $2\frac{1}{2}$ t; 220 kg; 3000 g; $\frac{1}{4}$ kg; 220 g; $\frac{3}{4}$ t; 2,5 kg

7 Wandle in die angegebene Einheit um.
7 kg = 7000 g
a) in Gramm:
3 kg; 9 kg; 12 kg; 23 kg; $\frac{1}{2}$ kg; 100 kg
b) in Kilogramm:
4 t; 21 t; 97 t; 223 t; 990 t; 12 t; $\frac{1}{2}$ t; 1,5 t
c) in Kilogramm:
2000 g; 24 000 g; 99 000 g; 233 000 g
d) in Tonnen:
3000 kg; 17 000 kg; 70 000 kg; 500 kg

8 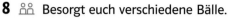 Besorgt euch verschiedene Bälle.
a) Sortiert die Bälle nach ihrer Größe und ihrem Gewicht.
b) Formuliert drei Sätze, z. B. „Der Tennisball ist schwerer als der Wasserball, aber kleiner."

9 Was ist schwerer?
a) 2500 g Federn oder 2 kg 50 g Eisen
b) 4008 g Papier oder 4 kg 80 g Stoff
c) 2 t 600 kg Beton oder 2070 kg Kies
d) $\frac{1}{4}$ kg Mehl oder 275 g Zucker

10 Wandle in die kleinere Einheit um.
70 kg 2 g = 70 000 g + 2 g = 70 002 g
a) 7 kg 500 g   b) 12 t 500 kg
   12 kg 400 g   91 t 100 kg
   91 kg 700 g   9 t 40 kg
c) 3 kg 50 g   d) 14 kg 9 g
   7 kg 99 g   101 kg 7 g
   12 t 75 kg   17 t 750 kg
e) 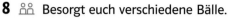 Erfinde selbst solche Aufgaben und lasse sie von deinem Partner lösen.

11 Wandle um in Gramm.
a) 3 kg 500 g; 2 kg 750 g; 15 kg 120 g; 11 kg 150 g; 6 kg 60 g; 4 kg 40 g; 1 t
b) 6 kg 350 g; 3 kg 30 g; 1 kg 10 g; 1 t 500 kg; 2 t 222 kg; 3 t 444 kg 555 g

12 Schreibe wie im Beispiel.
4090 g = 4000 g + 90 g = 4 kg 90 g
a) 3500 g   b) 6750 g
   7300 g   17 400 g
   9600 g   10 050 g

13 Achtung! Kommaschreibweise!
3,500 kg = 3 kg 500 g
        = 3000 g + 500 g = 3500 g
a) 0,101 kg = ☐ g   b) 1,7 kg = ☐ g
   9,009 t = ☐ kg   2,405 kg = ☐ g
   99,078 t = ☐ kg   0,9 t = ☐ kg
   0,099 kg = ☐ g   1,02 t = ☐ kg

14 Gib in kg an. Schreibe mit Komma.
a) 8050 g; 7200 g; 5140 g; 550 g; 7 g
b) 341 g; 15 015 g; 10 005 g; 32 g; 9 g
c) 126 390 g; 1101 g; 99 g; 798 g

Aufgaben

1 a) und b) Eine 1-€-Münze wiegt 7 g, ein Füller 10 g, das Ei etwa 60 g, das Mathematikbuch etwas mehr als 500 g, die Sprudelflasche 1350 g und der gefüllte 10-l-Eimer etwas mehr als 10 kg.

2 *Die Ergebnisse können je nach Wahl der Gegenstände und je nach Gewicht der Kinder stark abweichen. Wenn zum Schätzen bekannte Vergleichsgrößen vorhanden sind, ist das hilfreich (1 Tafel Schokolade, 1 kg Mehl, Mathematikbuch, …).*

a)
Gegenstand	Gewicht
Federmäppchen	300 g
Schulranzen	3,5 kg
Atlas	750 g
Freund oder Freundin	35 kg
Radiergummi	10 g

b) Zum Überprüfen werden Waagen benötigt, z. B. Personenwaage, Küchenwaage, Brief- oder Diätwaage.

3 100 g: 1 Tafel Schokolade, eine Tüte gehackte Mandeln
250 g: Päckchen Butter, Packung Puderzucker
500 g: Packung Teigwaren, Packung Salz
1 kg: Päckchen Zucker, 1 l Milch
Die Schülerinnen und Schüler können weitere Lebensmittel betrachten und über die Wirkung und Notwendigkeit von Verpackungen nachdenken, z. B. ist eine Chipstüte sehr groß und hat wenig Inhalt.

4 Ordnet man die Tiere und Gewichte der Größe nach, so erhält man folgende Zuordnung:

Tier	Gewicht
Fliege	1 g
Meise	10 g
Katze	5 kg
Hund	30 kg
Pferd	300 kg
Gorilla	750 kg

5 Das Gesamtgewicht des LKWs – also Laster, Ladung und Besatzung zusammen – darf 7,5 t nicht überschreiten, wenn der Fahrer die Brücke überqueren will.

6 220 g < $\frac{1}{4}$ kg < 2,5 kg < 3000 g < 22 000 g < 220 kg < $\frac{3}{4}$ t < 2 t < 2$\frac{1}{2}$ t < 3000 kg
Zum Vergleich ist es am einfachsten, wenn zuerst alle Gewichte in kg umgewandelt werden.

7 a) 3000 g; 9000 g; 12 000 g; 23 000 g; 500 g; 100 000 g
b) 4000 kg; 21 000 kg; 97 000 kg; 223 000 kg; 990 000 kg; 12 000 kg; 500 kg; 1500 kg
c) 2 kg; 24 kg; 99 kg; 233 kg
d) 3 t; 17 t; 70 t; $\frac{1}{2}$ t oder 0,5 t

8 nach Größe geordnet: Tennisball, Volleyball, Fußball, Gymnastikball, Wasserball
nach Gewicht geordnet: Wasserball, Tennisball, Volleyball, Fußball, Gymnastikball

9
a) 2500 g Federn
b) 4080 g Stoff
c) 2600 kg Beton
d) 275 g Zucker

10 a) 7500 g; 12 400 g; 91 700 g
b) 12 500 kg; 91 100 kg; 9040 kg
c) 3050 g; 7099 g; 12 075 kg
d) 14 009 g; 101 007 g; 17 750 kg

11 a) 3500 g; 2750 g; 15 120 g; 11 150 g; 6060 g; 4040 g; 1 000 000 g
b) 6350 g; 3030 g; 1010 g; 1 500 000 g; 2 222 000 g; 3 444 555 g

12 Hier muss wie bei den Längen auf die Nullen geachtet werden.
a) 3 kg 500 g; 7 kg 300 g; 9 kg 600 g; 7 kg 50 g
b) 6 kg 750 g; 17 kg 400 g; 10 kg 50 g; 80 kg 810 g

13
a) 101 g
9009 kg
99 078 kg
99 g
b) 1700 g
2405 g
900 kg
1020 kg

14 a) 8,050 kg; 7,200 kg; 5,140 kg; 0,550 kg; 0,007 kg
b) 0,341 kg; 15,015 kg; 10,005 kg; 0,032 kg; 0,009 kg
c) 126,390 kg; 1,101 kg; 0,099 kg; 0,798 kg

15 Auch hier vergessen die Kinder die Ziffer Null häufig.

a)

3 t 200 g	= 3000 kg 200 g	(D)
3020 kg	= 3 t 20 kg	(O)
3020 g	= 3 kg 20 g	(N)
3 kg 200 g	= 3200 g	(A)
30 200 g	= 30 kg 200 g	(L)
30 200 kg	= 30 t 200 g	(D)

Das Lösungswort ist DONALD.

b)

2 kg 600 g	= 2600 g	(D)
20 600 g	= 20 kg 600 g	(A)
26 000 g	= 26 kg	(G)
2 kg 60 g	= 2060 g	(O)
20 060 g	= 20 kg 60 g	(B)
2 kg 6 g	= 2006 g	(E)
26,600 kg	= 26 600 g	(R)
2,600 t	= 2600 kg	(T)

Das Lösungswort ist DAGOBERT.

16 a) 15 000 g = 15 kg
b) 600 000 g = 600 kg
c) 722 000 g = 722 kg
d) 3 395 000 g = 3395 kg (3,395 t)
e) Mögliche Aufgaben:
viertausend Gramm = 4000 g = 4 kg;
neun Millionen Gramm = 9 000 000 g = 9000 kg = 9 t;
dreihundertsiebenundvierzigtausend Gramm
= 347 000 g = 347 kg
Es ist für die Kinder einfacher die Angaben von Gramm in Kilogramm umzurechnen, wenn sie als Maßzahl bei Gramm nur Vielfache von 1000 nehmen.

17

	t	kg	g
a)	2	2000	2 000 000
b)	3,500	3500	3 500 000
c)	2,500	2500	2 500 000
d)	75	75 000	75 000 000
e)	0,250	250	250 000
f)	0,075	75	75 000
g)	0,005	5	5000

18 a) 500 kg
b) 250 kg
c) 750 g
d) $\frac{3}{4}$ kg

19
– $\frac{1}{4}$ kg Puderzucker ist genauso schwer wie 250 g Joghurt
– 500 g Kaffee ist genauso schwer wie 0,500 kg Nudeln
– 800 g Ravioli
– 1 kg Mehl
– $2\frac{1}{2}$ kg Kartoffeln
– 5000 g Hasenfutter

20
a) 4050 g < 4500 g
   3135 g = 3135 g
   1020 g < 1200 g

b) 37 010 kg = 37 010 kg
   7201 g > 721 g
   30 330 g > 3333 g

Wie schwer?   Knobeln

1 Ein Pferd wiegt so viel wie ein Hund und ein Seehund. Zwei Pferde und ein Seehund sind so schwer wie acht Hunde. Durch Probieren stellt man fest, dass ein Pferd so viel wiegt wie drei Hunde und ein Seehund so viel wie zwei Hunde.

2 Bei sieben Münzen geht man folgendermaßen vor:
– Man legt je drei Münzen in je eine Schale.
– Sind die Waagschalen im Gleichgewicht, so ist die siebte Münze die falsche.
– Ist eine Waagschale schwerer, so stellt man die falsche unter diesen Dreien so fest, wie im Buch mit drei Münzen beschrieben.
Das heißt, man kommt mit zweimal Wiegen aus.

Weiteres Angebot   Der starke Willibald

Der Starke Willibald behauptet: „Ich trage ein Viertel Million Gramm auf meinen Schultern." Jeder Artist trägt sein Gewicht in kg auf dem Trikot. Prüfe. (Willibald trägt 288 000 g auf seinen Schultern.)

15 Welche Gewichtsangaben sind gleich? Ordne jeder Zahl einen Buchstaben zu und du erhältst ein Lösungswort.

a) (1) 3 t 200 g   (O) 3 t 20 kg
  (2) 3020 kg   (D) 3000 kg 200 g
  (3) 3020 g   (L) 30 kg 200 g
  (4) 3 kg 200 g   (D) 30 t 200 kg
  (5) 30 200 g   (A) 3200 g
  (6) 30 200 kg   (N) 3 kg 20 g
b) (1) 2 kg 600 g   (A) 20 kg 600 g
  (2) 20 600 g   (G) 26 kg
  (3) 26 000 g   (O) 2060 g
  (4) 2 kg 60 g   (E) 2006 g
  (5) 20 060 g   (D) 2600 g
  (6) 2 kg 6 g   (B) 20 kg 60 g
  (7) 26,600 kg   (T) 2600 kg
  (8) 2,600 t   (R) 26 600 g

16 Schreibe in Kilogramm.
einhunderteinundvierzigtausend Gramm
= 141 000 g = 141 kg

a) fünfzehntausend Gramm
b) sechshunderttausend Gramm
c) siebenhundertzweiundzwanzigtausend Gramm
d) drei Millionen dreihundertfünfundneunzigtausend Gramm
e) 🧑‍🤝‍🧑 Erfinde drei weitere solcher Aufgaben, lasse sie deinen Nebensitzer lösen und prüfe das Ergebnis.

17 Übertrage die Tabelle in dein Heft und ergänze die fehlenden Werte.

	t	kg	g
a)		2000	
b)			3 500 000
c)		2500	
d)			75 000 000
e)	0,250		
f)		75	
g)	0,005		

18 Gib jeweils in der angegebenen Größe an: $\frac{1}{4}$ kg = 250 g; $\frac{1}{2}$ kg = 500 g

a) $\frac{1}{2}$ t = ☐ kg   b) $\frac{1}{4}$ t = ☐ kg
c) $\frac{3}{4}$ kg = ☐ g   d) ☐ kg = 750 g

19 Ordne dem Gewicht nach.

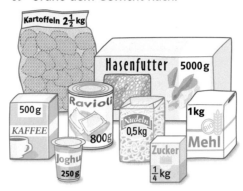

Wiege eine Konservendose. Vergleiche das Ergebnis mit der Gewichtsangabe auf der Dose.

20 Übertrage die Aufgaben in dein Heft und setze die Zeichen <, = oder > ein. Wandle um, wenn nötig.

5,500 kg > 5 kg 50 g, da 5500 g > 5050 g

a) 4050 g ☐ 4 kg 500 g
  3,135 kg ☐ 3 kg 135 g
  1 kg 20 g ☐ 1200 g
b) 37 t 10 kg ☐ 37 010 kg
  7,201 kg ☐ 721 g
  30,330 kg ☐ 3333 g

Wie schwer?   *Knobeln*

1 Wie viele Hunde sind gleich schwer wie ein Pony?

2 🧑‍🤝‍🧑 Ist von drei Goldmünzen eine schwerer, also gefälscht, so kann man diese falsche Münze durch einmaliges Wiegen entdecken.
– Man legt je eine Münze auf die Waagschale.
– Bleibt die Waage im Gleichgewicht, so ist die dritte Münze die falsche.
– Neigt sich eine Waagschale zur Seite, so enthält sie die schwerere Münze.
Nun soll durch so wenig Wiegevorgänge wie möglich eine falsche von sieben Münzen entdeckt werden.

21 Wie viel wiegen die drei Gegenstände zusammen?

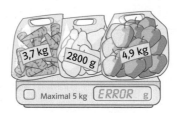

22 Rechne im Kopf.

a) 220 g + 650 g
348 kg + 101 kg
53 kg + 99 kg
101 t + 295 t

b) 780 kg – 460 kg
1000 g – 199 g
50 kg – $10\frac{1}{2}$ kg
14 t – 6,5 t

c) 12 · 11 g
200 · 7 kg
50 t · 16
140 g · 15

d) 72 t : 6
1500 kg : 3
140 g : 7
220 t : 11

23 Ein Elefant wiegt etwa 6 t. Der Blauwal wiegt etwa dreißigmal so viel. Berechne das Gewicht des Blauwals.

24 Auf dem Mond würde eine Personenwaage nur den sechsten Teil deines Gewichtes anzeigen.
a) Janik wiegt 42 kg. Was würde die Waage auf dem Mond anzeigen?
b) Der Astronaut Edwin Aldrin betrat als zweiter Mensch den Mond. Er wog auf dem Mond noch 12,5 kg. Was zeigt bei ihm die Personenwaage auf der Erde an?

Achte darauf, dass du beim Addieren und Subtrahieren von Größen die gleiche Maßeinheit hast!

25 Berechne.
6 kg 505 g + 1450 g =
6505 g + 1450 g = 7955 g

a) 425 g + 93 g
34 kg + $29\frac{1}{2}$ kg
4444 g – $\frac{1}{2}$ kg
63 kg – 19 000 g

b) 6 t + 5500 kg
87 kg + 4600 g
121 t – 5000 kg
999 kg – 444 g

3 · 17 kg = (3 · 17) kg = 51 kg
56 g : 7 = (56 : 7) g = 8 g

c) 30 · 15 t
40 · 75 kg
245 kg : 7
384 g : 12

d) 345 g · 15
1751 t : 17
846 kg : 9
2142 kg : 42

26 Ergänze in deinem Heft.
a) ☐ kg + 143 kg = 235 kg
☐ g + 544 g = 1024 g
b) 250 g + 3,5 ☐ = 3750 g
2400 ☐ + 1,6 t = 4 t
c) 500 ☐ + $\frac{1}{2}$ kg = 1 kg
3750 kg + $\frac{1}{4}$ ☐ = 4 t
☐ kg + 1500 g = 2 kg
d) 👥 Erfinde selbst solche Aufgaben und stelle sie deinem Partner.

27 Rechne geschickt.
a) 5 kg 500 g + 3 kg 200 g
b) 79 kg 90 g + 101 kg 810 g
c) 333 kg 444 g + 555 kg 111 g
d) 899 t 900 kg – 101 t 100 kg
e) 123 kg 500 g – $73\frac{1}{2}$ kg
f) 3 t 550 kg + 17 t 50 kg + 1 t 400 kg
g) 64 t 120 kg + 874 kg – 6 t 6 kg

28 👥 Löse mit einem Mitschüler.

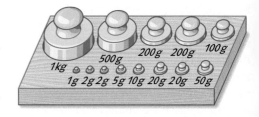

a) Auf einer Balkenwaage werden Bananen gewogen. Für das Gleichgewicht der Waage braucht man 1 kg + 1 kg + 200 g + 50 g + 10 g. Wie viel wiegen die Bananen?
b) Mit welchen Gewichtsstücken könnten auf einer Balkenwaage Gegenstände mit 37 g; 124 g; 289 g; 760 g; 1,3 kg; $\frac{1}{4}$ kg; $\frac{3}{4}$ kg; 1111 g; 1 kg 7 g; 1 kg 567 g; 1,870 kg gewogen werden? Gibt es verschiedene Lösungen?
c) Welches Gewicht haben die Gewichtsstücke zusammen?
d) Frau Singer möchte 3,5 kg Nüsse kaufen. Wie könnten diese mit den Gewichtsstücke abgewogen werden?
e) 👥 Nehmt Gewichtsstücke und eine Balkenwaage. Wiegt verschiedene Gegenstände und notiert die Ergebnisse.

21 Mit Wiegen kommt man nicht weiter, man muss rechnen.

3,7 kg + 2800 g + 4,9 kg =
3700 g + 2800 g + 4900 g = 11 400 g = 11,4 kg

Wie auch bei den Längen, ist es notwendig die Gewichte in dieselbe Maßeinheit umzuwandeln. Dies lässt sich an einfachen Beispielen zeigen.

2 kg – 150 g = 2000 g – 150 g = 1850 g. Diese Lösung ist nur nach dem Umwandeln möglich.

Bei der Multiplikation und Division wird durch das Setzen von Klammern deutlich, dass hier nur die Maßzahl multipliziert oder dividiert wird.

22

a) 870 g
449 kg
152 kg
396 t

b) 320 kg
801 g
$39\frac{1}{2}$ kg
7,5 t

c) Beispiel
$12 \cdot 11\,g = (12 \cdot 11)\,g$
$\qquad = 132\,g$
1400 kg
800 t
2100 g

d) Beispiel
$727 : 6 = (72 : 6)\,t$
$\qquad = 12\,t$
500 kg
20 g
20 t

23 Der Blauwal wiegt 180 t, da 6 t · 30 = 180 t.

24 a) Die Waage würde auf dem Mond 7 kg anzeigen, da 42 kg : 6 = 7 kg.
b) Bei ihm zeigt die Waage auf der Erde 75 kg an, da 12,500 kg · 6 = 75 kg.

25

a) 518 g
$63\frac{1}{2}$ kg
3944 g
44 kg

b) 450 t
3000 kg
35 kg
32 g

b) 11,5 t
91,6 kg
116 t
998,556 kg

d) 5175 g
103 t
94 kg
51 kg

26 a) 92 kg + 143 kg = 235 kg
480 g + 544 g = 1024 g
b) 250 kg + 3,5 kg = 3750 g
2400 kg + 1,6 t = 4 t
c) 500 g + $\frac{1}{2}$ kg = 1 kg
3750 kg + $\frac{1}{4}$ t = 4 t
$\frac{1}{2}$ kg + 1500 g = 2 kg
d) *Damit eine Überprüfung möglich ist, können die Kinder Aufgaben in ihr Heft schreiben und der Partner oder die Partnerin trägt die Lösung mit einem andersfarbigen Stift ein.*

27 *Auch hier hilft es in gleiche Einheiten umzuwandeln und die „Borgetechnik" anzuwenden.*
a) 8 kg 700 g
b) 180 kg 900 g
c) 888 kg 555 g
d) 798 t 800 kg
e) 50 kg
f) 22 t
g) 58 t 988 kg

28 a) *Die Bananen wiegen 2 kg 260 g.*
b) *Bei Teilaufgabe b) sind mehrere Lösungen möglich. Man erkennt den Vorteil der modernen Waagen. Allerdings geht bei deren Anwendung auch das Gefühl für Gewichte mehr und mehr verloren.*
37 g = 20 g + 10 g + 5 g + 2 g;
124 g = 100 g + 20 g + 2 g + 2 g;
289 g = 200 g + 50 g + 20 g + 10 g + 5 g + 2 g + 2 g;
760 g = 500 g + 200 g + 50 g + 10 g;
1,3 kg = 1 kg + 200 g + 100 g;
$\frac{1}{4}$ kg = 200 g + 50 g;
$\frac{3}{4}$ kg = 500 g + 200 g + 50 g;
1111 g = 1 kg + 100 g + 10 g + 1 g;
1 kg 7 g = 1 kg + 5 g + 2 g;
1 kg 567 g = 1 kg + 500 g + 50 g + 10 g + 5 g + 2 g;
1,870 kg = 1 kg + 500 g + 200 g + 100 g + 50 g + 20 g
c) 2110 g
d) Frau Singer kommt mit einmal Wiegen nicht aus. Wiegt sie zweimal, so kann sie zunächst 2 kg wiegen und dann 1,5 kg oder aber 1,8 kg und 1,7 kg.
e) *Individuelle Lösungen.*

29
a) 19 250 g   b) 13 340 g
c) 4550 g (oder 4,550 kg)   d) 92 100 kg
e) 78 900 g   f) 5780 kg (oder 5,78 t)

30 Jochen muss 3 kg 950 g nach Hause tragen.

31 *In Aufgaben, in denen Stückzahlen berechnet oder Anteile von Gewichten geteilt werden, muss eine Gewichtsangabe durch eine andere Gewichtsangabe dividiert werden. Es wird das Verhältnis von zwei Gewichten zueinander berechnet. Das Ergebnis ist kein Gewicht, sondern nur eine Zahl (Anzahl) ohne Maßeinheit.*

Artikelnummer	Anzahl der Schrauben
345678	500
234566	400
123456	15
543535	396

32 Der ganze Ziegelstein wiegt 2 kg.
Eine Skizze mit halben Ziegelsteinen und 1-kg-Gewichten kann bei der Lösung weiterhelfen.

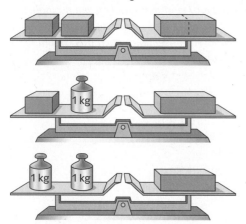

Trainingsmatte

Die Aufgaben fordern und fördern den Umgang mit Tabellen. Die Schülerinnen und Schüler müssen die relevanten Informationen entnehmen und üben gleichzeitig in Aufgabe 2 das schriftliche Addieren. Die Lösungen zur Trainingsmatte findet man im Schülerbuch auf S.171

33
a) 250   b) 10 g
    600   32 kg
    144   28 t

34 a) Es sind 10 400 kg Heu geladen.
b) 650 Heuballen sind auf dem Lkw mit Anhänger geladen.
c) Die Ladefläche des Anhängers ist nicht bekannt. Wäre die Ladefläche von Lkw und Anhäger gleich groß, wären es 5200 kg.

Die Aufgaben 35 und 36 führen zum Lösen von Gleichungen mit Unbekannten hin, was erst in höheren Klassen behandelt wird. Über geeignete Skizzen können die Schülerinnen und Schüler schon hier Lösungswege entwickeln.

35 Pia wiegt 38 kg und Sven wiegt 32 kg.
Hier können wieder Skizzen bei der Lösung helfen.
Sven + Pia = 70 kg
Sven + 6 kg = Pia
Sven + (Sven + 6 kg) = 70 kg
Sven + Sven = 64 kg

29 Wandle erst in die kleinere Einheit um.
a) 14,500 kg + 4 kg 750 g
b) 9 kg 890 g + 3,450 kg
c) 1,800 kg + 2,750 kg
d) 99,900 t – 7 t 800 kg
e) 88 kg 800 g – 9,900 kg
f) 13,120 t – 7,340 t

30 Jochen soll eine Flasche Milch (1,400 kg einschließlich Glas), 250 g Butter, 500 g Quark und 1 kg Bananen einkaufen. Sein Einkaufskorb wiegt leer 800 g. Welches Gewicht muss er nach Hause tragen?

31 Bei der Inventur im Baumarkt muss Janina die Kiste mit Schrauben zählen. Um sich Arbeit zu sparen, fertigt sie eine Tabelle an. Bestimme die Anzahl der Schrauben.

Artikel-nummer	Gewicht alle Schrauben	Gewicht 1 Schraube
345678	1,5 kg	3 g
234566	2,4 kg	6 g
123456	120 g	8 g
543535	1,98 kg	5 g

32 Ein ganzer Ziegelstein wiegt 1 kg mehr als ein halber Ziegelstein. Wie viel Gramm wiegt der ganze Ziegelstein?

33 Berechne.
1,6 kg : 4 g = 1600 g : 4 g = 400
a) 1750 kg : 7 kg
   4 kg 800 g : 8 g
   1,440 t : 10 kg
b) 120 g : ☐ = 12
   768 kg : ☐ = 24
   868 t : ☐ = 31

34 Ein Lkw mit Anhänger wiegt unbeladen 9,5 t. Er wird mit Heuballen beladen. Voll wiegt er 19,9 t.

a) Wie viel kg Heu sind geladen?
b) Ein Heuballen wiegt etwa 16 kg. Wie viele Heuballen sind geladen?
c) Weshalb kann man das Ladegewicht des Anhängers nicht genau berechnen? Schätze es.

35 Pia und Sven wiegen zusammen 70 kg. Pia ist 6 kg schwerer als Sven. Wie schwer ist sie?

1 In der Tabelle rechts sind die Flugentfernungen einiger Städte in Kilometern angegeben.
a) Welches ist die kürzeste Flugstrecke, welches die längste?
b) Welche Städte liegen fast 700 km, knapp 7000 km und über 15 000 km auseinander?
c) Welche Städte sind von Rom aus weniger als 1500 km entfernt?
d) Welche Stadt ist von New York aus am nächsten?

	Hannover	Rom	Paris	London	New York	Kuala Lumpur
Hannover		1197	645	677	6442	10 198
Rom	1197		1117	1444	6916	9704
Paris	645	1117		343	5850	10 432
London	677	1444	343		5585	10 552
New York	6442	6916	5850	5585		15 134
Kuala L.	10 198	9704	10 432	10 552	15 134	

2 Ein Pilot fliegt die Strecke Hannover–Paris–London–New York–Hannover. Wie viel Kilometer legt er dabei zurück?

Die Lösungen zur Trainingsmatte findest du auf Seite 171.

Bodenseereise

<table>
<tr><td colspan="2">750 🚂🚃 Stuttgart – Göppingen –
Geislingen (Steige) – Ulm – Neu-Ulm</td><td>→ 750</td></tr>
</table>

	RB 19323 2. Mo–Fr	RE 19239	RE 19241	IRE 32609	RE 19243
🚲 Zug					
	❶	🚲	🚲	🚲	
Stuttgart Hbf (247 m)		8 32	9 32	10 02	10 32
S-Bad Cannstatt		8 37	9 37		10 37
Esslingen (Neckar)		8 44	9 44		10 44
Plochingen		8 50	9 50	10 15	10 50
Plochingen	8 26	8 51	9 51	10 16	10 51
Reichenbach (Fils)	8 30				
Ebersbach (Fils)	8 34	8 58	9 58		10 58
Uhingen	8 38				
Faurndau	8 41				
Göppingen	8 44	9 04	10 04	10 26	11 04
Göppingen	8 44	9 05	10 05	10 27	11 05
Eislingen (Fils)	8 48	9 10	10 10		11 10
Salach	8 51				
Süßen	8 54	9 13	10 13		11 13
Süßen	8 54	9 14	10 14		11 14
Gingen (Fils)	8 58				
Kuchen	9 01				
Geislingen (Steige) West	9 04				
Geislingen (Steige) (469 m)	9 08	9 22	10 22	10 39	11 22
Geislingen (Steige)	9 10	9 23	10 23	10 40	11 23
Amstetten (Württ) (582 m)	9 16	9 30	10 30		11 30
Urspring	9 20				
Lonsee	9 22				
Westerstetten	9 25				
Beimerstetten	9 30				
Ulm Hbf	9 40	9 47	10 47	11 02	11 47
Neu-Ulm		9 51	10 51		11 51

❶ = nicht 19. Jun, 3. Okt

🚂🚃 Ulm Hbf → Friedrichshafen Stadt
(gültig vom 03.07. bis 13.12.)

Ab	Zug	An	Umsteigen	Ab	Zug	An	Dauer	Verkehrs-tage
9:11	IRE 32607					10:24	1:13	täglich
10:11	IRE 32671					11:22	1:11	täglich
10:16	RB 3458	11:03	Aulendorf	11:11	DNR 82309	11:52	1:36	täglich **04**
11:11	IRE 32609					12:24	1:13	täglich
12:11	IRE 32673					13:22	1:11	täglich
12:16	RB 3460	13:03	Aulendorf	13:12	DNR 82313	13:52	1:36	täglich **04**
13:11	IRE 32675					14:23	1:12	täglich
14:11	IRE 32677					15:22	1:11	täglich
14:16	RB 3462	15:03	Aulendorf	15:11	DNR 82317	15:52	1:36	täglich **04**
15:11	IRE 32611					16:23	1:12	täglich

Index 04 = nicht 26., 27. Jul

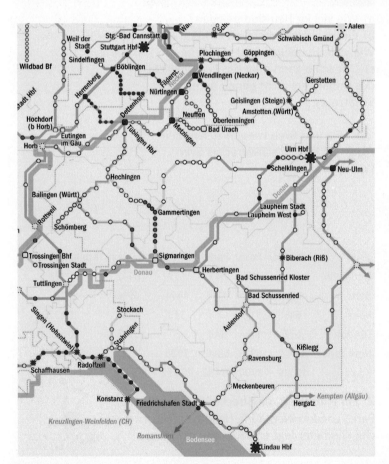

Mit Fahrplänen hast du es oft zu tun: Bahnreisen, S-Bahn-Fahrten oder auch Schiffsreisen werden mithilfe von diesen Tabellen geplant.

1 👥 In Fahrplänen stecken viele Informationen. Welche Informationen könnt ihr den beiden Zugfahrplänen entnehmen?

2 👥 Zwei Familien wollen im Sommer in Friedrichshafen am Bodensee Urlaub machen. Die Fahrt soll mit dem Zug erfolgen. Familie Huber wohnt in Esslingen, Familie Noll in Geislingen (Steige).
a) Durch welche Orte fährt der Zug von Ulm nach Friedrichshafen?
b) Die beiden Familien wollen ab Ulm gemeinsam fahren. Erstellt für die beiden Familien einen Plan für die Hinfahrt. Denkt dabei an Abfahrts- und Ankunftszeiten, das Umsteigen, die Fahrtdauer, …

3 👥 Überlegt euch mehrere Vor- und Nachteile einer Urlaubsfahrt mit dem Zug und diskutiert sie.

Auf geht's: Bodenseereise

Auf diesen Seiten wird das Rechnen mit der Zeit vorbereitet. Lesen von Fahrplänen ist eine wichtige Voraussetzung für das Reisen. Dies sollte an Beispielen mit Realitätscharakter geübt werden.

Aufgaben

1 Aus dem Fahrplan kann man nicht nur die Abfahrts- und Ankunftszeiten sowie die Fahrtdauern der Züge ablesen, sondern auch die Haltestellen und Aufenthaltsdauern in größeren Orten. Nicht alle Züge halten in den gleichen Orten. Das hängt z.B. von der Zugart ab: RE bedeutet RegionalExpress, RB RegionalBahn, IRE steht für InterRegioExpress und DNR steht für Deutscher NahReisezug.
Außerdem werden die Wochentage, an denen der Zug fährt, und die Ausschlusstage angegeben. Um die Züge genau unterscheiden zu können, hat jeder Zug für jede Fahrt eine eigene Zugnummer. Durch das Fahrradsymbol wird vermerkt, ob eine Fahrradmitnahme möglich ist. Beim rechten Fahrplan sind außerdem die Anschlussmöglichkeiten vermerkt.

2 a) Ulm, Laupheim, Biberach, Bad Schussenried, Aulendorf, Ravensburg, Meckenbeuren und Friedrichshafen
b) Familie Huber kann mit folgenden Zügen fahren:

Esslingen ab	8.44	9.44	10.44
Ulm an	9.47	10.47	11.47
Ulm ab	10.11	11.11	12.11
Friedrichshafen an	11.22	12.24	13.22

Familie Noll stehen diese Züge zur Verfügung:

Geislingen ab	9.23	10.23	10.40	11.23
Ulm an	9.47	10.47	11.02	11.47
Ulm ab	10.11	11.11	11.11	12.11
Friedrichshafen an	11.22	12.24	12.24	13.22

Sicher steigen sie gleich in Geislingen zu Familie Huber in den Zug. Sie nehmen also nicht den Zug um 10.40 Uhr.

3 Einige Argumente, die für das Zugfahren sprechen:
- Ab Ulm – oder gleich ab Geislingen – können die Familien gemeinsam im Zug fahren, sie können sich unterhalten und sich gemeinsam die Zeit vertreiben.
- Es gibt beim Zugfahren keinen Stau.
- Das Zugfahren ist umweltfreundlicher.
- Ohne Auto bleibt die Parkplatzsuche aus.
- Bei Ausflügen oder Wanderungen ist man nicht darauf angewiesen, zum Standpunkt des Autos zurückzukehren.

Einige Nachteile der Zugfahrt:
- Man ist vom Fahrplan und somit von den Fahrzeiten der Züge abhängig.
- Züge können Verspätung haben und man erreicht den Anschlusszug dann nicht.
- Man muss das Gepäck immer mitnehmen, also auch tragen.
- Es können nur Ziele angefahren werden, die mit öffentlichen Verkehrsmitteln erreichbar sind.
- Ist man mit öffentlichen Verkehrsmitteln unterwegs, muss man sich vorher genauer informieren. Spontane Ideen, dies und jenes zu unternehmen, sind schwerer umsetzbar.

Auch die Kosten spielen eine erhebliche Rolle. Um die aktuellen Fahrpreise und Benzinpreise zu ermitteln kann im Internet, telefonisch oder persönlich recherchiert werden.

4 a) Das Schiff legt in Immenstaad, Hagnau und Meersburg an.

b)

	längste Besuchsdauer	kürzeste Besuchsdauer
Friedrichshafen ab	8.40	9.53
Mainau an	10.20	11.30
Mainau ab	18.49	13.25
Friedrichshafen an	20.15	14.55
Besuchsdauer auf der Mainau	8 h 29 min	1 h 55 min

Da es auf der Insel Mainau viel zu sehen gibt, lohnt sich eine Besuchsdauer von weniger als zwei Stunden kaum. Die Aufenthaltsdauer hängt vom Wetter und vom Interesse an der Mainau ab.

5 Das Märchen vom Seehasen (gekürzt)

Ganz früher war das Dorf Buchhorn, das heutige Friedrichshafen, 1000-mal kleiner als heute. Auch die Häuser waren kleiner und bunt angemalt. Sie standen in Gärten, in denen große, hohe Bäume und Hecken für die vielen Vögel standen, die dort ihre Nester hatten. Das unermüdliche Jubilieren, Zwitschern und Singen war ein herrliches, wundervolles Konzert. Um die Häuser waren Rasenflächen mit duftenden Rosen- und anderen Blumenbeeten; so als ob unzählige, bunte Blumensträuße auf einmal blühten. Das Haus des Bürgermeisters stand an der Stadtgrenze, dort wo der Wald begann. Zufrieden spielten an einem Sonntagnachmittag seine und die Nachbarskinder im Garten. Aber, was sahen der kleine Benjamin und die anderen Kinder – Adele, Cäcilie, Dorle, Erich, Fritz und Gustav – von ihrer Spielecke aus? Einen hellbraunen, großen Hasen mit hochstehenden, langen Ohren im Blumenbeet sitzen. Der Hase mit dem weißen Brustlatz saß auf den Hinterbeinen und lachte die erstaunten Kinder an. Gustav, der Älteste reagierte schnell und sagte: „O seht, der Osterhase sitzt in unserem Blumenbeet. Schnell, wir fangen ihn, der lebendige Osterhase soll Glück bringen!" Alle 14 Kinderbeine sprangen in Richtung Blumenbeet, wo der Osterhase saß. Aber der Hase machte vor Schreck einen Satz über den Zaun um der wilden Bande zu entkommen. Die Kinder jagten dem Hasen hinterher über Zäune und Hecken um Ecken, durch Gassen und Straßen bis hinunter zum Bodensee. Es gab kein Entkommen mehr. Der erschöpfte Hase stürzte sich in seiner Aufregung in den großen, kalten See. Die sieben Kinder waren durch die Rennerei über Zäune und Hecken, um Ecken, durch Gassen und Straßen atemlos, als sie am Bodensee ankamen und dort den verzweifelt im Wasser zappelnden Hasen sahen. Adele rief ihm zu: „Lieber Hase, halte dich über Wasser, wir helfen dir." Cäcilie darauf: „Schlage mit deinen Vorderpfoten fest auf das Wasser, dann gehst du nicht unter." Dorle dazu: „Schau, die Buben machen ein Boot los, um dich zu holen." Ängstlich schaute der Hase, mit den kalten Wellen kämpfend, auf das herannahende Boot, denn Hasen können bekanntlich nicht schwimmen. Erich und Fritz ruderten auf die Stelle zu, wo der fast ertrinkende Hase war. Gustav steckte in aller Eile den kleinen Benjamin in den Ret-

tungsring und schubste ihn in das kalte Wasser, geradewegs auf den Hasen zu. Benjamin zog das nasse Tier an den Vorderläufen zu sich in den Rettungsring, der mit einer Leine zum Boot gezogen wurde. Die Buben, Erich und Fritz halfen den beiden Bodenseenassen in das trockene Boot.

Aus dem lachenden Osterhasen war ein weinender Seehase geworden. Tropfnaß kamen Benjamin und der Hase in Begleitung von Adele, Cäcilie, Dorle, Erich, Fritz und Gustav in das Haus des Bürgermeisters. Welch einen Schreck bekamen Vater und Mutter, als die Kinder allesamt mit dem patschnassen Tier und dem patschnassen Benjamin ins Haus stolperten. Der Hase und Benjamin wurden zusammen in ein heißes Bad gesteckt und anschließend trockengerubbelt. Benjamin wurde frisch und warm angezogen. Der Hase freute sich über ein warmes Jäckchen von Dorle, das ihm bis zu den Hinterhasenpfoten reichte und wie ein Mäntelchen aussah. In der Zwischenzeit deckten die anderen Kinder den Tisch für süßen Tee, Brezeln und Honigbrot. Für den Hasen waren die Köstlichkeiten auf dem Tisch der Menschen neu und lecker. Aus Dankbarkeit und auch aus großer Freude über die Bekanntschaft mit den Kindern spielte der Hase mit allen Purzelbaumschlagen und Ringelreihen, sie tobten im ganzen Haus. Das heitere und lustige Spiel der sieben Kinder mit dem glücklichen Hasen – gerettet aus großer Seenot – dauerte den ganzen Nachmittag, bis alle müde wurden. Der Hase durfte mit in Benjamins Bett. Beide schliefen Arm in Arm zufrieden und glücklich. Als die Sonne am Morgen aufwachte und den Bodensee in silbernes Blau verwandelte, wachten die Vögel auf und sangen ihr Morgenlied. Wer wachte ebenfalls auf? Der Seehase im Arm von Benjamin. Der Hase sagte dem schlafenden Benjamin: „Danke für alles – es war so schön bei euch Kindern und euren lieben Eltern – ich komme wieder um mit euch zu tanzen und fröhlich zu sein." Wer den Osterhasen – jetzt Seehasen – im Arm hält, hat Glück. Als Benjamin erwachte gab es Tränen. Das Häslein war durchs offene Fenster in den großen Wald verschwunden.

@ In ungekürzter Form ist das Märchen unter www.gzg-fn.de/seehas/texte/maerchenX.html zu finden.

4 👪 Im Urlaub wollen die beiden Familien einen Tagesausflug auf die Insel Mainau unternehmen. Sie fahren mit der Weißen Flotte von Friedrichshafen zur Mainau und zurück.

a) Das Schiff fährt nicht ohne Zwischenstopp zur Insel Mainau. Wo legt es an?

b) Die Öffnungszeiten der Mainau sind von 10.00 Uhr bis 20.00 Uhr. Erstellt einen Plan für die Hin- und Rückfahrt. Wie lange können die beiden Familien sich auf der Insel Mainau aufhalten?

5 @ Kennt von euch jemand das Märchen vom Seehasen? Ihr könnt Informationen dazu im Internet finden.

🚢 Schifffahrplan Friedrichshafen → Mainau							
Kurs tägl. vom 5.7. bis 7.9.	104	415/6	126/425	132/427	112/431	148	116
Friedrichshafen	08:40		09:53	11:20	12:25	I	14:22
Immenstaad	09:10		10:23	11:50	12:55	I	14:52
Hagnau	09:25		10:38	12:05	13:10	I	15:07
Meersburg an	09:41		10:53	12:20	13:25	13:15	15:22
Meersburg		10:00	11:10	12:32	13:30	13:23	15:32
Mainau an		10:20	11:30	12:52	13:50	13:43	15:52
Kurs tägl. vom 5.7. bis 7.9.	113	430/117	147	434/121	481/123	125	
Mainau	13:25	14:50	16:30	16:15	16:55	18:49	
Meersburg an	13:45	15:10	I	16:35	17:15	19:09	
Meersburg	13:55	15:20	I	16:43	17:25	19:15	
Hagnau	14:10	15:35	I	16:58	17:40	19:30	
Immenstaad	14:25	15:50	I	17:13	17:55	19:45	
Friedrichshafen an	14:55	16:20	17:35	17:43	18:25	20:15	

5 Zeit

Beim Zirkus Monstrosi soll ein neues Programm zusammengestellt werden. Der Zirkusdirektor möchte möglichst viele Wünsche und Bedingungen seiner Artisten erfüllen. Die Vorstellung soll $2\frac{1}{4}$ Stunden dauern.

– Die Löwen dürfen nicht länger als 20 min auf der Bühne sein, weil sie sonst unruhig werden.
– Ist der Clown mit seinem Programm fertig, muss er sich umziehen, da er auch noch bei den Tellerartisten mitmacht. Er benötigt dazu eine halbe Stunde.
– Die Pferde müssen am Anfang der Show auftreten. Denn nachdem sie fertig sind, müssen sie für den Streichelzoo gestriegelt werden.
– Der Tellerartist kann 10 Teller maximal 57 Sekunden in der Luft halten.

– 10 Minuten, nachdem die Trapezkünstlerin Annabelle von der Seilnummer kommt, muss sie noch ihre Gelenke massieren, da sie anschließend beim Zauberkünstler in eine enge Kiste steigen muss.
– Insgesamt sollen folgende Artisten auftreten:

→ 👥 In welcher Reihenfolge können die Artisten und Tiere auftreten?
→ 👥 Stellt einen Zeitplan für die neue Vorstellung auf. Bedenkt auch Zeiten für Umbau und die Vorstellung bzw. die Ansagen durch den Zirkusdirektor.

> **!**
>
> Für die Zeitmessung gibt es verschiedene Einheiten:
> Stunde (h), Minute (min) und Sekunde (s).
> Größere Zeiteinheiten sind Tag, Woche, Monat und Jahr.

Weiter geht's
→ 👥 Welche Instrumente zur Zeitmessung kennt ihr?
→ 👥 Für welche Art von Zeitmessung sind die Geräte geeignet? Beschreibe deiner Partnerin oder deinem Partner kurz die Funktionsweise.

5 Zeit

Beim Umgang mit dem Thema Zeit ist zu beachten, dass einerseits **Zeitpunkte**, andererseits **Zeitspannen** betrachtet werden. So sind zum Beispiel bei einer Zugfahrt sowohl Abfahrtszeit und Ankunftszeit wichtige Zeitpunkte. Die Fahrzeit selbst ist als Zeitspanne entscheidend.

Eine weitere Besonderheit stellen die **verschiedenen Umrechnungszahlen** zwischen den Zeiteinheiten dar, zumal dies keine Potenzen von 10 sind.

Einstieg

Das Einstiegsbeispiel greift das Thema Zirkus von der Auftaktseite noch einmal auf. Dabei spielt das Thema Zeit die zentrale Rolle. Die Zirkusvorstellung und die Wünsche der Artisten müssen in einen Zeitplan eingebaut werden, bei dem sowohl Zeitspannen, als auch Zeitpunkte zu beachten sind.

Impulse

→ Um die Reihenfolge festzulegen, müssen zunächst alle Stichpunkte gelesen werden.

→ Beginnt die Vorstellung um 20.00 Uhr, so ist ein möglicher Zeitplan der folgende:

1. Begrüßung durch den Zirkusdirektor	20.00 Uhr bis 20.05 Uhr
2. Pferde	20.06 Uhr bis 20.18 Uhr
3. Seilnummer	20.19 Uhr bis 20.39 Uhr
4. Clown	20.40 Uhr bis 21.05 Uhr
Pause	21.05 Uhr bis 21.20 Uhr
5. Löwen	21.20 Uhr bis 21.35 Uhr
6. Tellerartisten	21.36 Uhr bis 21.53 Uhr
7. Zauberer	21.54 Uhr bis 22.02 Uhr
8. Verabschiedung durch den Zirkusdirektor	22.03 Uhr bis 22.08 Uhr

! Merkkasten

Die unterschiedlichen Umrechnungszahlen zwischen den Zeiteinheiten bereiten den Kindern häufig Schwierigkeiten. Es gilt:

1 Tag (d) = 24 Stunden (h)
$\qquad$ 1 Stunde = 60 Minuten (min)
$\qquad\qquad$ 1 Minute = 60 Sekunden (s)
Größere Zeiteinheiten sind:
1 Jahr = 12 Monate
$\qquad$ 1 Monat = 30 Tage
$\qquad$ 1 Woche = 7 Tage

Bei den folgenden Aufgaben werden auch Zeiten mit einfachen – aus dem täglichen Leben bekannten – Brüchen verwendet.
Es gilt $\frac{1}{2}$ Stunde = 30 min und $\frac{1}{4}$ Stunde = 15 min.

Weiter geht's

→ Zum Messen der Zeit gibt es die unterschiedlichsten Uhren: Eieruhr, Sanduhr, Kuckucksuhr, Kirchturmuhr, Armbanduhr, Digitaluhr, Wecker, Küchenuhr, Sonnenuhr, Wanduhr, Standuhr, Schwarzwalduhr, Penduluhr, Wasseruhr, Lichtuhr, Jahresuhr, Funkuhr, mechanische Uhr, automatische Uhr, elektrische Uhr, Taschenuhr, Stoppuhr, Fliegeruhr, Taucheruhr, Präzisionsuhr, Quarzuhr und Atomuhr. Aber auch mit Tätigkeiten, deren Zeitdauer man kennt, kann man die Zeit messen, z. B. mit einer Fernsehsendung, die 20 min dauert.

→ Armbanduhr, Wecker, Standuhr usw. geben den genauen Zeitpunkt an. Sanduhr, Kerzenuhr, usw. messen durch Vergleich mit einem Medium, wie dem Sand oder dem verbrannten Kerzenwachs, eine Zeitspanne. Mit diesen Uhren kann nie eine genaue Uhrzeit angezeigt werden.

Werkzeugkasten

Um sinnvoll Zeit messen zu können, sollten Uhren mit Sekundenangaben, Stoppuhren, verschiedene Uhren oder Abbildungen von Uhren mit Ziffernblatt, mit digitaler Anzeige, zum Vergleich eventuell eine Sanduhr im Klassenzimmer vorhanden sein.
@ Fahrpläne und/oder Zugang zur Bahnauskunft findet man im Internet unter www.bahn.de.

Weiteres Angebot $\qquad$ Eichen einer Kerzenuhr

Um eine Kerzenuhr zu bauen, misst man die genaue Länge einer dünnen, aber gleichmäßig dicken Kerze und trägt diese Länge in eine Tabelle ein bevor man sie anzündet. Man misst die Kerzenlänge anschließend alle halbe Stunde und trägt auch diese Werte in die Tabelle ein. Man nimmt eine neue Kerze der gleichen Art und markiert die Abstände aus der Tabelle von oben nach unten jeweils mit einer Stecknadel. Nach je einer halben Stunde Brennzeit fällt dann eine Nadel herunter und die selbst gebaute Kerzenuhr misst die Zeit.

Aufgaben

1 a) Das Alter eines erwachsenen Menschen gibt man in Jahren an.

b) Die Dauer einer Unterrichtsstunde gibt man in Viertelstunden oder in Minuten an.

c) Die Feriendauer gibt man in Wochen an.

d) Die Zeit für die Hausaufgaben gibt man in Minuten oder in halben Stunden an.

e) Die Zeit, die das Wasser braucht, bis es kocht, wird in Minuten angegeben.

f) Die Zeit pro Atemzug gibt man in Sekunden an.

g) Der 50-m-Lauf wird auf Zehntelsekunden genau angegeben.

h) Weitere Beispiele:
– Busfahrt in Minuten
– Klassenfahrt in Tagen
– Kochzeit von Nudeln in Minuten
– Dauer eines Urlaubes in Wochen
– Dauer, die man unter Wasser bleiben kann, in Sekunden

2 Für Kinder, die die Umrechnungszahlen nicht kennen, sollte man eine Uhr mit Sekundenzeiger bereithalten.

---

i Information   Umwandeln von Zeiteinheiten

1 Tag (d) = 24 Stunden (h)
$\qquad$ 1 Stunde (h) = 60 Minuten (min)
$\qquad$ 1 Minute (min) = 60 Sekunden

Die Abkürzungen d und h kommen aus dem Lateinischen von dies und hora. Als Eselsbrücke kann man die englischen Bezeichnungen day und hour anbieten.

3

365 · 26
$\underline{730}$
$\underline{2190}$
9490   26 Jahre sind 9490 Tage.

Wenn 26 Jahre ein Drittel sind, geht man davon aus, dass der Mensch 78 Jahre alt wird.

4 *Mit der Idee, einer Tätigkeit eine Zeitdauer zuzuordnen, kann man ein Zeit-Memory basteln.*

a) 1 h bis 2 h $\qquad$ b) 8 h bis 10 h
c) 90 s bis 150 s $\qquad$ d) etwa 40 h
e) etwa 4 Monate $\qquad$ f) $6\frac{1}{2}$ Wochen
g) $\frac{3}{4}$ Stunde

5 *Zur Bearbeitung der Aufgabe ist eine Uhr mit Sekundenzeiger oder eine Stoppuhr erforderlich. Auch zum Schätzen einer Zeitdauer werden Vergleichsgrößen benötigt. Zählen, Gedichte aufsagen und Lieder singen können helfen, Zeit zu schätzen. Also alle Dinge, die man regelmäßig tut und deren Zeitdauer man kennt.*

a) *Zum Schätzen von Sekunden eignet sich gleichmäßiges Zählen (21; 22; 23; . . .).*

b) *Zum Schätzen von Minuten kann ein kurzes Gedicht oder ein Sprechvers leise aufgesagt werden, dessen Zeitdauer bereits bekannt ist.*

c) *Der Rhythmus beim Auf-den-Tisch-Tippen ist oft zu schnell oder zu langsam.*

d) *Die Ideen und die Ergebnisse sollten im Heft festgehalten werden.*

Wahrnehmung von Zeit hängt aber stets von der momentanen Befindlichkeit eines Menschen ab.

6 *Bei den Aufgaben a) und b) ist der Umrechnungsfaktor 60.*

a) 420 s; 540 s; 720 s; 30 s
b) 180 min; 300 min; 540 min; 660 min; 15 min
c) *Hier wird mit 24 multipliziert.* 72 h; 216 h; 12 h

7 *Bei den Aufgaben a) und b) wird durch 60 geteilt.*

a) 5 min; 9 min; 19 min; 55 min
b) 8 h; 12 h; 23 h
c) *Hier wird durch 24 geteilt:* 6 Tage; 9 Tage; 16 Tage; $1\frac{1}{2}$ Tage

Berlin-Uhr   Lesen

Wegen Umbaumaßnahmen am Kurfürstendamm wurde die Berlin-Uhr entfernt, seitdem steht sie vor einem Berliner Einkaufszentrum. Wenn die Kinder verstanden haben, dass die beleuchteten Felder in der oberen Reihe für je 5 h, in der zweiten Reihe für je 1 h, in der dritten Reihe für je 5 min und in der letzten Reihe für je 1 min stehen, sehen die Berlin-Uhren so aus.

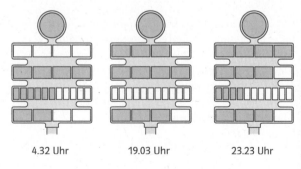

4.32 Uhr $\qquad$ 19.03 Uhr $\qquad$ 23.23 Uhr

1 Mit welcher Zeiteinheit wird Folgendes gemessen?
a) Das Alter eines erwachsenen Menschen.
b) Die Dauer einer Unterrichtsstunde.
c) Die Dauer von Ferien.
d) Die Zeit für die Hausaufgaben.
e) Die Zeit, die 1 Liter Wasser braucht, bis es kocht.
f) Die Zeit für einen Atemzug.
g) Die Zeit für einen 50-m-Lauf.
h) Notiere weitere fünf Messideen und überlege das passende Zeitmaß.

2 Übertrage die Übersicht im Infokasten in dein Heft und ergänze die Leerstellen.

Umwandeln von Zeiteinheiten

Tag (d)
Stunde (h)   1 d   = ☐ h
Minute (min)   1 h   = ☐ min
Sekunde (s)   1 min = ☐ s

---

3 Man sagt, dass ein Mensch etwa ein Drittel seines Lebens verschläft. Dies wären ungefähr 26 Jahre. Wie viele Tage sind dies? (Rechne mit 365 Tagen pro Jahr.)

4 Ordne die Zeitangaben richtig zu.
a) tägliche Hausaufgaben
b) nächtlicher Schlaf
c) 400-m-Lauf
d) Arbeitszeit pro Woche
e) Winterschlaf eines Igels
f) Sommerferien
g) eine Halbzeit beim Fußball

etwa 40 h

$6\frac{1}{2}$ Wochen

8 h bis 10 h

$\frac{3}{4}$ Stunde

1 h bis 2 h

90 s bis 150 s

etwa 4 Monate

---

5 Ihr braucht eine Uhr mit Sekundenzeiger oder eine Stoppuhr. Wie genau könnt ihr die Zeit abschätzen? Überprüft euch gegenseitig.
a) Schließe 10 s (20 s; 30 s) die Augen.
b) Geht $\frac{1}{2}$ min (1 min; 90 s) im Kreis.
c) Tippt jede Sekunde einmal auf den Tisch und haltet dies eine Minute durch. Wie genau habt ihr getippt?
d) Überlegt euch weitere Aufgaben zum Abschätzen von Zeit.

6 Wandle um.
8 min = 8 · 60 s = 480 s
a) in s: 7 min; 9 min; 12 min; $\frac{1}{2}$ min
b) in min: 3 h; 5 h; 9 h; 11 h; $\frac{1}{4}$ h
c) in h: 3 Tage; 9 Tage; $\frac{1}{2}$ Tag

7 Wandle um.
a) in min: 300 s; 540 s; 1140 s; 3300 s
b) in h: 480 min; 720 min; 1380 min
c) in Tage: 144 h; 216 h; 384 h; 36 h

Berlin-Uhr

Erfunden wurde diese Uhr 1974 von D. Benninger. 1975 wurde sie am Kurfürstendamm in Berlin aufgestellt. Die Anzeige der Zeit erfolgt durch leuchtende farbige Felder mit Fünfer- und Einerschritten für Stunden und Minuten. Die Zeit kann durch Addition der Werte abgelesen werden.

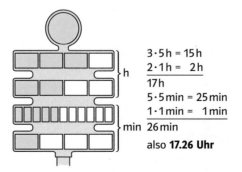

3 · 5 h = 15 h
2 · 1 h = 2 h
17 h
5 · 5 min = 25 min
1 · 1 min = 1 min
26 min
also **17.26 Uhr**

Zeichne in dein Heft:
04.32 Uhr; 19.03 Uhr; 23.23 Uhr

---

30 min = $\frac{1}{2}$ h
(eine halbe Stunde)

15 min = $\frac{1}{4}$ h
(eine viertel Stunde)

45 min = $\frac{3}{4}$ h
(eine dreiviertel Stunde)

Ein Jahr hat 365 Tage
(Ausnahme: Schaltjahre haben 366 Tage).

Ein Jahr hat 12 Monate.

Ein Monat hat zwischen 28 und 31 Tagen.

8 Nach Zeitspannen fragt man meistens mit „wie lange". Zum Berechnen von Zeitspannen kann man unterschiedlich vorgehen. Uwe rechnet die Zeitspanne von 15.20 Uhr bis 17.30 Uhr wie folgt aus: „Ich rechne eine Stunde bis 16.20 Uhr, dann eine Stunde bis 17.20 Uhr und dann noch 10 Minuten bis 17.30 Uhr. Macht zusammen 2h 10 min." Kerstin rechnet anders und kommt mit den Zwischenwerten 40 min, 1 h und 30 min auch auf 2 h und 10 min. Wie hat Kerstin gerechnet?

9 Du brauchst ein aktuelles Fernsehprogrammheft dieser Woche.

a) Suche darin drei Sendungen, die dich interessieren. Wie lange dauern diese Sendungen?
b) 👥 Besprecht in der Klasse, wie ihr die Länge der Sendungen berechnet habt.
c) 👥 Schätzt, wie viel Werbung in den von euch ausgesuchten Sendungen läuft? Erstellt eine Tabelle und diskutiert darüber.

10 Auf dem abgebildeten Kalenderblatt stehen besondere Abkürzungen.
a) Was bedeuten diese Abkürzungen?
b) Welche Zeitspannen kannst du mit den Daten auf dem Kalenderblatt berechnen?

Dienstag
8
Juli
☀ ☽
SA 05.01 MA 15.31
SU 21.38 MU 01.23

11 Der Inter-City-Express (ICE) fährt um 11.54 Uhr in Düsseldorf ab und erreicht Berlin um 17.12 Uhr.
Wie lange ist er unterwegs?

12 Ergänze in deinem Heft.

	Abfahrt	Fahrtdauer	Ankunft
a)	9.35 Uhr	3 h 20 min	
b)	7.30 Uhr		10.05 Uhr
c)	21.20 Uhr		23.12 Uhr
d)		45 min	12.55 Uhr
e)		1 h 25 min	17.25 Uhr

13 Berechne die Zeitspannen zwischen
a) 14.10 Uhr und 14.55 Uhr
   17.17 Uhr und 17.58 Uhr
b) 9.20 Uhr und 10.40 Uhr
   18.40 Uhr und 19.50 Uhr

14 Eine Schulklasse plant ihre Klassenfahrt an die Nordsee. Sie wollen die Stadt Emden besuchen und „Dat Otto Huus" besichtigen. Von der Unterkunft bis zum „Otto Huus" fährt der Bus 1h 10 min. Für die Besichtigung sind $1\frac{1}{2}$ Stunden eingeplant. Anschließend dürfen die Kinder in Gruppen $1\frac{3}{4}$ h die Stadt anschauen.
a) @ Informiert euch im Internet über die Öffnungszeiten und die Angebote im „Otto Huus".
b) Erstellt einen Zeitplan für den Ausflug. Legt dabei die Abfahrts- und die Ankunftszeiten des Busses sowie die Aufenthaltszeiten und Pausen fest.

8 Kerstin berechnet zunächst die Zeit bis 16.00 Uhr, das sind 40 min. Dann ergänzt sie bis 17.00 Uhr eine Stunde. Anschließend addiert sie 30 min bis 17.30 Uhr. Zusammen ergibt das 1 h 70 min, also 2 h 10 min. *Bei diesen Aufgaben helfen auch Zeitdiagramme:*

Kerstin:

15.20 Uhr
16.00 Uhr } + 40 min
17.00 Uhr } + 1 h
17.30 Uhr } + 30 min
_____
1 h 70 min
= 2 h 10 min

Uwe:

15.20 Uhr
16.20 Uhr } + 1 h
17.20 Uhr } + 1 h
17.30 Uhr } + 10 min
_____
2 h 10 min

9 a) *Damit keine große Diskussion anfängt, welche Sendung besser ist, sollte sich jedes Kind drei eigene Sendungen aussuchen.*
b) Für die Berechnung der Sendezeiten können ebenfalls Zeitdiagramme erstellt werden.
Eine Zusatzaufgabe könnte sein, die Sendungen so auszuwählen, dass eine Sendezeit von drei Stunden nicht überschritten wird.
c) Die Tabelle könnte so aussehen:

Zeit von – bis	Sendung	Dauer
19.20 Uhr – 19.23 Uhr	Werbung	3 min
19.23 Uhr – 19.31 Uhr	Vorabendserie	8 min
19.31 Uhr – 19.35 Uhr	Werbung	4 min

10 a) SA: Sonnenaufgang, SU: Sonnenuntergang, MA: Mondaufgang, MU: Monduntergang
b) Sonnenscheindauer: 16 h 37 min
Mondscheindauer: 9 h 52 min
Der Mond scheint am 8. Juli selbst 8 h 29 min.
Sonne und Mond stehen gemeinsam von 15.31 Uhr bis 21.38 Uhr am Himmel, also 6 h 7 min.

Die Aufgaben 11 und 12 können geöffnet werden und Anregung sein, sich mit Fahrplänen, vielleicht auch mit Verbindungsmöglichkeiten des öffentlichen Nahverkehrs zu beschäftigen. Je nach Wohnort ist dies nicht allen Schülerinnen und Schülern bekannt.
@ Fahrpläne findet man unter www.bahn.de.

11 Der ICE von Düsseldorf nach Berlin ist 5 h 18 min unterwegs.

12

	Abfahrt	Fahrtdauer	Ankunft
a)	9.35 Uhr	3 h 20 min	12.55 Uhr
b)	7.30 Uhr	2 h 35 min	10.05 Uhr
c)	21.20 Uhr	1 h 52 min	23.12 Uhr
d)	12.10 Uhr	45 min	12.55 Uhr
e)	16.00 Uhr	1 h 25 min	17.25 Uhr

13
a) 45 min b) 1 h 20 min
   41 min   1 h 10 min

14 a) @ *Bei Recherchen im Internet ist es wichtig, vorher die Internetadressen zu überprüfen und mögliche Schlagwörter für die Suchmaschinen auszuprobieren, um die Flut an Internetseiten sinnvoll einzudämmen.*
Die aktuellen Informationen 2006:
Montag – Freitag: 9.30 – 18.00 Uhr,
Samstag 9.30 – 13.00 Uhr,
Sonntag geschlossen
b) *Es wurde ein möglicher Plan aufgestellt.*

Busabfahrt Unterkunft	9.00 Uhr
Ankunft „Otto Huus"	10.10 Uhr
Besuch „Otto Huus"	bis 11.40 Uhr
Mittagspause	bis 13.00 Uhr
Stadtbesichtigung	bis 14.45 Uhr
Abfahrt Bus	15.00 Uhr
Ankunft Unterkunft	16.10 Uhr

15 Mögliche Fragen:
- Wann muss Diana morgens spätestens das Haus verlassen, um 5 min vor Unterrichtsbeginn in der Schule zu sein? (um 6.55 Uhr)
- Wann kann Diana frühestens zu Haus sein? (um 12.55 Uhr)
- Wie lange ist sie jeden Tag in der Schule? (5 h 10 min)
- Wie lange ist sie in einer Woche mit fünf Schultagen in der Schule? (25 h 50 min)
- Wie lange ist sie täglich von zu Hause weg? (6 h, denn sie ist jeden Tag 5 h 10 min in der Schule und hat einen Schulweg von 2 · 25 min = 50 min.)
- Wie lange dauert der Unterricht ohne große Pause? (4 h 45 min)
- Wie lange dauert es von Unterrichtsbeginn bis zur großen Pause? (2 h 25 min)

Mögliche Fragen richten sich entweder nach einem Zeitpunkt oder einer Zeitdauer.

16 a) Die zeitlichen Unterschiede werden als Zeitspannen berechnet.
1. und 2. Platz: 15 s
2. und 3. Platz: 76 s = 1 min 16 s
3. und 4. Platz: 11 min 43 s
b) 16 s (92 s = 1 min 32 s)
c) Die ersten drei Plätze werden meist mit einer Medaille oder einem Preis belohnt. Der vierte Sieger ist oft kaum schlechter als der dritte Sieger und wird nicht mehr extra belohnt.
d) Nein, 11 min hätte er wohl kaum aufholen können. Er unterscheidet sich wesentlich von den drei Siegern.

17 Ohne Nachspielzeit in der zweiten Halbzeit wäre das Spiel um 17.19 Uhr beendet, also wurden 3 min nachgespielt.

18 a) Er hat nur eine Stunde geschlafen, denn um 9 Uhr (eigentlich um 21 Uhr) klingelt der Wecker.
Hat er allerdings einen Wecker, der 24 Stunden anzeigt, dann kann er bis 9 Uhr am nächsten Morgen schlafen, das wären dann 13 Stunden.
b) Herr Meyer hat den Wecker auf 7 Uhr gestellt und kann somit 8 h 50 min schlafen.

19 a) Die Fahrt dauert mindestens 6 Stunden und 29 Minuten und höchstens 7 Stunden und 22 Minuten.
b) Am längsten dauert die Fahrt ganz rechts in der Tabelle, die kürzeste Verbindung ist die zweite.
c) Welche Verbindung die beste ist hängt davon ab, wann man losfahren kann bzw. zu welchem Zeitpunkt man in Idar-Oberstein sein muss. Wenn es keine Einschränkungen gibt, so ist die kürzeste Verbindung die beste.
d) Der längste Halt mit 27 Minuten ist in Hannover.
e) Herr Walter kann einen Zug um 9.42 Uhr nehmen, dann ist er 16.57 Uhr oder 17.04 Uhr in Idar-Oberstein.
f) In Bremen hat Herr Walter 13 Minuten Zeit, sich eine Zeitung zu kaufen.
g) Individuelle Lösungen.

Basteln einer Sonnenuhr   **Basteln**

Sonnenuhren gab es bereits bei den alten Kulturvölkern Mesopotamiens und Ägyptens. Die Zeit kann auf der Sonnenuhr aus der Lage des Schattens eines senkrechten oder der Erdachse parallelen Stabes auf einem horizontalen oder vertikalen „Zifferblatt" abgelesen werden. (Das heißt die Sonnenuhr hängt an einer Wand oder liegt auf dem Boden.)
Eine Sonnenuhr zeigt die „wahre" Sonnenzeit an. Unsere Uhrzeit ist gleich bleibend und aus einem mittleren Wert errechnet. Die Zeit auf der Sonnenuhr weicht von unserer Zeit an den meisten Tagen des Jahres ab.
Beim „Eichen" der Sonnenuhr wird anschaulich, was der Lauf der Sonne bedeutet.
An einem Modell „Sonne – Erde – Mond" kann der Lauf der Sonne gezeigt und das notwendige „Eichen" der gebastelten Sonnenuhr nachvollzogen werden.

15 ♟ An einer Hauptschule beginnt der Unterricht um 7.25 Uhr. Diana hat einen 25 min langen Schulweg. Sie soll 5 min vor Unterrichtsbeginn in der Schule sein. Von 9.50 Uhr bis 10.10 Uhr ist große Pause. Um 12.30 Uhr endet der Unterricht.
Finde Fragen zu dieser Aufgabe und lass sie von deiner Nachbarin oder deinem Nachbarn beantworten.

16 Bei einem Marathonlauf (42,195 km) wurden von den besten vier Läufern folgende Zeiten erzielt:
2 h 7 min 52 s; 2 h 8 min 7 s; 2 h 9 min 23 s und 2 h 21 min 6 s.
a) Berechne die Zeitunterschiede von diesen vier Läufern.
b) Wie viele Sekunden hätte der zweite (der dritte) Läufer schneller sein müssen um zu siegen?
c) Warum ist der 4. Platz „undankbar"?
d) Hätte der Vierte dieses Marathons seiner Zeit nach eine gute Chance gehabt, Dritter zu werden?

17 Ein Fußballspiel (Dauer: zwei mal 45 Minuten) begann um 15.30 Uhr. Der Schiedsrichter ließ in der 1. Halbzeit zwei Minuten nachspielen. 17 Minuten nach dem Halbzeitpfiff ging das Spiel weiter. Das Spiel endete um 17.22 Uhr. Wurde in der zweiten Halbzeit auch nachgespielt?

18 a) Marc ist sehr müde und er geht deshalb schon um 8 Uhr ins Bett. Seinen Wecker stellt er auf 9 Uhr. Wie viele Stunden hat Marc geschlafen, als er vom Klingeln des Weckers geweckt wird?
b) Wie lange kann Herr Meyer schlafen, wenn er zu der Uhrzeit ins Bett geht, wie sie der Wecker anzeigt?

19 a) Wie lange dauert es mit dem Intercityexpress von Oldenburg nach Idar-Oberstein?

🚆 ICE					
Bahnhof					
Oldenburg	ab	8:42	9:35	9:42	9:42
Bremen	an	9:31	–	10:31	10:31
Bremen	ab	9:44	–	10:44	10:44
Dortmund	an	11:33	–	12:33	–
Dortmund	ab	11:37	–	12:38	–
Hannover	an	–	11:14	–	–
Hannover	ab	–	11:41	–	–
Frankfurt	an	13:51	14:00	14:51	–
Frankfurt	ab	13:59	14:25	14:59	–
Mainz	an	14:18	–	15:15	15:38
Mainz	ab	14:24	–	15:24	15:55
Idar-Oberstein	an	15:57	16:04	16:57	17:04

b) Welche Fahrt dauert am längsten, welche am kürzesten?
c) Welche Verbindung ist die beste? Begründe.
d) In welchem Bahnhof hält der ICE am längsten?
e) Herr Walter hat seinen Zug um 9.35 Uhr verpasst, was soll er tun?
f) Herr Walter würde sich gerne noch bei einem Zwischenstopp eine Zeitung kaufen. Reicht ihm die Zeit?
g) Erstelle selbst weitere Aufgaben zum Fahrplan.

Basteln einer Sonnenuhr

Früher verwendete man verschiedene Geräte, um die Zeit zu messen, z. B. Sonnenuhren. Eine einfache Sonnenuhr kann mit folgenden Materialien gebastelt werden:
– Blumentopf
– gerader Stab (ca. 50 cm lang), der in das Loch im Blumentopfboden passt.
Zum „Eichen" der Uhr wird bei Sonnenschein zu jeder vollen Stunde dort auf der Erde eine Markierung gemacht, wo sich der Schatten des Stabes befindet.

14 Uhr
12 Uhr 10 Uhr 8 Uhr

6 Geld

1 € = 100 ct

Marvin hat 150 € für ein Aquarium gespart. Zusammen mit seinem Vater geht er in die Zoohandlung, um sich vor dem Kauf zu informieren.

→ Hat jemand aus eurer Klasse ein Aquarium? Berichtet darüber.

→ Worauf muss man beim Kauf des Aquariums achten? Welche Fragen sollte Marvin dem Verkäufer stellen?

Zu Hause angekommen, erstellt Marvin zusammen mit seinem Vater eine Excel-tabelle um die verschiedenen Möglichkeiten, die sie sich überlegt haben, vom Computer ausrechnen zu lassen.

→ Wie ist die Tabelle aufgebaut?

Was ändert sich noch, wenn z. B. die Anzahl der Fische verändert wird?

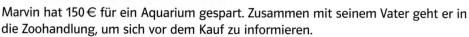

	A	B	C	D	E
1	**Aquariumkauf**				
2					
3	Was brauche ich?		Einzelpreis	Anzahl	Gesamtpreis
4	Becken		59,00 €	1	59,00 €
5	Regelheizer		15,99 €	1	15,99 €
6	Leuchtstoffröhre		8,69 €	1	8,69 €
7	Innenfilter		15,90 €	1	15,90 €
8	Kies		5,99 €	1	5,99 €
9	Wasserpflanzen				
10		Javafarn	3,90 €	1	3,90 €
11		Wasserpest	1,60 €	1	1,60 €
12		Sumatrafarn	3,60 €	1	3,60 €
13	Fische				
14		Neon Salmler	0,90 €	1	0,90 €
15		Guppy	2,20 €	1	2,20 €
16		Molly	1,95 €	1	1,95 €
17		Wels	2,40 €	1	2,40 €
18					
19				Summe	122,12 €

→ 👥 Überlegt euch drei Möglichkeiten, was Marvin einkaufen kann. Tragt sie in ein Tabellenkalkulationsprogramm ein oder berechnet sie mit dem Taschenrechner.

6 Geld

Geld als Zahlungsmittel haben wir täglich in den Händen. Deshalb kennen alle Schülerinnen und Schüler unsere Münzen gut, manche von ihnen sammeln die **Euro-** und **Centmünzen** aus anderen Ländern. Die Geldscheine sind weniger gut bekannt, weil die Kinder höchstens 5-€-, 10-€- und 20-€-Scheine besitzen. In dieser Lerneinheit wird **von Euro in Cent** und umgekehrt **umgewandelt** und das **Rechnen mit Geld** geübt. Dazu gehören auch Umrechnungen von Angaben in gemischter Schreibweise und in Kommaschreibweise.

Einstieg

Wer sich etwas Neues kauft, muss sich vorher überlegen, wie viel Geld er ausgeben möchte und sich über die möglichen Folgekosten informieren. Bei größeren Anschaffungen werden die verschiedenen Möglichkeiten gegeneinander abgewogen.

Impulse

→ Wer ein Aquarium zu Hause hat, der weiß, dass man dieses regelmäßig reinigen muss und immer wieder neue Kosten – so genannte Folgekosten – entstehen. Futter, neue Wasserpflanzen und Fische werden gekauft, die Pumpe geht kaputt und muss ersetzt werden.

→ Vor dem Kauf eines Aquariums muss überlegt werden, wie groß das Aquarium sein soll. Die Fische sollten untereinander verträglich sein und wie die Pflanzen auch nach den vorhandenen Wasserwerten ausgesucht werden. Man sollte sich über die Pflege der Fische und des Aquariums ausführlich informieren.

→ In der Tabelle ist links in den Spalten A und B Marvins Einkaufsliste abgebildet. Wobei Marvin das Fischfutter vergessen hat, das merken die Kinder, wenn sie die Tabelle genau anschauen. In der Spalte C steht der Einzelpreis und in Spalte D die Anzahl. Das Tabellenkalkulationsprogramm bietet die Möglichkeit das Produkt aus dem Eintrag z. B. von den Zellen A4 und B4 zu bilden und in die Zelle E4 zu schreiben. Ändert man jetzt die Anzahlen z. B. der Fische oder Wasserpflanzen, so ändert sich die Summe automatisch. Man kann kontrollieren, ob 150 € ausreichen.

→ Marvin hat auch die Möglichkeit, sich das Komplettset für 95,00 € zuzulegen. Rechnet man das Zubehör für alle Einzelteile des 60-l-Aquariums zusammen, so bezahlt man 99,58 €. Kauft man außerdem Kies und Fischfutter, so bleiben 38,94 € für Fische und Wasserpflanzen übrig. Dafür könnte Marvin kaufen:

15 Neon Salmler	13,50 €
3 Welse	7,20 €
3 Javafarne	+ 11,70 €
	1 1
Summe	32,40 €

Weiteres Angebot   Tabellenkalkulation

Als Programme kann man z. B. Excel oder Works verwenden. Mit einiger Übung und Tipps, von Seiten des Lehrers oder der Lehrerin, können die Kinder die Tabelle selbst erstellen. Dazu ist es hilfreich eine leere Excel- oder Workstabelle auszudrucken, diese auf dem Kopierer zu vergrößern und der Klasse auszuteilen. Dann können die Kinder zunächst auf dem Blatt notieren, was sie in welche Zelle eintragen möchten. Um die Rechnung aus dem Buch mit dem Tabellenkalkulationsprogramm zu erstellen, werden zunächst die Texte in die festgelegten Zellen übertragen. Die Beträge werden ebenfalls eingetragen.
Danach schreibt man in die Zelle E4 das Produkt aus den Zellen C4 und D4; in E5 das Produkt aus den Zellen C5 und D5; usw. In die Zelle E19 wird die Summe der Zellen E4 bis E17 eingetragen.
Arbeitet man mit Excel oder Works, so steht folgender Eintrag
in der Zelle E4 =Produkt(C4;D4) oder =C4*D4;
in der Zelle E5 steht =Produkt(C5;D5); usw.
in der Zelle E19 steht =Summe(E4:E17).
Um das Fischfutter zu ergänzen, kann man nach Zeile 8 eine weitere Zeile einfügen.

Werkzeugkasten

Zur Veranschaulichung dienen Eurogeldscheine sowie deutsche und ausländische Cent- und Euromünzen. Poster einer Bank mit den Abbildungen der Euroscheine und -münzen aus allen Ländern sind ebenfalls geeignet.

Aufgaben

1 Schaut man sich die Beträge genau an, stellt man fest, dass keine Kupfermünzen gebraucht werden. Also ist die kleinste Münze, die benötigt wird eine 10-Cent-Münze. Da die wenigsten Kinder mehr als 10 € mitbringen, werden nur 5-€-Scheine zum Wechseln benötigt. Insgesamt sollten 50 € Wechselgeld ausreichen.

2 a) 500 ct; 1700 ct; 5500 ct; 10 600 ct
b) 334 ct; 1225 ct; 509 ct; 1001 ct
c) 150 ct; 890 ct; 1275 ct; 2134 ct
d) 1365 ct; 10005 ct; 1040 ct; 4 ct

3 *Auch hier ist auf die Nullen zu achten.*
a) 8 €; 7,90 €; 4,44 €; 10 €
b) 6,78 €; 9,07 €; 25,09 €; 0,99 €
c) 105,60 €; 219,09 €; 450,05 €; 0,01 €
d) Diese Aufgaben sollten im Heft notiert werden, damit eine Kontrolle möglich ist.

4 a) fünf Komma vier acht Euro;
fünf Euro achtundvierzig Cent
b) neun Komma neun acht Euro;
neun Euro achtundneunzig Cent
c) zwölf Komma drei vier Euro;
zwölf Euro vierunddreißig Cent
d) einhundertneunundzwanzig Komma null null Euro;
einhundertneunundzwanzig Euro null Cent
e) Weitere Beispiele:

3,87 €	drei Komma acht sieben Euro; drei Euro siebenundachtzig Cent
14,06 €	vierzehn Komma null sechs Euro; vierzehn Euro sechs Cent
0,57 €	null Komma fünf sieben Euro; null Euro siebenundfünfzig Cent

5
a) 23 € 70 ct   b) 12,09 €   c) 7 € 39 ct
d) 1200 €   e) 40 € 99 ct   f) 108 € 6 ct
g) Weitere Beispiele:
sieben Komma null drei Euro = 7,03 €;
einhundertzwei Euro vier Cent = 102 € 4 ct;
elf Komma drei null Euro = 11,30 €;

6 Für den Überschlag addiert man zunächst die Geldscheine: 15 €. Die Münzen überschlägt man z. B. zu 5 €, also sind es knapp 20 €.
Der genaue Betrag ist 19,66 €.

7
a) 12 € = 10 € + 2 €
37 € = 20 € + 10 € + 5 € + 2 €
44 € = 20 € + 20 € + 2 € + 2 €
83 € = 50 € + 20 € + 10 € + 2 € + 1 €
176 € = 100 € + 50 € + 20 € + 5 € + 1 €
b) 37,50 € = 20 € + 10 € + 5 € + 2 € + 50 ct
42,70 € = 20 € + 20 € + 2 € + 50 ct + 20 ct
49 € 75 ct = 20 € + 20 € + 5 € + 2 € + 2 € +
50 ct + 20 ct + 5 ct
520 ct = 5 € + 20 ct

8 a) 1760 ct; 17 € 9 ct; 17,06 €; 1700 ct
b) 3 € 80 ct; 378 ct; 370 ct; 3,09 €; 99 ct

Das erste Geld   Lesen

Etwa 640 vor Chr. ließ König Gyges von Lydien (in der heutigen Türkei) die ersten Münzen prägen. Das war das erste Zahlungsmittel, das auch im Handel zwischen den Völkern gut verwendet werden konnte.
Im heutigen Schwäbisch Hall wurden schon seit 1208 nach Chr. Münzen geprägt. Die ersten Heller zeigten eine Hand, das Wappen von Schwäbisch Hall. Für einen Heller bekam man im 14. Jahrhundert etwa 10 Eier.
Das Papiergeld wurde in China erfunden und 812 nach Chr. wurde es erstmals eingeführt. Die ersten europäischen Banknoten wurden 1661 nach Chr. in Stockholm (Schweden) gedruckt und in Umlauf gebracht.
Ausgehend von den kurzen Informationen können sich die Schülerinnen und Schüler weiter darüber informieren, welches Geld früher bei uns verwendet wurde.
Der Wechsel von der DM und anderen europäischen Währungen zum Euro kann ein Thema sein.
@ Informationen dazu findet man unter www.euro.ecb.int (europäische Zentralbank) oder unter www.bundesbank.de/euro.

1  Die Kinder der Klasse 5 d organisieren ein Klassenfest. Für den Verkauf der Speisen und Getränke benötigen die Kinder Wechselgeld. Welche Münzen und Scheine sollten sie in der Kasse haben und wie viele? Begründe.

Getränke		Speisen	
Wasser	30 ct	Käsebrötchen	0,80 €
Apfelsaft	50 ct	Wurst, gegrillt	1,50 €
Spezi	70 ct	Salat vom Buffet	2,00 €

2 Wandle in Cent um.
23,50 € = 2350 ct
a) 5 €; 17 €; 55 €; 106 €
b) 3 € 34 ct; 12 € 25 ct; 5 € 9 ct; 10 € 1 ct
c) 1,50 €; 8,90 €; 12,75 €; 21,34 €
d) 13,65 €; 100,05 €; 10,40 €; 0,04 €

3 Wandle in Euro um.
485 ct = 4 € 85 ct = 4,85 €
a) 800 ct; 790 ct; 444 ct; 1000 ct
b) 678 ct; 907 ct; 2509 ct; 99 ct
c) 10 560 ct; 21 909 ct; 45 005 ct; 1 ct
d) Erfinde selbst fünf Aufgaben, bei denen Geld von Euro in Cent umgewandelt wird und lasse sie von deinem Nachbarn lösen.

4 Lies auf zwei verschiedene Arten.
3,21 €: drei Komma zwei eins Euro
            drei Euro einundzwanzig Cent
a) 5,48 €   b) 9,98 €
c) 12,34 €   d) 129,00 €
e) Schreibe in dein Heft drei weitere Geldbeträge und lasse sie deine Nachbarin oder deinen Nachbarn vorlesen.

5 Schreibe mit Ziffern.
a) dreiundzwanzig Euro siebzig Cent
b) zwölf Komma null neun Euro
c) sieben Euro neununddreißig Cent
d) eintausendzweihundert Euro
e) vierzig Euro neunundneunzig Cent
f) einhundertacht Euro sechs Cent
g) Erfinde weitere solche Aufgaben und stelle sie deinem Nebensitzer.

6 Wie viel Geld ist dies? Überschlage zunächst.

7 Wie könnte man die angegebenen Beträge mit möglichst wenig Scheinen und Münzen bezahlen?
a) 12 €; 37 €; 44 €; 83 €; 176 €
b) 37,50 €; 42,70 €; 49 € 75 ct; 520 ct

8 Ordne folgende Geldbeträge der Größe nach.
a) 17,06 €; 1760 Cent; 17 Euro 9 Cent; eintausendsiebenhundert Cent
b) 378 Cent; 3,09 €; 99 ct; drei Euro achtzig Cent; dreihundertundsiebzig Cent

Das erste Geld

Vor vielen Jahren war Geld unbekannt. Man tauschte die benötigten Waren (Naturaltausch). Diese Form des Handels hatte aber viele Nachteile. Man musste einen Tauschpartner suchen, der Wert der einzelnen Güter musste bestimmt werden und vieles mehr. So entwickelte sich im Laufe der Zeit ein allgemeines Tauschmittel. Dies war am Anfang z. B. Schmuckgeld, Steingeld, Muschelgeld. Gewicht und Material bestimmten den Wert des Tauschmittels. Entscheidend für das Geldwesen war der Übergang zum Metallgeld: zunächst in Form von Metallbarren. Die Lydier, ein Volk in Kleinasien, prägten etwa 640 v. Chr. Wertzeichen auf kleine Gold- und Silberscheiben, die ersten Münzen entstanden.

9 Frau Mangold geht einkaufen. Im Geldbeutel hat sie genau 50 Euro. Beim Bäcker zahlt sie 7,65 Euro und beim Metzger 23 Euro 34 Cent.
a) 👥 Überlege dir dazu zwei Aufgaben.
b) Auf dem Heimweg kommt Frau Mangold an einem Geschäft vorbei, vor dem dieses Schild steht. Eine Bluse auf dem Kleiderständer gefällt ihr besonders gut. Reicht ihr Geld?

> **ALLES zum halben Preis!**
> Hose ~~29,00 €~~
> Shirt ~~29,90 €~~
> Bluse ~~38,50 €~~

10 Löse möglichst im Kopf, wandle wenn nötig in Cent um.
a) 3 € + 37 €   b) 19 € 65 ct + 25 ct
   17 € + 25 €   3 € 50 ct + 4 € 50 ct
   67 ct − 23 ct   23 € 75 ct − 9 € 25 ct
c) 31 € 70 ct + 90 ct
   72 € 55 ct − 85 ct
   21 € + 35 ct − 7 € 65 ct

11 Ein Geldbetrag von 50 € kann aus verschiedenen Geldstücken und Geldscheinen zusammengesetzt werden. Suche mindestens fünf Möglichkeiten.

12 Natascha holt sich einen Saft aus dem Getränkeautomat, er kostet 80 ct. Sie bezahlt mit einer 2-Euro-Münze und erhält drei Münzen zurück. Welche sind dies?

13 Addiere die Beträge jeder Spalte.

	Anzahl der Geldstücke (-scheine)			
	a)	b)	c)	d)
1 Cent	1	1		
2 Cent	1	1	2	2
5 Cent	1	1	1	1
10 Cent	2	3	4	3
20 Cent	2	2	3	7
50 Cent	1		3	5
1 Euro	1	3	5	4
2 Euro	1	1	4	6
5 Euro	1	1	5	1
10 Euro		3	4	
20 Euro		2	1	2

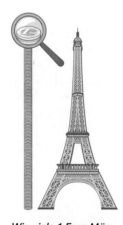

Wie viele 1-Euro-Münzen müsste man stapeln, um die Höhe von 320 m des Eiffelturms zu erreichen?
Wie viele Münzen würdest du für deine Körpergröße benötigen?

14 Ines geht mit ihrer Schwester ins Kino. Ein Eis kostet 1,20 € oder 1,50 €, eine Tüte Popcorn 1,70 €.

> **KINO ASTORIA**
> 045627   045627
> Kinder Parkett
> **6,50 €**

> **KINO ASTORIA**
> 045628   045628
> Kinder Parkett
> **6,50 €**

Ines bezahlt mit einem 20-Euro-Schein. Wie viel Geld bekommt sie zurück?

15 Übertrage die Tabelle in dein Heft und fülle sie aus.
a)

+	50 ct	14 €	7,50 €
70 ct			
12 €			
8 € 50 ct			
4,25 €			

b)

−	50 ct	3 €	2,50 €
800 ct	7,50 €		
		10 €	
7 € 50 ct			
3,45 €			

16 Andreas bringt seinen Computer zur Reparatur. Der Händler macht einen Kostenvoranschlag. Er rechnet mit $2\frac{1}{2}$ Arbeitsstunden und verlangt für eine Stunde 38 Euro. Wie teuer wäre die Reparatur?

17 Rechne geschickt.
a) 4 € · 16   b) 2 € 20 ct · 4
   9 € · 15   9 € 10 ct · 6
   7 € · 16   6 € 20 ct · 5
c) 1 € 40 ct · 5   d) 4,98 € · 9
   11 € 50 ct · 7   7,99 € · 4
   8 € 70 ct · 6   9,99 € · 11
e) 👥 Vergleiche deinen Rechenweg mit dem deines Nachbarn oder deiner Nachbarin. Erkläre ihm oder ihr dein Vorgehen.

9 *Bei dieser Aufgabe sind verschiedene Rechenwege möglich.*
a) Wie viel Geld gibt Frau Mangold aus? (30,99 €)
Wie viel Geld hat Frau Mangold übrig? (19,01 €)
b) Da alle Kleider zum halben Preis angeboten werden, kostet
die Hose 39,50 €;
das Shirt 14,95 €;
die Bluse 19,25 €.
Frau Mangold hat zu wenig Geld dabei, sie kann sich die Bluse nicht kaufen.

10
a) 40 €
   42 €
   44 ct

b) 19 € 90 ct
    8 €
   14 € 50 ct

c) 32 € 60 ct
   71 € 70 ct
   13 € 70 ct

11 Beispiele:
20 € + 20 € + 10 €
20 € + 10 € + 10 € + 10 €
20 € + 10 € + 10 € + 5 € + 5 €
20 € + 20 € + 5 € + 2 € + 2 € + 1 €
20 € + 10 € + 10 € + 5 € + 2 € + 2 € + 1 €
Gute Schülerinnen und Schüler können folgende Fragen zusätzlich lösen:
– Wie viele Geldscheine braucht man für 50 € mindestens und höchstens? (1; 10)
– Wie viele Euro-Münzen braucht man für 50 € mindestens und höchstens? (25; 50)
– Nenne eine Möglichkeit 50 € mit 7 Scheinen zu bezahlen.
(20 € + 5 € + 5 € + 5 € + 5 € + 5 € + 5 € = 50 €
und 10 € + 10 € + 10 € + 5 € + 5 € + 5 € + 5 €)

12 Natascha erhält 1,20 € zurück. Entweder wirft der Automat zwei 50-ct-Münzen und eine 20-ct-Münze oder zwei 10-ct-Münzen und eine 1-€-Münze aus.

13
a) 9 € 18 ct
c) 100 € 59 ct

b) 80 € 78 ct
d) 65 € 29 ct

14 Ines muss 13 € für die Eintrittskarten bezahlen. Von dem 20-€-Schein bekommt sie 7 € zurück, die die Mädchen für Eis und Popcorn ausgeben können. Dabei sind verschiedene Möglichkeiten gegeben.

15
a)

+	50 ct	14 €	7,50 €
70 ct	1,20 €	14,70 €	8,20 €
12 €	12,50 €	26 €	19,50 €
8 € 50 ct	9 €	22,50 €	16 €
4,25 €	4,75 €	18,25 €	11,75 €

b)

−	50 ct	3 €	2,50 €
800 ct	7,50 €	5 €	5,50 €
13 €	12,50 €	10 €	10,50 €
7 € 50 ct	7 €	4,50 €	5 €
3,45 €	2,95 €	0,45 €	0,95 €

16 38 € + 38 € + 19 € = 95 €
Die Reparatur würde 95 € kosten.

17
a)   64 €
   135 €
   112 €

b)   8,80 €
  54,60 €
  31,00 €

c)   7,00 €
  80,50 €
  52,20 €

d) 44,82 €
  31,96 €
 109,89 €

e) Manche Kinder multiplizieren zunächst die Eurobeträge, dann die Centbeträge und addieren die Ergebnisse. Andere rechnen schon mit Dezimalzahlen.

Randspalte
Bevor die Schülerinnen und Schüler die Dicke von Euro-Münzen messen und mit dem Rechnen beginnen, sollten sie schätzen. Als Vergleichsgröße dient eine Rolle Euro-Münzen von der Bank, diese enthält 25 Stück. Die Schätzergebnisse könnten in einem Säulendiagramm dargestellt und mit dem Rechenergebnis verglichen werden.
Eine 1-Euro-Münze ist 2 mm dick. Eine Rolle Euro-Münzen mit 25 Münzen entspricht 5 cm.
10 Münzen entsprechen 2 cm,
500 Münzen entsprechen 1 m
500 · 320 = 160 000
160 000 Münzen entsprechen der Höhe des Eiffelturms.

18 *Es sind verschiedene Rechenwege möglich.*
- Zunächst wird berechnet, wie viel Geld sich in dem Sparschwein befindet:
  $207 \cdot 2\,ct + 56 \cdot 1\,ct = 414\,ct + 56\,ct = 470\,ct$.
  Dieser Betrag wird durch fünf geteilt.
  $470\,ct : 5 = 94\,ct$ Jedes Kind erhält 94 ct.
- Die andere Möglichkeit ist, 207 Zwei-Cent-Münzen unter den Kindern zu verteilen, so bekommt jedes Kind 41 Münzen und zwei bleiben übrig. Von den 56 Ein-Cent-Münzen bekommt jedes Kind elf und eine Münze bleibt übrig. Die verbleibenden 5 ct werden gewechselt und aufgeteilt.
  $82\,ct + 11\,ct + 1\,ct = 94\,ct$.

19

a)	175 ct	b)	120 ct
	90 ct		550 ct
	80 ct		1260 ct

20 *Die Kommazahlen können vor dem Rechnen in Cent umgewandelt werden.*

•	7	9	20
18 €	126 €	162 €	360 €
1,75 €	12,25 €	15,75 €	35 €
2,88 €	20,16 €	25,92 €	57,60 €
12 €	84 €	108 €	240 €
7,36 €	51,52 €	66,24 €	147,20 €

21 Die Hälfte seines Geldes hat Daniel noch übrig, die andere Hälfte hat er ausgegeben.
$1,85 € + 1,85 € = 3,70 €$.
Daniel hatte ursprünglich 3,70 €.

22 a) Das Spagettieis und der Erdbeertraum kosten zusammen 7,40 €. Somit bleiben 7,60 € für die Eltern. Die Eltern können einen Schwarzwaldbecher und ein gemischtes Eis; einen Copa Cabana und einen Cappuccino; zwei Bananensplit oder zweimal gemischtes Eis bestellen.
b) Paul bekommt 4,20 € zurück, er hat einen Schwarzwaldbecher bestellt.
c) Pia hat einen Erdbeertraum, einen Bananensplit oder ein Spagettieis mit zwei 2-Euro-Münzen bezahlt und entweder eine 10-Cent-Münze oder eine 50-Cent-Münze erhalten.
d) Drei gemischte Eis kosten 9,60 €.

23 a) Wenn Kati 9,60 € mit einem Zehn-Euro-Schein und 10 ct bezahlt, gibt die Verkäuferin eine 50-Cent-Münze zurück.
b) Auf 40 € müsste Tomislaw 9,30 € zurückbekommen. Auf 41 € bekommt er 10,30 € zurück.

24 a) Auch hier verbleiben mehr Münzen in der Kasse, wenn Marvin statt z. B. 20 €; 20,05 € gibt. Einmal bekommt er 7,95 €; einmal 8,00 € zurück.
b) $12,05 € - 5,25 € - 2 \cdot 0,70 € = 5,40 €$.
Die Frage nach der Anzahl der Fische ist nicht eindeutig zu beantworten, da der Preis für die Fische nicht angegeben ist. Handelt es sich um die Neon Salmler von Seite 134, so wären es sechs Fische, da ein Neon Salmler 0,90 € kostet.
(Aber es könnte ein anderer Fisch zu 5,40 € sein, zwei Fische zu 2,70 €, drei Fische zu 1,80 €, vier Fische zu 1,35 €, fünf Fische zu 1,08 €, sechs Fische zu 0,90 €, neun Fische zu 0,60 €, zehn Fische zu 0,54 €, zwölf Fische zu 0,45 € und noch weitere günstigere Fische sein.)

25 *Hier wird von 1000 Einheiten in zwei Jahren ausgegangen.*
a) **Variante 1**

Kaufpreis	119 €
1000 Einheiten	200 €
Gesamtkosten	319 € für 2 Jahre

Variante 2

Kaufpreis	1 €
Anschlusspreis	25 €
Monatl. Grundgebühr	120 €
1000 Einheiten	100 €
Gesamtkosten	246 € für 2 Jahre

Variante 2 ist um 73 € günstiger.
b) *Auch bei den aktuellen Angeboten bietet eine langfristige Betrachtung die besten Vergleichsmöglichkeiten.*

26 *Beim Teilen von Größen durch Größen entsteht eine Anzahl.* $392 € : 14 = 28$
Es nehmen 28 Kinder am Ausflug teil.

27
a) 42; 13; 18; 50
b) *Vor dem Rechnen wird in Cent umgewandelt.*
15; 110; 71; 116

18 Herr Maier hat in seinem Sparschwein Kupfermünzen gesammelt. Er hat 207 Zweicentmünzen und 56 Eincentmünzen. Das Geld verteilt er auf seine fünf Enkelkinder.

19 Wandle in Cent um und berechne.
a) 8,75 € : 5   b) 14,40 € : 12
   7,20 € : 8   60,50 € : 11
   9,60 € : 12   163,80 € : 13

20 Ergänze die fehlenden Werte im Heft.

·	7	9	20
18 €			
1,75 €			
2,88 €			
		108 €	
			147,20 €

21 Daniel hat sich in der Pause etwas zu Essen gekauft und dabei die Hälfte seines Geldes ausgegeben. Jetzt hat er noch 1 Euro 85 Cent.
Wie viel Geld hatte er ursprünglich?

22 a) Familie Gresch sitzt mit ihren beiden Kindern Michael und Carolin im Eiscafé. Michael möchte gern ein Spagettieis, Carolin einen Erdbeertraum. Im Geldbeutel sind nur noch 15 Euro. Was können sich die Eltern bestellen?

Eiscafé Venezia
Erdbeertraum 3,90 €
Copa Cabana 4,80 €
Bananensplit 3,50 €
Gemischtes Eis 3,20 €
Cappuccino 2,50 €
Spagettieis 3,50 €
Schwarzwaldbecher 4,20 €
Mineralwasser 1,40 €

b) Paul zahlt sein Eis mit einem 10-Euro-Schein. Er erhält 5,80 € zurück.
c) Pia zahlt ihr Eis mit zwei Münzen. Sie erhält eine zurück.
d) Für drei Eis einer Sorte genügt ein 10-Euro-Schein.

23 a) Warum fragt die Verkäuferin nach 10 ct, wenn Kati 9,60 € bezahlen muss?
b) Es müssen 30,70 € bezahlt werden. Warum gibt Tomislaw 41 € anstatt 40 €?

24 Marvin kauft im Zoogeschäft Fischfutter zu 5,25 €, zwei Wasserschnecken zu je 0,70 € und noch Neonfische. Insgesamt bezahlt er 12,05 €.
a) Marvin gibt der Verkäuferin einen Geldschein. Weshalb fragt sie ihn, ob er noch 5 Cent hat?
b) Wie viele Neonfische hat Marvin gekauft? (Siehe auch Seite 128.)

25 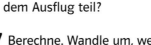 Elisa wünscht sich zum Geburtstag ein Handy. Sie hat sich für ein Handy entschieden, das in zwei Varianten angeboten wird. Elisa schätzt, dass sie im Jahr 500 Einheiten vertelefonieren wird.
Variante 1
Ohne Vertrag
Kaufpreis: 119 Euro
Die Telefoneinheit kostet 20 Cent.
Variante 2
Mit vertraglicher Bindung für zwei Jahre
Kaufpreis: 1 Euro
Einmaliger Anschlusspreis: 25 Euro
Monatliche Grundgebühr: 5 Euro
Hier kostet die Einheit nur 10 Cent.
a) Welche Variante empfiehlt ihr Elisa? Begründet.
b) Versucht ein günstigeres Angebot zu finden. Stellt euer Angebot auf einem Plakat vor.

26 Eine Schulklasse macht einen Ausflug ins Völkerkundemuseum. Für die Busfahrt müssen sie insgesamt 392 € zahlen. Jedes Kind muss 14 € Fahrtkosten bezahlen. Wie viele Kinder nehmen an dem Ausflug teil?

27 Berechne. Wandle um, wenn nötig.
a) 294 € : 7 €   b) 7,50 € : 0,50 €
   169 € : 13 €   27,50 € : 25 ct
   450 € : 25 €   3,55 € : 5 ct
   1200 € : 24 €   8,12 € : 0,07 €

Einen Tag im Schwimmbad planen

Abwechslung pur

Der Wildwasserbach macht dich zum Spielball seines Elements. Nicht das Gefälle, sondern der kraftvolle Wasserdruck spült dich durch Stromschnellen, Kurven und Flusspassagen – auf 92 erlebnisreichen Metern. Vorwärts!

Becken	Temperatur
Sportbecken	28°
Kleinkindbecken	34°
Wellenbecken	28°
Solebecken	32°

Das Kindergeburtstags-Erlebnis

Ab 6 Jahren können Kinder ihre Geburtstagsgäste zu uns einladen. Sie können so feiern, wie sie es möchten. Unsere erfahrenen Animateure sorgen für Spiel, Spaß und Action. Dabei wird die Gestaltung des Festes dem Alter des Kindes angepasst.

Ohne Animation gelten die normalen Eintrittspreise, eine Begleitperson hat freien Eintritt. Natürlich bekommt das Geburtstagskind auch ein tolles Geschenk von uns und wir reservieren ihm einen Tisch.

Preise inkl. 3 Stunden Badedauer

45 min. Animation	8,– €
Geburtstagsmenue	4,– €
Geburtstagseis	1,– €

Spaß auf 95 m Länge

Auf der Reifenrutsche machen Schussfahrten und Steilkurven das Rutschen zu einem Abenteuer für jedes Alter. Augen auf und durch!

Tarife inkl. Sportbad		Mo–Fr	Sa–So/Feiertag
Kinder ab 1 m Körpergröße bis einschließlich 16 Jahre Kinder bis 1 m Körpergröße – Eintritt frei **Schüler, Studenten, Wehrdienst- und Zivildienstleistende** mit Ausweis	3-Std.-Karte* Tageskarte	5,00 € 8,00 €	5,50 € 8,50 €
Erwachsene (über 16 Jahren)	3-Std.-Karte* Tageskarte	8,00 € 11,00 €	8,50 € 11,50 €
*Nachzahltarif Kinder/Erwachsene: 3-Std. Karten: Je angefangene 30 Minuten 0,50 € (max. 3,00 €)			
Familienkarte (bis 5 Pers., max. 2 Erw.) Aufschlag für jedes weitere Kind: bei 3-Std.-Karte 3,– €; bei Tageskarte 5,– €	3-Std.-Karte* Tageskarte	20,00 € 29,00 €	22,00 € 31,00 €
*Nachzahltarif Familienkarten: 3-Std.-Karten: Je angefangene 30 Minuten 1,50 € (max. 9,00 €)			

1 Hier siehst du Auszüge aus der Informationsbroschüre eines Freizeitbades. Lies dir die Texte genau durch. Stell dir vor, du willst einer Freundin oder einem Freund von diesem Bad erzählen. Schreibe auf, was du erzählen würdest.

2 Lies die Fragen der Teilaufgaben durch und suche im Prospekt die Angaben dazu. Wenn nötig, berechne die gesuchte Größe, schreibe die Rechnung dazu auf und formuliere zu jeder Frage eine ausführliche Antwort.
a) Wie teuer ist der Eintritt für einen 12-jährigen Jungen bei einem dreistündigen Aufenthalt am Mittwoch?
b) Wie viel bezahlt eine vierköpfige Familie mit Vater, Mutter, Tochter (14) und Sohn (12) am Sonntag für drei Stunden?

c) Wie lang ist die längste Rutsche des Freizeitbades?
d) Es gibt vier verschiedene Schwimmbecken. Wo ist die Wassertemperatur am höchsten, in welchem ist sie am niedrigsten? Berechne den Temperaturunterschied.
e) Carina feiert ihren Kindergeburtstag im Schwimmbad. Zusammen mit ihrer Mutter bucht sie einen dreistündigen Aufenthalt für sich und ihre sechs Gäste mit Animation. Zum Essen bestellen sie ein Geburtstagsmenü und Eis für alle. Wie hoch wird die Rechnung?

3 🐾 Überlege dir weitere Fragen, die du mithilfe des Prospektes beantworten kannst und stelle sie deinem Nachbarn oder deiner Nachbarin.

Begründe, warum der Eintritt ins Freizeitbad am Wochenende teurer ist!

Auf geht's: Einen Tag im Schwimmbad planen

1 Es muss darauf geachtet werden, dass die Schülerinnen und Schüler die Texte genau lesen und bei ihren Erzählungen hieraus wichtige Informationen wie beispielsweise die folgenden verwenden: Länge des Wildwasserbaches, Beckentemperaturen, Beschreibung der Reifenrutsche, Möglichkeiten einen Kindergeburtstag zu feiern, Eintrittspreise in Abhängigkeit von Alter, Wochentag und Dauer des Besuches.

2 Auch hier ist das genaue Entnehmen der Informationen aus den Texten und Tabellen wichtigste Voraussetzung.

a) Der Eintritt kostet für drei Stunden 5 €.

b) Am günstigsten ist die Wahl der Familienkarte. Sie gilt für maximal fünf Personen, wobei maximal zwei Erwachsene dabei sein dürfen, und kostet für drei Stunden 22 €. Einzelne Eintrittskarten sind teurer und würden 28 € kosten (zweimal 5,50 € für die Kinder und zweimal 8,50 € für Vater und Mutter).

c) Die Reifenrutsche ist mit 95 m Länge drei Meter länger als die Wildwasserrutsche.

d) Die Wassertemperatur ist im Kleinkinderbecken mit 34 °C am höchsten, im Wellen- und im Sportbecken mit 28 °C am niedrigsten. Das entspricht einem Temperaturunterschied von 6 °C.

e) Den Kindern muss klar sein, dass der Preis für 45 Minuten Animation inklusive drei Stunden Badedauer von jedem Kind bezahlt werden muss. Carinas Mutter hat als Begleitperson freien Eintritt:

7 x Eintritt inkl 45 min. Animation zu je 8 € = 56 €
7 x Geburtstagsmenue zu je 4 €   = 28 €
7 x Geburtstagseis zu je 1 €   = 7 €
                                            91 €

Der Rechnungsbetrag beträgt 91 €.

Randspalte

Am Wochenende und an Feiertagen haben die Kinder keine Schule und die meisten Eltern müssen nicht arbeiten. Daher kommen in die Schwimmbäder mehr Besucher als an den übrigen Wochentagen. Dies führt zu höheren Preisen bzw. niedrigeren Preisen an normalen Wochentagen.

3 Hier haben die Schülerinnen und Schüler zahlreiche Möglichkeiten, nach Informationen aus dem Text oder zu selbst überlegten Sachverhalten eigene Fragen zu stellen und zu beantworten.
Einige Beispiele:

– Drei Freunde möchten ungefähr fünf Stunden lang ins Schwimmbad gehen. Lohnt sich der Kauf einer Tageskarte? (Für einen fünfstündigen Aufenthalt muss jeder 5 € für die 3-Std.-Karte zuzüglich 2 € für viermal je 30 Minuten Nachzahltarif, also insgesamt 7 € bezahlen. Die Tageskarte ist einen Euro teurer und lohnt sich nicht.)

– Ab welcher Dauer lohnt sich der Kauf einer Tageskarte? (Beim normalen Tarif und bei der Familienkarte lohnt sich die Tageskarte erst ab einer Badedauer von sechs Stunden. Bei weniger als sechs Stunden ist eine 3-Std.-Karte zuzüglich Nachzahltarif günstiger.)

– Gestalte eine Geburtstagsfeier. Du hast hierfür 100 € zur Verfügung. (Hier sind vielfältige Lösungen möglich, je nachdem wie viele Kinder man einladen möchte, ob und wie lange die Animation dazu gebucht und ob Geburtstagsmenue und Geburtstagseis dazu gebucht werden. Alternativ kann auch ein Tagesaufenthalt gebucht werden.)

– Was muss eine Familie am Wochenende bezahlen, wenn sie 1 (2, 3, 4, 5) Kind(er) hat und einen ganzen Tag im Schwimmbad verbringen möchte? (Preis für eine Tageskarte mit 1 Kind: 31 €. Die Tageskarte ist billiger als der Einzeleintritt von 31,50 €: einmal 8,50 € für das Kind und zweimal 11,50 € für Vater und Mutter. Preis für eine Tageskarte mit 2 oder 3 Kindern: 31 €. Preis für eine Tageskarte mit 4 Kindern: 36 €. Hier muss für das 4. Kind ein Aufschlag in Höhe von 5 € bezahlt werden. Preis für eine Tageskarte mit 5 Kindern: 41 €. Hier muss für das 4. und 5. Kind ein Aufschlag in Höhe von je 5 € bezahlt werden.)

7 Sachaufgaben lösen

Einfache Zusammenhänge in Sachaufgaben lassen sich mit dem **Zweisatz** lösen. Dabei werden zwei verschiedene Größen einander zugeordnet, hier z.B. ein Geldbetrag in Euro und die Anzahl der Schülerinnen und Schüler. Der Zweisatz findet häufig in Alltagsituationen Anwendung, er dient als Vorbereitung zum Lösen von Dreisatzaufgaben.

Beim Zweisatz werden hier nur **proportionale Zuordnungen** berechnet.

Einstieg

Der Ausflug zum Hermannsdenkmal ist ein Beispiel für eine Anwendungssituation aus dem Erfahrungsbereich der Schülerinnen und Schüler. Er bietet Anregungen für Sachaufgaben zum Zweisatz. Dabei lernen die Kinder Größen richtig in Beziehung zu setzen. Sie lernen **Zusammenhänge erkennen und verstehen**.

Impulse

→ Aufgabenbeispiele können sein:
  – Eine Eintrittskarte kostet 0,50 €. Wie viel Euro kosten 20 Eintrittskarten? (10 €)
  – 20 Schüler bezahlen 120 € für die Fahrt. Wie viel Euro muss ein Schüler bezahlen? (6 €)
→ Wie viel kostet der gesamte Ausflug?
  (120 € + 10 € = 130 € oder 6,50 € pro Kind)

! Merkkasten

Bevor der Zweisatz aufgeschrieben und berechnet wird, müssen die Schülerinnen und Schüler aus dem Zusammenhang erkennen, welche Größen gegeben sind und, welche Größe gesucht ist. Beim Aufschreiben der Zweisatzaufgaben ist die Schreibweise mithilfe von Pfeilen üblich, diese erleichtert den Umgang mit dem Zweisatz.

Im Einstieg würde das so aussehen:

$\cdot 20 \left(\begin{array}{l} \text{1 Schüler} - \ \ 0{,}50\,€ \\ \text{20 Schüler} - 10{,}00\,€ \end{array} \right) \cdot 20$

oder

$:20 \left(\begin{array}{l} \text{20 Schüler zahlen 120 €} \\ \ \text{1 Schüler zahlt} \ \ \ \ \ 6\,€ \end{array} \right) :20$

Es ist hilfreich, die gegebenen Größen links untereinander zu schreiben und die gesuchten Größen rechts.

Weiter geht's

→ Arbeitet der Koch schon länger im Schullandheim, weiß er aus Erfahrung, wie viel die Kinder im Durchschnitt zum Frühstück essen.
Teilt man alle Zahlen der Bestellung durch 80, erhält man die Frühstücksration einer Person:
Ein Frühstück im Schullandheim besteht aus zwei Brötchen, einem Apfel, 20 g Wurst, 30 g Käse und $\frac{1}{8}$ Päckchen Butter (Das sind etwa 30 g.).
→ Für achtzig Personen kann man folgende Bestellung aufgeben:
8 kg Spagetti, 4 kg Hackfleisch, 20 Köpfe Salat, 800 g Parmesan, 8 große Dosen Tomaten, 20 l Vanillepudding.
Mit der Pfeilschreibweise wird die Bestellung wie folgt notiert:

$\cdot 80 \left(\begin{array}{l} \text{1 Person isst} \ \ \ \ \ \ \ \ \ \text{100 g Spagetti.} \\ \text{80 Personen essen 8000 g Spagetti.} \end{array} \right) \cdot 80$

$\cdot 80 \left(\begin{array}{l} \text{1 Person isst} \ \ \ \ \ \ \ \ \ \text{50 g Hackfleisch.} \\ \text{80 Personen essen 4000 g Hackfleisch.} \end{array} \right) \cdot 80$

$\cdot 20 \left(\begin{array}{l} \text{4 Personen essen 1 Kopf Salat.} \\ \text{80 Personen essen 20 Köpfe Salat.} \end{array} \right) \cdot 20$

$\cdot 8 \left(\begin{array}{l} \text{10 Personen essen 100 g Parmesan.} \\ \text{80 Personen essen 800 g Parmesan.} \end{array} \right) \cdot 8$

$\cdot 8 \left(\begin{array}{l} \text{10 Personen essen 1 Dose Tomaten.} \\ \text{80 Personen essen 8 Dosen Tomaten.} \end{array} \right) \cdot 8$

$\cdot 80 \left(\begin{array}{l} \text{1 Person isst} \ \ \ \ \ \ \ \ \ \frac{1}{4}\,\text{l Vanillepudding.} \\ \text{80 Personen essen 20 l Vanillepudding.} \end{array} \right) \cdot 80$

Weiteres Angebot ####### Alter der Lehrerin

Manche Kinder neigen dazu, sich den Text einer Aufgabe nicht so genau durchzulesen. Solche Kinder regt man zum Lesen der Aufgaben an, indem man z.B. folgende Aufgabe stellt:

Die Lehrerin der Klasse 5 d hat Geburtstag. Die Klasse besteht auf 17 Jungen und sieben Mädchen. Jedes Kind der Klasse bringt der Lehrerin zwei Blumen zum Geburtstag mit. Nun haben die Kinder genauso viele Blumen, wie die Lehrerin alt wird. (24 · 2 = 48)

Wer die Aufgabe nicht genau liest, rechnet 5 · 17, weil das die einzigen Zahlen sind, die man beim Überfliegen wahrnimmt. Spätestens beim Antwortsatz: „Die Lehrerin wird 85 Jahre alt.", sollten die Kinder stutzen.

7 Alltagsprobleme lösen

Das Hermannsdenkmal im Teutoburger Wald erinnert an die Varusschlacht im Jahre 9 nach Christus, bei der das römische Besatzungsherr geschlagen wurde. Eine Schulklasse mit 20 Schülerinnen und Schülern unternimmt einen Ausflug zum Denkmal.
Die Eintrittskarte kostet für Kinder 0,50 € und für Erwachsene 1,30 €. Für die Busfahrt müssen sie zusammen 120 € bezahlen. Das Denkmal kann von 9.00 Uhr bis 18.30 Uhr besichtigt werden.

→ 🖑 Findet Aufgaben zum Ausflug der Schulklasse zum Hermannsdenkmal. Notiert die Rechenschritte und stellt eure Aufgaben in der Klasse vor.

Sachaufgaben lösen

1. Lies dir den Text genau durch.
2. Entnimm dem Text die gegebenen und die gesuchten Größen.
3. Entscheide dich für einen Rechenweg und berechne dann anschließend die gesuchte Größe.
4. Formuliere einen Antwortsatz.

Den Überschlag nicht vergessen.

Weiter geht's
→ Im Schullandheim sind zurzeit 80 Personen untergebracht. Der Koch gibt die rechts auf dem Zettel abgebildete Bestellung auf.
Wie kommt der Koch auf diese Zahlen?

> Frühstück: 160 Brötchen
> 80 Äpfel
> 1,6 kg Wurst
> 2,4 kg Käse
> 10 Päckchen Butter

→ Auf einem Block hat sich der Koch Notizen gemacht:

> Spagetti Bolognese
> Pro Person: 100 g Spagetti, 50 g Hackfleisch
> Für vier Personen: 1 Kopf Salat
> Für zehn Personen: 100 g Parmesan; 1 große Dose Tomaten
> Nachtisch pro Person: $\frac{1}{4}$ l Vanillepudding

> 4 Personen — 1 Kopf Salat
> 80 Personen — 20 Köpfe Salat

Wie sieht seine Bestellung für das Abendessen aus?

1 Auf dem Rummelplatz fahren Jochen und Karla mit dem Autoskooter. Eine Einzelfahrt kostet 2 €. Beim Kauf von fünf Fahrten zahlt man 9 €. Was empfiehlst du den beiden Kindern?

2 👥 Zwei Losverkäufer bieten an:

Welche Lose sind teurer? Überlegt, warum jemand die teureren Lose kauft.

3 Löse die Aufgaben.
a) 1 kg Orangen kosten 2 €. Wie viel kosten 7 kg Orangen?
b) Eine Fußleiste ist 35 cm lang. Wie lang sind sechs Fußleisten zusammen?
c) Ein Nagel wiegt 3 g. Wie viel Gramm wiegen zwölf Nägel?
d) 👥 Überlegt euch, was alle Teilaufgaben a) bis c) gemeinsam haben. Erfindet selbst drei Aufgaben und lasst sie von eurem Nachbarn lösen.

4 a) Zwölf Brötchen kosten 3 €. Wie viel kostet ein Brötchen?
b) Sechs Grapefruits wiegen 1,5 kg. Wie viel wiegt eine Grapefruit?
c) Drei Personen fahren mit dem Taxi. Die Fahrt kostet 12,30 €.
d) 👥 Was haben die Teilaufgaben gemeinsam? Stellt eurem Nachbarn drei eigene Aufgaben.

5 Welches Angebot ist günstiger?

12 Schulhefte **4,80 €**

7 Schulhefte **3,08 €**

6 Auf dem Wochenmarkt bietet Bauer Groß seine Erdbeeren in 500-g-Schalen an. Eine Schale kostet 2,80 €, drei Schalen kosten 7,50 € und ein Korb mit 3 kg kostet 12,00 €.
a) Für ein Fest benötigt Frau Reiber 5 kg Erdbeeren. Was empfiehlst du ihr?
b) Lege eine Tabelle an, in der du die Preise für die Erdbeeren vergleichst. Ab wann lohnt es sich drei Körbe Erdbeeren zu kaufen?

7 a) Vergleiche die Preise der unten abgebildeten Angebote in einer Tabelle. Lohnt es sich immer Großpackungen zu kaufen? Begründe.
b) Herr Wagner braucht 20 l Farbe. Welche Farbmenge wird er einkaufen?
c) Formuliere drei weitere Aufgaben zu den Angaben auf dem Bild und stelle sie deiner Klasse vor.

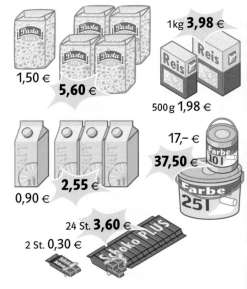

1 kg **3,98 €**

1,50 €

5,60 €

500 g 1,98 €

17,– €

37,50 €

0,90 €

2,55 €

24 St. **3,60 €**

2 St. 0,30 €

Aufgaben

1

Anzahl	Kosten
1 Fahrt	2 €
2 Fahrten	4 €
3 Fahrten	6 €
4 Fahrten	8 €
5 Fahrten	9 €, da es Rabatt gibt.
6 Fahrten	11 €
7 Fahrten	13 €
8 Fahrten	15 €
9 Fahrten	17 €
10 Fahrten	18 €, wieder 1 € Rabatt usw.

2 *Die Preise werden zunächst in Cent umgerechnet.*

$:5 \left(\begin{array}{l} \text{5 Lose kosten 200 ct.} \\ \text{1 Los kostet} \quad\text{40 ct.} \end{array} \right) :5$

$:10 \left(\begin{array}{l} \text{10 Lose kosten 350 ct.} \\ \text{1 Los kostet} \quad\text{35 ct.} \end{array} \right) :10$

Beim zweiten Angebot kostet ein Los 5 ct weniger. Teurere Lose werden gekauft, weil die Gewinnchance höher ist und die Gewinne wertvoller sind.

3

a) $\cdot 7 \left(\begin{array}{l} \text{1 kg Orangen kosten 2 €.} \\ \text{7 kg Orangen kosten 14 €.} \end{array} \right) \cdot 7$

b) $\cdot 6 \left(\begin{array}{l} \text{1 Fußleiste ist 35 cm lang.} \\ \text{6 Fußleisten sind 2,10 m lang.} \end{array} \right) \cdot 6$

c) $\cdot 12 \left(\begin{array}{l} \text{1 Nagel wiegt 3 g.} \\ \text{12 Nägel wiegen 36 g.} \end{array} \right) \cdot 12$

d) Die Aufgaben haben gemeinsam, dass Preis, Länge und Gewicht eines Gegenstandes angegeben sind und nach dem Preis, der Länge und dem Gewicht mehrerer Gegenstände gefragt wird. *Wird von der Einheit auf eine Mehrheit geschlossen, werden beide Größen links und rechts des Satzes mit derselben Zahl multipliziert.*

4 *Um Dezimalzahlen zu vermeiden, werden die Größen in nächstkleinere Einheiten umgewandelt.*

a) $:12 \left(\begin{array}{l} \text{12 Brötchen kosten 300 ct.} \\ \text{1 Brötchen kostet 25 ct.} \end{array} \right) :12$

b) $:6 \left(\begin{array}{l} \text{6 Grapefruits wiegen 1500 g.} \\ \text{1 Grapefruit wiegt 250 g.} \end{array} \right) :6$

c) $:3 \left(\begin{array}{l} \text{3 Personen zahlen für das Taxi 1230 ct.} \\ \text{1 Person zahlt für das Taxi 410 ct.} \end{array} \right) :3$

d) *Wird von der Mehrheit auf die Einheit geschlossen, werden beide Größen durch dieselbe Zahl dividiert.*

Zu 4 d) Beispiele:

- In einer Kiste sind 6 Literflaschen Apfelsaft. Die Kiste kostet 7,20 €. Wie viel Euro kostet eine Flasche Apfelsaft? (1,20 €)
- Frau Müller kauft für einen Spielenachmittag Müsliriegel ein. Welches Angebot ist günstiger: 16 Riegel zu 4,80 € oder 4 Riegel zu 1,40 €? (Beim ersten Angebot kostet ein Riegel 30 ct, beim zweiten 35 ct.)
- Laura kauft sich jede Woche eine Pferdezeitschrift. Im Jahr zahlt sie insgesamt 130 €. Wie viel kostet eine Zeitschrift. (2,50 €)

5

$:12 \left(\begin{array}{l} \text{12 Hefte kosten 480 ct.} \\ \text{1 Heft kostet 40 ct.} \end{array} \right) :12$

$:7 \left(\begin{array}{l} \text{7 Hefte kosten 308 ct.} \\ \text{1 Heft kostet 44 ct.} \end{array} \right) :7$

Beim Angebot 1 ist das einzelne Heft billiger.

6 a) Am günstigsten ist ein Korb und vier Schalen: 12,00 € + 7,50 € + 2,80 € = 22,30 €.

Für zwei Körbe würde man 24 € zahlen und hätte 1 kg mehr Erdbeeren.

b)

Erdbeeren	Preis
500 g	2,80 €
1 kg	5,60 €
$1\frac{1}{2}$ kg	7,50 €, Angebot für drei Schalen
2 kg	10,30 €
$2\frac{1}{2}$ kg	13,10 € Der Korb würde sich schon lohnen.
3 kg	12,00 €, Angebot für einen Korb Erdbeeren.

7 a)

	kleine Menge Angebot A	große Menge Angebot B
500 g Teigwaren	1,50 €	1,40 €
500 g Reis	1,98 €	1,99 €
1 l Saft	0,90 €	0,85 €
5 l Farbe	8,50 €	7,50 €
2 Schokoriegel	0,30 €	0,30 €

b) Für 20 l Farbe ist es günstiger zwei 10-l-Eimer zu kaufen. Beim großen Eimer ist der einzelne Liter billiger, aber es bleiben 5 l Farbe übrig.

c) Die Aufgaben und ihre Lösungen sollten zur Kontrolle ins Heft geschrieben werden.

8 *Das Lesen von Fahrplänen gehört zu den grund-legenden Fähigkeiten, die die Kinder erlernen.*
a) *Für die Strecke von Frankfurt nach Freiburg benö-tigt der Zug 2 h 6 min. Die Durchschnittsgeschwindig-keit beträgt etwas weniger als 125 km/h.*
b) *In einer Reisebroschüre der Bahn sind die folgenden Entfernungsangaben gegeben.*
Hier wird mit gerundeten Zahlen gerechnet:

Strecke	km	min	gerundete Geschwindigkeit
Hamburg – Hannover	183	78	135 km/h
Hannover – Göttingen	110	37	165 km/h
Göttingen – Kassel-W.	72	20	216 km/h
Kassel-W. – Frankfurt/M.	198	86	140 km/h
Frankfurt/M. – Mannheim	88	39	132 km/h
Mannheim – Karlsruhe	62	24	180 km/h
Karlsruhe – Offenburg	72	31	144 km/h
Offenburg – Freiburg	63	32	120 km/h
Freiburg – Basel Bad. Bf.	61	38	90 km/h
Basel Bad. Bf. – Basel SBB	4	6	40 km/h

Alternativ können die Kinder den Taschenrechner einsetzen: (183 : 78) km/h ≈ 140,8 km/h.

9 512 l; 15 360 l; 18 880 l
Die Schülerinnen und Schüler können ihren eigenen Wasserverbrauch für einen Tag überschlagen. Es kann überlegt werden, wie der Wasserverbrauch entsteht und wie er reduziert werden kann. Vergleichsgröße zum Schätzen kann ein 10-Liter-Eimer sein.

Trainingsmatte

Inhalt der Trainingsmatte ist das **Rechnen mit Stufen-zahlen** aus Lerneinheit 2.3. Der sichere Umgang mit Stufenzahlen ist Voraussetzung für das Umwandeln von Flächeninhalten in kleinere und größere Einhei-ten. Bei den Aufgaben 1 bis 8 sollen die Schüler-innen und Schüler Zusammenhänge und Strukturen erkennen, die ihnen das Rechnen mit diesen großen Zahlen erleichtern. Auch beim Überschlag entstehen Stufenzahlen, mit denen leicht im Kopf gerechnet werden kann.
Die Lösung der Trainingmatte findet man im Schüler-buch auf der Seite 171.

10 a) Das sind 300 000 l Wasser in einer Minute und 18 000 l Wasser in einer Stunde.
b) Ein Kubikmeter Wasser entspricht 1000 l Wasser, daher werden die Zahlen aus der Teilaufgabe a) durch 1000 geteilt:
300 m³; 18 000 m³
Ein Würfel von 1 dm³, der mit 1 l Wasser aufgefüllt wird, macht den Zusammenhang anschaulich.
c) $\cdot 30 \left(\begin{array}{l} \text{1 Tag} \quad - 432\,000 \text{ m}^3 \\ \text{1 Monat} - 12\,960\,000 \text{ m}^3 \end{array} \right) 30$

11 a) Für 200 € bekommt Frau Celep 310 CHF.
b) 35,50 £ (britische Pfund); 6736 ¥ (japanische Yen); 57,50 $ (US-Dollar)
c) Für 90,00 € bekommt man 103,50 US-Dollar, also reicht das Geld.
d) Eigene Aufgaben könnten sein:
– Wie viel Euro muss man für 142 £ (britische Pfund) zahlen? (200 €)
– Wie viele japanische Yen erhält man für 150 €? (20 208 ¥)
– Wie viele Schweizer Franken erhält man für 140 €? (217 CHF)

Weiteres Angebot **Währungen**
Die Kinder können weitere Länder suchen, in de-nen es keinen Euro gibt, wie z. B. die Schweiz, Schwe-den oder auch China. Zu den jeweiligen Währungen können aktuelle Wechselkurse recherchiert werden. Informationsmöglichkeiten bieten die Tageszeitun-gen, Banken oder Sparkassen.
@ Auch im Internet findet man mithilfe einer Such-maschine und dem Eintrag „Wechselkurs + entspre-chendem Ländername" aktuelle Kurse. Die Kinder können sich ihre eigenen Aufgaben zum Thema Wechselkurs stellen. Außerdem können die Kinder weitere Informationen zu dem jeweiligen Land su-chen:
– Wo liegt das Land und wie heißt die Haupstadt?
– Wie heißen die verschiedenen Münzen der Wäh-rung und wie sehen sie aus?

8 Der ICE 73 fährt von Hamburg Hbf. nach Basel SBB.

🚆 ICE 73 Hamburg – Basel SBB		
Bahnhof	**Ziel**	
Hamburg Hbf.	ab	08:24
Hannover Hbf.	ab	09:42
Göttingen	ab	10:19
Kassel-Wilhelmshöhe	ab	10:39
Frankfurt (Main) Hbf.	ab	12:05
Mannheim Hbf.	ab	12:44
Karlsruhe Hbf.	ab	13:08
Offenburg	ab	13:39
Freiburg (Brsg.)	ab	14:11
Basel Bad Bf.	ab	14:49
Basel SBB	ab	14:55

a) Die Entfernung von Frankfurt nach Freiburg beträgt etwa 250 km. Berechne die Durchschnittsgeschwindigkeit.

b) 👥 Findet heraus, auf welcher Teilstrecke der Zug am schnellsten fährt. Nehmt einen Atlas zu Hilfe.

9 Der Wasserverbrauch liegt in Deutschland pro Person bei durchschnittlich 128 Liter am Tag. Berechne den durchschnittlichen Bedarf für einen Haushalt mit vier Personen pro Tag (pro Monat, pro Jahr).

10 Die Wasserwerke Westfalen können in einer Sekunde bis zu 5000 Liter Trinkwasser aufbereiten.
a) Wie viel Liter sind das in einer Minute, in einer Stunde?
b) Rechne die Ergebnisse von Aufgabe a) in m³ um. (1 m³ = 1000 l)
c) Berechne die Wassermengen für einen Tag und für einen Monat.

11 a) Frau Celep tauscht für den Urlaub in der Schweiz 200 € in Schweizer Franken (CHF) um. Für 1 € gibt ihr die Bank 1,55 CHF. Wie viele Schweizer Franken bekommt sie?
b) Wie viel Geld bekommst du für 50,00 € in der jeweiligen Währung?
c) Reichen 90 Euro aus, um 100 US-Dollar einzutauschen?
d) Finde drei eigene Aufgaben.

STADTSPARKASSE NEUHAUSEN			
WECHSELKURSE			
1 € =	0,71	£ 🇬🇧	(britische Pfund)
1 € =	134,72	¥ ⬤	(japanische Yen)
1 € =	1,15	$ 🇺🇸	(US Dollar)

1
50 + 30
500 + 300
5000 + 3000
50 000 + 30 000

2
70 – 20
700 – 200
7000 – 2000
70 000 – 20 000

3
8000 – 400
8000 – 40
8000 – 4
800 – 40

4
34 000 + 500
3400 + 5000
56 000 – 800
5600 – 800

5
40 · 30
400 · 30
40 · 300
400 · 300

6
48 000 : 6000
48 000 : 600
48 000 : 60
48 000 : 6

7
39 000 : 13 000
3900 : 1300
390 : 130
3900 : 13

8
8400 + 120
8400 – 120
8400 · 120
8400 : 120

9 Bei einer Veranstaltung werden 3897 € für Eintrittskarten und 9345 € für Getränke und Speisen eingenommen. Die Ausgaben betrugen 5853 €. Runde die Zahlen und überschlage den Gewinn.

Rund um den Hund

Junger **Dalmatiner** mit Impfung nur **420 €**.

Wellensittiche in verschiedenen Farben, Stück **12 €**.

Junges Perserkätzchen nur in liebevolle Hände zu verkaufen. Preis auf Anfrage.

Beagle aus eigener Zucht nur in gute Hände zu verkaufen: **650 €**

Geimpfter **Golden Retriever** gegen Kostenbeitrag von **49 €** nur in gute Hände abzugeben.

Festkosten pro Jahr		Futterkosten pro Monat	
Hundesteuer	70 €	Trockenfutter	15 €
Versicherung	40 €	Dosenfutter	8 €
Impfungen, Tierarztkosten	80 €	Kauknochen, Leckerbissen	7 €
Leine, Halsband, Spielzeug	60 €		

1 a) Berechne die Gesamtkosten, einschließlich Kaufpreis, für jeden der drei in den Anzeigen angebotenen Hunde im ersten Jahr.
b) Welche voraussichtlichen Kosten entstehen für jeden der Hunde im Folgejahr?
c) Hast du selbst ein Haustier? Ermittle die jährlichen Kosten für dieses Tier.

2 Auf einer Trockenfutterpackung für Hunde ist folgende Fütterungsempfehlung zu finden:

FÜTTERUNGSEMPFEHLUNG						
Hunde-gewicht	5 kg	10 kg	15 kg	30 kg	40 kg	55 kg
Rasse	🐕	🐕	🐕	🐕	🐕	🐕
g/Tag	120	200	250	450	600	750

a) Erstelle im Heft ein Schaubild, das den Zusammenhang zwischen Körpergewicht und täglicher Futtermenge veranschaulicht.

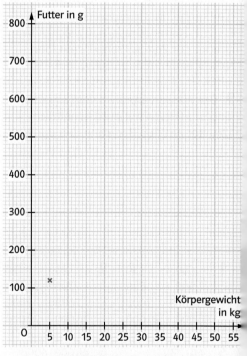

b) Jan behauptet: „Wenn ein Hund doppelt so schwer ist wie ein anderer Hund, dann braucht er die doppelte Futtermenge." Überprüfe diese Behauptung mithilfe der oben stehenden Fütterungsempfehlung.
c) Etwa wie viel g Futter pro Tag braucht ein Hund, der 20 kg wiegt?

Thema: Rund um den Hund

⌂ *Deutsch, Biologie* *Die vorliegenden Themenseiten können ein Ausgangspunkt für die Zusammenarbeit mit den Fächern Deutsch und Biologie sein.*
Es können neben Informationen zu Hunden weitere Informationen zu anderen Haustieren, deren Lebensräumen und Haltung beschafft, Texte entwickelt, Plakate gestaltet und eine Präsentation vorbereitet werden.
Durch die Arbeit in Gruppen erweitern die Schülerinnen und Schüler bei entsprechender Arbeitsweise ihre Methodenkompetenz.

Aufgaben

1

a) Festkosten pro Jahr   250 €
   Futterkosten pro Jahr: 360 €

Gesamtkosten pro Jahr 610 €

Beagle   650 €
Fest- und Futterkosten 610 €

Gesamtkosten   1260 €

Golden Retriever   49 €
Fest- und Futterkosten 610 €

Gesamtkosten   659 €

Dalmatiner   420 €
Fest- und Futterkosten 610 €

Gesamtkosten   1030 €

b) *Bevor die Aufgabe gelöst wird, sollte man darüber nachdenken, welche Kosten im 2. Jahr nicht mehr anfallen. Dies sind der Kaufpreis und eventuell die Kosten für Leine und Halsband.*
Fest- und Futterkosten reduzieren sich gegenüber dem ersten Jahr dann um 60 € und betragen 550 €.
c) Beispiel: Für einen Wellensittich könnten die Kosten folgendermaßen aussehen:
Kosten für Futter 25 €
Kosten für Sand   20 €
neues Spielzeug   5 €

Gesamtkosten   50 €

2 a)

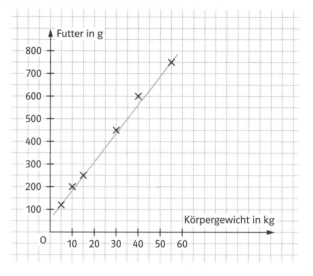

b) Die Behauptung stimmt nicht.
Fütterungsempfehlung:
Gewicht: 5 kg   Futtermenge: 120 g
Gewicht: 10 kg   Futtermenge: 200 g
Bei doppelter Futtermenge müssten es 240 g sein.
Gewicht: 15 kg   Futtermenge: 250 g
Gewicht: 30 kg   Futtermenge: 450 g
Bei doppelter Futtermenge müssten es 500 g sein.
c) Zur Lösung der Aufgabe benötigt man das Diagramm von Aufgabe a). Betrachtet man die eingetragenen Punkte, kann man feststellen, dass sie in etwa auf einer Geraden liegen.
Bei 20 kg sind es dann etwa 300 g Futter.

Weiteres Angebot   **Materialbesorgung**
In vielen Tierhandlungen bekommt man kostenlose Informationen über Tiere, Futterempfehlungen und Tipps zur Haltung. Zusätzlich können Bücher aus der Bücherei ausgeliehen werden.
@ Aber auch im Internet gibt es viel Material. Dieses können die Kinder in Gruppen zu einem Poster über das Haustier, das sie besitzen, oder über eines das sie gerne besitzen würden, zusammenstellen.

3 a) Sebastian braucht für einen Rundgang 1800 Schritte. Das sind 1530 m.
b) Am Tag sind das etwa 3 km.
Sebastian geht im Jahr etwa 1100 km.
c) Die Nord-Süd-Ausdehnung von Deutschland beträgt auf einer Karte mit dem Maßstab 1:4 500 000 im Atlas 19 cm.
Das sind rund 850 km in Wirklichkeit. Also stimmt die Behauptung von Sebastian.
d) Hier entstehen sehr individuelle Lösungen abhängig von der Lage der Schule im Einzugsgebiet.
Der Stadtplan kann hier mit einbezogen und der Umgang mit dem Maßstab weiter gefestigt werden.

4 *Ein Heft kostet im Abonnement 2,70 €.*
Zum Rechnen müssen die Beträge in Cent umgewandelt werden, da die Division von Dezimalzahlen noch nicht bekannt ist.

5 Es sind mehr Mischlingshunde.
Von 5 000 000 Hunden sind 1 250 000 Mischlingshunde und 1 000 000 Dackel.
Zum besseren Verständnis sollten Beispiele mit kleineren Zahlen angesprochen werden. Unter 40 Hunden gibt es 10 Mischlingshunde (jeder 4. Hund), aber nur 8 Dackel (jeder 5. Hund).

6
a) Franky „verdient" im Jahr 51100 €, d.h. 140 € · 365.
b) Franky kann diese Summe nicht erreichen. Er müsste dazu ca. 254 Jahre und 5 Monate alt werden.

Weiteres Angebot   Knobeln mit Münzen
Münzen verschieben
Die links abgebildeten Münzen sind so gelegt, dass bei dem Dreieck die Spitze nach oben zeigt. Wie muss man die Münzen verschieben, dass die Spitze des Dreiecks nach unten zeigt?

Aufgabe   Lösung

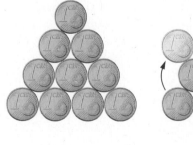 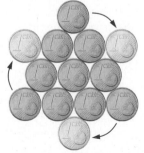

Münzspiele
a) Aus acht Münzen wird ein Quadrat so gelegt, dass jede Seite aus drei Münzen besteht.

Lege vier Münzen so um, dass ein Quadrat aus je vier Münzen pro Seite entsteht.
b) Vier Münzen werden mit dem Wappen nach oben auf den Tisch gelegt. Bei jedem Zug müssen drei Münzen umgedreht werden.

Probiere aus, wie viele Schritte notwendig sind, bis bei allen Münzen die Zahlen oben liegen.

Lösung
a) Jeweils die mittlere Münze auf jeder Seite wird herausgenommen und auf die im Uhrzeigersinn folgende Eckmünze gesetzt. An jeder Ecke entsteht ein Münzstapel mit zwei Münzen. Jede Seite hat somit vier Münzen.
b) Eine Möglichkeit: WWWW, W°ZZZ, ZZ°WW, WWWZ°, ZZZZ°
Die nicht gedrehte Münze wurde mit ° gekennzeichnet. W (Wappen), Z (Zahl)

3 Zu einer artgerechten Hundehaltung gehört auch das regelmäßige Ausführen des Tieres. Sebastian läuft mit seinem Hund oft den abgebildeten Rundweg.

a) Sebastian hat mit Schritten die Wegstrecke ermittelt. Seine durchschnittliche Schrittlänge beträgt 85 cm. Wie viel Meter legt er bei einem Rundgang zurück?

b) Er läuft diesen Rundweg täglich zweimal. Wie viel Kilometer sind das etwa?

c) Sebastian behauptet, dass er mit seinem Hund in einem Jahr eine Strecke zurücklegt, die länger als die Nord-Süd-Ausdehnung Deutschlands ist. Stimmt das? Ermittle mithilfe des Atlas und des angegebenen Maßstabes die Länge dieser Ausdehnung.

d) Zähle die Schritte deines Schulweges, wenn du ihn zu Fuß gehst, oder miss die Kilometer mit deinem Fahrrad. Versuche auszurechnen, nach welcher Zeit (Monate oder Jahre) du vom nördlichsten Zipfel Deutschlands bis ganz in den Süden gelaufen bist.

4 Das Magazin *Unser Hund* erscheint monatlich. Das Einzelheft kostet 3,50 €, das Jahresabonnement kostet 32,40 €. Berechne den Preis pro Heft im Abonnement.

5 In Deutschland liegt die geschätzte Zahl der bellenden Vierbeiner bei über 5 Millionen. Man schätzt, dass jeder vierte Hund ein Mischlingshund und jeder fünfte Hund ein Dackel ist. Gibt es bei uns mehr Mischlingshunde oder mehr Dackel?

6 Reiche Hunde!

a) Der französische Modepudel Franky „verdient" für Auftritte bei Modenschauen und Filmen durchschnittlich 140 € am Tag. Wie viel verdient dieser erfolgreiche Hund im ganzen Jahr?

b) Der Pudel Toby erbte 1931 von seiner amerikanischen Besitzerin umgerechnet 13 Mio. €. Reicht das Hundeleben von Showhund Franky aus, um diese Summe zu verdienen?

Üben – Wiederholen

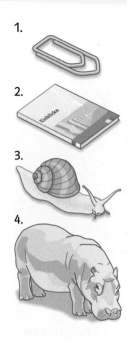

1.

2.

3.

4.

1 a) Übertrage die Maßeinheiten ins Heft. Welche passen nicht zu den Bildern?
1. dm, g, €, kg, h, t, s, mm
2. m, s, l, t, kg, h, min, ct
3. min, t, ct, kg, s, h, g, cm
4. h, m, s, t, kg, €, g, dm

b) 👥 Wähle zwei Bilder aus und schreibe je einen Aufgabentext zu den gewählten Maßeinheiten. Lass die Aufgaben von deinem Nachbarn lösen.

c) 👥👥 Überlegt zwei weitere Abbildungen mit drei verschiedenen Maßeinheiten und schreibt zu den gewählten Maßeinheiten je einen Aufgabentext. Stellt die Aufgaben der Klasse vor.

2 Welchen Gegenstand kannst du beim Schätzen zum Vergleichen verwenden?
15 cm entsprechen der langen Seite des Geodreiecks.
a) 1 cm; 5 cm; 10 cm; 1 m; 2 m.
b) 1 g; 100 g; 500 g; 1 kg; 10 kg.

3 Schätze möglichst genau. Mit welcher Maßeinheit vergleichst du?
a) Die Höhe des Klassenzimmers.
b) Die Höhe deines Tisches.
c) Die Höhe des Schulgebäudes.
d) Das Gewicht von deinem Atlas.
e) Das Gewicht eines Stuhls.

4 Beim Hochsprung erreichte Timo eine Höhe von 95 cm, Carla 1 m 9 cm. Um wie viel sprang Carla höher als Timo?

5 Wandle jeweils in zwei andere Längeneinheiten um.
a) 4 cm; 108 cm; 1257 m
b) 6 m 9 dm; 12 m 8 cm; 4 cm 7 mm
c) 7,34 m; 6,04 m; 6,010 km

Im vollen Gefäß sind 1000 Perlen. Wie viele Perlen sind in den anderen Gefäßen? Schätze.

6 Wie viel fehlt noch zu 1 m?
a) 99 cm; 84 cm; 23 cm
b) 0,23 m; 0,56 m; 0,11 m
c) 9 dm; 8 dm 4 cm; 5 dm 9 cm
d) 0,03 m; 0,6 dm; 1,8 dm

7 Wandle zuerst so um, dass du ohne Komma rechnen kannst.
a) 4 m + 30 cm + 125 cm + 6 dm
b) 25 cm + 43 mm + 2 dm + 27 mm
c) 1,23 m − 4 dm 6 cm + 7 dm 1 cm
d) 9 m − 4 m 7 dm − 39 cm
e) 24,3 m · 25   f) 2,385 km : 45

8

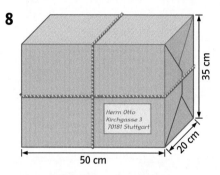

Herrn Otto
Kirchgasse 3
70181 Stuttgart

35 cm

20 cm

50 cm

a) Wie lang muss die Schnur zum Verpacken des Pakets sein?
b) Wie lang muss die Schnur sein, wenn ein anderes Paket 10 cm länger, 5 cm breiter und 5 cm höher ist?
c) Um wie viel cm muss die Schnur jeweils länger sein, wenn die Pakete von Aufgabe a) und b) in der Länge und Breite zweimal geschnürt werden und zum Verknoten 30 cm nötig sind?
d) 👥 Besorgt euch einen Schuhkarton, messt seine Länge, Breite und Höhe. Zeichnet eine Skizze, tragt die Maße ein und zeichnet die Schnur ein. Berechnet die Schnurlänge, wenn für den Knoten 30 cm vorgesehen sind. Überprüft.

9 Wandle um
a) in Gramm.
8 kg; 23 kg; $\frac{1}{2}$ kg; 6 kg 432 g;
b) in Kilogramm.
32 000 g; 4 t; 3 kg 500 g; 4,4 t

10 Ergänze die fehlenden Werte.
a) 43 kg + ☐ = 53 kg
b) ☐ − 8,300 kg = 11,200 kg
c) 100 kg − 12,500 kg + ☐ = 92,500 kg
d) 144 t : ☐ = 12 t   e) 300 g · ☐ = 1200 g

Üben – Wiederholen

1

a) 1. kg, h, t, s   2. s, l, t, h, min
   3. t, ct, kg, s, h   4. h, s, kg, €, g, dm

b) Für eine Büroklammer werden 1 dm Draht gebraucht. Wie viele Büroklammern kann man aus 10 m
Draht herstellen? (100 Büroklammern).
Eine große Büroklammer wiegt 2 g. Wie viel Büroklammern sind in einer 1-kg-Packung? (500)
Legt man drei Büroklammern aufeinander, messen
sie zusammen 4 mm. Wie viele Büroklammern wären
für einen Turm von 2 dm erforderlich? (150)

c) Auto: t, €, km
1-€-Münze: g, mm, ct
*Zur Bildung sinnvoller Aufgabentexte müssen die Schü-
lerinnen und Schüler vorher Informationen zu ihrem
Beispiel einholen.*

2

a) 1 cm – Fingerbreite
   5 cm – Länge eines Haustürschlüssels
   10 cm – Handbreite
   1 m – 1 großer Schritt
   2 m – Türhöhe

b) 1 g – Büroklammer
   100 g – 1 Tafel Schokolade
   500 g – Mäppchen, Schulbuch
   1 kg – 1 l Milch (Tetrapack)
   10 kg – 10-l-Eimer mit Wasser gefüllt

3 Mögliche Vergleichsgrößen können sein:

a) Tafelhöhe – 1 m, Türhöhe – 2 m
b) Heftbreite – 20 cm
c) ein Stockwerk des Schulhauses – $2\frac{1}{2}$ m
d) das Mäppchen – 500 g
e) 1-l-Packung Saft – 1 kg

4 Carla sprang 14 cm höher als Timo.

Randspalte

Da man die Perlen nicht zählen kann, schätzt man
über die Füllhöhe des Glases.
Im mittleren Glas sind etwa halb so viele Perlen wie
im linken Glas, also 500. Im rechten Glas sind noch
einmal halb so viele, also 250.

5

a) 40 mm; 0,04 m;   1,08 m; 10,8 dm;
   12 570 dm; 1,257 km

b) 6,90 m; 690 cm;   120,8 dm; 1208 cm;
   47 mm; 0,47 dm

c) 73,4 dm; 734 cm;   60,4 dm; 604 cm;
   6010 m; 60 010 dm

6 a) 1 cm; 16 cm; 77 cm
b) 0,77 m; 0,44 m; 0,89 m
c) 1 dm; 1 dm 6 cm; 4 dm 1 cm
d) 0,97 m; 9,4 dm; 8,2 dm

7

a) 615 cm   b) 520 mm
c) 148 cm   d) 391 cm
e) 60 750 cm   f) 53 m

8 Pro Schüler wird ein Schuhkarton und 2 m Schnur
benötigt.
*Bei der Länge der Schnur bleiben die Knoten unberück-
sichtigt.*
a) Die Schnur muss 250 cm lang sein.
b) Die Schnur muss 300 cm lang sein.
c) 420 cm; 500 cm
d) Zum Überprüfen wird etwa 2 m Schnur benötigt.
Bei der Skizze kann das Schrägbild vom Quader wiederholt werden.

9 a) 8000 g; 23 000 g; 500 g; 6432 g
b) 32 kg; 4000 kg; $3\frac{1}{2}$ kg; 4400 kg

10

a) 10 kg   b) 19,500 kg   c) 5 kg
d) 12   e) 4

11

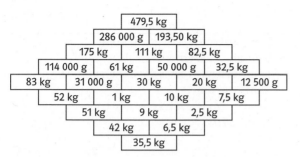

12 Es wird pro Person mit 75 kg Gewicht gerechnet.

13 a) Die Fahrten dauern 3 h 27 min, 3 h 31 min, 2 h 41 min und 3 h 6 min.
b) Frau Reiser kann um 10.47 Uhr oder um 11.12 Uhr abfahren.
c) Die beste Verbindung ist die dritte, da sie die schnellste ist und kein Umsteigen nötig ist.

14 *Hier treten wieder unterschiedliche Umrechnungszahlen und damit Schwierigkeiten auf.*
60 s = 1 min; 60 min = 1 h; 24 h = 1 Tag.
a) 8 min; $12\frac{1}{2}$ min; 220 min
b) 420 min; 1080 min; 248 min; 1440 min
c) 43 200 min; 262 080 min; 2 102 400 min

15 a) 8.45 Uhr; 10.53 Uhr; 12.15 Uhr
b) 13.58 Uhr; 8.27 Uhr; 0.12 Uhr
d) 23.41 Uhr; 8.45 Uhr; 13.37 Uhr

Weiteres Angebot   Bruchteile von Gewichten
Im täglichen Umgang mit Gewichten begegnen den Kindern auch Maßzahlen, die als Brüche angegeben werden. 1 Pfund = 500 g, 1 Zentner = 50 kg

	$\frac{1}{2}$	$\frac{1}{4}$	$\frac{1}{5}$	$\frac{1}{10}$
kg	$\frac{1}{2}$ kg = 500 g			
t				
Pfund				
Zentner				

Lösungen

	$\frac{1}{2}$	$\frac{1}{4}$	$\frac{1}{5}$	$\frac{1}{10}$
kg	500 g	250 g	200 g	100 g
t	500 kg	250 kg	200 kg	100 kg
Pfund	250 g	125 g	100 g	50 g
Zentner	25 kg	12,500 kg	10 kg	5 kg

16 a) Einige Möglichkeiten:
Alle machen eine Rundfahrt (25,00 €).
Sechs Personen fahren Elektroboot und vier Personen fahren Tretboot (jeweils eine Stunde; 21,80 €).
Alle fahren Elektroboot für eine Stunde (30,00 €).
Alle fahren eine Stunde Tretboot (20,40 €).
b) Folgende Verteilung ist möglich: zwei Erwachsene und zwei Kinder fahren eine Stunde Elekrtoboot (15,00 €). Die restlichen zwei Erwachsenen und vier Kinder verteilen sich gleichmäßig auf zwei Tretboote (jeweils eine Stunde; 13,80 €).
Das macht zusammen 28,80 €.
Es können aber auch alle Tretboot fahren, und zwar jeweils zwei Kinder mit ein bzw. zwei Erwachsenen (eine Stunde; 20,40 €).
c) Eine Möglichkeit: zwei Erwachsene und die sechs Kinder fahren eine Stunde Tretboot, die beiden anderen Erwachsenen machen eine Rundfahrt (insgesamt 21,60 €).
d) Zu zweit kann man zum Beispiel eine Stunde Tretboot fahren und danach die Rundfahrt (insgesamt 9,80 €).

17 a) (4): 270 cm : 6 = 45 cm
b) (2): 2,70 € · 8 = 21,60 €
c) (3): 170 cm − 27 cm = 143 cm
d) (1): 17.20 Uhr $\xrightarrow{\text{+45 min}}$ 18.05 Uhr

18 *Diese Aufgabe fordert verschiedene Kompetenzen. Die Kinder müssen zunächst die Informationen mit eingenen Worten zu Papier bringen. Außerdem lassen sich diverse Dinge berechnen, zum Beispiel endet das Fest um 18.15 Uhr. Ausgehend von der Klassenstärke lassen sich die Gesamtkosten berechnen (bei 25 Kindern sind das 75 €). Die Preise für die Getränke können recherchiert und gegen die Einnahmen aufgerechnet werden.*

11 Ergänze die fehlenden Zahlen.

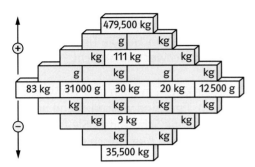

12 Ein Aufzug hat eine Tragfähigkeit von 900 kg oder 12 Personen. Mit welchem Gewicht pro Person wird gerechnet?

13 a) Wie lange dauern die Fahrten?

🚆 ICE			
Bahnhof	Uhrzeit	Umst.	Podukt
Köln Hbf.	ab 10:21	1	RE 29718
Hannover Hbf.	an 13:28		ICE 547
Köln Hbf.	ab 10:47	2	ICE 557
			RE 9015
Hannover Hbf.	an 14:18		IC 2143
Köln Hbf.	ab 10:47	0	ICE 559
Hannover Hbf.	an 13:28		
Köln Hbf.	ab 11:12	1	ICE 602
Hannover Hbf.	an 14:18		IC 2143

b) Frau Reiser will frühestens um 10.45 Uhr in Köln abfahren und spätestens um 14.30 Uhr in Hannover sein. Welche Verbindungen kann sie auswählen?
c) Für welche Verbindung würdest du dich entscheiden? Begründe.

14 Wie viel Minuten sind es?
a) 480 s; 12 min 30 s; 3 h 40 min
b) 7 h; $\frac{3}{4}$ Tag; 4 h 8 min; 1 Tag
c) 1 Monat; $\frac{1}{2}$ Jahr; 4 Jahre

15 Wie spät ist es jetzt, wenn es vor einer halben Stunde
a) 8.15 Uhr; 10.23 Uhr; 11.45 Uhr,
b) 13.28 Uhr; 7.57 Uhr; 23.42 Uhr war?
c) Wie spät war es vor einer halben Stunde, wenn es jetzt 0.11 Uhr; 9.15 Uhr; 14.07 Uhr ist?

16 👥 Eine Gruppe mit sechs Kindern und vier Erwachsenen verbringt einen Nachmittag am See. Alle wollen mit einem der Boote fahren. Sie haben eineinhalb Stunden Zeit und 30 € zur Verfügung.
a) Was schlagt ihr vor?
b) Vier Kinder finden Elektroboot fahren langweilig. Was ratet ihr nun?
c) Zwei Erwachsene und drei Kinder wollen Tretboot fahren.
d) Was würdet ihr machen, wenn ihr zwei Stunden Zeit hättet und euch 10 € zur Verfügung stehen?

17 Lies die Texte genau, ordne sie den Rechnungen zu und löse die Aufgaben.
a) Zum Basteln wird eine 270 cm lange Schnur in sechs Teile geteilt.
b) Ein Comic-Heft, das wöchentlich erscheint, kostet 2,70 €. Pio kauft es zwei Monate lang.
c) Francesco ist 27 cm kleiner als Diana. Sie ist 170 cm groß.
d) Es ist 17.20 Uhr. Wie spät ist es in einer dreiviertel Stunde?

(1)   17.20 Uhr $\xrightarrow{+ 45 \text{ min.}}$ ☐

(2)   2,70 € · 8 = ☐

(3)   170 cm − 27 cm = ☐

(4)   270 cm : 6 = ☐

18 Auf der Pinnwand haben die Kinder der Klasse 5 d ihre Ideen zum Klassenfest aufgehängt. Schreibe in dein Heft, was du über das Klassenfest weißt.

Rundfahrt auf dem Baldeneysee

Erwachsene 4 €

Kinder 1,50 €

Dauer: 25 min

Elektroboot
bis 6 Personen

$\frac{1}{2}$ Stunde   8,00 €
1 Stunde   15,00 €

Tretboot
bis 4 Personen

$\frac{1}{2}$ Stunde   3,60 €
1 Stunde   6,80 €

19 Familie Walzer verbringt ihren 14-tägigen Urlaub mit ihrer Tochter im Hotel „Waldblick". Berechne die Kosten.

HOTEL
WALDBLICK

Preisliste

Die Preise gelten pro Person für Übernachtung mit Frühstück inkl. Bedienung und MwSt.
Die Kurtaxe beträgt € 0,60 pro Person und Tag.

Doppelzimmer	€ 45,00
Einzelzimmer	€ 59,00
Suite (2 Räume)	€ 78,00
Halbpensionszuschlag	€ 14,00
Vollpensionszuschlag	€ 22,00
Garage (pro Tag)	€ 3,00

20 Bernd joggt 3-mal in der Woche. Der Rundweg durch den Wald ist 6 km lang. Wie viel km läuft er in einem Monat? Sein Schulweg ist 1500 m lang. Vergleiche.

1 kg Kirschen	4 €
1 kg Äpfel	1,75 €
1 kg Birnen	3 €
1 kg Pflaumen	2,50 €

21 Mark möchte Obstkuchen mit drei verschiedenen Obstsorten backen. Er hat 8 €. Mache drei Vorschläge, was er einkaufen kann.

22 Jana und Tina gehen zum Schwimmen. Das Schwimmbecken ist 25 m lang und 12 m 50 cm breit.
a) Sie schwimmen 15 Längen.
b) Jana schwimmt 12 Längen. Tina schwimmt 8 Längen und 10 Breiten. Wer ist weiter geschwommen?
c) Die Mädchen wollen 200 m schwimmen. Nenne drei Möglichkeiten, wie viele Längen und Breiten sie schwimmen können.
d) @ Informiere dich über die Bahnlänge und -breite des nächstgelegenen Schwimmbads. Mache zwei Vorschläge, wie du 1000 m schwimmen würdest.

23 Für 9 Blobs bekommt man 54 Blibs.
a) Wie viele Blibs gibt es für 27 Blobs?
b) Klaus möchte 3 Blobs tauschen.
c) Kannst du 702 Blibs tauschen?
d) Finde drei weitere Tauschaufgaben.

24 ⚇ Tiger sind die größten Raubkatzen. Ein ausgewachsener männlicher Tiger wiegt 300 kg und erreicht eine Schulterhöhe von 1 m. Die Tigerkatze ist halb so schwer und erreicht $\frac{5}{6}$ seiner Länge.
Der Tiger kann 2 m hoch und 5 m weit springen. Tiger sind wasserliebend und hervorragende Schwimmer. Sie fressen durchschnittlich 8 kg Fleisch pro Tag, können aber bei einer Mahlzeit bis zu 50 kg verschlingen. Sein Jagdrevier erstreckt sich über ca. 50 km² Fläche.
Nach einer Tragezeit von 105 Tagen bringt eine Tigerkatze zwei bis drei Junge auf die Welt. Jedes Tigerbaby wiegt zwischen 900 g und 1,4 kg, es ist bei der Geburt knapp 40 cm lang. Die Tiere ernähren sich die ersten zwei Monate nur von Muttermilch. Sie werden bis zu einem halben Jahr gesäugt, danach gehen sie mit ihrer Mutter auf die Jagd. Der Bestand an Tigern wird auf weltweit 8000 Tiere geschätzt.
a) Lest euch den Text genau durch und stellt euch gegenseitig Fragen zum Text. Formuliert fünf Aufgaben zum Text, löst sie und stellt sie eurer Klasse vor.
b) @ Sucht Informationen zu einem anderen Säugetier aus dem Internet. Erstellt einen Text zu eurem Tier. Achtet darauf, dass der Text Informationen enthält, mit denen sich rechnen lässt.

Die Lösungen findest du auf Seite 172.

19 *Auch diese Aufgabe lasst sich öffnen, indem Dauer und Personenzahl nicht vorgegeben werden.*

Kosten für einen Tag:

2 Personen im Doppelzimmer	90,00 €
1 Person im Einzelzimmer	59,00 €
Garage	3,00 €
3 Personen Halbpension	42,00 €
3 Personen Kurtaxe	+ 1,80 €
Summe pro Tag	195,80 €

Kosten für 14 Tage	2741,20 €

Die Gesamtkosten betragen für 14 Tage 2741,20 €.

20 In einer Woche legt Bernd 18 km und in einem Monat 72 km zurück. Bernd kann 48-mal in die Schule und zurück gehen.

21 Das Rechnen mit Dezimalzahlen wurde noch nicht explizit behandelt. Die Schüler kennen aber den Umgang mit „einfachen" Dezimalzahlen aus ihrem Alltag. Alternativ: Umrechnen in g und ct.
Einige Möglichkeiten:
$\frac{1}{2}$ kg Kirschen, 1 kg Äpfel, 1 kg Birnen (6,75 €);

$\frac{1}{2}$ kg Kirschen, 2 kg Äpfel, 1 kg Pflaumen (8,00 €);

$\frac{1}{2}$ kg Kirschen, 1 kg Birnen, 1 kg Pflaumen (7,50 €)

1 kg Äpfel, 1 kg Birnen, 1 kg Pflaumen (7,25 €);

22 a) Sie schwimmen 375 m.
b) Tina: 325 m; Jana: 300 m
Tina ist weiter geschwommen.
c) – 8 Längen
 – 7 Längen, 2 Breiten
 – 6 Längen, 4 Breiten
 – …
d) Individuelle Lösungen.

23 *Blobs und Blibs sind frei erfundene Einheiten.*
a) 162 Blibs
b) 18 Blibs
c) 117 Blobs
d) *Für 1 Blob bekommt man 6 Blibs und umgekehrt. Entsprechend können Tauschaufgaben formuliert werden. Blobs können beliebig in Blibs umgetauscht werden. Will man Blibs in Blobs tauschen, muss die Anzahl durch 6 teilbar sein.*

24 a) *Da der Text sehr lang ist, sollten sich die Kinder während des Lesens Notizen machen.*
Folgende Aufgaben, bei denen gerechnet wird, sind denkbar:
 – Wie viel Kilogramm wiegt eine Tigerkatze? (150 kg)
 – Wie viel Kilogramm Fleisch frisst ein Tiger im Monat? (240 kg)
 – Wievielmal höher ist ein ausgewachsener Tiger als ein neugeborenes Junges lang ist? (5-mal)
 – Wievielmal schwerer als ein Junges ist ein ausgewachsener Tiger? (300-mal)
Weitere Fragen könnten sein:
 – Gehören Tiger zu den wasserscheuen Katzen? (Nein, sie schwimmen gerne.)
 – Wie lange trinken Tigerjunge bei ihrer Mutter? (Ein halbes Jahr)
 – Wer ist bei der Geburt schwerer, ein Mensch oder ein Tiger? (Der Mensch wiegt etwa 3 kg, der Tiger höchstens die Hälfte.)
 – Wie viele 75 kg schwere Menschen sind so schwer wie ein Tiger? (Vier)
b) @ Bei der Suche im Internet ist es wichtig, dass man sich vor Beginn der Suche im Internet Notizen macht, was man wissen möchte.
 – Über welches Tier wollen wir berichten?
 – Was und wie viel frisst das Tier?
 – Wo lebt das Tier?
 – Wie viele Junge wirft ein Weibchen, wie viel Gramm wiegen die Jungen und wie lange werden sie aufgezogen?
 – Wie viele Tiere dieser Art gibt es noch?
 – Gibt es das Tier in einem deutschen Zoo und wenn ja, in welchem?
 – Außerdem kann man Bilder von dem Tier malen und seine Ergebnisse der Klasse vorstellen.

Aufgabenvorschläge für Klassenarbeiten zu Kapitel 4

1 Bilde je einen Satz mit den Größen $\frac{1}{2}$ h; 30 g; 4 m 30 cm und 12,25 €.

2 Wandle um wie im Beispiel.
in kg und g: 3024 g = 3 kg 24 g.

a) in m: 3 m 45 cm
in cm: 12 m 87 cm
in km und m: 4109 m
in m und cm: 1749 cm

b) in kg: 8 t 127 kg
in g: 24 kg 958 g
in t und kg: 38 112 kg
in kg und g: 12 917 g

c) in min: 5 h 45 min
in s: 9 min 58 s
in h und min: 144 min
in Tage und h: 79 h

d) in ct: 3 € 7 ct
in g: 7 kg 35 g
in s: 4 $\frac{1}{2}$ min
in m: 3 km 7 m

3 Achte beim Rechnen auf die unterschiedlichen Maßeinheiten.

a) 24 m + 16 cm + 35 m
45 kg − 15 kg − 2 $\frac{1}{2}$ kg
87 € + 5 € 13 ct + 47 ct
13 t · 9
144 € : 24
256 cm : 32 cm

b) 25 kg + 138 g
78,50 € − 29 € 80 ct
19 m 7 cm − 3,50 m
12 € 70 ct · 2
4 t 13 kg · 3
8 kg 480 g : 16

4 Übertrage die Tabelle in dein Heft und ergänze sie.

Beginn Ende Zeitdauer	8:23 Uhr 9:18 Uhr ▦	10:12 Uhr ▦ 25 min	9:13 Uhr ▦ 58 min
Beginn Ende Zeitdauer	2:13 Uhr 11:09 Uhr ▦	13:13 Uhr ▦ 12 h 20 min	▦ 9:11 Uhr 5 h 2 min
Beginn Ende Zeitdauer	21:33 Uhr 0:17 Uhr ▦	20:48 Uhr 1:12 Uhr ▦	▦ 13:28 Uhr 4 h 35 min

5 a) Ein Wagon der Modelleisenbahn in Spur H0 ist 14 cm lang. Wie lang ist der Originalwaggon? Die Spur H0 hat den Maßstab 1:87.
b) Ein kleiner Käfer ist 1 cm lang und 5 mm breit. Zeichne ein Bild von diesem Käfer mit der Vergrößerung 8:1.
c) Die Strecke Hamburg – München beträgt Luftlinie rund 600 km. Auf einer Landkarte sind es 12 cm. In welchem Maßstab ist die Karte gezeichnet?

6 a) Welches Angebot ist günstiger?
Fünf Schokoriegel kosten 1 € 85 ct.
Zwölf Schokoriegel kosten 4 € 56 ct.
b) Eine Kiste mit zwölf 1-l-Flaschen Saft kostet 21,00 €. Für welchen Preis wird ein 0,2-l-Glas Saft verkauft, damit die Unkosten gedeckt sind?

7 Ein Glas mit 1-ct-Münzen wiegt 1785 g. Das Glas wiegt 585 g, eine 1-ct-Münze wiegt 2 g. Wie viel Euro sind im Glas?

Lösungen

1 Der Bus fährt eine halbe Stunde. Im Rezept steht 30 g Zucker. Peter sprang 4 m 30 cm weit. Aishe hat 12,25 € im Geldbeutel.

2 a) 3,45 m
1287 cm
4 km 109 m
17 m 49 cm

b) 8127 kg
24 958 g
38 t 112 kg
12 kg 917 g

c) 345 min
598 s
2 h 24 min
3 Tage 7 h

d) 307 ct
7035 g
270 s
3007 m

3 a) 59 m 16 cm; 27 $\frac{1}{2}$ kg; 92 € 60 ct; 117 t; 6 €; 8 cm
b) 25 kg 138 g; 48 € 70 ct; 15 m 57 cm; 25 € 40 ct; 12 t 39 kg; 530 g

4 Die Platzhalter stehen für:

55 min	10:37 Uhr	10:11 Uhr
8 h 56 min	1:33 Uhr	4:09 Uhr
2 h 44 min	4 h 24 min	8:53 Uhr

5 a) Der Originalwagen ist 12,18 m lang.
b) Der gezeichnete Käfer ist 8 cm lang und 4 cm breit.
c) Der Maßstab der Karte ist 1:5 000 000.

6 a) Im Fünferpack sind die Schokoriegel 1 ct billiger.
b) Ein Glas muss für 35 ct verkauft werden.

7 Im Glas befinden sich genau 6 €.

Test

Leicht
Jede Aufgabe: 2 Punkte

1 Wandle um.
a) 7 m in Zentimeter
b) 13 kg in Gramm
c) 300 ct in Euro
d) 3 Stunden in Minuten

2 Berechne.
a) 9 m + 12 m + 40 cm
b) 30 kg − 3$\frac{1}{2}$ kg
c) 43 € + 5 € 80 ct
d) Berechne die Zeitspanne zwischen 8.30 Uhr und 11.50 Uhr.

3 Berechne.
a) 35 m · 8
b) 182 € : ☐ = 13 €

4 Im Atlas beträgt die Strecke von Hamburg nach London 14 cm. Der Maßstab ist mit 1 : 5 000 000 angegeben.
Wie viel Kilometer Luftlinie sind die beiden Städte voneinander entfernt?

5 Auf dem Markt werden 3 kg Äpfel für 3,90 € angeboten. Wie viel kostet 1 kg Äpfel?

Mittel
Jede Aufgabe: 3 Punkte

1 Wandle um.
a) 4 kg 500 g in Gramm
b) 1498 ct in Euro
c) 2$\frac{1}{2}$ min in Sekunden

2 Berechne.
a) 11 kg 88 g + 920 g
b) 54,50 € − 23 € 60 ct
c) Berechne die Fahrtzeit.
Abfahrt: 13.40 Uhr,
Ankunft: 16.15 Uhr.

3 Berechne.
a) 7 km − 1500 m
b) 18 cm · ☐ = 3 m 78 cm
c) 3 € 50 ct : 7

4 Zeichne diese Fläche im Maßstab 1 : 50 in dein Heft.

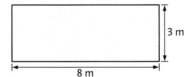

8 m

3 m

5 Auf dem Markt werden am Stand „Merz" 3 kg Äpfel für 3,90 € angeboten, am Stand „FriMa" kosten 5 kg Äpfel der gleichen Sorte 6,20 €.
Bei wem sind die Äpfel günstiger?

Schwierig
Jede Aufgabe: 4 Punkte

1 Wandle um.
a) 5 km 67 m in Meter
b) 3$\frac{1}{2}$ t in Kilogramm
c) 9 € 5 ct in Cent
d) 168 h in Tage

2 Berechne.
a) 24,65 m − 7 dm + 104 cm
b) 13 t + 2500 kg − 4 t 50 kg
c) 22,99 € + 90 ct − 9 € 5 ct
d) Berechne die Ankunftszeit.
Abfahrt: 7.48 Uhr,
Fahrtzeit: 2$\frac{1}{4}$ h.

3 Berechne.
a) 41 m 3 cm · 26
b) ☐ € : 13 = 4 € 50 ct

4 In welchem Maßstab ist hier dein Mathematikbuch abgebildet? Begründe!

5 Frau Degen kauft auf dem Markt Äpfel. 5 kg werden für 6,20 € angeboten. Sie kauft eine Kiste mit 20 kg Äpfeln und bezahlt mit einem 50-Euro-Schein. Wie viel Geld bekommt sie zurück?

Die Lösungen zum Test findest du auf Seite 172.

Der Videowürfel, dessen vier Groß-
bildschirme je 35 m² aufweisen, ist der
größte in Europa und der erste in einem
Fußballstadion weltweit.

Wenn das Spielfeld im Stadion
angekommen ist, werden die Trainer-
bänke aufgebaut und rings um den
Rasen die Spielfeldgeländer und
Werbebanden eingerichtet.
Zwei Tage nach dem Spiel wird das
Spielfeld wieder aus der Arena
herausgefahren.

5 Flächeninhalt und Umfang

Übersicht

Aufbau und Intentionen des Kapitels

Vor der Einführung der normierten Flächenmaße erfahren die Schülerinnen und Schüler, dass Flächen durch Auslegen mit einer geeigneten **Vergleichsfläche** oder durch **Zerlegen** miteinander verglichen werden können. Mit der Einführung der **normierten Flächenmaße** mm^2 bis km^2, können die Größenschätzungen von Flächen wesentlich verbessert werden. Vergleichsgrößen aus dem Erfahrungsbereich der Schülerinnen und Schüler unterstützen dies.
Beispiel: eine Tafelseite – $1 m^2$;
            ein Briefumschlag – $2 dm^2$
Beim Berechnen vom **Flächeninhalt des Rechtecks** erkennen die Schülerinnen und Schüler auch den Zusammenhang zwischen Längen- und Flächenmaßen, da jeweils die Maßzahlen der Seitenlängen bei gleicher Maßeinheit miteinander multipliziert werden.
Am Ende des Kapitels wird der **Umfang des Rechtecks** betrachtet und berechnet. Die Erfahrungen mit Längen aus den vorausgegangenen Kapiteln „Flächen und Körper" und „Sachrechnen" werden aufgegriffen und vertieft. Entscheidend ist, dass die Schülerinnen und Schüler den **Umfang als Begrenzungslinie** einer ebenen Figur erfassen, die klar von der Berechnung des Flächeninhalts zu trennen ist. Da für die Berechnungen von Flächeninhalt und Umfang die gleichen Längen gemessen werden, tun sich hiermit viele Kinder schwer.
Auf den **Themenseiten** „Menschen, Länder, Kontinente" finden die erworbenen Kenntnisse zum Flächeninhalt in spielerischer und kreativer Form Anwendung: Wie viele Menschen haben auf wie viel Fläche Platz und wie viel Platz steht jedem Menschen zur Verfügung?

In der **Trainingsmatte** werden Textaufgaben gelöst. Dabei steht der richtige Umgang mit Textinformationen im Vordergrund.

Der Flächeninhalt und der Umfang einer Fläche müssen als unterschiedliche Maße einer Fläche erfasst werden.
– Die in der Grundschule erworbenen Vorstellungen von Flächen werden weiterentwickelt.
– Flächen werden miteinander verglichen, ihr Flächeninhalt wird geschätzt und nachgemessen.
– Die heute noch üblichen Flächenmaße werden kennen gelernt, ineinander umgewandelt und zur Flächenberechnung angewendet.
– Das Rechnen mit Flächenmaßen wird vertieft.
– Rechtecke und Quadrate werden in der Umwelt und in der Kunst entdeckt, geometrische Objekte betrachtet.
– Die Kenntnisse über Flächen werden in Sachzusammenhängen angewendet.
– Der Umfang von Rechteck und Quadrat wird berechnet.
– Die Zusammenhänge zwischen Umfang und Flächeninhalt bei Rechtecken und Quadraten werden erforscht.
– Zusammengesetzte Flächen werden untersucht.

Werkzeugkasten

– Ein Lineal oder ein Geodreieck wird sowohl zum Arbeiten auf dem Papier, als auch in großer Ausführung zum Zeichnen an der Tafel benötigt. Farbige Stifte und farbige Kreide werden ebenfalls benötigt.
– Kariertes Papier und Millimeterpapier zum Ausschneiden, eventuell auch entsprechende Folien für Demonstrationen auf dem Tageslichtprojektor sollten zur Verfügung stehen.
– Ein langes Maßband, lange Schnüre oder Baustellenbänder, sowie Flucht- oder Markierungsstangen z.B. aus dem Sportunterricht sind geeignete Hilfsmittel. Auch bunte Straßenkreide für das Aufzeichnen von großen Flächen im Gelände ist hilfreich. Für das Festlegen von rechten Winkeln können Din-A4-Blätter verwendet werden.

Rollender Rasen

Sport und speziell Fußball ist in den Klassen 5 und 6 ein interessantes Thema. Die Arena AufSchalke regt, über den Fußballsport hinaus, zu interessanten Fragestellungen rund um Flächenberechnungen an. Die Bilder und die Texte liefern Informationen, die den Blick auf das Thema des Kapitels richten.

- Wo kommen Rechtecke auf den Bildern vor? (Das Spielfeld, der Torraum, eine Spielhälfte, der Großbildschirm, ein Sitzblock, ein Einzelparkplatz, eine Parkplatzreihe, Teile des Dachs, Teile der Wand des Stadions usw.)
- Ist der Videowürfel wirklich ein Würfel? (Der Videowürfel ist breiter als hoch, also ist ein Bildschirm rechteckig und nicht quadratisch, man müsste von einem Videoquader sprechen.)
- Wie groß ist das Spielfeld? (Das Spielfeld ist 110 m lang und 80 m breit.)
- Wie groß ist die Fläche des Fußballfeldes? (Nach dem Bearbeiten des Kapitels sind die Kinder in der Lage die Fläche anzugeben. 8800 m², also 88 a.)
- Wie lang sind die Werbebanden am Spielfeldrand? (Lässt man die Kurven unberücksichtigt, so sind die Banden 380 m lang.)
- Wie viele Autos können auf dem Parkplatz stehen, auf dem zuvor das Spielfeld lag? (Zehn Reihen mit je 48 Autos, also können 480 Autos parken.)

Weiteres Angebot   Arena AufSchalke

Eine weiterführende – für die Schülerinnen und Schüler interessante – Aufgabe kann sein, zusätzliche Informationen zur Arena AufSchalke zu beschaffen, auszuwerten und der Klasse vorzustellen.
@ Weitere Informationen findet man im Internet unter www.arena-auf-schalke.de.
Aber auch über das Thema Geometrie hinaus werden die Schülerinnen und Schüler Fragen stellen, die zu mathematischem Denken anregen.
Beispiele zum Thema Größen:
- Wie schwer ist der Rasen, der transportiert werden muss? (Das Gewicht des Schiebefeldes, also des „Rollenden Rasens", beträgt ca. 11 000 000 kg, also 11 000 t.)
- Wie schwer ist der Videowürfel? (Der Videowürfel wiegt 32 000 kg, also 32 t, und er hängt direkt über dem Anstoßpunkt.)

- Wie viele Besucherinnen und Besucher hat das Stadion in einer Bundesligasaison? (Das Stadion hat 61 127 Zuschauerplätze, davon sind 44 813 Sitzplätze. Pro Saison spielt Schalke gegen jede andere Bundesligamannschaft einmal zuhause, also 17 Spiele. Bei ausverkauftem Stadion wären das knapp 1 000 000 Besucherinnen und Besucher.)
- Wie hoch sind die Einnahmen bei einem Bundesligaspiel? (Die Preise für die Karten sind sehr unterschiedlich. Eine Karte im mittleren Preisniveau kostet 30 €. Bei ausverkauftem Stadion sind das pro Spiel rund 1 800 000 € Umsatz.)
- Wie viel kostet so ein Stadion eigentlich? (Im Internet erfährt man, dass die Baukosten im Jahr 1998 etwa 358 000 000 DM betrugen, das entspricht etwa 183 040 000 €.)
- Wie viele Parkplätze stehen den Besucherinnen und Besuchern insgesamt zur Verfügung? (Auf den gesamten Parkplatz passen 14 000 Autos.)

Um eine Vorstellung von der Bedeutung der Arena AufSchalke, die im August 2001 eröffnet wurde, zu bekommen, hier einige Daten:
- Das größte Fußballstadion der Welt steht in Rio de Janeiro (Brasilien). Es ist das städtische Stadion Maracano und fasst 205 000 Besucherinnen und Besucher, wovon 155 000 Besuchern Sitzplätze zur Verfügung stehen. Es wurde am 16. Juni 1950 eröffnet.
- Das größte Stadion in Europa ist das Camp Nou Stadion in Barcelona (Spanien) mit knapp 100 000 Plätzen. Deutschlands größtes Stadion ist das Westfalenstadion in Dortmund mit 82 900 Plätzen.

Es können auch Informationen zu anderen Vereinen zusammengetragen werden.
@ Unter www.bundesliga.de findet man z.B. alle aktuellen Fußballvereine der ersten Bundesliga und damit auch Informationen über deren Stadien.
Alternativ kann man die Spielfelder von anderen Sportarten wie Handball, Volleyball, Tennis und Hockey betrachten.

5 Flächeninhalt und Umfang

Rollender Rasen

Die Arena *AufSchalke* gehört zu den modernsten Fußballstadien der Welt. Die größte Attraktion ist das Spielfeld. Es befindet sich in einer riesigen rechteckigen Betonwanne und wird vor jedem Spiel ins Innere des Stadions gefahren.

Sechs Stunden vergehen, bis das insgesamt 110 Meter lange und 80 Meter breite Spielfeld seinen 300 Meter langen Weg zurückgelegt hat. Dort, wo das Schiebefeld lag, entsteht automatisch ein Parkplatz. Bei voller Auslastung könnten in zehn Reihen jeweils 48 Autos nebeneinander parken.

Ausblick

In diesem Kapitel findest du:
- Flächen zum Auslegen
- Flächeninhaltsberechnungen
- Umfangsberechnungen

1 Flächen vergleichen

Vor einem Auftritt hat eine Band einiges zu überdenken.
Nicht nur die Akustik, sondern auch die Art der Bühne und die Beleuchtung müssen geplant werden.
Da jeder Veranstaltungsort anders ist, haben viele Bands transportable Bühnenelemente, die sie je nach Raumverhältnissen zu einer erhöhten Auftrittsfläche zusammenbauen.

→ Vergleiche die Flächen, die der Band in den verschiedenen Orten für ihren Auftritt zur Verfügung stand.

Altenkirchen

Neustadt

Althausen

→ 🙎🙎 Stellt aus Papier Bühnenelemente her wie in der Abbildung gezeigt. Legt damit verschiedene Bühnen aus. Vergleicht eure Modelle.

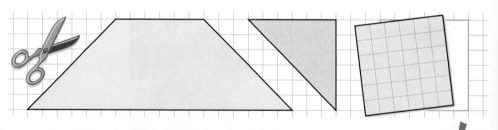

> Aus gleichen Teilflächen zusammengesetzte Flächen sind auch bei unterschiedlichem Aussehen gleich groß.
> Man sagt, die Flächen haben den gleichen **Flächeninhalt**.

Weiter geht's
→ Vergleiche die Flächeninhalte der Figuren. Wie gehst du vor? Findest du verschiedene Möglichkeiten? Stelle sie in der Klasse vor.

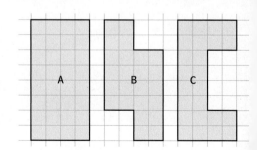

1 Flächen vergleichen

Einstieg

Beim Vergleichen der Bühnenflächen und der Flächen allgemein geht es darum, zu erkennen, dass Flächen mit ganz unterschiedlichen Formen den gleichen Flächeninhalt haben können. Durch Auslegen von Flächen mit geeigneten Teilflächen kann man prüfen, ob Flächen den gleichen Flächeninhalt haben. Dabei dienen die Teilflächen als Vergleichsgrößen. Dies ist eine wichtige Voraussetzung für das Verständnis der Flächenberechnung in der folgenden Lerneinheit. Erst in der nächsten Lerneinheit werden die Teilgrößen wie $1\,m^2$ oder $1\,cm^2$ als Vergleichsgrößen verwendet.

Impulse

→ Die Größe der drei verschiedenen Bühnenflächen kann durch Abzählen der Teilflächen verglichen werden. Die Schüler kennen das Trapez bereits aus der Grundschule.

Anzahl der Teilflächen	in Altenkirchen	in Neustadt	in Althausen
Trapeze	9	8	8
Quadrate	2	0	1
Dreiecke	2	8	0

Um die Bühnen genau vergleichen zu können, wird festgestellt, dass zwei Dreiecke so groß sind wie ein Quadrat und vier Dreiecke so groß sind wie ein Trapez. Dann ist die Bühne in Altenkirchen so groß wie $10\frac{1}{2}$ Trapeze, die in Neustadt so groß wie 10 Trapeze und die in Althausen so groß wie $8\frac{1}{2}$ Trapeze.

→ Der handelnde Umgang mit den Teilflächen erleichtert den Schülerinnen und Schülern den Vergleich von Flächeninhalten. Um die Bühnenbilder von Altenkirchen, Neustadt und Althausen nachzubauen, genügen den Kindern von jeder Form zehn Elemente aus Papier. Um möglichst große Bühnen zu bauen, können die Kinder sich einen Partner suchen oder in Gruppen zusammenarbeiten.

Werkzeugkasten

Zum Ausschneiden der Figuren werden lose Bogen kariertes Papier benötigt. Zum Visualisieren eignet sich eine karierte Folie für den Tageslichtprojektor. Die Figuren werden aus bunter Folie oder aus Papier ausgeschnitten und auf die Folie gelegt.

! Merkkasten

Die Kinder sollten nachvollziehen können, dass Flächen trotz unterschiedlicher Form den gleichen Flächeninhalt haben können. Dazu kann jedes der Kinder aus allen dreißig Bühnenelementen eine Bühne legen. Anschließend sollte sich jeder in der Klasse diese ganz verschiedenen Formen anschauen. Ist kein Teil verloren gegangen, so sind alle Bühnen gleich groß. *Da manche Bühnen kleiner und kompakter erscheinen, andere dagegen größer und luftiger, glauben die Kinder nicht, dass alle Bühnen gleich groß sind. Manchen ist der Unterschied zwischen dem „Flächeninhalt" und „dem Platz, den eine Figur braucht" nicht klar.*

Weiter geht's

→ Die Flächen werden mit Rechtecken (1), Quadraten (2) oder Dreiecken (3) verglichen.

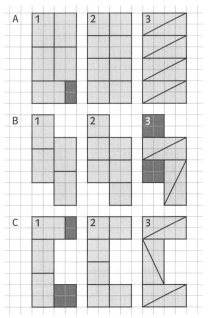

Figur A hat 32 Kästchen.

Figur B besteht aus 24 Kästchen.

Figur C besteht aus 24 Kästchen.

Teilfläche	Figur A	Figur B	Figur C
Rechteck (1)	–	4	–
Quadrat (2)	8	6	6
Dreieck (3)	8	–	6

Die Figuren A, B und C können mit Quadrat (2) oder durch Abzählen der Kästchen verglichen werden.

Aufgaben

1 Die Kinder zählen die Kästchen im Buch ab und stellen fest, dass es 42 sind. Sie zeichnen eine andere Figur mit 42 Kästchen, die kein Rechteck sein muss, ins Heft. *Die Größe des Flächeninhaltes mit Flächeneinheiten zu benennen lernen die Kinder erst in der nächsten Lerneinheit.*

2 Diese Figur setzt sich aus 22 ganzen und vier halben Kästchen zusammen. Da zwei halbe einem ganzen Kästchen entsprechen, könnte man auch sagen, dass die Figur genauso groß ist, wie eine Figur aus 24 ganzen Kästchen.

3

Teilfläche	Figur A	Figur B	Figur C
1	6	8	6
2	3	4	3
3	6	8	6
4	6	8	6

Die Zahlen in der ersten, dritten und vierten Zeile sind bei jeder Figur identisch, da alle Figuren mit den Teilflächen 1; 3 und 4 auslegbar sind und diese Teilflächen alle gleich groß sind. Die Teilfläche 2 ist doppelt so groß wie die Teilflächen 1; 3 und 4, daher werden dort nur halb so viele Teilflächen benötigt.

4

5 *Die Kinder kleben die Lösung auf und zerschneiden jeweils einen neuen Quadratdezimeter.*

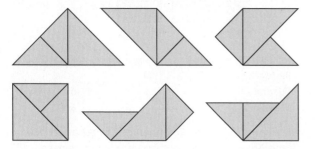

6

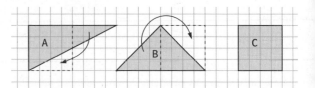

Die Kinder können weitere Figuren finden, die zerlegungsgleich sind und sie in der Klasse vorstellen.

Weiteres Angebot   **Tangram**

Mit dem Legespiel Tangram können die flächengleichen Figuren: Quadrat, Rechteck, Dreieck, Parallelogramm und Trapez gelegt werden.

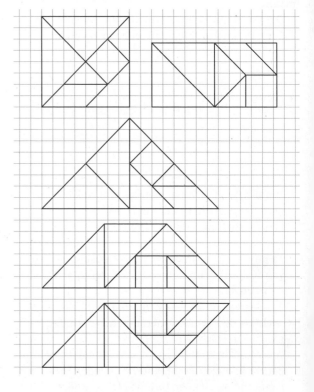

7 Zunächst werden die ganzen Kästchen gezählt, danach werden die teilweise bedeckten Kästchen zu einem zusammengesetzt. Beim Schätzen irrt man sich leicht, weil die Größe der Gespenster täuschen kann. Die Größe der Gespenster von groß nach klein sortiert ergibt b), c), a) und d).
Bei den Gespenstern unter e) muss man ganz genau zählen, denn das orange ist nur minimal größer.

1 Zeichne im Heft fünf verschiedene Flächen, deren Flächeninhalt genauso groß ist wie der der abgebildeten Figur.

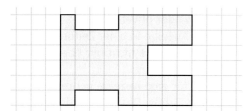

2 Zeichne verschiedene Rechtecke, die denselben Flächeninhalt haben, wie die abgebildete Figur.

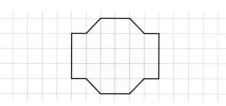

3 Jede der Figuren A bis C ist mit jeder Teilfläche 1 bis 4 auslegbar. Wie viele Teilflächen benötigst du jeweils? Lege eine Tabelle an.

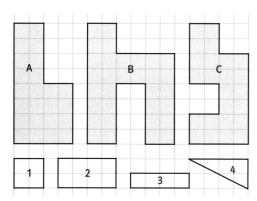

4 Übertrage die Figuren auf kariertes Papier. Zeige durch Zerschneiden und Umlegen, dass die beiden Figuren jeweils den gleichen Flächeninhalt haben.

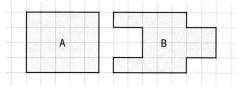

5 Zeichne ein Quadrat mit einer Seitenlänge von 1 dm. Zerschneide es in drei Teile wie auf der Abbildung. Zeige, dass alle Figuren gleich groß sind.

1 dm = 10 cm

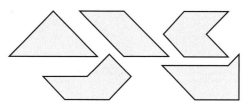

6 Übertrage auf kariertes Papier. Zeige durch Zerschneiden und Umlegen, dass die Dreiecke denselben Flächeninhalt haben wie das Quadrat.

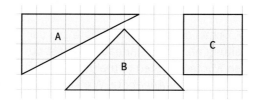

7 Nicht immer sind Figuren geradlinig begrenzt. Mithilfe des Karogitters kannst du trotzdem die Größen solcher Figuren miteinander vergleichen.
Sortiere die Gespenster a) bis d) der Größe nach. Schätze erst und zähle dann aus. Beschreibe, wie du vorgehst.
Welches Gespenst unter e) ist größer, das blaue oder das gelbe?

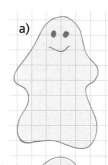

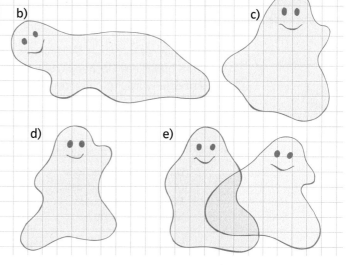

2 Flächeneinheiten

Druckmedien wie Zeitungen und Zeitschriften verkaufen häufig Werbeflächen an Firmen oder private Kunden.
Wer eine Anzeige in einer Zeitung aufgeben möchte, sollte nicht nur über ihren Inhalt nachdenken.
Der Preis für eine Anzeige richtet sich nach ihrer Größe. Deshalb werden Anzeigetexte oft mit vielen Abkürzungen versehen.

→ Schau dir die Mietangebote aus der Zeitung an. Welche Angaben kannst du den Mietangeboten entnehmen? Vergleiche die Angebote. Wie kommt es zu den Unterschieden?
→ Sammle eigene Zeitungsausschnitte mit Flächenangaben und erkläre sie.

1 Quadratzentimeter

→ Ein Quadrat mit einer Seitenlänge von 1 cm bildet die Flächeneinheit $1\,cm^2$. Die Anzeige wurde in einer Zeitung aufgegeben, bei der 1 Quadratzentimeter 30 € kostet. Wie teuer ist die Anzeige?

2 ZKB, Nachm. f. ruhige 54 m²-ges. KM € 270,– + NK ☎ S 18500

2 ZKB, Balkon, Hochparterre, Erstbezug n. San., ca. 55 m², € 330,– + NK, **Immob. Pofahl** ☎ S 61066

2 ZKB, Balkon, 3. Etg., Nähe Feuersee, kompl. renoviert nach Umbau, 45 m², € 247,50 +NK ☎ S 48371

2 ZKB, DG, Ostwall, KM € 265,– + NK, **Lorenzo Immob.** ☎ S 22000

Su. Nachm. f. 2 Zi., Kochni., DB, WM 275,– € ab sofort ☎ S 18383

2 ZKB, 60 m², € 360,– WM + € 60,– Hz., ab 1.7. ☎ S 59973

3 ZKB, 70 m², Schwabstr., WM 525,– €, ab 1.8. von Privat. Besichtigung: Samstag, 25.5., 11-12 Uhr ☎ S 19285

80 m², **3 ZKB**, 9 m² Balkon, frei z. 1.7., KM 520,– € ☎ S 12345 bis 17 Uhr

3 Zi., Kü., Diele, Bad, Etagenheizung, 55 m², 1.OG., Stadtmitte, ab sofort zu vermieten, KM 275,– € +NK 55,– € ☎ S 92841

3 ZKB, 84 m², mit Terr. + Garten, Nähe Rotebühlstr., zum 1.7. zu verm., KM 588,– €, ☎ S 86752

3 ZKB, Balkon, 78 m², für 390,– € +NK und Garage 50,– €, 2 MM Kaution Info unter **Immob. Fechner** ☎ S 23678 ab Montag 8.00 Uhr

Abkürzungen und was sie bedeuten							
Z/Zi.	Zimmer	DG	Dachgeschoss	KM	Kaltmiete	Nachm.	Nachmieter
K/Kü.	Küche	OG	Obergeschoss	NK	Nebenkosten	ges.	gesucht
B	Bad	EG	Erdgeschoss	MM	Monatsmiete	verm.	vermietet
Balk.	Balkon	Sout.	Souterrain,	Ren.	Renovierung	Immob.	Immobilien
Terr.	Terrasse		Keller	San.	Sanierung	S	Stuttgart
Etg.	Etage	WM	Warmmiete	Hz.	Heizung		

2 Flächeneinheiten

Einstieg

In der Zeitung oder im Wochenblatt begegnen einem immer wieder Mietangebote. Die meisten Kinder haben sich aber noch nie damit beschäftigt. Beim genauen Betrachten solcher Seiten, stolpert man sofort über ein Meer von unerklärten Abkürzungen. Damit die Anzeigen trotzdem allgemein verständlich sind, werden in Zeitungen nur normierte Abkürzungen verwendet.

Impulse

→ Dass die Mietangebote alle ähnlich aufgebaut sind, merken die Kinder sehr schnell.

– Am Anfang steht fast immer eine Zahl, die die Anzahl der Zimmer angibt.

– Es folgen Abkürzungen, die die Zusammensetzung der Zimmer angeben, so wie z. B. ZKB für Zimmer-Küche-Bad.

– Manchmal folgt eine genauere Angabe über die Extraausstattung (Balkon) der Wohnung, die Lage (Ostwall) oder den Zustand der Wohnung (San., das heißt, dass eine Sanierung notwendig ist.)

– Größe, Preis und Bezugsdatum sind ebenfalls meist angegeben.

– Die Anzeige endet immer mit einer Telefonnummer. Hier könnte aber auch eine so genannte Chiffrenummer stehen, falls der Inserent anonym bleiben möchte.

Um die Unterschiede festzustellen, können die Kinder Größe, Preis und die Besonderheiten der einzelnen Wohnungen vergleichen.

→ Außer nach Mietangeboten können die Kinder auch nach anderen Anzeigen oder Artikeln suchen, die Flächenangaben enthalten. Sie können beispielsweise Anzeigen für Bauplätze oder Weideland und Artikel über Waldbestände mitbringen.

→ Die Schülerinnen und Schüler schneiden Einheitsquadrate von 1 cm² Größe aus und legen damit die Anzeige „Neubau im Grünen" aus. Sie ist 12 cm² groß. Im Beispiel beträgt der Preis für 1 cm² der Anzeige 30 €, dann kosten 12 cm² also 360 €.
Diese Aufgabe können die Schülerinnen und Schüler mithilfe des Zweisatzes lösen. Das Berechnen von Flächeninhalten selbst ist Thema der folgenden Lerneinheit.

Weiteres Angebot   Anzeigentext

Wenn die Kinder sich sehr für die Anzeigen interessieren, kann man ihnen auch den Auftrag geben, selbst eine Anzeige zu schreiben:
Entweder für die Wohnung ihrer Familie, für eine Etage der Schule oder für eine frei erfundene 2- oder 3-Zimmer-Wohnung.
Aus folgendem Brief soll von den Kindern eine Anzeige formuliert werden. Die Kinder werden gleich protestieren, dass sie nicht so schnell mitschreiben können. Allerdings können sie sich – wie in den Anzeigen üblich – Abkürzungen notieren.

> Liebe Anzeigenabteilung,
> bitte setzen Sie unsere Wohnung am kommenden Samstag unter der Rubrik „Mietangebote 3 Zimmer" in Ihre Zeitung. Die Anzeige sollte möglichst klein sein. Wir haben eine kleine 3-Zimmer-Wohnung am Stadtrand im Westen der Stadt zu vermieten. Die Wohnung hat Küche und Toilette, aber leider kein Bad. Wir schätzen, dass die Wohnung etwas über 80 m² groß ist und hätten gerne 580 € Kaltmiete und für die Nebenkosten 80 €. Eine Garage ist auch dabei. Mögliche Interessenten sollten uns abends unter 0711/2 46 80 anrufen. Die Wohnung ist ab 1. Juli frei, müsste aber selbst renoviert werden.
> Mit freundlichen Grüßen
> Frau Plocher

Mögliche Lösung:
3 ZK, Nachmieter im Westen, 80 m²,
580 € + 80 € NK, ab 1.7. zu vermieten.
Tel.: 0711/2 46 80 abends

Merkkasten

Die Grundeinheiten zum Messen von Flächeninhalten sind Quadrate. Das Flächenmaß wird nach seiner Seitenlänge benannt.

Um eine konkrete Vorstellung von Flächengrößen zu entwickeln und um diese schätzen zu können, brauchen Schülerinnen und Schüler Erfahrungen mit normierten Flächeneinheiten. Ausgehend vom Quadratmeter werden je nach Flächengröße kleinere, aber auch größere Maßeinheiten verwendet.

Damit die Kinder eine Vorstellung haben, ist es hilfreich, die Grundmaße mm²; cm²; dm² und m² zum Vergleichen in der Klasse aufzuhängen und eventuell mit Einheitsquadraten auszulegen.

Weiter geht's

→ Sortiert man die Flächenmaße und die abgebildeten Gegenstände nach der Größe, so erhält man folgende Zuordnung:

Gegenstand	Flächenmaß
Stecknadelkopf	1 mm²
Computertaste	1 cm²
Handfläche	1 dm²
Tafelfläche	1 m²

Die Schülerinnen und Schüler verwechseln in späteren Schuljahren oft die Maßeinheiten für Längen, Flächen und Volumen und die dazugehörige Umrechnungszahl. Wiederholte praktische Erfahrungen durch Auslegen mit Einheitsquadraten beugen diesem Problem vor.

Aufgaben

1 a) Die Fläche eines Zimmers wird in m² gemessen.
b) Der Flächeninhalt eines Klassenfotos wird in cm² gemessen.
c) Der Flächeninhalt eines DIN-A4-Heftes wird ebenfalls in cm² oder dm² gemessen. *Der Quadratdezimeter wird heutzutage am seltensten verwendet. Ein DIN-A4-Blatt hat einen Flächeninhalt von knapp 6 dm².*
d) Der Flächeninhalt einer Briefmarke wird in mm² oder cm² angegeben.

2 a) A = 9 cm², B = 6 cm²
b) C = $1\frac{1}{2}$ cm², D = 6 cm², E = 3,5 cm², F = 5 cm²
c) G = 5 cm², H = $3\frac{1}{2}$ cm², I = $3\frac{1}{2}$ cm²

3 a) 8 cm²   b) 10 cm²

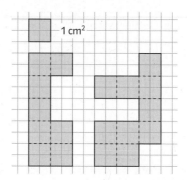

4 *verkleinerte Darstellung*

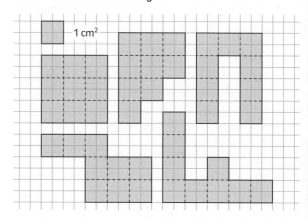

5 Die Einheitsquadrate dienen als Vergleichsgröße. Legt man mit den 10 Einheitsquadraten eine Fläche oder den Teil einer Fläche aus, fällt es leichter, auf die gesamte Größe der Fläche zu schließen. Beispiele: die Sitzfläche eines Stuhls, ein Fensterbrett, eine Tischplatte, eine Fensterscheibe und eine Tafelseite

Werkzeugkasten

Häufig sind aus kariertem Papier ausgeschnittene Einheitsquadrate zum Auslegen von Flächen hilfreich. Um überhaupt eine Vorstellung vom Quadratmillimeter zu bekommen, ist Millimeterpapier gut geeignet. Wird mit dem Tageslichtprojektor gearbeitet, sind neben dem Papier entsprechende Folien hilfreich.

Für das Messen von Flächeninhalten werden häufig Einheitsquadrate mit festgelegten Flächeneinheiten benutzt.

Seitenlänge des Quadrats	Flächenmaß	Kurzschreibweise
1m	Quadratmeter	m²
1dm	Quadratdezimeter	dm²
1cm	Quadratzentimeter	cm²
1mm	Quadratmillimeter	mm²

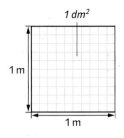

Weiter geht's

→ 👥 Ordnet den Bildern Größenangaben zu. Erstellt ein Plakat für euer Klassenzimmer mit Beispielen für 1mm², 1cm²; 1dm² und 1m².

1 In welchen Flächeneinheiten werden folgende Flächen gemessen?
a) Zimmer   b) Klassenfoto
c) DIN-A4-Heft   d) Briefmarke

2 Gib jeweils den Flächeninhalt der Figuren in cm² an.

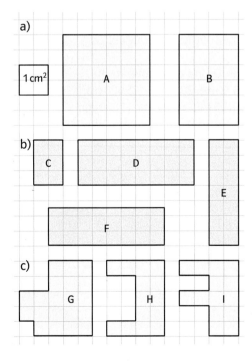

3 Übertrage die Flächen in dein Heft. Bestimme den Flächeninhalt.

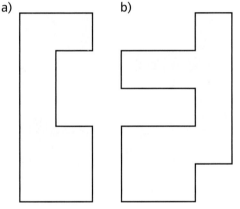

4 Zeichne fünf verschiedene Flächen mit einem Flächeninhalt von 9 cm² ins Heft.

5 👥👥👥 Schneidet mindestens zehn Einheitsquadrate mit 1dm² aus.
a) Sucht Flächen im Klassenzimmer, die sich damit auslegen lassen. Gelingt dies nicht komplett, so schätzt die Größe der Restfläche und addiert sie zu der ausgelegten Fläche.
b) Notiert die Ergebnisse und stellt sie eurer Klasse vor.

6 Heikes Bett bedeckt einen Flächeninhalt von ca. 2 m² im Kinderzimmer. Finde heraus, wie groß Heikes Zimmer ist.

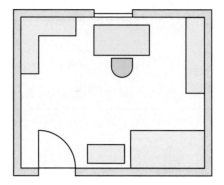

7 Ordne den Gegenständen zu:
168 cm²; 82 cm²; 2 dm²; 12 cm²; 8 dm²; 6 dm²; 4,5 dm²

Schreibt so:
Laptop → …
Mousepad → …

Tipp zu Aufgabe 7:
Sortiere zuerst die Flächeninhalte der Größe nach.

8 a) Wie viele Quadratmillimeter (mm²) passen in einen Quadratzentimeter? Wie viele dm² passen in 1 m²?

1 cm²   ▪ 1 mm²

b) Übertrage die Tabelle im Infokasten in dein Heft und ergänze sie. Was fällt dir auf?

> **Umwandeln von Flächeneinheiten**
> ☐ mm² = 1 cm²
>   ☐ cm² = 1 dm²
>   ☐ dm² = 1 m²

9 Wandle in die nächstkleinere Einheit um. 15 m² = 1500 dm²
a) 24 m²; 7 cm²; 9 dm²; 8 m²; 19 cm²
b) 6 dm²; 1 cm²; 74 m²; 204 cm²; 1050 m²

10 a) Wandle in die nächstkleinere Einheit um.
5 dm²; 7 m²; 10 dm²; 12 dm²; 130 m²
b) Wandle in eine möglichst große Einheit ohne Kommazahl um.
70 000 cm²; 90 000 cm²; 130 000 mm²; 3 400 000 mm²; 8 900 000 cm²

11 Ordne der Größe nach.
a) 3 m²; 305 dm²; 35 000 cm²
b) 55 m²; 5050 dm²; 5050 cm²
c) 990 dm²; 90 960 cm²; 99 609 cm²

Wusstest du …   *Lesen*

… dass die Hautoberfläche eines erwachsenen Menschen ungefähr 2 m² beträgt? Auf einem cm² befinden sich durchschnittlich 5000 Nervenzellen.
… dass die menschliche Lunge etwa 100 Millionen Lungenbläschen besitzt und jedes eine Oberfläche von etwa 1 mm² hat? Wie groß ist die gesamte Oberfläche der Lunge?

6 Die Größe des Zimmers kann durch Auslegen oder durch Zeichnen ermittelt werden. Skizze:

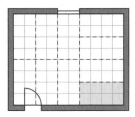

Das Zimmer ist 10 x 2 m², also 20 m² groß.

7

Laptop 8 dm²; Briefbogen 6 dm²;
Mousepad 4,5 dm²; CD-Hülle 168 cm²;
Umschlag 2 dm²; Diskette 82 cm²;
Briefmarke 12 cm²;

Für manche Kinder kann es hilfreich sein, alles zunächst in cm² anzugeben, oder Vergleichsgrößen wie 1 cm² und 1 dm² vorliegen zu haben. Diese alltäglichen Gegenstände können den Schülerinnen und Schülern im weiteren Unterrichtsverlauf beim Schätzen als Vergleichsgröße dienen.

8 a) In einen Quadratzentimeter passen 100 Quadratmillimeter (1 cm² = 100 mm²).
In einen Quadratmeter passen 100 Quadratdezimeter (1 m² = 100 dm²).
b) Umwandeln von Flächeneinheiten:
100 mm² = 1 cm²
    100 cm² = 1 dm²
        100 dm² = 1 m²
Die Umwandlungszahl bei diesen Flächenmaßen beträgt 100.

i Information

Um die Fläche von 1 m² mit Quadratdezimetern auszulegen, benötigt man 100 Quadrate der Größe 1 dm². Man legt 10 Reihen mit je 10 Quadraten, jedes Kind der Klasse stellt vier Quadrate her. (Oder man verwendet die Quadratdezimeter von Seite 153, Aufgabe 5.) Will man einen Quadratdezimeter mit 100 Quadratzentimetern auslegen, zeichnen die Kinder im Heft einen Quadratdezimeter und teilen diesen in 100 Quadratzentimeter ein. Dass 1 Quadratzentimeter aus 100 Quadratmillimetern besteht, erkennt man mithilfe von Millimeterpapier.

9 a) 2400 dm²; 700 mm²; 900 cm²; 800 dm²; 1900 mm²
b) 600 cm²; 100 mm²; 7400 dm²; 20 400 mm²; 105 000 dm²

10
a) 5 dm² = 500 cm²;
   7 m² = 700 dm²;
   10 dm² = 1000 cm²;
   12 dm² = 1200 cm²;
   130 m² = 13 000 dm²
b) 70 000 cm² = 700 dm² = 7 m²;
   90 000 cm² = 900 dm² = 9 m²;
   130 000 mm² = 1300 cm² = 13 dm²;
   3 400 000 mm² = 34 000 cm² = 340 dm²;
   8 900 000 cm² = 89 000 dm² = 890 m²

11
a) 3 m² < 305 dm² = 3,05 m² < 35 000 cm² = 3,5 m²
b) 5050 cm² = 50,50 dm² < 5050 dm² < 55 m² = 5500 dm²
c) 90 960 cm² = 909,60 dm² < 990 dm² < 99 609 cm² = 996,09 dm²

Wusstest du . . .   Lesen

2 m² = 200 dm² = 20 000 cm²
            20 000 · 5000 = 100 000 000
Auf der menschlichen Haut befinden sich 100 000 000 Nervenzellen.

Alle Lungenbläschen benötigen einen Platz von
100 000 000 · 1 mm² = 100 000 000 mm²
100 000 000 mm² = 1 000 000 cm² = 10 000 dm² = 100 m².
Die Oberfläche der menschlichen Lunge beträgt 100 m².

3 Flächeninhalt des Rechtecks

Einstieg

In einer Skizze mit Raster ist es leichter einzelne Korkfliesen einzuzeichnen. Die Kinder übertragen die Skizze in ihr Heft, dazu rechnen sie alle Maße in Zentimeter um.

Impulse

→ **Korkfliesen** (40 cm · 40 cm)
   Länge 480 cm : 40 cm = 12
   Breite 360 cm : 40 cm = 9
   D.h. in das Zimmer passen der Länge nach zwölf, der Breite nach neun Korkfliesen, also 9 Reihen mit je 12 Korkfliesen, d.h. 9 · 12 = 108 Korkfliesen.

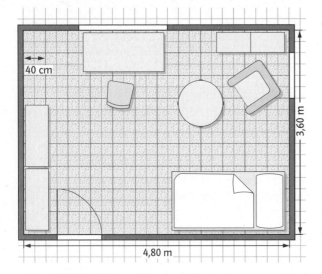

Adelino benötigt 96 Korkfliesen. Er hat verschiedene Möglichkeiten:
Geht er vom Einzelpreis aus, so erhält er:
$\cdot 108 \left(\begin{array}{ll} 1 \text{ Korkfliese} & - \quad 3,20 \,€ \\ 108 \text{ Korkfliesen} & - \; 345,60 \,€ \end{array} \right) \cdot 108$
In Fünfergebinden:
108 : 5 = 21 Rest 3
105 Fliesen in Fünfergebinden kosten:
$\cdot 21 \left(\begin{array}{ll} 5 \text{ Korkfliesen} & - \quad 14,40 \,€ \\ 105 \text{ Korkfliesen} & - \; 302,40 \,€ \end{array} \right) \cdot 21$
Das heißt 108 Fliesen kosten:
302,40 € + 9,60 € = 312,00 €.
100 Korkfliesen für 258 € sind das günstigste Angebot.

→ Die Teppichfliesen passen nicht genau ins Zimmer, da Länge und Breite des Zimmers nicht ohne Rest durch 50 cm teilbar sind:
Teppichfliesen (50 cm · 50 cm)
Länge 480 cm : 50 cm = 9 Rest 30 cm
Breite 360 cm : 50 cm = 7 Rest 10 cm

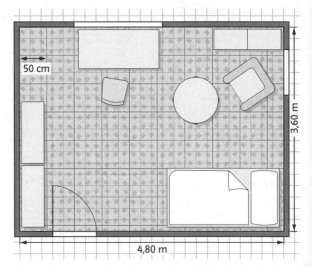

Man muss sieben Teppichfliesen in 30 cm und 10 cm breite Streifen zerschneiden. Also benötigt man insgesamt 63 + 7 = 70 Fliesen zum Auslegen des Zimmers.
Vier Teppichfliesen haben die Fläche von 1 m² und kosten 11,50 €.

$\cdot 17\frac{1}{2} \left(\begin{array}{ll} 4 \text{ Teppichfliesen} & - \quad 11,50 \,€ \\ 70 \text{ Teppichfliesen} & - \; 201,25 \,€ \end{array} \right) \cdot 17\frac{1}{2}$

Vergleicht man die Preise, so sind die Teppichfliesen günstiger. Viel weniger Arbeit hat man mit den Korkfliesen, da diese nicht geschnitten werden müssen.

→ Um die Größe des Klassenzimmers festzustellen, sammeln die Kinder zunächst Ideen. Das Klassenzimmer auf dem Foto steht leer. Wie misst man sinnvoll um Möbel herum? Auf dem Foto wird gezeigt, wie das Klassenzimmer mit Quadratmetern ausgelegt wird. Vielleicht lassen sie dort wo Möbel stehen diese Quadrate aus und zählen sie trotzdem mit. Es genügt, bei rechteckigen Räumen, sogar nur Länge und Breite des Raumes mit Quadratmetern auszulegen, um zu wissen, wie viele Quadrate Platz hätten.

3 Flächeninhalt des Rechtecks

Das Zimmer von Adelino soll einen neuen Bodenbelag erhalten. In einem Baumarkt-Prospekt findet er Angebote für Korkfliesen und für Teppichfliesen. Er misst sein Zimmer aus und macht sich eine Skizze, an die er die nötigen Maße schreibt.

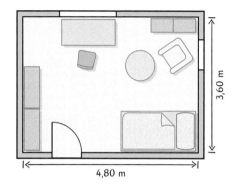

3,60 m

4,80 m

→ Adelino überlegt zuerst, wie teuer ein Korkfußboden wäre. Wie viele Korkfliesen werden für den Raum benötigt? Reicht die günstige 100er-Packung? Schätze zuerst. Wie teuer sind die Fliesen?

→ 👥 Adelinos Eltern bevorzugen einen Teppichboden. Wie viele Teppichfliesen werden benötigt? Kannst du die Zahl genau angeben? Welche Probleme ergeben sich? Finde Lösungen und vergleiche sie mit deiner Tischnachbarin bzw. deinem Tischnachbarn.

Velour-Teppichfliesen

unempfindlich, modisch gemustert, verschiedene Farben
50 cm x 50 cm

m^2 **11,50 €**

Korkfliesen

geschliffen, massiv 6 mm
40 cm x 40 cm

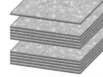

1 Stück	**3,20 €**
5 Stück	**14,40 €**
100 Stück	**258,00 €**

→ 👥👥 Wie könnt ihr die Größe eures Klassenraumes bestimmen? Überlegt und beschreibt eine Vorgehensweise dafür. Findet ihr unterschiedliche Möglichkeiten? Tipp: Ein DIN-A0-Papier ist etwa 1 m^2 groß.

Will man den Flächeninhalt eines Rechtecks bestimmen, so kann man es erst einmal in gleich große Streifen zerlegen. Sein Flächeninhalt berechnet sich dann aus dem Flächeninhalt eines Streifens   mal   der Anzahl der Streifen.

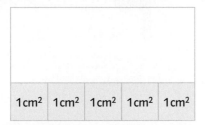

	5 cm²
	5 cm²
	5 cm²

| 1 cm² | 1 cm² | 1 cm² | 1 cm² | 1 cm² |

Kurz: **Flächeninhalt A gleich Länge a mal Breite b** oder **A = a·b.**

Weiter geht's

→ Welchen Flächeninhalt hat ein Rechteck mit vier Streifen, die jeweils einen Flächeninhalt von 20 cm² haben?

→ 👥 Gib verschiedene Rechtecke mit einem Flächeninhalt von 24 cm² an. Wie viele findest du? Vergleiche mit deiner Tischnachbarin bzw. deinem Tischnachbarn.

---

1 Das Dach des abgebildeten Hauses ist mit Sonnenkollektoren ausgestattet, die je einen Quadratmeter groß sind.

a) Bestimme den gesamten Flächeninhalt, den die Kollektoren abdecken. Wie gehst du vor? Beschreibe verschiedene Lösungsmöglichkeiten.

b) Wie viele solcher Sonnenkollektoren können auf einem Dach mit 12 m Länge und 8 m Breite höchstens montiert werden?

c) Reicht die gleiche Anzahl von Kollektoren für ein quadratisches Dach mit 10 m Länge?

2 a) Übertrage die Figur in dein Heft und ergänze sie zu einem Rechteck mit 24 cm² (30 cm²; 36 cm²).

b) Zeichne jeweils zwei weitere Rechtecke mit den angegebenen Flächeninhalten, deren Längen nicht 6 cm sind.

3 Übertrage ins Heft und ergänze.

	Anzahl der Streifen	Flächeninhalt eines Streifens	Flächeninhalt
a)	6	7 cm²	
b)	7	9 cm²	
c)		11 cm²	88 cm²
d)	9		81 cm²
e)		7 cm²	49 cm²

f) Welche besondere Form haben die letzten beiden Flächen? Wie lautet die Formel für den Flächeninhalt?

Das Bestimmen des Flächeninhaltes wurde bereits in der Grundschule eingeführt: Streifen auslegen und deren Anzahl bestimmen. Dies kann hier an Beispielen handelnd wiederholt werden (vgl. Seite 149). *An der Tafel oder auf dem Fußboden wird eine Fläche markiert und zunächst ein Streifen mit Papierquadraten von 1 dm² Fläche ausgelegt. Nachdem die Anzahl der Quadrate für einen Streifen feststeht, wird nur noch am rechten oder linken Rand eine Reihe mit Quadraten ausgelegt, um die Anzahl der Streifen zu ermitteln.*

Die Kinder sollen durch wiederholtes Auslegen selbst erkennen: Der Flächeninhalt A eines Rechtecks wird rechnerisch ermittelt, indem die Maßzahlen der Länge a und der Breite b bei gleicher Maßeinheit miteinander multilpiziert werden. Kurz: $A = a \cdot b$.

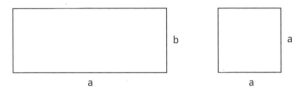

Für den Flächeninhalt A des Quadrats gilt: $A = a \cdot a$, da die Länge und die Breite gleich lang sind.
Es ist wichtig, hier ein grundlegendes Verständnis für das Auslegen mit Einheitquadraten und das anschließende Berechnen zu schaffen. Beim Auslegen von Körpern mit Einheitswürfeln wird hierauf in höheren Klassen aufgebaut.

Weiter geht's

→ Das Rechteck ist 80 cm² groß.
→ *In der Regel verwenden die Kinder nur Längen mit ganzen Zentimetern.*
Folgende Rechtecke entstehen:

Länge des Recktecks	Breite des Recktecks
1 cm	24 cm
2 cm	12 cm
3 cm	8 cm
4 cm	6 cm
6 cm	4 cm
8 cm	3 cm
12 cm	2 cm
24 cm	1 cm

Werkzeugkasten

Folgendes Material wird benötigt: Ein Lineal und ein Geodreieck, sowohl für die Tafel als auch für jedes Kind, eine große Anzahl von 1 dm²-Einheitsquadraten zum Auslegen von Flächen und eventuell Kreppband zum Markieren einer Fläche auf dem Fußboden.

Aufgaben

1 a) Es befinden sich vier Reihen mit je 16 Sonnenkollektoren auf dem Dach, also 64 Kollektoren. Dies entspricht einer Fläche von 64 m². *Man kann alle Sonnenkollektoren einzeln zählen oder die Anzahl der Reihen mit der Anzahl der Kollektoren pro Reihe multiplizieren.*
b) Auf ein Dach mit 8 m Länge und 12 m Breite passen $12 \cdot 8$, also 96 solcher Sonnenkollektoren.
c) Auf ein Dach mit 10 m Länge und 10 m Breite passen 100 Kollektoren, die 96 Kollektoren aus Teilaufgabe b) reichen nicht aus.

2 *Zunächst wird ein Streifen betrachtet und dessen Flächeninhalt mit 6 cm² festgelegt. Dann werden die Streifen gezählt und die Rechnungen notiert:*
a) $4 \cdot 6 \, cm² = 24 \, cm²$;
   ($5 \cdot 6 \, cm² = 30 \, cm²$;
   $6 \cdot 6 \, cm² = 36 \, cm²$)
b) *Hier könnten die Schülerinnen und Schüler folgende Rechtecke zeichnen:*
$1 \cdot 24 \, cm² = 24 \, cm²$; $2 \cdot 12 \, cm² = 24 \, cm²$ oder
$3 \cdot 8 \, cm² = 24 \, cm²$
($1 \cdot 30 \, cm² = 30 \, cm²$; $2 \cdot 15 \, cm² = 30 \, cm²$;
$3 \cdot 10 \, cm² = 30 \, cm²$; $6 \cdot 5 \, cm² = 30 \, cm²$;
$1 \cdot 36 \, cm² = 36 \, cm²$; $2 \cdot 18 \, cm² = 36 \, cm²$;
$3 \cdot 12 \, cm² = 36 \, cm²$ oder $4 \cdot 9 \, cm² = 36 \, cm²$

3

	Anzahl der Streifen	Flächeninhalt eines Streifens	Flächeninhalt des Rechtecks
a)	6	7 cm²	42 cm²
b)	7	9 cm²	63 cm²
c)	8	11 cm²	88 cm²
d)	9	9 cm²	81 cm²
e)	7	7 cm²	49 cm²

f) Diese Flächen sind Quadrate.

4 A: $480\,mm^2 = 4{,}8\,cm^2$
B: $225\,mm^2 = 2{,}25\,cm^2$
C: $600\,mm^2 = 6\,cm^2$

5

Länge	Breite	Flächeninhalt
30 cm	2 cm	60 cm²
15 cm	4 cm	60 cm²
10 cm	6 cm	60 cm²
5 cm	12 cm	60 cm²
3 cm	20 cm	60 cm²

6 Der Kletterbereich ist 96 m² groß. Dafür benötigt man 384 Kunststoffplatten.

7 *Da der Maßstab 1:100 beträgt, entspricht 1 cm in der Realität 1 m.*
a) Flächen der einzelnen Zimmer:

Raum	Länge	Breite	Fläche
Wohnzimmer	6 m	3 m	18 m²
Küche	2 m	2 m	4 m²
Schlafzimmer	4 m	2,5 m	10 m²
Bad/WC	2 m	2 m	4 m²
Flur	4 m	1,5 m	6 m²

b) Die Gesamtfläche der Wohnung beträgt 42 m².

8 *Zunächst werden die Flächen geeignet zerlegt, das heißt die Flächen werden in berechenbare Rechtecke zerlegt.*
a) 1200 m²;   b) 1500 m²,   c) 108 dm²

9

a) Der Flächeninhalt verdoppelt sich.

b) Der Flächeninhalt verdoppelt sich ebenfalls.

c) Der Flächeninhalt wird 4-mal so groß.

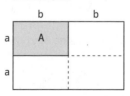

10 Skizze:

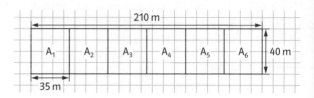

a) $(1400 : 40)\,m = 35\,m$
b) Gesamtlänge 210 m
Die Länge von einem Grundstück beträgt 35 m.
210 m : 35 m = 6. Somit kann die Gemeinde sechs Baugrundstücke auf dem Feld ausweisen.

11 a) 600 m² : 20 = 30 m²
Für 20 verschiedene Blumensorten stehen Gärtner Escher jeweils 30 m² zur Verfügung.
b) 600 m² : 15 = 40 m²
Da er weniger Sorten anpflanzt, hat er pro Sorte mehr Platz, nämlich 40 m².

12 Viele Kinder haben Schwierigkeiten, sich die zu streichenden Flächen vorzustellen. Zur Anschauung kann sowohl das Klassenzimmer, als auch ein Karton als Modell dienen.
a) Die Decke hat eine Fläche von 24 m².
Die Flächeninhalte der großen Wandflächen betragen jeweils 18 m², die der kleineren Wandflächen betragen je 12 m².
Die Gesamtfläche setzt sich aus der Decke und allen vier Wandflächen, abzüglich der Tür- und Fensterflächen zusammen:
24 m² + 18 m² + 18 m² + 12 m² + 12 m² − 10 m² = 74 m².
Es muss 74 m² Fläche im Wohnzimmer gestrichen werden.
b) Es reichen ein 10-l-Eimer und ein 5-l-Eimer Farbe. Gesamtpreis: 28,50 €.
An dieser Stelle kann man mit den Schülerinnen und Schülern diskutieren: Wäre ein 20-l-Eimer trotzdem günstiger? Dann hätte man Farbe übrig, falls man mehr benötigt als vom Hersteller vorgesehen oder einmal eine Wand nachgestrichen werden muss. Berechnet man den Preis pro Quadratmeter, liegt man mit dem 20-l-Eimer am günstigsten.

4 Berechne die Flächeninhalte.

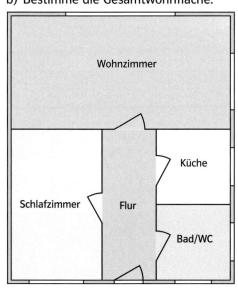

5 Die Flächeninhalte der angegebenen Rechtecke sind alle gleich. Übertrage die Tabelle ins Heft und fülle sie aus.

Länge	Breite	Flächeninhalt
30 cm	2 cm	
	4 cm	
10 cm		
	12 cm	
3 cm		

6 Der Kletterbereich eines Spielplatzes ist 12 m lang und 8 m breit. Wie viele quadratische Platten aus Kunststoff benötigt man, wenn vier Platten die Fläche von einem Quadratmeter bedecken?

7 a) Berechne die Flächen der einzelnen Zimmer. Entnimm die dazu notwendigen Maße der Zeichnung. Maßstab 1:100.
b) Bestimme die Gesamtwohnfläche.

8 Berechne die Flächeninhalte.

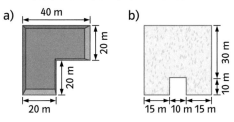

a)
b)
c)

9 Wie verändert sich der Flächeninhalt eines Rechtecks, wenn man
a) nur die Länge verdoppelt?
b) nur die Breite verdoppelt?
c) Länge und Breite verdoppelt?

10 Auf einem 210 m langen und 40 m breiten Feld werden von einer Gemeinde 1400 m² große Baugrundstücke für Kleinbetriebe ausgemessen.
a) Welche Länge hat ein Grundstück, wenn die Breite von 40 m beibehalten wird?
b) Wie viele Baugrundstücke kann die Gemeinde auf dem Feld ausweisen?

11 Gärtner Escher pflanzt in einem 600 m² großen Teil seiner Gärtnerei 20 verschiedene Blumensorten.
a) Wie viel m² stehen ihm jeweils für eine Blumensorte zur Verfügung?
b) Im nächsten Jahr beschränkt er sich auf 15 verschiedene Blumensorten.

12 Familie Buhl möchte ihr Wohnzimmer neu streichen. Der Raum ist 6 m lang, 4 m breit und 3 m hoch. Auch die Decke wird gestrichen. Folgende Farbeimer werden angeboten:
1. 5 l – ausreichend für 25 m²
   Preis: 10,00 €
2. 10 l – ausreichend für 50 m²
   Preis: 18,50 €
3. 20 l – ausreichend für 100 m²
   Preis: 32,00 €
a) Wie viel m² müssen gestrichen werden? Türen und Fenster haben zusammen einen Flächeninhalt von 10 m².
b) Wie kaufen die Buhls am günstigsten?

Flächeneinheiten, mit denen man sehr große Flächen angeben kann, sind **km²**, **ha** und **a**.

Seitenlänge des Quadrats	Flächen-maß	Kurzschreib-weise
1 km	Quadrat-kilometer	1 km²
100 m	Hektar	1 ha
10 m	Ar	1 a

Auch hier ist die **Umrechnungszahl** zwischen benachbarten Flächenein-heiten **100**.

$$1\,km^2 = 100\,ha$$
$$1\,ha = 100\,a$$
$$1\,a = 100\,m^2$$

13 Auf den Bildern sind verschieden große Flächen zu sehen.
Ordne den Bildern die Flächeneinheiten m², a, ha und km² zu. Begründe.

14 Runde die Angabe in der Anzeige sinnvoll und gib die Fläche in Ar an.

GARTENGRUNDSTÜCK
in Neustadt zu verpachten:
2975 m²
Preis VB
Näheres unter Tel. 27...

15 In einer Gemeinde werden Baugrund-stücke angeboten.

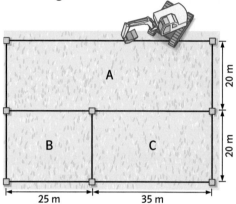

a) Gib ihren Flächeninhalt in Quadrat-meter und in Ar an.
b) Welchen Flächeninhalt hat das gesamte Baugelände?

16 Von den rund 1040 Mio. ha Waldflä-che in Europa sind rund ein Viertel durch Umwelteinflüsse geschädigt.
Wie viel Millionen ha sind noch gesund?

Information

Im Gegensatz zu den Längenmaßen Dekameter (1 dam = 10 m) und Hektometer (1 hm = 100 m) sind bei den Flächenmaßen die Maßeinheiten Ar (100 m²) und Hektar (10 000 m²) zwischen m² und km² im täglichen Gebrauch noch erhalten geblieben. So ist bei den Flächenmaßen die Umrechnungszahl stets 100.
Um eine Größenvorstellung zu schaffen, ist es sinnvoll, auf dem Schulhof oder Sportplatz die Fläche von 1 Ar abzustecken. Damit kann die Größe des Schulhofes oder des Sportplatzes geschätzt werden.

13 *Hier werden Größenvorstellungen vertieft und (neue) Bezugsgrößen erörtert.*

Foto	Flächeninhalt
Sandkasten	1 m²
Tennisplatz	1 a = 100 m²
Fußballfeld	1 ha = 10 000 m²
Dorf	1 km² = 1 000 000 m²

14 Die Größe des Grundstücks wird auf 3000 m² gerundet. Das Gartengrundstück hat eine Fläche von rund 30 a.

15
a) Grundstück A: 1200 m² = 12 a
   Grundstück B: 500 m² = 5 a
   Grundstück C: 700 m² = 7 a
b) Gesamtgröße: 2400 m² = 24 a

16 Rund 260 Mio. ha sind noch gesund.
Die Aufgabe kann Ausgangspunkt für ein Gespräch über die Bedeutung von gesundem Wald sein.
⌂ Im Fach Biologie beschäftigen sich die Schülerinnen und Schüler auch mit dem Thema Wald. Sie lernen den Wald als Lebensraum vieler Tiere und Pflanzen kennen und lernen, welche Vorteile der Wald und seine Bäume für den Menschen hat. Sie erfahren, wie sich der Wald auf unser Klima auswirkt.

Werkzeugkasten

Um große Flächen messen zu können, sind Stangen zum Markieren der Eckpunkte einer Fläche hilfreich. Hier können z. B. Stangen aus dem Sportunterricht verwendet werden.
Zur Kennzeichnung von Länge und Breite der Rechtecke dient Baustellenband oder eine Schnur.
Damit die rechten Winkel möglichst exakt werden, können die Kinder z. B. DIN-A4-Blätter zur Orientierung verwenden.
Findet die Messung auf einem geteerten Schulhof statt, so kann auch Straßenmalkreide verwendet werden.
Zum Messen von Längen werden Maßbänder und Maßstäbe benötigt.
Für die Tafel ist ein großes Geodreieck oder ein Lineal zum Zeichnen hilfreich.

Weiteres Angebot   Flächenmessen im Freien

Diese Aufgaben sollten die Kinder in Fünfergruppen bearbeiten, dann können vier Kinder selbst die Eckpunkte eines Rechtecks darstellen.

– Die Fläche von 1 Ar soll abgesteckt werden.
  Viele Kinder messen gleich 100 m Länge und 100 m Breite, statt jeweils 10 m. Auch ein Rechteck von 100 m Länge und 1 m Breite hat einen Flächeninhalt von 1 Ar.

– Die Flächeninhalte verschiedener Felder für Ballspiele sollen bestimmt werden. Dabei stellen die Kinder z. B. fest, dass nicht alle Fußballfelder gleich groß sind. So ist ein Fußballfeld in der Bundesliga zwischen 45 m und 90 m breit und zwischen 90 m und 120 m lang.

– Ein vorgegebenes Rechteck soll abgesteckt und sein Flächeninhalt bestimmt werden.

– Das auf dem Schulgelände größtmögliche Rechteck soll abgesteckt und sein Flächeninhalt bestimmt werden.

– Eine aus verschiedenen Rechtecken zusammengesetzte Fläche soll abgesteckt und ihr Flächeninhalt berechnet werden.

– Wie groß ist die Fläche, auf der die Schule gebaut ist? Dabei kann man entweder die Eckpunkte der zu berechnenden Fläche mit Stangen markieren, oder den Schülerinnen und Schülern einen Grundriss der Schule austeilen, mit dessen Hilfe sie dann den Flächeninhalt der Grundfläche des Schulgebäudes bestimmen.

17 a) Von 1995 bis 2004 wurden in Deutschland 6060 ha Verkehrsfläche neu angelegt.

b) 6060 ha = 606 000 a

606 000 a : 75 a = 8080

Die Fläche entspricht einer Größe von etwa 8080 Fußballfeldern.

18

1419 km² = 141 900 ha Gesamtfläche

141 900 ha	Gesamtfläche
− 98 196 ha	landwirtschaftliche Nutzfläche
− 20 041 ha	Waldfläche
− 1913 ha	Wasserfläche
21 750 ha	

21 750 ha Land sind Verkehrs- und Siedlungsflächen.

19 a) (16 · 2 · 5) m = 160 m.

Das Weizenfeld ist 160 m breit.

b) (125 · 160) m² = 20 000 m².

20 000 m² = 200 a = 2 ha

Das Feld ist 2 ha groß.

c) *Diese Aufgabe wird mit dem Zweisatz gelöst.*

$$\cdot 2 \left(\begin{array}{ll} 1\,\text{ha} & - \quad 7000\,\text{kg} \\ 2\,\text{ha} & - \quad 14\,000\,\text{kg} \end{array} \right) \cdot 2$$

Der Ertrag von 2 ha beträgt 14 000 kg.

$$\cdot 140 \left(\begin{array}{ll} 100\,\text{kg} & - \quad 9\,€ \\ 14\,000\,\text{kg} & - \quad 1260\,€ \end{array} \right) \cdot 140$$

Für den verkauften Weizen bekommt Bauer Moser 1260 €.

20 a)

Getreidesorte	Fläche
Weizen	200 a
Roggen	100 a
Hafer	135 a
Mais	60 a
Gesamtfläche	495 a

b) Die Stellplätze für die Wohnwagen sind 105 a groß.

1 Eine mögliche Lösung, bei der die Grundstücke außerdem alle die gleiche Form haben, ist:

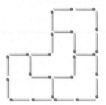

2

a)
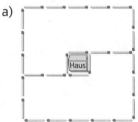

b)

c)
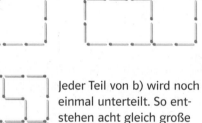

Jeder Teil von b) wird noch einmal unterteilt. So entstehen acht gleich große Teile.

d)
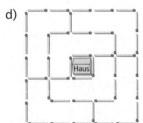

Jede Hälfte von a) wird in drei Teile unterteilt.

Randspalte

Es entstehen neun kleine, vier mittlere und ein großes Quadrat.

17 Ende des Jahres 2004 gab es in der Bundesrepublik Deutschland 12 200 km Autobahnen, das sind 1010 km mehr als Ende 1995.
a) Die Autobahn ist etwa 60 m breit. Wie viel ha Verkehrsfläche wurden von 1995 bis 2004 neu angelegt?
b) Wie viele Fußballfelder (je 75 a) entsprechen dieser Fläche?

18 Der Kreis Borken im westlichen Münsterland hat eine Gesamtfläche von 1419 km². Davon werden 98 196 ha landwirtschaftlich genutzt. Die Waldfläche beträgt 20 041 ha, die Wasserfläche 1913 ha. Der Rest sind Verkehrs- und Siedlungsflächen. Wie viel ha sind das?

19 Der Mähdrescher von Bauer Moser ist 5 m breit. Um ein 125 m langes Weizenfeld zu ernten, fährt er auf dem Feld 16-mal hin und her.
a) Berechne die Breite des Weizenfeldes.
b) Wie viel m² hat Bauer Moser abgeerntet? Rechne die Fläche in a und ha um.
c) Pro ha kann er mit 7000 kg Ernte rechnen. Für 100 kg erhält er 9 €. Wie viel Geld erhält er insgesamt?

20 Bauer Walker nutzt die Felder seines landwirtschaftlichen Betriebes auf unterschiedliche Weise.
Auf 200 a baut er Weizen, auf 135 a Hafer an. Das Feld für Roggen ist 125 m lang und 80 m breit, das Feld für Mais ist 120 m lang und 50 m breit. Auf dem Rest seines 6 ha großen Besitzes möchte er Stellplätze für Wohnwagen einrichten.
a) Wie groß ist die Anbaufläche für Getreide insgesamt? Lege in deinem Heft eine Tabelle an.

Getreidesorte	Fläche (in a)
Weizen	200 a
Roggen …	…

b) Welchen Flächeninhalt haben die Stellplätze für Wohnwagen?

Streichholzgrenzen Knobeln

1 Ein Bauer vererbt das abgebildete Grundstück an seine vier Kinder. Teile die Figur mit acht Streichhölzern in vier gleich große Grundstücke, die auch die gleiche Form haben.

Mit nur acht Streichhölzern kann man 14 Quadrate legen. Entdecke diese 14 Quadrate.

2 Lege die abgebildete Figur nach.

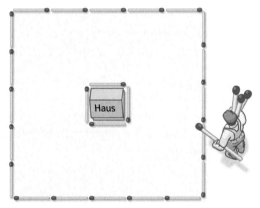

Der Bauer überlegt, wie er seinen Garten dieses Jahr aufteilen soll.
a) Mit nur vier Streichhölzern teilt er den Garten so auf, dass zwei Hälften für Blumen und Wiese entstehen.
b) Für die Aufteilung mit je ein Viertel Wiese, Blumen, Kartoffeln und Gemüse benötigt er acht Streichhölzer.
c) Wenn er seinen Garten in acht gleich aussehende Beete einteilt, benötigt er 20 Streichhölzer.
d) Für eine Aufteilung in Sechstel verwendet er 18 Streichhölzer.

4 Umfang des Rechtecks

Maßstab

├──────┤ 1 dm

Zur Verschönerung des Klassenzimmers sollen Tierbilder gerahmt werden. Die nötigen Maße kannst du der Abbildung entnehmen.

→ Wie ermittelst du die Länge der Leiste für ein Bild?

→ Reicht eine 2 m lange Leiste für das Pferdebild?

→ Wie viel Meter Rahmenleisten werden für jedes Bild benötigt? Erkennst du eine Regel? Wie lautet sie?

→ Es bleibt noch eine Leiste von 2,40 m Länge übrig. Welche Maße kann ein Bild haben, das damit gerahmt werden soll?

> Die Summe aller Seitenlängen eines Rechtecks nennt man **Umfang.**

Weiter geht's

→ Zeichne ein Quadrat mit der Seitenlänge 3 cm. Gib den Umfang des Quadrats an. Beschreibe, wie du den Umfang eines beliebigen Quadrats berechnest.

→ 🧑‍🤝‍🧑 Zeichnet verschiedene Rechtecke, deren Umfang die Länge der abgebildeten Strecke hat.

├────────────────────────────────────┤

Welchen Umfang müssen die Rechtecke haben? Wie viele verschiedene Rechtecke findest du? Kannst du auch ein Quadrat zeichnen, das denselben Umfang hat? Welche Seitenlänge hätte ein solches Quadrat? Vergleicht untereinander.

---

1 Wie groß ist der Umfang
a) deines Vokabelheftes,
b) deines Mathematikbuches,
c) des Schultisches,
d) des Klassenzimmers,
e) eines Fensters im Klassenzimmer,
f) deines Englischbuches,
g) eines DIN-A4-Blattes,
h) von zwei nebeneinander gelegten DIN-A4-Blättern?

2 Dominik hat für seine Kaninchen ein Gehege gebaut. Wie viel Meter Zaun benötigt er?

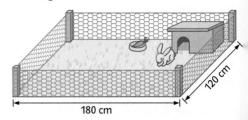

120 cm

180 cm

4 Umfang des Rechtecks

Einstieg

Ziel dieser Lerneinheit ist es, dass die Kinder erkennen, dass der Umfang einer Fläche die Begrenzung dieser Fläche ist. Dabei handelt es sich um eine Länge, die mit Längenmaßen gemessen wird. Dies wird handelnd erarbeitet, damit der Unterschied zwischen Umfang und Flächeninhalt deutlich wird.

Impulse

→ Die Fotos der Tiere sind verkleinert dargestellt, 1 cm entspricht 1 dm, also 10 cm. Die Fotos sind im Maßstab 1:10 abgebildet. Die Kinder messen direkt im Buch. Die Maße der Fotos betragen:

Fotomotiv	Länge	Breite
Affe	40 cm	40 cm
Springmaus	60 cm	30 cm
Pferd	55 cm	40 cm

Um die Länge für die Leiste zu bestimmen, müssen jetzt alle gemessenen Begrenzungen addiert werden. Die Ergebnisse werden verschieden aufgeschrieben, z. B. so:
Affe: 40 cm + 40 cm + 40 cm + 40 cm = 160 cm
Springmaus: 2·60 cm + 2·30 cm = 180 cm
Pferd: 2·(55 cm + 40 cm) = 190 cm.

→ Die Leiste von 2 m reicht für das Pferdebild aus.
→ Die Regel, die die Kinder finden, kann ganz unterschiedlich aussehen:
Umfang = Länge + Länge + Breite + Breite
Umfang = 2·Länge + 2·Breite
Umfang = 2·(Länge + Breite)
Umfang = a + b + c + d, wobei a, b, c und d die Seitenlängen der Bilder sind.

→ *Hier ist der Umfang gegeben und die Kinder sollen überlegen, welche rechteckigen Bilder sie rahmen könnten. 2,40 dm = 240 cm. Mögliche Maße sind:*

Breite	Länge	Umfang
10 cm	110 cm	240 cm
20 cm	100 cm	240 cm
30 cm	90 cm	240 cm
40 cm	80 cm	240 cm
50 cm	70 cm	240 cm
60 cm	60 cm	240 cm

! Merkkasten

Beim Rechteck mit der Länge a und der Breite b wird eine Regel für die Berechnung des Umfangs erarbeitet. Wird der Umfang als zusammenhängende Strecke gezeichnet, können die Teilstrecken in der Reihenfolge a + a + b + b hintereinander gereiht werden. Somit wird die Formel für den Umfang des Rechtecks u = 2·a + 2·b oder u = 2·(a + b) deutlich. Beim Quadrat sind alle Seiten gleich lang, es gilt: u = a + a + a + a oder kurz: u = 4·a.

Weiter geht's

→ Erkennen die Kinder die Regelmäßigkeit der Umfangsberechnung nicht, können mehrere Quadrate gezeichnet und jeweils die Länge einer Seite mit dem Umfang verglichen werden.
→ Die Länge der Strecke beträgt 10 cm. Daraus können z. B. folgende Rechtecke entstehen:

Umfang	Länge	Breite
10 cm	1 cm	4 cm
10 cm	2 cm	3 cm
10 cm	2,5 cm	2,5 cm
10 cm	3 cm	2 cm

Aufgaben

1 a) Vokabelheft DIN-A5-Heft:
2·(14,6 cm + 20,9 cm) = 71 cm
b) 2·(20 cm + 28,4 cm) = 96,8 cm
c), d), e) und f) individuelle Lösungen.
g) DIN-A4-Blatt: 2·(20,9 cm + 29,7 cm) = 101,2 cm.
h) *Viele Schüler beachten nicht, dass sich zwei Seiten berühren. Man kann die beiden Blätter auf die unterschiedlichste Weise nebeneinander legen.*
hochkant: 2·(41,4 cm + 29,6 cm) = 144 cm
quer: 2·(59,2 cm + 20,7 cm) cm = 159,8 cm
Ein Blatt quer und eins hochkant: *Es entsteht kein Rechteck. Für den Umfang werden alle Seitenlängen addiert:* 20,7 cm + 8,9 cm + 29,6 cm + 20,7 cm + 29,6 cm + 20,7 cm + 29,6 cm = 159,8 cm.

2 u = 2·180 cm + 2·120 cm = 360 cm + 240 cm = 600 cm
Dominik benötigt 600 cm = 6 m Zaun.

Bei den Aufgaben mit Flächenumfangsberechnungen kann auch immer wieder zur Übung der Flächeninhalt berechnet werden.

3 a) Zur Kontrolle werden die Diagonalen der Rechtecke (vgl. Information Schülerbuch S. 86) gemessen, diese betragen 8,9 cm und 8,6 cm.
b) u_A = 1 cm + 3 cm + 1 cm + 3 cm = 8 cm
u_B = 5 cm + 3 cm + 5 cm + 3 cm = 16 cm
u_C = 4 cm + 2 cm + 4 cm + 2 cm = 12 cm

4 Zur Kontrolle werden die Diagonalen gemessen.

	Länge	Breite	Umfang	(Diagonale)
a)	3 cm	4 cm	14 cm	(5 cm)
b)	4 cm	6 cm	20 cm	(7,2 cm)
c)	70 mm	35 mm	210 mm	(7,8 cm)
d)	52 mm	20 mm	144 mm	(56 mm)

5 Zur Kontrolle werden die Diagonalen gemessen.

	Seite	Umfang	(Diagonale)
a)	4 cm	16 cm	(5,7 cm)
b)	2 cm	8 cm	(2,8 cm)
c)	35 mm	140 mm	(49 mm)

6 4 · 32 m = 128 m. Das Band ist 128 m lang.

7 a)

Länge	Breite	Umfang	Flächeninhalt
11 cm	1 cm	24 cm	11 cm²
10 cm	2 cm	24 cm	20 cm²
9 cm	3 cm	24 cm	27 cm²
8 cm	4 cm	24 cm	32 cm²
7 cm	5 cm	24 cm	35 cm²
6 cm	6 cm	24 cm	36 cm²
5 cm	7 cm	24 cm	35 cm²
4 cm	8 cm	24 cm	32 cm²
3 cm	9 cm	24 cm	27 cm²
2 cm	10 cm	24 cm	20 cm²
1 cm	11 cm	24 cm	11 cm²

b) Sind keine Steckbretter vorhanden, können die Rechtecke auf kariertes Papier gezeichnet, verschiedenfarbig angemalt und ausgeschnitten werden. Legt man verschiedene Rechtecke mit gleichem Umfang übereinander oder zählt die Kästchen, kann man die unterschiedlichen Flächengrößen erkennen.

8

	Länge	Breite	Umfang
a)	37 mm	13 mm	100 mm
b)	55 dm	50 dm	210 dm
c)	3 dm	2 dm	100 cm
d)	85 cm	15 cm	2 m = 200 cm

9 Die Schülerinnen und Schüler, die mit dieser verkleinerten Darstellung Schwierigkeiten haben, können die Grafiken zunächst ins Heft zeichnen.
a) 14 cm   b) 12 cm

10
a) 28 m   b) 30 m

11 a) Es werden 32 m Dachrinne benötigt.
b) Das Material kostet 288 €.

Trainingsmatte

Um Textaufgaben zu lösen, muss die Aufgabe verstanden und die richtigen Daten aus der Rechnung entnommen werden. Es bietet sich an, nach dem Schema „Frage – Rechnung – Antwort" zu arbeiten. Mathematik findet hier in alltäglichen Situationen Anwendung. Die Aufgaben könnten wie folgt variiert werden:

1 Wie ändern sich die Höhenmeter, wenn die Strecke nicht kontinuierlich ansteigt?

2 Wie ändert sich die Zuladung, wenn drei Erwachsene mitfahren?

3 Würde sich eine jährliche Einmalzahlung von 190 € lohnen?

4 Wonach legt man die Etappenlänge noch fest?

Die Lösungen zur Trainingsmatte findet man im Schülerbuch auf Seite 173.

3 a) Zeichne aus den Teilstrecken des Umfangs jeweils ein Rechteck.

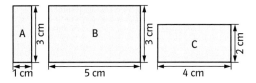

| 8 cm | 4 cm | 8 cm | 4 cm |
| 5 cm | 7 cm | 5 cm | 7 cm |

b) Zeichne den Umfang des Rechtecks jeweils als zusammenhängende Strecke.

A: 3 cm, 1 cm
B: 3 cm, 5 cm
C: 2 cm, 4 cm

4 Zeichne die Rechtecke ins Heft und gib den Umfang an.

	a)	b)	c)	d)
Länge	3 cm	4 cm	70 mm	52 mm
Breite	4 cm	6 cm	35 mm	2 cm

5 Zeichne die Quadrate und gib jeweils den Umfang an.
a) a = 4 cm   b) a = 2 cm   c) a = 35 mm

6 Ein quadratisches Baugrundstück mit der Seitenlänge 32 m wird mit einem Band umgrenzt. Wie lang ist das Band?

7 Es gibt unterschiedliche Rechtecke, die alle den Umfang 24 cm haben.
a) Notiere in einer Tabelle die verschiedenen Möglichkeiten für Länge und Breite dieser Rechtecke und bestimme ihren Flächeninhalt.

Länge	Breite	Flächeninhalt
11 cm	1 cm	11 cm²
10 cm	2 cm	
1 cm	11 cm	

b) Wenn du ein Steckbrett hast, kannst du darauf einige dieser Rechtecke mit einem Gummiband abgrenzen. Achte darauf, dass der Umfang genau 24 cm ist.

8 Vervollständige die Tabelle im Heft.

	Länge	Breite	Umfang
a)	37 mm		100 mm
b)		50 dm	210 dm
c)	3 dm		100 cm
d)		15 cm	2 m

9 Bestimme den Umfang der Figuren.

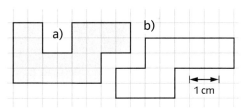

a)   b)   1 cm

10 Berechne jeweils den Umfang.

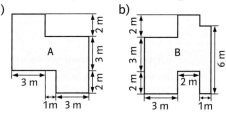

a) A: 2 m, 3 m, 2 m, 3 m, 1 m, 3 m
b) B: 2 m, 3 m, 2 m, 6 m, 3 m, 2 m, 1 m

11 Der Turm soll neue Dachrinnen erhalten. Jede Dachseite ist 8 m lang.
a) Wie viel m Dachrinne wird insgesamt benötigt?
b) Wie teuer ist das Material, wenn 1 Meter Dachrinne 9 € kostet?

1 Bei einem Radrennen starten die Fahrer bei 643 m ü. d. M., das Ziel liegt 1202 m höher.

2 Ein Auto wiegt leer 989 kg, das zulässige Gesamtgewicht beträgt 1480 kg. Wie viel Zuladung ist erlaubt?

3 Herr Dunu zahlt viermal im Jahr eine Gebühr von 49,50 €.

4 Bei einer Wanderung war eine Gruppe insgesamt 6 Stunden und 45 Minuten unterwegs. Sie teilte sich die Strecke in drei gleich lange Etappen ein.

Menschen, Länder, Kontinente

1 👥 Habt ihr euch schon mal überlegt, wie viele Kinder wohl auf 1 m² Platz finden? Schätzt, wie viele es sein könnten.

Passen aus eurer Klasse genauso viele Schülerinnen und Schüler auf einen Quadratmeter wie auf dem Foto? Steckt selbst einen Quadratmeter ab und probiert es aus.

2 👥 In **Unterrichtsräumen** sollten für jede Schülerin und jeden Schüler mindestens 2 m² zur Verfügung stehen.
a) Wie groß müsste ein Klassenraum für 28 Schülerinnen und Schüler mindestens sein?
b) Wie viel Quadratmeter müssten eurer Klasse zur Verfügung stehen?
Vergleicht mit den tatsächlichen Maßen.

3 👥 Die **Pausenfreifläche** einer Schule sollte 5 m² je Schülerin und Schüler nicht unterschreiten.

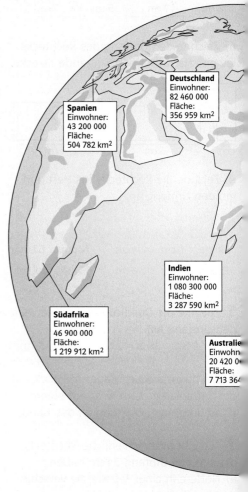

Deutschland
Einwohner:
82 460 000
Fläche:
356 959 km²

Spanien
Einwohner:
43 200 000
Fläche:
504 782 km²

Indien
Einwohner:
1 080 300 000
Fläche:
3 287 590 km²

Südafrika
Einwohner:
46 900 000
Fläche:
1 219 912 km²

Australie
Einwohn
20 420 0
Fläche:
7 713 36

a) Wie viel Quadratmeter Pausenfreifläche müsste eine Schule mit jeweils vier Parallelklassen in jedem Jahrgang wenigstens haben, wenn in jeder Klasse durchschnittlich 28 Schülerinnen und Schüler sind?
b) Welche Maße könnte ein rechteckiger Pausenhof etwa haben? Nennt drei Möglichkeiten.
c) Wie groß müsste eure Pausenfreifläche mindestens sein?
Besorgt euch die tatsächlichen Maße und vergleicht.

Thema: Menschen. Länder, Kontinente

Statt der vorgegebenen Daten in der Mitte der Doppelseite, können die Daten zu den Heimatländern der Schülerinnen und Schüler aus dem Atlas zusammengetragen und miteinander verglichen werden.

Aufgaben

1 Wie viele Kinder auf einem Quadratmeter Platz haben, können die Kinder selbst ausprobieren. Das Abstecken eines Quadratmeters geht am besten auf einer Wiese, in die man Pflöcke schlagen kann. Bei 14 Kindern auf einem Quadratmeter wird der Platz für jeden einzelnen schon sehr knapp.

2 Das Ergebnis ist von der Klassenstärke abhängig. Bei 28 Schülerinnen und Schülern erhält man: $28 \cdot 2\,m^2 = 56\,m^2$.
Das Klassenzimmer müsste 56 m² groß sein, also zum Beispiel eine Fläche von $7\,m \cdot 8\,m$ haben.

3 a) Platz für einen Jahrgang: $28 \cdot 4 \cdot 5\,m^2 = 560\,m^2$,
Platz für 5.–10. Schuljahr: $6 \cdot 560\,m^2 = 3360\,m^2$
b) Für eine Hauptschule könnte ein rechteckiger Schulhof folgende Maße haben:

Flächeninhalt	Länge	Breite
2800 m²	140 m	20 m
2800 m²	100 m	28 m
2800 m²	80 m	35 m
2800 m²	70 m	40 m
2800 m²	56 m	50 m

c) Individuelle Lösung
Ist den Kindern bekannt, wie viele Schülerinnen und Schüler ihre Schule besuchen, so können sie ausrechnen, wie groß ihr Schulhof sein müsste. Andernfalls müssen sie im Sekretariat fragen oder die Anzahl der Kinder pro Klasse schätzen und mit der Anzahl der Klassen multiplizieren.
Die Größe des Schulhofes herauszubekommen wird besonders schwierig, wenn die Grundfläche des Pausenhofes sehr verwinkelt ist. Vielleicht gibt es einen Grundriss oder einen Stadtplan, der hier weiterhilft.
Sind keinerlei Unterlagen vorhanden, kann die Größe des Schulhofes mithilfe von selbst abgesteckten Rechtecken angenähert werden:
Beispiel einer erfundenen Schule:

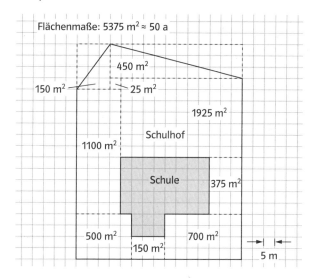

Dieser Schulhof bietet 1075 Kindern Platz.

4 🗒 *Zum Rechnen nutzen die Kinder den Taschen-rechner oder sie rechnen mit gerundeten Zahlen.*
a) Um auszurechnen, wie viele Menschen im Durch-schnitt auf einem Quadratkilometer wohnen, teilt man die Einwohnerzahl der Stadt durch die Größe der Stadt in Quadratmetern. Für Duisburg heißt das:
536 800 Einwohner : 233 km² ≈
2304 Einwohner pro Quadratkilometer.
Das entspricht etwa 23 Einwohnern pro Hektar und rund 2 Einwohnern pro 10 Ar.
b) Um die Daten vergleichen zu können, müssen die Kinder wissen, wie viele Menschen in ihrer Stadt oder Gemeinde leben und wie groß die Fläche der Stadt oder Gemeinde ist.
@ Hierbei helfen das Internet, die Bücherei, das Rat-haus oder die Gemeindeverwaltung. Um die Fläche auszurechnen, die jedem Menschen zur Verfügung steht, muss man die Fläche in Quadratkilometer um-rechnen und durch die Anzahl der Personen teilen.

5 🗒 Individuelle Lösungen.

6 🗒 *Die Flächenmaße müssen vor oder nach dem Rechnen in Quadratmeter umgewandelt werden. Hat der Taschenrechner nicht genügend Stellen, so wird die Anzahl der Quadratkilometer mit 1 Million multipliziert.*
In Australien haben die Menschen am meisten Platz, in Singapur am wenigsten.

Land	Quadratmeter pro Einwohner
Deutschland	4329
Spanien	11 685
Südafrika	26 011
Indien	3043
Australien	377 736
Singapur	141
China	7319

@ *Die Kinder können auch im Internet die aktuellen Daten recherchieren.*

7 🗒 *Sicher würde der zugefrorene Bodensee das Gewicht dieser vielen Menschen nicht tragen.*
539 km² = 539 000 000 m²
539 000 000 m² : 6 000 000 000
≈ 5 400 000 000 m² : 6 000 000 000 = 0,09 m² pro Mensch. Das sind fast 9 dm² Platz pro Person. Das ist etwas weniger als die Fläche des aufgeschlagenen Mathematikbuches.

Weißt du, wie die Erde früher aussah?
Wenn 149,3 Millionen km² der Erdoberfläche mit Land bedeckt sind, dann sind 360,8 Millionen km² mit Wasser bedeckt, also weit mehr als das Doppelte. Man sagt auch, die Erde ist zu mehr als $\frac{7}{10}$ mit Wasser bedeckt.

4 👥 Große **Städte** sind meist dicht besiedelt. In Duisburg wohnen beispielsweise 536 800 Einwohner auf einer Fläche von 233 km². Das sind gerundet etwa 2300 Einwohner auf 1 km².

1000 m

1000 m 2300

1 km²

China
Einwohner:
1 306 320 000
Fläche:
9 560 980 km²

Singapur
Einwohner:
4 430 000
Fläche:
626 km²

100 m

100 m 23

1 ha

10 m

10 m ? 1a

a) Erklärt, wie die Zahlen in dem Schaubild berechnet werden. Was müsste im dritten Bild für das ? stehen?
b) Vergleicht mit der Stadt, in der ihr wohnt. Wie groß ist die Fläche, die jedem Einwohner im Durchschnitt zur Verfügung steht? Wandle jeweils im m² um.
c) @ Sucht im Atlas oder im Internet nach weiteren Zahlen.

5 @ Was meinst du: Ist die Einwohnerdichte in deinem Bundesland im Vergleich zu den berechneten Städten höher oder geringer? Suche die Informationen in Büchern oder im Internet.

6 👥 In welchem **Land** der Erde haben die Menschen am meisten Platz und in welchem am wenigsten?
a) Rechnet mit den Zahlen aus der Zeichnung oder schaut im Atlas nach weiteren Daten. Rundet die Zahlen geeignet.
b) Berechnet, wie viel m² durchschnittlich jeweils auf einen Bewohner dieser Länder entfallen und vergleicht.

7 Der Bodensee ist der größte Binnensee Deutschlands und im Winter ein attraktiver Ort für Eisläufer.

In ganz kalten Wintern friert der Bodensee komplett zu. 539 km² Wasserfläche sind dann mit Eis bedeckt. Könnte man die gesamte Menschheit wohl auf den Bodensee einladen? Wie viel Platz stünde für jeden Eisläufer zur Verfügung?

Weißt du, wie die Erde früher aussah?
Die Wissenschaftler sind heute der Meinung, dass vor langer Zeit auf der Südhalbkugel ein riesiger, von Wasser umgebener Kontinent existierte. Dieser spaltete sich im Laufe der Jahrmillionen auf und ließ die einzelnen Bruchstücke auf der Erdoberfläche wandern.
Heute teilt sich die 149,3 Millionen km² große Landfläche der 510,1 Millionen km² Gesamtoberfläche der Erde in die Kontinente Afrika, Amerika, Asien, Australien, Europa und die Antarktis.

Üben – Wiederholen

1 Übertrage die Figuren A bis D in dein Heft, wähle aus den Teilflächen 1 bis 4 diejenige aus, mit der du die Figuren A bis D jeweils lückenlos auslegen kannst. Zeichne sie ein, um die Flächen genau vergleichen zu können.

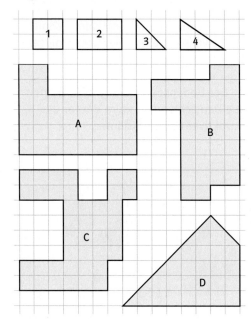

2 Übertrage die beiden Figuren auf kariertes Papier. Weise durch Zerschneiden und Aufeinanderlegen nach, dass sie den gleichen Flächeninhalt haben.

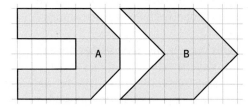

3 Bestimme den Flächeninhalt auf zwei verschiedene Arten.

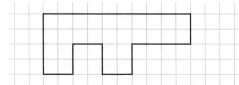

4 Hier ist einiges durcheinander geraten. Wie heißt der Lösungssatz?
a) Klassenzimmer   1 ha   (K)
b) Postkarte   6 dm²   (R)
c) Wandtafel (aufgeklappt)   7 a   (E)
d) Fläche einer Briefmarke   150 cm²   (O)
e) DIN-A4-Heft   500 mm²   (A)
f) Baugrundstück   48 m²   (Y)
g) Fläche eines Geldscheins   4 m²   (U)
h) Fußballfeld   1 dm²   (O)

5 Zeichne ein Quadrat mit einer Seitenlänge von 1 dm. Zerschneide es in vier Teile wie auf der Abbildung. Lege die Figuren nach. Alle haben einen Flächeninhalt von 1 dm².

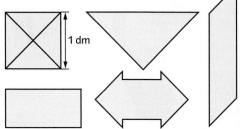

6 Bestimme den Flächeninhalt in cm² und mm².

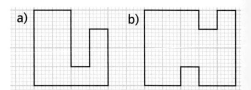

7 Wandle um.
a) 4 m² = ☐ dm²;   6 m² = ☐ cm²
b) 17 ha = ☐ m²;   3 cm² = ☐ mm²
c) 8 dm² = ☐ cm²;   6 km² = ☐ ha
d) 3000 dm² = ☐ m²;   700 cm² = ☐ dm²

8 Ordne die Flächeninhalte der Größe nach, beginne mit dem kleinsten.
a) 12 a; 1100 m²; 130 000 dm²
b) 45 000 mm²; 4500 cm²; 450 dm²
c) 239 500 cm²; 2350 dm²; 23 m²
d) 4 km²; 450 ha; 49 000 a

Üben – Wiederholen

1

Figur A: Vergleichsmaße 1; 2; 3; 4
Figur B: Vergleichsmaße 1; 3
Figur C: Vergleichsmaße 1; 3
Figur D: Vergleichsmaß 3

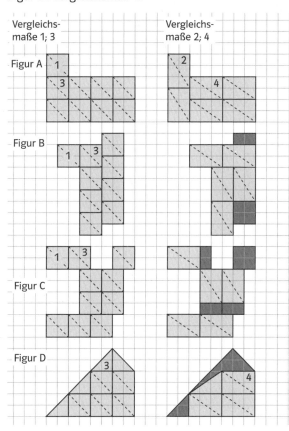

2

Bei dieser Figur muss mehrmals geschnitten werden. Leichter ist es, die Figur A zu zerschneiden und auf die Figur B zu legen.

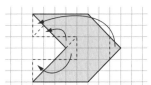

3

Der Flächeninhalt beträgt 7 cm².
Die Kinder werden motiviert, ihren eigenen Lösungsweg zu reflektieren und über eine Alternative nachzudenken.

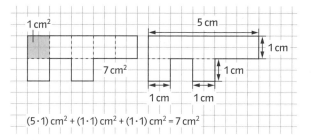

$$(5 \cdot 1)\,\text{cm}^2 + (1 \cdot 1)\,\text{cm}^2 + (1 \cdot 1)\,\text{cm}^2 = 7\,\text{cm}^2$$

4

Lösungssatz: You are ok.

	Gegenstand	Flächengröße	Lösungsbuchstaben
a)	Klassenzimmer	48 m²	Y
b)	Postkarte	150 cm²	O
c)	Wandtafel (aufgeklappt)	4 m²	U
d)	Fläche einer Briefmarke	500 mm²	A
e)	DIN-A4-Blatt	6 dm²	R
f)	Baugrundstück	7 a	E
g)	Fläche eines Geldscheins	1 dm²	O
h)	Fußballfeld	1 ha	K

5

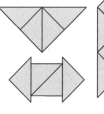

6

Statt die Kästchen abzuzählen, ist es besser ganze Quadratzentimeter zu suchen.
a) 3 cm²; 300 mm²   b) 4,5 cm²; 450 mm²

7

a) 4 m² = 400 dm²; 6 m² = 60 000 cm²
b) 17 ha = 170 000 m²; 3 cm² = 300 mm²
c) 8 dm² = 800 cm²; 6 km² = 600 ha
d) 3000 dm² = 30 m²; 700 cm² = 7 dm²

8

a) 1100 m² < 12 a < 130 000 dm²
b) 45 000 mm² < 4500 cm² < 450 dm²
c) 23 m² < 2350 dm² < 239 500 cm²
d) 4 km² < 450 ha < 49 000 a

9 a) u = 12 cm   b) u = 14 cm

10 a) u = 30 cm; A = 34 cm²
b) u = 128 m; A = 464 m²

11 Die Länge des Rechtecks beträgt 24 cm und die Breite 12 cm. Dabei helfen folgende Überlegungen: Umfang des Rechtecks: u = 2 a + 2 b.
Nun ist die Länge doppelt so lang wie die Breite des Rechtecks, das heißt a = 2 b. Eine mit diesem Wissen angefertigte Skizze sieht so aus:

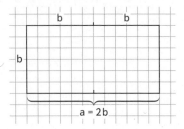

Also gilt u = 6 b, wobei u bekannt ist, das heißt es gilt 72 cm = 6 b. Nach dem Zweisatz ist die Breite b = 12 cm und die Länge a doppelt so lang, also 24 cm. Der Flächeninhalt beträgt 288 cm².

12 a) Die Rechtecke haben folgende Maße:

Länge	Breite
1 cm	11 cm
2 cm	10 cm
3 cm	9 cm
4 cm	8 cm
5 cm	7 cm
6 cm	6 cm

b) Das Rechteck 4 cm · 8 cm kann in zwei Quadrate zerlegt werden, das Rechteck mit 3 cm · 9 cm sogar in drei Quadrate.

13 a) u = 4 · a. Also beträgt der Umfang 16 cm.

b)

Seite Quadrat	Umfang Quadrat
4 cm	16 cm
5 cm, d.h. plus 1 cm	20 cm, d.h. plus 4 cm
6 cm, d.h. plus 2 cm	24 cm, d.h. plus 8 cm
7 cm, d.h. plus 3 cm	28 cm, d.h. plus 12 cm
8 cm, d.h. plus 4 cm	32 cm, d.h. plus 16 cm
9 cm, d.h. plus 5 cm	36 cm, d.h. plus 20 cm
10 cm, d.h. plus 6 cm	40 cm, d.h. plus 24 cm

14 *Angaben mit Formeln werden nicht erwartet.*
a) A = a · b. Verdoppelt man die Länge des Rechtecks, so hat das neue Rechteck die doppelte Fläche: $A_{neu} = 2 a \cdot b = 2 A$.
Verdreifacht man die Länge, so hat das neue Rechteck die dreifache Fläche: $A_{neu} = 3 a \cdot b = A$.
Vervierfacht man die Länge, so hat das neue Rechteck die vierfache Fläche, es gilt:
$A_{neu} = 4 a \cdot b = 4 A$, usw.
b) Verdoppelt man sowohl die Länge, als auch die Breite eines Rechtecks, so gilt: $A_{neu} = 2 a \cdot 2 b = 4 A$.
Verdreifacht man sowohl die Länge, als auch die Breite eines Rechtecks, so gilt: $A_{neu} = 3 a \cdot 3 b = 9 A$.
Vervielfacht man sowohl die Länge als auch die Breite mit dem Faktor n, so gilt $A_{neu} = n a \cdot n b = n^2 A$.
c) Individuelle Lösungen.
Die Regel für a) ist $A_{neu} = n \cdot a \cdot b = n \cdot A$, für b) ist es $A_{neu} = na \cdot nb = n^2 A$.

15 *Zum besseren Verständnis können die Figuren A bis D auf Millimeterpapier gezeichnet werden.*
Figur A: 12 cm²   Figur B: 7 cm²
Figur C: 15 cm²   Figur D: 3 cm²

16 a) Wohnzimmer: A = 24 m²; Kinderzimmer: A = 12 m²
b) Wohnzimmer: 19 m Sockelleiste; Kinderzimmer: 13 m Sockelleiste. Die Sockelleisten sind jeweils ohne die Türbreite berechnet.
c) Länge: 6,40 m. Die Dicke der Wand steht auf der Randspalte.

17
Fläche A: A_A = 72 dm²
Fläche B: A_B = 40 m²
Hier sollten verschiedene Lösungswege gesucht werden, damit die Kinder flexibler denken müssen. Um das Vorstellungsvermögen der Kinder anzuregen, könnte man fragen, was die Flächen A und B darstellen können.

9 Bestimme den Umfang der Flächen.

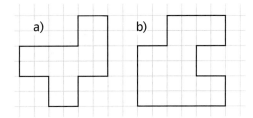

10 Berechne den Umfang und den Flächeninhalt der Figuren.

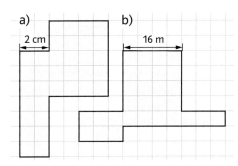

11 Christoph sagt: „Mein Rechteck ist halb so breit wie lang und hat einen Umfang von 72 cm." Wie groß ist der Flächeninhalt dieses Rechtecks?

12 a) Zeichne verschiedene Rechtecke mit einem Umfang von 24 cm.
b) Welches davon kann in zwei gleich große Quadrate zerlegt werden, welches in drei gleich große?

13 a) Ein Quadrat hat eine Seitenlänge von 4 cm. Wie groß ist der Umfang?
b) Wie groß wird der Umfang, wenn du die Seitenlänge um 1 cm; 2 cm; 3 cm; 4 cm … verlängerst?

14 ⚇⚇⚇ Wie ändert sich der Flächeninhalt eines Rechtecks, wenn man
a) die Länge verdoppelt, verdreifacht, vervierfacht, …?
b) Länge und Breite verdoppelt, verdreifacht, …?
c) Erfindet eigene Aufgaben. Entdeckt ihr eine Regel?

15 Miss die Figuren und gib ihre Flächeninhalte in cm² an.

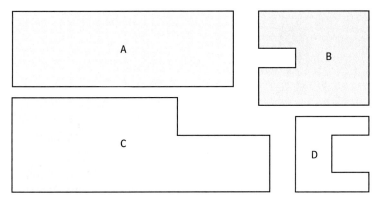

16 Du siehst den Grundriss einer Wohnung. Im Wohn- und im Kinderzimmer wird jeweils ein Teppichboden verlegt.

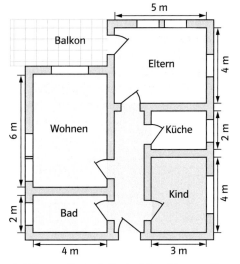

Türbreite: 1 m
Wanddicke: 40 cm

a) Wie groß sind die beiden Zimmer?
b) An der Wand werden Sockelleisten angebracht, wie viel m werden benötigt?
c) Wie lang ist der Flur?

17 Berechne die Flächeninhalte.

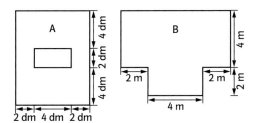

Vor dem Rechnen die Größen in dieselbe Maßeinheit umwandeln.

18 Übertrage die Tabelle ins Heft. Berechne die fehlenden Werte.

	Länge	Breite	Umfang	Flächeninhalt
a)	8 m		30 m	
b)		3 dm	22 dm	
c)		50 cm	200 cm	
d)	4 km			32 km²
e)		90 m		81 a
f)	8 km			3200 ha

19 Eine quadratische Fläche hat einen Umfang von 40 cm (84 m; 6 dm). Berechne ihren Flächeninhalt.

20 In einer Sporthalle soll das Spielfeld für Volleyball mit einem Kunststoffboden farblich vom übrigen Hallenboden hervorgehoben werden.
a) Wie groß ist die Fläche, die in den Hallenboden eingesetzt werden muss?
b) Die Grenzen des Spielfeldes werden mit einer weißen Linie markiert. Wie lang sind die Linien um das Spielfeld herum?

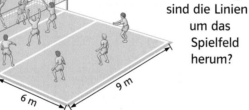

3 m   6 m   9 m

21 Beim Beach-Volleyball spielen je zwei Spieler gegeneinander. Die Länge einer quadratischen Spielfeldhälfte ist 8 m.
a) Zeichne eine Skizze.
b) Das Spielfeld wird im Sand durch Bänder markiert. Wie viel Meter Band benötigt man, um das ganze Spielfeld abzugrenzen?
c) An jeder Seite des Spielfeldes wird 5 m Platz zusätzlich benötigt. Wie lang und breit muss das Gelände für eine solche Anlage sein?
d) Für 18 m² der Anlage ist eine Wagenladung Sand erforderlich. Eine solche Ladung kostet 240 Euro.

22 ♙♙♙ Der Großbildschirm des Videowürfels in der Arena *AufSchalke* hat eine Fläche von 35 m².

Wie viele Fernsehbildschirme müsste man übereinander und nebeneinander stellen, um die Fläche eines Videobildschirms zu erhalten?
Schätzt die fehlenden Werte und rechnet mit gerundeten Zahlen.
Gibt es verschiedene Lösungsmöglichkeiten?

23 ♙♙♙

a) Wie viele Autos passen auf den Parkplatz? Rechnet mit den Werten von Seite 143.

b) Wie viel Platz benötigt ein Auto? Schätze zunächst. Messt auch auf dem Schulparkplatz oder in einer Garage. Passen eure Angaben mit dem Ergebnis aus Teilaufgabe a) zusammen?

Die Lösungen findest du auf Seite 174.

18 Bei manchen Teilaufgaben muss vor dem Rechnen in dieselbe Maßeinheit umgewandelt werden.

	Länge	Breite	Umfang	Flächeninhalt
a)	8 m	7 m	30 m	56 m²
b)	8 dm	3 dm	22 dm	24 dm²
c)	50 cm	50 cm	200 cm	2500 cm²
d)	4 km	8 km	24 km	32 km²
e)	90 m	90 m	360 m	81 a = 8100 m²
f)	8 km	4 km	24 km	3200 ha = 32 km²

19 Teilt man den Umfang des Quadrats durch vier, so erhält man die Länge einer Quadratseite.

Umfang	Seitenlänge	Fläche
40 cm	10 m	100 m²
84 m	21 m	441 m²
6 dm = 60 cm	15 cm	225 cm² = 2,25 dm²

20 a) Die Fläche ist 162 m² groß.
b) Die weiße Linie ist 54 m lang.

21
a)

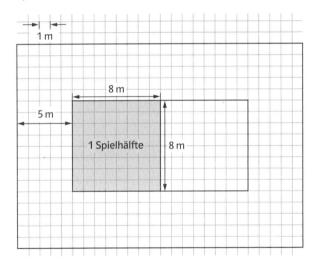

b) Man benötigt 48 m Band.
c) Das Gelände ist 26 m lang und 18 m breit.
d) 18 · 26 m² = 468 m².
Die gesamte Anlage ist 468 m² groß.
468 m² : 18 m² = 26
Dafür sind 26 Wagenladungen Sand erforderlich.
26 · 240 € = 6240 €.
Dies kostet 6240 €.

Ähnliche Aufgaben, in denen Wände, Böden, Grundstücke oder Flächen allgemein berechnet werden, verdeutlichen den Schülerinnen und Schülern den Sinn der Flächenberechnung. Sie zeigen, dass es sich hier um Sachverhalte aus dem unmittelbaren Erfahrungsbereich der Schülerinnen und Schüler handelt.

22 Die Leinwand des Videowürfels auf der Seite 148 im Schulbuch ist ungefähr 2,7 cm breit und 2 cm hoch. Da man weiß, dass er eine Fläche von 35 m² hat, ist eine Abschätzung für den Bildschirm von 5 m Höhe und 7 m Breite möglich.
Fernseher haben ganz unterschiedliche Maße. Vielleicht gibt es einen Fernseher in der Schule, dessen Maße die Kinder messen können.
Im Handel werden Maße von Fernsehbildschirmen in mm angegeben, z. B. 922 mm · 520 mm oder 753 mm · 540 mm.
– Bei dem größeren der beiden Bildschirme sollte man auf 1 m und 50 cm runden. Der Flächeninhalt für einen großen Fernseher beträgt $\frac{1}{2}$ m², also kann man die gesamte Videowürfelfläche mit 70 Fernsehern auslegen.
– Bei dem kleineren der beiden Fernseher ist es am einfachsten, auf 70 cm und 50 cm zu runden. Dann kann man die Videowürfelfläche mit 100 Fernsehern auslegen.

23 *Skizzen im verkleinerten Maßstab und Modellautos können bei der Lösung hilfreich sein.*
a) Laut Text haben zehn Reihen mit jeweils 48 Autos Platz, das entspricht 480 Autos.
b) Das Spielfeld ist 110 m lang und 80 m breit, also hat es einen Flächeninhalt von 8800 m². Rundet man die Zahlen, so haben rund 500 Autos auf 9000 m² Parkplatz Platz.
Ein Auto hat 18 m² Platz, da 9000 m² : 500 = 18 m² ist. Dies erscheint vielleicht sehr viel, aber man muss Platz zwischen den Autos und Zufahrtswegen berücksichtigen.
Auf dem Schulhof sind häufig Parkplätze eingezeichnet, diese können die Kinder messen.
Die Maße für Parkplätze können ganz unterschiedlich sein, denn auf manchen Parkplätzen kann man bequem zwischen den Autos durchgehen, auf anderen muss man um die Autos herum zu seinem Auto gehen. Jedes Kind hat schon mal den Satz gehört: „Pass auf beim Aussteigen."

Aufgabenvorschläge für Klassenarbeiten zu Kapitel 5

1 Sortiere die Flächen nach ihrer Größe.

a)   b)   c)

2 Übertrage die Figuren auf kariertes Papier, zeige durch Zerschneiden und Umlegen, dass sie die gleiche Fläche haben.

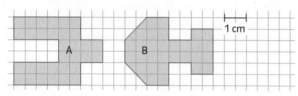

3 Hier sind einige Maße vertauscht worden.

Bodensee	1 a
Klassenzimmer	750 m²
Heft	530 cm²
Mathebuch	538 km²
Turnhalle	6 dm²

4 Wandle in die nächstkleinere Einheit um.

a) 4 dm²; 26 m²; 9 ha; 13,7 a; $\frac{1}{2}$ m²

b) 2,4 m²; 2,04 m²; $3\frac{3}{4}$ dm²; 11 km²; 23,07 ha

5 Zeichne die Rechtecke und berechne jeweils den Flächeninhalt.

	Länge	Breite	Flächeninhalt
a)	5 cm	3 cm	
b)	6 cm	3,5 cm	
c)	48 mm	3,3 cm	

6 Bestimme den Umfang der Figuren.

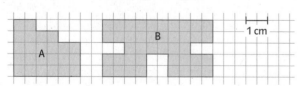

7 Zeichne je ein Rechteck aus den folgenden ckenlängen und gib den Umfang an.

a) | 6 cm | | 7 cm |

b) | 4,5 cm | | 8,5 cm |

8 Vervollständige die Tabelle.

	Länge	Breite	Umfang
a)	6 cm	8 cm	■
b)	4 cm	■	22 cm
c)	16 cm	2 dm	■
d)	37 cm	■	2 m
e)	125 cm	6,7 m	■
f)	3,5 dm	■ m	190 cm

9 Übertrage die Zeichnung ins Heft und berechne Umfang und Flächeninhalt des Grundstücks.

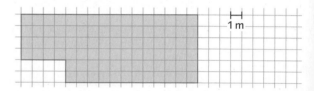

Lösungen

1 Von klein nach groß: a), b) und c)

2 Beide Flächen sind 8 cm² groß.

3 Die richtige Reihenfolge ist 538 km²; 1 a; 6 dm²; 530 cm²; 750 m².

4 a) 400 cm²; 2600 dm²; 900 a; 1370 m²; 50 dm²
b) 240 dm²; 204 dm²; 375 cm²; 1100 ha; 2307 a

5 a) 15 cm²   b) 21 cm²   c) 1584 mm²

6 Figur A: 11 cm; Figur B: 21 cm.

7 Der Umfang beträgt bei a) und b) je 26 cm.

8 a) 28 cm   b) 7 cm   c) 72 cm
d) 63 cm   e) 15,9 m   f) 0,6 m

9 u = 44 m; A = 88 m²

Leicht	**Mittel**	**Schwierig**
Jede Aufgabe: 2 Punkte	Jede Aufgabe: 3 Punkte	Jede Aufgabe: 4 Punkte

1 Zeige, dass beide Figuren den gleichen Flächeninhalt haben.

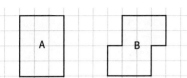

1 Zeige, dass beide Figuren den gleichen Flächeninhalt haben.

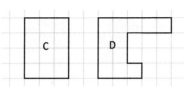

1 Zeige, dass beide Figuren den gleichen Flächeninhalt haben.

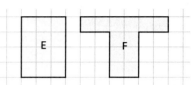

2 Die Tabelle ist fortsetzbar.

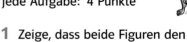

Feld 1	Feld 2	Feld 3		Feld 4	Feld 5
			Welche Figuren stehen hier ?		
1 cm²	2 cm²	4 cm²		?	?

Wie viel cm² hat die Figur in Feld 4?	Wie viel cm² hat eine Figur in Feld 5?	Wie viel cm² haben die Figuren in den Feldern 8 und 9?

3 Übertrage ins Heft.
a) 5 m² = ☐ dm²
b) 7 cm² = ☐ mm²
c) 4200 cm² = ☐ dm²

3 Übertrage ins Heft.
a) 12 dm² = ☐ cm²
b) 17 m² = ☐ cm²
c) 4 200 000 cm² = ☐ m²

3 Übertrage ins Heft.
a) 77 m² = ☐ cm²
b) 3 m² = ☐ mm²
c) 8 000 000 cm² = ☐ m²

4 Berechne den Flächeninhalt.

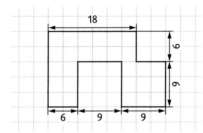

(Alle Angaben in cm)

4 Berechne den Flächeninhalt.

(Alle Angaben in cm)

4 Berechne den Flächeninhalt.

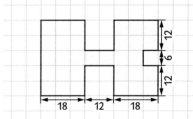

(Alle Angaben in cm)

5 Eine quadratische Weide hat eine Seitenlänge von 36 m. Wie lang ist der Zaun um die Weide?

5 Ein Quadrat hat einen Umfang von 52 m.
Berechne die Seitenlänge.

5 Zeichne ein Rechteck mit einem Umfang von 40 cm, das in vier gleich große Quadrate zerlegt werden kann.

6 Ein Rechteck ist 65 mm lang und 35 mm breit. Gib den Umfang des Rechtecks an.

6 Ein Rechteck hat einen Umfang von 36 cm. Es ist 13 cm lang. Wie breit ist es?

6 Gib Länge und Breite von drei verschiedenen Rechtecken an, deren Umfang 48 cm ist.

Die Lösungen zum Text findest du auf Seite 174.

Training

1 Berechne im Kopf.

a) 23 + 47
68 + 55
89 − 36
94 − 78

b) 7 · 6
3 · 12
63 : 9
48 : 12

c) 456 − 234
429 + 672
12 · 13
165 : 15

d) 23 + 47 + 643
893 − 45 − 123
5 · 4 · 12
72 : 8 : 3

2 Ordne der Größe nach. Verwende dazu die Zeichen < oder >.

a) 124 €; 104 ct; 214 €; 241 ct; 142 €; 42 €; 412 €

b) 5234 m; 5134 cm; 1340 m; 1430 m; 1304 m; 5432 cm; 5442 m; 3 km

c) 34 kg; 130 547 g; 120 g; 2 kg; 120 kg; 133 574 g; 160 449 g; 132 kg

d) 23 min; 67 min; 2 h; 120 s; 184 min; 4 h 12 min; 150 min; 600 s

3 Nimm eine 1-Cent-Münze und wirf sie 50-mal.

a) Schreibe die Tabelle ab und mache eine Strichliste.

Kopf	Zahl

b) Zeichne ein passendes Diagramm.
c) Was fällt dir auf?
d) Wie sieht dein Diagramm aus, wenn du 100-mal wirfst? Stelle eine Vermutung auf und überprüfe sie.

4 Setze die Klammern so, dass das Ergebnis stimmt.

a) 4 · 5 + 3 = 32
20 : 8 − 3 = 4
13 − 5 · 2 = 16
22 + 16 − 9 = 29
23 − 14 : 3 = 3

b) 2 · 14 − 3 = 25
73 − 54 · 2 = 38
49 : 99 − 92 = 7
9 · 11 : 44 − 41 = 33
45 : 15 : 3 = 9

5 Setze die passenden Rechenzeichen ein, sodass die Ergebnisse stimmen.

a) 2 ☐ 3 ☐ 5 = 30
196 ☐ 99 ☐ 14 = 111
321 ☐ 89 ☐ 13 = 423

b) (15 ☐ 7) ☐ 2 = 16
(38 ☐ 43) ☐ 9 = 9
7 ☐ 9 ☐ 2 ☐ 4 = 55

6 Wie heißt die Zahl?
a) Die Summe aus 17 und einer anderen Zahl ergibt 30.
b) Das Produkt aus 12 und der gesuchten Zahl ergibt 48.
c) Die Differenz aus 67 und einer anderen Zahl ergibt 24.
d) Ich denke mir eine Zahl, subtrahiere 10, multipliziere das Ergebnis mit 3, addiere 15 und erhalte die Zahl 30.

7 Immer zwei Aufgaben haben dasselbe Ergebnis. Kannst du sie finden, ohne zu rechnen? Rechne danach zur Probe.

a) 230 + 350
223 + 116
238 + 145
123 + 75
184 + 57

240 + 143
234 + 7
175 + 23
323 + 16
250 + 330

b) 280 − 144
95 − 38
154 − 76
86 − 35
193 − 75

140 − 4
56 − 5
123 − 5
97 − 40
150 − 72

8 Zeichne die neun Punkte in dein Heft. Verbinde die Punkte mit vier Geraden, ohne deinen Stift abzusetzen.

○　○　○

○　○　○

○　○　○

Die Lösungen findest du auf Seite 175.

Training

1 a) 70; 123; 53; 16
b) 42; 36; 7; 4
c) 222; 1101; 156; 11
d) 713; 725; 240; 3

2 a) 104 ct < 241 ct < 42 € < 124 € < 142 € < 214 € < 412 €
b) 5134 cm < 5432 cm < 1304 m < 1340 m < 1430 m < 3 km < 5234 m < 5442 m
c) 120 g < 2 kg < 34 kg < 120 kg < 130 547 g < 132 kg < 133 574 g < 160 449 g
d) 120 s < 600 s < 23 min < 67 min < 2 h < 150 min < 184 min < 4 h 12 min

3 a) Die Ergebnisse sind individuell verschieden.
b) Es eignen sich ein Streifen-, Balken-, Säulen- oder Kreisdiagramm.
c) Wahrscheinlich ist, dass Kopf und Zahl etwa gleich oft vorkommen.
d) Das Diagramm müsste ähnlich aussehen, wobei sich die jeweilige absolute Häufigkeit in etwa verdoppeln wird.

4 a) $4 \cdot (5 + 3) = 32$
$20 : (8 - 3) = 4$
$(13 - 5) \cdot 2 = 16$
$(22 + 16) - 9 = 29$ oder $22 + (16 - 9) = 29$
$(23 - 14) : 3 = 3$
b) $(2 \cdot 14) - 3 = 25$
$(73 - 54) \cdot 2 = 38$
$49 : (99 - 92) = 7$
$(9 \cdot 11) : (44 - 41) = 33$
$45 : (15 : 3) = 9$

5 a) $2 \cdot 3 \cdot 5 = 30$
$196 - 99 + 14 = 111$
$321 + 89 + 13 = 423$
b) $(15 - 7) \cdot 2 = 16$
$(38 + 43) : 9 = 9$
$7 \cdot 9 - 2 \cdot 4 = 55$

6 a) $17 + 13 = 30$. Die Zahl heißt 13.
b) $12 \cdot 4 = 48$. Die Zahl heißt 4.
c) $67 - 43 = 24$. Die Zahl heißt 43.
d) Die Schülerinnen und Schüler müssen ausgehend vom Ergebnis 30 die gesuchte Zahl ausrechnen. Dabei wird jeweils mit der Gegenoperation gerechnet: $30 - 15 = 15$. $15 : 3 = 5$. $5 + 10 = 15$.
Die Zahl heißt 15.

7 a) $230 + 350 = 250 + 330$
$223 + 116 = 323 + 16$
$238 + 145 = 240 + 143$
$123 + 75 = 175 + 23$
$184 + 57 = 234 + 7$
b) $280 - 144 = 140 - 4$
$95 - 38 = 97 - 40$
$154 - 76 = 150 - 72$
$86 - 35 = 56 - 5$
$193 - 75 = 123 - 5$

8 Eine Lösung mit 5 Geraden ist schnell gefunden. Hier müssen die Kinder aber versuchen, ihre Denkgrenzen zu sprengen. Da innerhalb der 9 Punkte keine Lösung zu finden ist, müssen die Geraden über die durch die Punkte markierte Fläche hinaus gezeichnet werden:

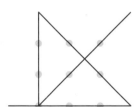

9 a) Die Diagonale ist 8,5 cm lang.
b) Die Diagonale ist 9,4 cm lang.
c) Die Seitenlänge beträgt 7 cm.
d) Individuelle Lösungen.

10 a) Figur (1) besteht aus 16 kongruenten kleinen Dreiecken. Man entdeckt 10 Quadrate: Die Gesamtfigur ist ein Quadrat, je vier bzw. zwei Dreiecke bilden je vier Quadrate, acht Dreiecke bilden in der Mitte ein weiteres Quadrat.
In Figur (2) entdeckt man 9 Rechtecke: Die Gesamtfigur ist ein Rechteck, die waagrechte und die senkrechte Symmetrieachse lässt vier kleine Rechtecke entstehen, von denen zwei zusammengesetzt je zwei weitere Rechtecke bilden.
b) Hier zeigt sich, welche Vorstellungen von Symmetrie die Schülerinnen und Schüler haben.

11 a) Quadrat
b) Die Figur kann sowohl ein Parallelogramm als auch ein Rechteck sein. Die Angaben treffen aber auch für ein Quadrat und eine Raute zu.

12 a) 112 m + 27 m = 1390 dm   S
27 dm + 35 dm = 620 cm   C
42 cm + 19 cm = 610 mm   H
b) 93 m − 31 m = 620 dm   Ö
64 dm − 35 dm = 290 cm   N
261 cm − 196 cm = 650 mm   E
c) 13 · 9 dm = 1170 cm   F
23 · 17 km = 391 000 m   E
421 · 25 cm = 105 250 mm   R
d) 54 km : 9 = 6000 m   I
414 cm : 18 = 230 mm   E
918 m : 27 = 340 dm   N

13 a) 50 min oder 12 h 50 min
b) 7 h 29 min
c) 5 h 16 min oder 18 h 16 min
d) 23 h 59 min

14 Die Schülerinnen und Schüler lösen diese Aufgabe durch Probieren oder eine systematische Notierung aller möglichen Alterskombinationen in einer Tabelle. Matthias ist 14 Jahre alt und Michele ist 10 Jahre alt.

15 Die Schülerinnen und Schüler müssen erkennen, dass Ziegen vier und Hühner zwei Beine haben. Die Lösung ist über Probieren oder eine systematische Notierung aller möglichen Kombinationen in einer Tabelle möglich.
Es sind 15 Ziegen und 3 Hühner.

9 a) Zeichne ein Quadrat mit einer Seitenlänge von 6 cm.
b) Zeichne ein Rechteck mit einer Länge von 8 cm und einer Breite von 5 cm.
c) Zeichne ein Quadrat mit einem Umfang von 28 cm. Welche Seitenlänge hat das Quadrat?
d) Zeichne ein anderes Viereck, das auch den Umfang 28 cm hat.

10 Übertrage die Figuren ins Heft.
a) Wie viele Quadrate findest du in Figur (1) und wie viele Rechtecke in Figur (2)?
b) Male die Figuren so an, dass ein regelmäßiges Muster entsteht.

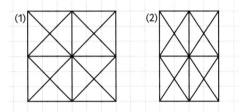

11 Wer steckt dahinter?
a) Die Figur hat vier gleiche Seiten und vier rechte Winkel.
b) Die Figur hat vier Ecken und jeweils zwei gleich lange Seiten.

12 Berechne. Wandle das Ergebnis in die nächstkleinere Einheit um. Du erhältst einen Lösungssatz.

$3 \cdot 5\,m = 15\,m = 150\,dm$

a) $112\,m + 27\,m$
$27\,dm + 35\,dm$
$42\,cm + 19\,cm$

b) $93\,m - 31\,m$
$64\,dm - 35\,dm$
$261\,cm - 196\,cm$

c) $13 \cdot 9\,dm$
$23 \cdot 17\,km$
$421 \cdot 25\,cm$

d) $54\,km : 9$
$414\,cm : 18$
$918\,m : 27$

1390 dm	(S)
620 dm	(Ö)
610 mm	(H)
230 mm	(E)
340 dm	(N)
105 250 mm	(R)
290 cm	(N)
650 mm	(E)
1170 cm	(F)
620 cm	(C)
6000 m	(I)
391 000 m	(E)

13 Wie viele Stunden und Minuten sind es noch bis 15.00 Uhr?

a)   b)   c)   d)

14 Matthias und Michele sind zusammen 24 Jahre alt, Matthias ist vier Jahre älter. Wie alt sind die beiden?

15 Anna geht im Zoo spazieren. In einem Gehege sieht sie 18 Tiere. Es sind Ziegen und Hühner. Zusammen haben sie 66 Beine. Wie viele Ziegen und wie viele Hühner sind es?

Liebe Schülerin, lieber Schüler!
Nun bist du am Ziel angekommen und gut für das nächste Schuljahr gerüstet.

Lösungen

Training, Seite 6

1 a) 49; 79; 60; 94
b) 40; 62; 54; 72
c) 29; 106; 140; 58
d) 430; 300; 297; 332

2

+	40	28	250	137
13	53	41	263	150
65	105	93	315	202
320	360	348	570	457
224	264	252	474	361

3 a) 7   b) 34   c) 102   d) 17

4 a) 31; 52; 26; 19
b) 78; 65; 49; 78
c) 140; 460; 110; 828
d) 285; 398; 726; 638

5

−	4	20	37	49
50	46	30	13	1
100	96	80	63	51
268	264	248	231	219
599	595	579	562	550

6 a)

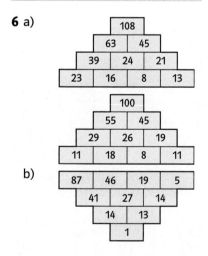

b)

7 a) 90; 280; 381; 254; 657;
z.B. 500 + 280
b) 191; 45; 309; 282; 366; 214

8 a) 12; 36; 45; 21; 48
b) 30; 81; 56; 72; 15
c) 14; 16; 27; 70; 100
d) 60; 42
e) 66; 57
f) 90; 100

9

·	3	5	9	8
2	6	10	18	16
4	12	20	36	32
6	18	30	54	48
9	27	45	81	72

10 a) 8; 4; 5; 3; 7
b) 4; 8; 8; 7; 7
c) 11; 20; 11; 5; 6

11 a) 6R1; 6R1; 7R2
b) 10R5; 3R4; 6R6
c) 20R1; 9R3; 6R3

12 a) 6; 7; 9; 11
b) 4; 9; 5; 3
c) 42; 21; 63; 77
d) 9R2; 35; 4R2; 65

13 a) Die Summe benachbarter Felder ergibt das Feld rechts davon.
b) 7; 4; 11; 15; 26
c) 3; 5; 8; 13; 21
d) 2; 8; 10; 18; 28
e) z.B. 10; 10; 20; 30; 50 oder
4; 14; 18; 32; 50

14
a) 10 − 9 = 1   b) 7:1 = 7
    0·9 = 0   7·7 = 49
    9:9 = 1   50 − 49 = 1
c) 10·10 = 100   d) 125:5 = 25
    100·10 = 1000   25:5 = 5
    100·100 = 10 000   5:5 = 1

15

¹1	²3	6		³8	
⁴5	4		⁵6	4	⁶9
⁷2	0	⁸4			9
		⁹1	¹⁰2	¹¹1	
¹²9		¹³1	1	0	¹⁴0
¹⁵7	2		3		9

16 Die gedachte Zahl ist 5.

Kapitel 1

Trainingsmatte, Seite 19

1 Die Anfangszahl und das Ergebnis sind gleich, daher beißt sich die Schlange in den Schwanz. Das gilt für jede beliebige Zahl, die eingesetzt wird.

2 Die gelbe Schlange beißt sich selbst auch in den Schwanz.
Das Rechenprinzip der Schlangen: eine Zahl wird addiert und später wieder subtrahiert. Mit einer weiteren Zahl wird multipliziert, dann wieder dadurch dividiert. Zum Beispiel:

Zahl +22 ·10 :10 −22 .

Üben – Wiederholen, Seite 34

1 357; 375; 537; 573; 735; 753

2 6543 (3456)

3 a) 889; 899; 989; 998; 999
b) 1001; 1010; 1100; 1101; 1110
c) 77788; 77887; 78787; 87877; 88777

4

			Million					
H	Z	E	HT	ZT	ET	H	Z	E
a)					5	7	2	2
				1	2	3	8	7
				5	5	5	2	2
			1	3	5	9	7	3
b)				2	7	4	6	9
		6	2	2	9	1	1	
	8	0	0	0	6	3	3	
8	8	4	3	5	3	7	2	

5 a) 2115   b) 33 003   c) 246 573

6 a) 5 ZT + 8 T + 3 H + 0 Z + 2 E;
2 ZT + 2 T + 3 H + 5 Z + 6 E;
7 HT + 1 ZT + 2 T + 8 H + 9 Z + 9 E;
4 HT + 3 ZT + 6 T + 7 H + 1 Z + 9 E;
b) 2 HT + 1 ZT + 1 T + 4 H + 5 Z + 5 E;
8 HT + 7 ZT + 3 T + 8 H + 0 Z + 0 E;
11 Mio. + 1 HT + 1 ZT + 1 T + 1 H
+ 1 Z + 1 E; 24 Mio. + 2 HT + 4 ZT + 2 T +
4 H + 2 Z + 4 E

7 a) 5973   b) 275 106
c) 910 044   d) 642 537
e) 5 464 750

8 a) + 10: 33; 66; 122 (Zehnerstelle
ändert sich)
+ 100: 123; 156; 212 (Hunderterstelle
ändert sich)
+ 1000: 1023; 1056; 1112 (Tausenderstelle ändert sich)
b) + 10: 415; 5689; 100 000
+ 100: 505; 5779; 100 090
+ 1000: 1405; 6679; 100 990

9 a) <, <, > b) >, >, >   c) >, <, <

10 a) 992 bis 1001   b) 1880 bis 1894
c) 52 087 bis 52 100

11 a) 4445 bis 4450
b) 19 997 bis 20 004
c) 3 007 864 346 bis 3 007 864 353

12 a) 7 < 8 < 9 < 14 < 19 < 22 < 23
< 27 < 35 < 48
b) 262 < 626 < 662 < 1026 < 1206
< 1260
c) 45 544 < 54 444 < 54 454 < 54 455

13 a) 127 < 129   b) 155 > 115
c) 250 < 520   d) 417 < 420
e) 989 > 899   f) 1111 > 111
g) 1230 < 1234

14
a)
10 30 50 70 90 110
0 20 40 60 80 100
b)
2   6   10 14 18 22
0   4   8   12 16 20
c)
25 75 125 175 225 275
0   50 100 150 200 250

15
a)
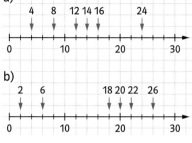
b)
2 6   18 20 22 26
0   10   20   30

16 a) 7; 18; 37; 44; 53
b) 60; 190; 240; 370; 410; 560
c) 1400; 2900; 3200; 4900; 5900

17 Nicht gerundet werden die Teilaufgaben a), d) und e).
h) z. B. Buchseite, Kontonummer

18 a) 76 800 (77 000; 80 000);
18 400 (18 000; 20 000);
33 240 000 (33 240 000; 33 240 000);
6 734 400 (6 734 000; 6 730 000)
b) 532 300 (532 000; 530 000);
8 420 000 (8 420 000; 8 420 000);
212 300 (212 000; 210 000);
912 435 700 (912 436 000; 912 440 000)

19 a) 56 300 000; 82 400 000;
270 000 000; 286 400 000
b) 100 000; 100 000; 352 000 000;
11 000 000

20 a) Runden auf Zehner ist sinnvoll.
b)

Berg	Höhe in Meter
Biberkopf	2600 m
Trettachspitze	2600 m
Hochvogel	2590 m
Schafalpenköpfe	2320 m
Großer Daumen	2280 m
Schneck	2270 m
Höfats	2260 m
Hoher Ifen	2230 m

21 a) 13 Mädchen
b) 9 Auswärtige
c) 26 Kinder
d) individuelle Lösungen

22 a) Zwergkaninchen: 27; Meerschweinchen: 20; Wellensittich: 28
b) Es wurden 75 Tiere verkauft.
c) Der Vorteil ist, dass man den größten und kleinsten Wert auf einen
Blick erkennt.

23
a)

Sorte	gerundeter Ertrag
Birnen	5
Süßkirschen	2
Sauerkirschen	2
Pflaumen	4

b)
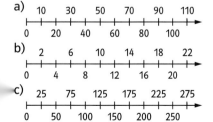

Birnen 50 000 t

Süßkirschen 20 000 t

Sauerkirschen
20 000 t

Pflaumen 40 000 t

Die Zahlen der dritten Spalte sind geeigneter, bei der zweiten Spalte würde man zu viele Symbole benötigen.

24 Es fehlen die Angaben Deutschland 82 000 000, Großbritannien
58 600 000 und Spanien 39 400 000.
(Stand 2005)

25 Laura nimmt sich $\frac{2}{5}$; $\frac{3}{5}$ bleiben
übrig.

26 a) 20 Teile; gefärbt: $\frac{1}{20}$
b) 20 Teile; gefärbt: $\frac{4}{20}$
c) 20 Teile; gefärbt: $\frac{2}{20}$
d) 12 Teile; gefärbt: $\frac{1}{12}$
e) 12 Teile; gefärbt $\frac{4}{12}$

27 Die Hälfte besteht aus 8 (Viertel
aus 4; Achtel aus 2; Sechzehntel
aus 1) Dreiecken.

28 a) 25 cm   b) 100 g
c) 20 ct   d) 1 h

29 a)

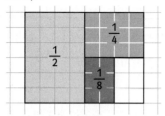

b) Es bleiben noch 6 Kästchen frei.

c) $\frac{1}{8}$

Test, Seite 37

1 (Leicht)

a)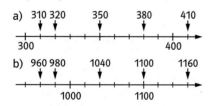

b)

2 (Leicht)

a) $960 \approx 1000$ b) $16\,351 \approx 16\,400$

3 (Leicht)

a) Das Kaninchen lebt mit 5 Jahren am kürzesten, der Flusskrebs mit 30 Jahren am längsten.

b) Kaninchen: 5 J., Amsel: 12 J., Vogelspinne: 15 J., Flusskrebs: 30 J.

4 (Leicht)

a) $\frac{1}{10}$ b) $\frac{2}{12}$

1 (Mittel)

a)

b)

2 (Mittel)

a) $44\,688 \approx 45\,000$; vierundvierzigtausendsechshundertachtundachtzig

b) $556\,823 \approx 557\,000$; fünfhundertsechsundfünfzigtausendachthundertdreiundzwanzig

3 (Mittel)

a)
Schüler/in	Stimmen	Anzahl
Julia	₩₩	5
Mirko	|	1
Carmen	₩₩ ||	7
Gino	||||	4
Thomas	₩₩ |||	8

b)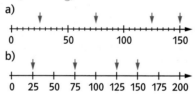

4 (Mittel)

a) $\frac{5}{10}$ b) $\frac{6}{8}$

1 (Schwierig)

a)

b)

2 (Schwierig)

a) $100\,000 \approx 99\,999$; neunundneunzigtausendneunhundertneunundneunzig

b) $10\,000\,000 \approx 999\,999$; neunhundertneunundneunzigtausendneunhundertneunundneunzig

3 (Schwierig)

a)
km	1	2	3	4	5
Anzahl	||||	||||	||||	|||	₩₩

b)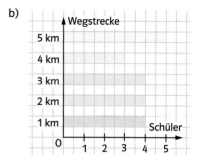

c) 8 Schüler

4 (Schwierig)

a)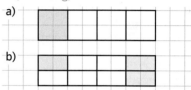

b)

Kapitel 2

Trainingsmatte, Seite 44

1 $97 + 69 = 166$ $97 - 97 = 0$
$97 + 83 = 180$ $83 - 69 = 14$
$148 + 97 = 245$ $97 - 83 = 14$
$83 - 83 = 0$ $258 - 92 = 166$

2 a) 54 372; 810 693

b) $6 \cdot 10\,000 + 8 \cdot 1000 + 0 \cdot 100 + 3 \cdot 10 + 2 \cdot 1$
$7 \cdot 1\,000\,000 + 3 \cdot 100\,000 + 1 \cdot 10\,000 + 4 \cdot 1000 + 6 \cdot 100 + 5 \cdot 10 + 5 \cdot 1$

3 a) 105   b) 128   c) $102\frac{1}{2}$

Üben – Wiederholen, Seite 70

1 a) 169   b) 151   c) 135
d) 113   e) 104   f) 143
g) 230   h) 200   i) 133

2 a) Ergebnis jeweils 891.
b) Alle Aufgaben haben dasselbe Ergebnis.

```
c)    2 1 1 2        4 3 3 4
    - 1 2 2 1      - 3 4 4 3
      1 1            1 1
        8 9 1          8 9 1
```

3 a) Kontroll... ...nseitig.
b) Es gibt 16 ... ...gaben.

4

a)	1354	b)	15957
c)	82585	d)	8318101
e)	85397970	f)	595545756
g)	40657296		

5 a) Der erste Bautrupp hat 36 m mehr geschafft. Der Berg ist vielleicht unterschiedlich schwer zu bearbeiten.
b) Die beiden Bautrupps sind 628 m voneinander entfernt.

Zahlenzauber   Knobeln

1 Die ägyptischen Ziffern findest du auf den Seiten 38 und 39.
a) 23 + 22 + 61 + 24 + 14 = 144
b) 313 + 312 + 320 + 310 + 313 + 212 = 1780

2 1; 121; 12321; 1234321; 123454321; 12345654321; 1234567654321; 123456787654321; 12345678987654321

3 a) 811·81 = 65691
b) 699·61 = 42639
c) 4242·4 = 16968
d) 13·131 = 1703
e) 1·1111 = 1111·1 = 1111
f) 55·555 = 555·55 = 30525

4 Lösungen

1188	11088	110088	1100088
2277	22077	220077	2200077
3366	33066	330066	3300066
4455	44055	440055	4400055

usw.
Bei den Lösungen wird in einer Spalte von links nach rechts in der Mitte der Zahl eine Null ergänzt.

6 Nein, denn er hat nur 750 Beine.

7 a) Ca. 167, 250 und 333 Fuß.
b) Ca. 1333; ca. 2667 und 5000 Fuß.
c) individuelle Lösungen

---

8 In vier Wochen fährt Alis Vater 10 800 km.

9

a)	1484	b)	87	c)	11 248
	3590		95		123 355
	5628		107		374 311
	8217		303		883 494
d)	449 916	e)	363		
	1 714 338		54		
	3 145 233		503		
	4 679 847		1003		

10 linker Block: 444; 555; 666; 777; 888; 999; 222; 111
rechter Block: Ergebnis immer 123.

11 a) 111 111   444 444   666 666
b) 222 222; 555 555; 777 777

12 a) 1. Block: 50 + 90 passt nicht. Es müsste 60 + 100 heißen.
2. Block: 260 – 130 passt nicht. Es müsste 260 – 140 heißen.
3. Block: 8·14 passt nicht: 14·8 wäre richtig.
4. Block: 40:5 passt nicht. Die Rechnung müsste 45:5 heißen.
b) Zum Beispiel: 20 + 140; 300 – 180; 17·11; 36:4 und 0 + 160; 320 – 200; 18·12; 27:3.
c) 1. Block: Der 1. Summand wird immer um 20 vermindert, der 2. immer um 20 erhöht.
2. Block: Beide Zahlen jeweils um 20 erhöht.
3. Block: Beide Faktoren immer um eins größer.
4. Block: Der Dividend wird um 9 größer, der Divisor um 1.

13 a) 4072:8 = 509   b) 630:35 = 18
c) 87:15 = 5 R 12   d) 856:214 = 4
e) 9657:9 = 1073   f) 6252:12 = 521
g) 50125:125 = 401   h) 5381:79 = 68 R 9

Trainingsmatte, Seite 71

1 a) 300   b) 1400
c) 13 000   d) 184 700

2

a)	27 311	b)	1 000 000 000
	− 9 208		− 8 810 715
	1		1 1 1 1 1 1 1
	18 103		991 189 285

---

3 a) 23 456; 23 546; 23 789; 24 567; 24 576
b) 23 000; 24 000; 24 000; 25 000; 25 000 (Reihenfolge von a)

4 a) 17 Monate   b) 3 Monate
c) 30 Monate

---

14   AN APPLE A DAY KEEPS THE DOCTOR AWAY

15 a) 25 = 5·5; 36 = 6·6; 49 = 7·7; 64 = 8·8
b) Die Summe der ersten 10 ungeraden Zahlen kann bestimmt werden, indem man das Produkt aus 10·10 bildet.
c) 12·12 = 144; 15·15 = 225; 16·16 = 256; 20·20 = 400

16 a)   b)

$$6 : 2 = 3 \qquad 6 : 3 = 2$$
$$9 - 5 = 4 \qquad 8 - 1 = 7$$
$$7 + 1 = 8 \qquad 4 + 5 = 9$$

c)

$$6 : 3 = 2$$
$$9 - 5 = 4$$
$$1 + 7 = 8$$

17 a) 128 + 40 – 13 = 155
b) 72·2:12 = 12
c) 256:4 – 4 = 60
d) 17·3 + 9 = 60

18 a) 96·130 = 12 480; 850·40 = 34 000; 3800·7 = 26 600
b) 96·780 = 74 880; 96·970 = 93 120; 1390·40 = 55 600
c) 850·130 = 110 500; 3800·40 = 152 000; 26 300·7 = 184 100

19 a) Sie schlägt 180-mal.
b) Diese Uhr schlägt 134-mal.
c) Die Uhr geht 12 Minuten vor, d. h. sie schlägt 12.00 Uhr wenn es 11.48 Uhr ist.

Test, Seite 73

1 (Leicht)
a) 80   b) 45   c) 184   d) 12

2 (Leicht)
a) 9500   b) 1234
c) 1800   d) 377 R 3

3 (Leicht)
10 000 − 7383 = 2617;   7383 : 3 = 2461;
7539 + 2461 = 10 000

4 (Leicht)
Jeder Mitspieler erhält 3000 €.

5 (Leicht)
825 l · 24 = 19 800 l
Es werden 19 800 l Wasser gefördert.

1 (Mittel)
a) 743   b) 12 000   c) 30

2 (Mittel)
a) 83 334   b) 15 350   c) 1234 R 5

3 (Mittel)
5555 · 7 = 38 885;   38 885 : 5 = 7777;
7777 + 2223 = 10 000

4 (Mittel)
Er fährt 560 km.

5 (Mittel)
Sie verdient im Dezember 2700 €.

1 (Schwierig)
a) 195   b) 334   c) 42 000   d) 10

2 (Schwierig)
a) 6789   b) 357 500
c) 6484   d) 1001

3 (Schwierig)
46 913 + 9876 = 56 789; 12 · 823 = 9876;
1823 − 823 = 1000

4 (Schwierig)
1143 km − 560 km = 583 km
Er ist 583 km für sonstige Fahrten
gefahren.

5 (Schwierig)
21 000 € : 600 = 35 €
Eine Karte kostete durchschnittlich
35 €.

Training, Seite 74

1 a) 292; 381; 231; 143
b) 56; 54; 8; 11
c) 55; 88; 139; 30
d) 11; 72; 300; 11

2
a)

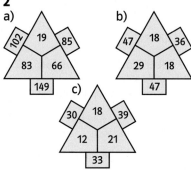

3 a) + 11: 89; 100; 111; 122; 133
b) − 12: 89; 77; 65; 53; 41
c) + 22: 79; 101; 123; 145; 167
d) + 2; + 3; + 4 …: 22; 29; 37; 46; 56
e) + 4; ·2: 424; 428; 856; 860; 1720
f) + 2; − 3: 15; 12; 14; 11; 13

4 a) 853 + 2 = 855   b) 52 − 38 = 14
c) z. B. 258 : 3 = 86   d) 2 · 358 = 716
e) 38 · 5 · 2 = 380

5 a) 48; 58; 68; 78
b) 393; 438; 483; 528
c) individuelle Lösungen

6 a) 1145   b) 4669   c) 3924
d) 235   e) 127 333   f) 24 531
g) 171

7 Es sind 8 Schweine und 9 Hühner.

8 a)
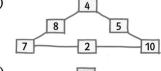

b)
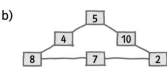

c) z. B.
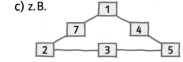

9 a) falsch; 1329   b) stimmt
c) falsch; 12   d) falsch; 717

10 Insgesamt sind es 91 Bonbons.

11 Er bekommt 2,10 € zurück.

12 In einer Woche schläft das Faultier 147 Stunden. (In einem Monat
(30 Tage) sind es 630 Stunden und in
einem Jahr sind es 7665 Stunden.)

13 individuelle Lösungen

14 individuelle Lösungen

15 a) II + I = III; VII + I = VIII;
V + I = VI; V + V = X; I + I + I + I = IV;
b) XIV + I = XV

Kapitel 3

Trainingsmatte, Seite 90

1 a) 65   b) 44   c) 19   d) 69
       120   30   16   17
       300   785   112   166
       570   750   409   0

2 a) 68   b) 37   c) 26

3 Der Unterschied beträgt 4041 m.

Üben − Wiederholen, Seite 100

1 A (2 | 1); B (6 | 0); C (6 | 4); D (11 | 6);
E (3 | 7); F (0 | 5)

2 a)
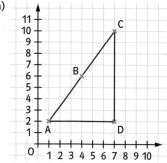

b) Bei 1 LE = 0,5 cm:
$\overline{AB}$ = 25 mm, $\overline{BC}$ = 25 mm,
$\overline{CD}$ = 40 mm, $\overline{AD}$ = 30 mm,
$\overline{AC}$ = 50 mm, $\overline{BD}$ = 25 mm

3 Der Abstand zu g beträgt
von A 1,8 cm, von B 1,0 cm,
von C 0,6 cm, von D 0 cm,
von E 1,5 cm, von F 1,4 cm.

4 a) Man erhält die Strecke $\overline{AB}$.
b) Die Strecke $\overline{AB}$ hat zwei Begrenzungspunkte.

5 a)

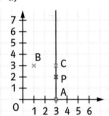

b) Q(3|3); R(3|4); S(3|5)
c) B(1|3) liegt nicht auf der Geraden.
d) Ja, weil der Rechtswert 3 ist.

6 a)

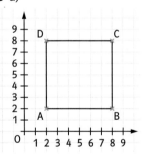

b) Die Eckpunkte sind
C(8|8) und D(2|8).
$\overline{AB} \parallel \overline{DC}$; $\overline{BC} \parallel \overline{AD}$; $\overline{AB} \perp \overline{BC}$; $\overline{AB} \perp \overline{AD}$;
$\overline{BC} \perp \overline{CD}$; $\overline{CD} \perp \overline{DA}$

c)

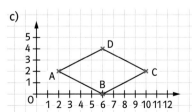

d)

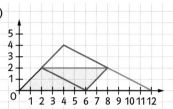

7
a)

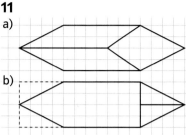

b)

8 individuelle Lösungen

9

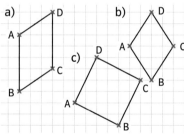

10 a) und b)

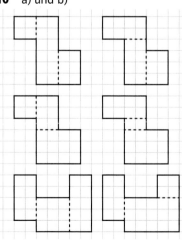

11
a)

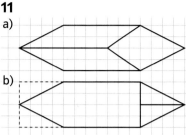

b)

c) Das Rechteck besteht aus 44 Kästen, man kann kein Quadrat legen.

12
a)

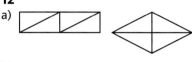

b)

13 a) Quadrat
b) Rechteck oder Parallelogramm
c) Parallelogramm oder Raute
d) Quadrat oder Raute

14
b)

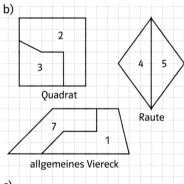

c)

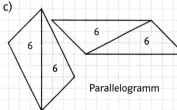

15

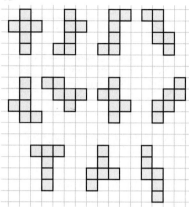

16 Aus Platzgründen ist keine Darstellung möglich.

17 Zwei mögliche Quadernetze sind:

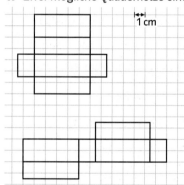

18 a) und b)

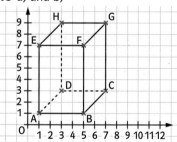

c) Der Körper heißt Quader.
d) individuelle Lösungen

19 a) und b)

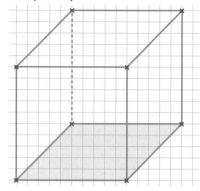

20 Die Lösungswörter heißen GEOMETRIE und FALSCH.

21 a) (1): 2 Würfel; (2): 2 Quader
b) (1): Quadrat; (2): Rechteck

Kopfgeometrie   Knobeln

1 Das O liegt gegenüber von H.

2 a) Es entsteht ein H.
b) Es entstehen drei Hs.
c) Es entstehen zwei Hs.

3
a)   b)

c)

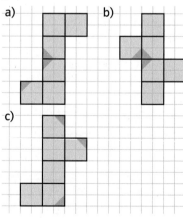

4 Die Würfel A und D sind gleich.

Test, Seite 103

1 (Leicht)
senkrecht: a c, b c; parallel: a∥b

2 (Leicht)
Quadrat; Raute

3 (Leicht)
a)

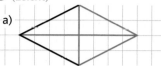

b) 4 cm und 2 cm

4 (Leicht)
11 Würfel müssen hinzugefügt werden.

5 (Leicht)
Das fehlende Quadrat muss unten an das Netz angefügt werden (vier Möglichkeiten).

1 (Mittel)
senkrecht: a f; a d; b c; b e;
parallel: d∥f; c∥e

2 (Mittel)
Rechteck; Raute; Quadrat

3 (Mittel)
a) 3,7 cm

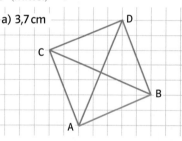

b) Die Diagonalen stehen senkrecht zueinander.

4 (Mittel)
1 Kästchenhöhe entspricht 1 cm.

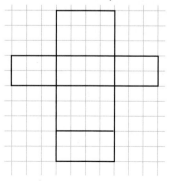

5 (Mittel)

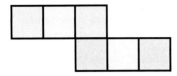

1 (Schwierig)

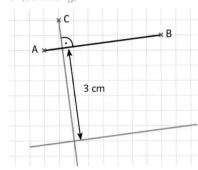

2 (Schwierig)

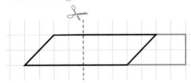

3 (Schwierig)

a)

b)

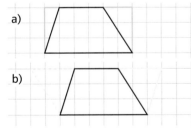

4 (Schwierig)
a) Es müssen mindestens 51 Würfel hinzugefügt werden.
b)

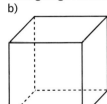

5 (Schwierig)

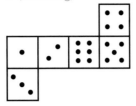

Kapitel 4

Trainingsmatte, Seite 108

1 a) 9867; 13 602; 6124; 1778
b) 9667; 145 726; 3322; 2776

2 a) 2550; 19 021; 52 374; 895 096
b) 216; 359; 236; 414

3 30 615; 5436; 0; 4700

4 a) Summe 2139, Differenz 31, Ergebnis 69
b) Produkt 1440, Differenz 4851, Ergebnis 6291

Trainingsmatte, Seite 116

1 a) Das 2. und 4. Netz
b) Das 1. und 2. Netz

2 Die Summe der Punkte gegenüberliegender Seiten ergibt immer 7.
a) 6 ist oben
b) 5 ist oben
c) individuelle Lösungen

3
a)   b)   c)

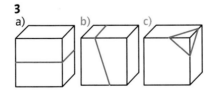

Trainingsmatte, Seite 121

1 a) kürzeste: Paris–London;
längste: Kuala Lumpur–New York
b) ca. 700 km: Hannover–London;
ca. 7000 km: Rom–New York; über
15 000 km: Kuala Lumpur–New York.
c) Hannover, Paris, London
d) London

2 Er fliegt 13 015 km weit.

Trainingsmatte, Seite 135

1 80; 800; 8000; 80 000

2 50; 500; 5000; 50 000

3 7600; 7960; 7996; 760

4 34 500; 8400; 55 200; 4800

5 1200; 12 000; 12 000; 120 000

6 8; 80; 800; 8000

7 3; 3; 3; 300

8 8520; 8280; 1 008 000; 70

9 Runden auf Tausender
Einnahmen: rund 13 000 €
(4000 € + 9000 €).
Ausgaben: rund 6000 €.
Gewinn: rund 7000 €.

Üben – Wiederholen, Seite 138

1 a) 1. kg, h, t, s
2. s, l, t, h, min
3. t, ct, kg, s, h
4. h, s, kg, €, g, dm
b) individuelle Lösungen
c) individuelle Lösungen

2 a) 1 cm – Fingerbreite; 5 cm – Länge eines Haustürschlüssels; 10 cm – Handbreite; 1 m – großer Schritt; 2 – Türhöhe
b) 1 g – Büroklammer; 100 g – 1 Tafel Schokolade; 500 g – Mäppchen, Schulbuch; 1 kg – 1 l Milch (Tetrapak); 10 kg – 10-l-Eimer mit Wasser gefüllt

3 Mögliche Vergleichsgrößen:
a) Tafelhöhe – 1 m, Türhöhe – 2 m
b) Heftbreite – 20 cm
c) Schulhaus-Stockwerk: $2\frac{1}{2}$ m
d) das Mäppchen – 500 g
e) 1-l-Packung Saft – 1 kg

4 Carla sprang 14 cm höher als Timo.

Randspalte
Im mittleren Glas sind etwa halb so viele Perlen wie im linken Glas, also 500. Im rechten Glas sind noch einmal halb so viele, also 250.

5 a) 40 mm; 0,04 m; 1,08 m; 10,8 dm; 12 570 dm; 1,257 km
b) 6,90 m; 690 cm; 120,8 dm; 1208 cm; 47 mm; 0,47 dm
c) 73,4 dm; 734 cm; 60,4 dm; 604 cm; 6010 m; 60 010 dm

6 a) 1 cm; 16 cm; 77 cm
b) 0,77 m; 0,44 m; 0,89 m
c) 1 dm; 1 dm 6 cm; 4 dm 1 cm
d) 0,97 m; 9,4 dm; 8,2 dm

7 a) 615 cm b) 520 mm c) 148 cm
d) 391 cm e) 60 750 cm f) 53 m

8 a) Die Schnur muss 250 cm lang sein.
b) Die Schnurr muss 300 cm lang sein.
c) 420 cm; 500 cm
d) individuelle Lösungen

9 a) 8000 g; 23 000 g; 500 g; 6432 g
b) 32 kg; 4000 kg; $3\frac{1}{2}$ kg; 4400 kg

10 a) 10 kg b) 19,500 kg c) 5 kg
d) 12   e) 4

11

	479,5 kg		
286 000 g		193,50 kg	
175 kg	111 kg	82,5 kg	
114 000 g	61 kg	50 000 g	32,5 kg
83 kg	31 000 g	30 kg	20 kg	12 500 g
52 kg	1 kg	10 kg	7,5 kg
51 kg	9 kg	2,5 kg	
42 kg	6,5 kg		
35,5 kg			

12 Es wird pro Person mit 75 kg Gewicht gerechnet.

13 a) 3 h 7 min; 3 h 31 min; 2 h 41 min; 2 h 39 min;
b) Frau Reiser wählt nicht die erste Verbindung, der Zug fährt zu früh.
c) Verbindung 3 ist am schnellsten und ohne Umsteigen.

14 a) 8 min; $12\frac{1}{2}$ min; 220 min
b) 420 min; 1080 min; 248 min; 1440 min
c) 43 200 min; 262 080 min; 2 102 400 min

15 a) 8.45 Uhr; 10.53 Uhr; 12.15 Uhr
b) 13.58 Uhr; 8.27 Uhr; 0.12 Uhr
c) 73,4 dm
d) 23.41 Uhr; 8.45 Uhr; 13.37 Uhr

16 a) Machen alle eine Rundfahrt, zahlen sie 25 €. Fährt eine Gruppe Elektroboot und eine Tretboot, zahlen sie 21,80 €.
b) Man mietet ein Elektroboot und zwei Tretboote, weil die Kinder nicht alleine fahren sollen, das kostet 28,60 €.
c) Sie brauchen zwei Tretboote oder wechseln sich ab.
d) individuelle Lösungen

17 a) 270 cm : 6 = 45 cm
b) 2,70 € · 8 = 21,60 €
c) 170 cm – 27 cm = 143 cm
d) 17.20 Uhr + $\xrightarrow{45\,\text{min}}$ 18.05 Uhr

18 individuelle Lösungen

19 Die Kosten für ein Doppel- und ein Einzelzimmer mit Halbpension, Kurtaxe und Garage betragen 2741,20 €.

20 a) In einer Woche legt Bernd 18 km (im Monat 72 km) zurück.
b) Bernd kann 24-mal in die Schule und zurück gehen.

21 1 kg Äpfel, 1 kg Birnen und 1 kg Pflaumen kosten 7,25 €;
$\frac{1}{2}$ kg Kirschen, 1 kg Äpfel und 1 kg Birnen kosten 6,75 €;
$\frac{1}{2}$ kg Kirschen, 1 kg Birnen und 1 kg Pflaumen kosten 7,50 €;
$\frac{1}{2}$ kg Kirschen, 1 kg Äpfel und 1 kg Pflaumen kosten 6,25 €.

22 a) Sie schwimmen 375 m.
b) Jana schwimmt 300 m. Tina 325 m, also weiter.
c) 8 Längen; 7 Längen und 2 Breiten; 6 Längen und 4 Breiten; …
d) individuelle Lösungen

23 a) 162 Blibs b) 18 Blibs
c) 117 Blobs
d) individuelle Lösungen

24 individuelle Lösungen

Test, Seite 141

1 (Leicht)
a) 7 m = 700 cm b) 13 kg = 13 000 g
c) 300 ct = 3 € d) 3 h = 180 min

2 (Leicht)
a) 21 m 40 cm = 21,40 m
b) $26\frac{1}{2}$ kg = 26,500 kg
c) 48 € 80 ct = 48,80 €
d) 3 h 20 min

3 (Leicht)
a) 35 m · 8 = 280 m
b) 182 € : 14 = 13 €

4 (Leicht)
Maßstab 1 : 5 000 000 heißt:
1 cm auf der Karte entspricht 5 000 000 cm in Wirklichkeit.
5 000 000 cm = 50 000 m = 50 km
1 cm – 50 km
14 cm – 700 km
Hamburg und London sind 700 km Luftlinie voneinander entfernt.

5 (Leicht)

$:3 \Big(\begin{array}{l} 3\,kg - 3{,}90\,€ \\ 1\,kg - 1{,}30\,€ \end{array}\Big) :3$

1 kg Äpfel kostet 1,30 €.

1 (Mittel)
a) 4 kg 500 g = 4500 g
b) 1498 ct = 14,98 €
c) $2\frac{1}{2}$ min = 150 s

2 (Mittel)
a) 11 088 g + 920 g = 12 008 g
b) 54,50 € − 23,60 € = 30,90 €
c) 2 h 35 min

3 (Mittel)
a) 7000 m − 1500 m = 5500 m
b) 18 cm · 21 = 378 cm
c) 350 ct : 7 = 50 ct

4 (Mittel)
1:50 bedeutet: 1 cm im Heft entspricht einer Länge von 50 cm. Die Länge beträgt 16 cm, die Breite 6 cm.

5 (Mittel)

$:3 \Big(\begin{array}{l} 3\,kg - 3{,}90\,€ \\ 1\,kg - 1{,}30\,€ \end{array}\Big) :3$

$:5 \Big(\begin{array}{l} 5\,kg - 6{,}20\,€ \\ 1\,kg - 1{,}24\,€ \end{array}\Big) :5$

Am Stand „FriMa" sind die Äpfel billiger.

1 (Schwierig)
a) 5 km 67 m = 5067 m
b) $3\frac{1}{2}$ t = 3500 kg
c) 9 € 5 ct = 905 ct
d) 168 h = 7 Tage

2 (Schwierig)
a) 2465 cm − 70 cm + 104 cm
= 2499 cm
b) 13 000 kg + 2500 kg − 4050 kg
= 11 450 kg
c) 2299 ct + 90 ct − 905 ct = 1484 ct
= 14,84 €
d) Ankunft: 10.03 Uhr

3 (Schwierig)
a) 4103 cm · 26 = 106 678 cm
106 678 cm = 1066,78 m
b) 5850 ct : 13 = 450 ct
5850 ct = 58,50 €

4 (Schwierig)
Das Buch selbst ist 20 cm breit und 26,5 cm hoch. Das Bild vom Umschlag ist 2 cm breit und 2,65 cm hoch. Also beträgt der Maßstab 1:10.

5 (Schwierig)

$\cdot 4 \Big(\begin{array}{l} 5\,kg - 6{,}20\,€ \\ 20\,kg - 24{,}80\,€ \end{array}\Big) \cdot 4$

50,00 € − 24,80 € = 25,20 €
Frau Degen bekommt 25,20 € zurück.

Kapitel 5

Trainingsmatte, Seite 155

1 643 m + 1202 m = 1845 m
Das Ziel liegt 1845 m ü. d. M.

2 1480 kg − 989 kg = 491 kg
Bei dem Auto sind 491 kg Zuladung erlaubt.

3 4 · 49,50 € = 198,00 €
Herr Dunu zahlt im Jahr 198,00 €.

4 6 h 45 min : 3 = 2 h 15 min
Jede Etappe dauerte 2 h 15 min.

Üben – Wiederholen, Seite 158

1 Figur A: Vergleichsmaße
1; 2; 3; 4
Figur B: Vergleichsmaße 1; 3
Figur C: Vergleichsmaße 1; 3
Figur D: Vergleichsmaß 3

2

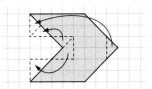

3 Der Flächeninhalt beträgt 7 cm².

4 Lösungssatz: You are o.k.

5

6 a) 3 cm²; 300 mm²
b) 4,5 cm²; 450 mm²

7 a) 4 m² = 400 dm²;
6 m² = 60 000 cm²
b) 17 ha = 170 000 m²; 3 cm² = 300 mm²
c) 8 dm² = 800 cm²; 6 km² = 600 ha
d) 3000 dm² = 30 m²; 700 cm² = 7 dm²

8 a) 1100 m² < 12 a < 130 000 dm²
b) 45 000 mm² < 4500 cm² < 450 dm²
c) 23 m² < 2350 dm² < 239 500 cm²
d) 4 km² < 450 ha < 49 000 a

9 a) u = 12 cm   b) u = 14 cm

10 a) u = 30 cm; A = 34 cm²
b) u = 128 m; A = 464 m²

11 Die Länge des Rechtecks beträgt 24 cm, die Breite 12 cm und der Flächeninhalt 288 cm².

12 a) Maße der Rechtecke

Länge	Breite
1 cm	11 cm
2 cm	10 cm
3 cm	9 cm
4 cm	8 cm
5 cm	7 cm
6 cm	6 cm

b) Das Rechteck 4 cm · 8 cm kann in zwei, das Rechteck 3 cm · 9 cm kann in drei Quadrate zerlegt werden.

13 a) u = 4 · a. Also beträgt der Umfang 16 cm.
b) 20 cm; 24 cm; 28 cm; 32 cm; …

14 a) Der Flächeninhalt verdoppelt, verdreifacht, vervierfacht, … sich.
b) Der Flächeninhalt wird 4-mal, 9-mal, 16-mal so groß.
c) individuelle Lösungen

15 A: 12 cm²; B: 7 cm²; C: 15 cm²; D: 3 cm²

16 a) Wohnzimmer: A = 24 m²; Kinderzimmer: A = 12 m²
b) Wohnzimmer: 19 m Sockelleiste; Kinderzimmer: 13 m Sockelleiste. (ohne die Türbreite)
c) Länge: 6,40 m.

17 Fläche A: A_A = 72 dm²
Fläche B: A_B = 40 m²

18

	Länge	Breite
a)	8 m	7 m
b)	8 dm	3 dm
c)	50 cm	50 cm
d)	4 km	8 km
e)	90 m	90 m
f)	8 km	4 km

	Umfang	Flächeninhalt
a)	30 m	56 m²
b)	22 dm	24 dm²
c)	200 cm	2500 cm²
d)	24 km	32 km²
e)	360 m	81 a = 8100 m²
f)	24 km	3200 ha = 32 km²

19 100 m²; 441 m²; 225 cm²

20 a) 162 m²   b) 54 m

21 a) Lass die Maße der Skizze von deinem Nachbarn prüfen.
b) Man benötigt 48 m Band.
c) Das Gelände ist 26 m lang und 18 m breit.
d) Die gesamte Anlage ist 468 m² groß. Dafür sind 26 Wagenladungen Sand erforderlich. Dies kostet 6240 €.

22 Die Leinwand des Videowürfels hat eine Fläche von 35 m². Es ist eine Abschätzung für den Bildschirm von 5 m Höhe und 7 m Breite möglich. Der Flächeninhalt für einen großen Fernseher beträgt $\frac{1}{2}$ m², also kann man die gesamte Videowürfelfläche mit 70 Fernsehern auslegen.
Bei einem kleineren Fernseher ist es am einfachsten, auf 70 cm und 50 cm zu runden. Dann kann man die Videowürfelfläche mit 100 Fernsehern auslegen.

23 a) Laut dem Text auf Seite 143 haben zehn Reihen mit jeweils 48 Autos Platz, das entspricht 480 Autos.
b) Das Spielfeld ist 110 m lang und 80 m breit, es hat einen Flächeninhalt von 8800 m². Rundet man die Zahlen, so haben rund 500 Autos auf 9000 m² Parkplatz Platz. Ein Auto hat 18 m² Platz, da 9000 m² : 500 = 18 m² ist.

Test, Seite 161

1 (Leicht)

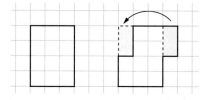

2 (Leicht)
Die Figur in Feld 4 hat 8 cm².
(Der Flächeninhalt wird verdoppelt.)

3 (Leicht)
a) 5 m² = 500 dm²
b) 7 cm² = 700 mm²
c) 4200 cm² = 42 dm²

4 (Leicht)
Es gibt mehrere Lösungswege.

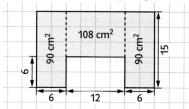

Der Flächeninhalt beträgt 288 cm².

5 (Leicht)
u_Q = 4 · a = 4 · 36 m = 144 m
Der Zaun ist 144 m lang.

6 (Leicht)
u_R = 2 · a + 2 · b = 2 · 65 mm + · 35 mm
= 130 mm + 70 mm = 200 mm

1 (Mittel)

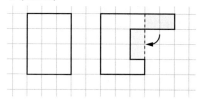

2 (Mittel)
Die Figur in Feld 5 hat 16 cm².
(Der Flächeninhalt wird verdoppelt.)

3 (Mittel)
a) 12 dm² = 1200 cm²
b) 17 m² = 170 000 cm²
c) 4 200 000 cm² = 420 m²

4 (Mittel)
Es gibt mehrere Lösungswege.

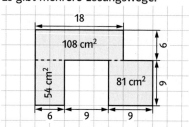

Der Flächeninhalt beträgt 243 cm².

5 (Mittel)
u_Q = 4 · a
a = u_Q : 4 = 52 m : 4 = 13 m
Die Seitenlänge beträgt 13 m.

6 (Mittel)

$u_R = 2 \cdot a + 2 \cdot b$
$36\,\text{cm} = 2 \cdot 13\,\text{cm} + 2 \cdot b = 26\,\text{cm} + 2 \cdot b$
$b = 5\,\text{cm}$
Das Rechteck ist 5 cm breit.

1 (Schwierig)

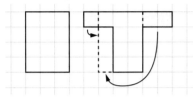

2 (Schwierig)

Die Figur in Feld 8 hat 128 cm², die in Feld 9 hat 256 cm².
(Der Flächeninhalt wird verdoppelt.)

3 (Schwierig)

a) $77\,\text{m}^2 = 770\,000\,\text{cm}^2$
b) $3\,\text{m}^2 = 3\,000\,000\,\text{mm}^2$
c) $8\,000\,000\,\text{cm}^2 = 800\,\text{m}^2$

4 (Schwierig)

Es gibt mehrere Lösungswege.

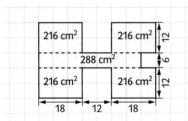

Der Flächeninhalt beträgt 1116 cm².

5 (Schwierig)

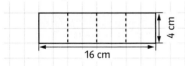

6 (Schwierig)

a = 23 cm; b = 1 cm
a = 22 cm; b = 2 cm
(a = 21 cm; b = 3 cm usw.)
a = 12 cm; b = 12 cm
(Das letzte Rechteck ist ein Quadrat.)

Training, Seite 162

1 a) 70; 123; 53; 16
b) 42; 36; 7; 4
c) 222; 1101; 156; 11
d) 713; 725; 240; 3

2 a) 104 ct < 241 ct < 42 € < 124 €
< 142 € < 214 € < 412 €
b) 5134 cm < 5432 cm < 1304 m
< 1340 m < 1430 m < 3 km < 5234 m
< 5442 m
c) 120 g < 2 kg < 34 kg < 120 kg
< 130 547 g < 132 kg < 133 574 g
< 160 449 g
d) 120 s < 600 s < 23 min < 67 min
< 2 h < 150 min < 184 min < 4 h 12 min

3 Es kommen Kopf und Zahl etwa gleich oft vor.

4 a) $4 \cdot (5 + 3) = 32$; $20 : (8 - 3) = 4$;
$(13 - 5) \cdot 2 = 16$; $22 + (16 - 9) = 29$;
$(23 - 14) : 3 = 3$
b) $(2 \cdot 14) - 3 = 25$; $(73 - 54) \cdot 2 = 38$;
$49 : (99 - 92) = 7$; $(9 \cdot 11) : (44 - 41) = 33$;
$45 : (15 : 3) = 9$

5 a) $2 \cdot 3 \cdot 5 = 30$ b) $(15 - 7) \cdot 2 = 16$
$196 - 99 + 14 = 111$ $(38 + 43) : 9 = 9$
$321 + 89 + 13 = 423$ $7 \cdot 9 - 2 \cdot 4 = 55$

6 a) $17 + 13 = 30$. Die Zahl heißt 13.
b) $12 \cdot 4 = 48$. Die Zahl heißt 4.
c) $67 - 43 = 24$. Die Zahl heißt 43.
d) $(15 - 10) \cdot 3 + 15 = 30$
Die gesuchte Zahl ist 15.

7 a) $230 + 350 = 250 + 330$
$223 + 116 = 323 + 16$
$238 + 145 = 240 + 143$
$123 + 75 = 175 + 23$
$184 + 57 = 234 + 7$
b) $280 - 144 = 140 - 4$
$95 - 38 = 97 - 40$
$154 - 76 = 150 - 72$
$86 - 35 = 56 - 5$
$193 - 75 = 123 - 5$

8

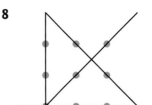

9 a) Die Diagonale ist 8,5 cm lang.
b) Die Diagonale ist 9,4 cm lang.
c) Die Seitenlänge beträgt 7 cm.
d) individuelle Lösungen

10 a) (1) zehn Quadrate (und acht Rechtecke)
(2) neun Rechtecke
b) individuelle Lösungen

11 a) Quadrat   b) Rechteck oder Parallelogramm

12 Schöne Ferien

13 a) 50 min   b) 7 h 29 min
c) 5 h 16 min   d) 23 h 59 min

14 Matthias ist 14 Jahre alt und Michele ist 10 Jahre alt.

15 Es sind 15 Ziegen und 3 Hühner.

Stichwortverzeichnis

Bildquellenverzeichnis

U1: ZEFA (E. Breed), Düsseldorf - 4.1, 3: Corbis (Michael Keller), Düsseldorf - 4.2: Creativ Collection Verlag GmbH, Freiburg - 5.1: Picture-Alliance, Frankfurt - 5.2: Getty Images (Foodpix), München - 5.3: Corbis (Pablo Corral), Düsseldorf - 6.1: Avenue Images GmbH (Brand X Pictures), Hamburg - 8.1: Okapia (Björn Svensson), Frankfurt - 8.2: Vetter, Tino, Kronach - 9.1: Angermayer (Hans Pfletschinger), Holzkirchen - 10.1: Das Fotoarchiv (Jochen Tack), Essen - 10.2: Getty Images RF (digital vision), München - 10.3-5: Getty Images (RF Productions), München - 10.6-9, 14.1: Corbis (O'Brien Productions, H&S Produktion, rf, Michael Keller), Düsseldorf - 12.1: Picture-Alliance, Frankfurt - 14.1: Corbis, Düsseldorf - 14.2, 5: Okapia (Manfred Danegger), Frankfurt - 14.3: Helga Lade (b. Steckenreuter), Frankfurt - 14.4: Kulka, Matthias, Düsseldorf - 17.1: Angermayer (Hans Pfletschinger), Holzkirchen - 18.1: Corbis (Roger Ressmeyer), Düsseldorf - 20.2: MEV, Augsburg - 20.4: Picture-Alliance (dpa), Frankfurt - 21.1: Mauritius, Mittenwald - 23.1, 26.4: MEV, Augsburg - 27.8, 36.1: Niehoff, Ulrich, Bienenbüttel - 28.2: ZEFA, Düsseldorf - 28.3: Getty Images RF (Thinkstock), München - 39.1: E. Thiem, LOTOS-FILM Kaufbeuren - 40.1: Joachim Becherer, Zell - 41.1: MEV, Augsburg - 42.1: IMAGO (mika), Berlin - 43.1: Mediacolor's, Zürich - 45.1: Reinhard-Tierfoto, Heiligkreuzsteinach - 47.2, 4 (Lutz Braun): BPK, Berlin - 48.1, 49.2: Getty Images (Duncan Smith, David Madison), München - 50.1: Mauritius (Gilsdorf), Mittenwald - 51.2: Kartographie Lothar Eichner, Mörfelden-Walldorf - 52.2, 54.1: Getty Images (C. Borland/PhotoLink, digital vision), München - 56.1, 58.3: Mauritius (Hubacher), Mittenwald - 59.1: Das Luftbild-Archiv, Kasseburg - 62.2, 63.4: Mauritius (SuperStock), Mittenwald - 65.1: Okapia (A. Shay), Frankfurt - 66.1: Creativ Collection Verlag GmbH, Freiburg - 67.1: Allover (H. Tschanz-Hofmann), Kleve - 68.2: wikipedia - 69.2-18: MEV, Augsburg - 69.3: Kessler-Medien, Saarbrücken - 72.2: Picture-Alliance, Frankfurt - 74.1: Corbis (Mark E. Gibson), Düsseldorf - 76.1: Architekturphoto, Düsseldorf - 76.2: Fielitz, Monika, Berlin-Mitte - 77.1: Mauritius (Nägele), Mittenwald - 77.2: Okapia (D. Bringard/BIOS/OKA), Frankfurt - 80.3: Ingo Weidig, Landau - 86.1: www.bilderbox.com (Erwin Wodicka), Thening - 86.2: Argum (Christian Lehsten), München - 86.4: Müller, Werner H., Stuttgart - 86.5: Getty Images, München - 86.6: Fotofinder (STOCK4B/F), Berlin - 86.7: Corbis, Düsseldorf - 86.8: MEV, Augsburg - 86.9: Corbis (Jacqui Hurst), Düsseldorf - 91.3: Obi, Wermelskirchen - 94.1: Picture-Alliance, Frankfurt - 96.7: Jens Schacht, Düsseldorf - 104.1: Mauritius (age), Mittenwald - 104.2: Corbis (Rose Hartman), Düsseldorf - 105.1: Zirkus Krone, Stuttgart - 106.1: Zohren, Dirk, Oberhausen - 106.2: Werner Otto, Oberhausen - 106.3: Voller Ernst, Berlin - 107.1: Mauritius (Albinger), Mittenwald - 107.2: B. Braun Melsungen AG, Melsungen - 107.3: Corbis (Yann Arthus-Bertrand), Düsseldorf - 112.1: Deutsches Museum, München - 112.2: Dieter Gebhardt, Asperg - 113.1: MairDumont (Kompass, Innsbruck), Ostfildern - 115.1: Gebr. Märklin & Cie., Göppingen - 116.2: Angermayer (Hans Pfletschinger), Holzkirchen - 116.3: IFA, Ottobrunn - 116.5: Getty Images (Taxi/Geoff du Feu), München - 117.1: Soehnle-Waagen GmbH & Co. KG, Backnang - 117.2: Soehnle-Waagen GmbH & Co. KG, Backnang - 117.3: Getty Images (Foodpix), München - 117.4: Esther Thylmann, Stuttgart - 120.1: Astrofoto, Sörth - 121.2: Stengel, Roland, Meßstetten - 122.2: DB Regio AG, Stuttgart - 123.1: Corbis (Dann Tardif), Düsseldorf - 123.2: Okapia, Frankfurt - 123.3: Bildarchiv Stanko Petek, Radolfzell - 123.4: Werner Otto, Oberhausen - 124.1: Superbild, Unterhaching/München - 124.3: Helga Lade (b. Steckenreuter), Frankfurt - 126.2: VOX, Köln - 126.3: ARTE, Strasbourg Cedex - 126.4: RTL, Köln - 126.5: ProSieben Multimedia, Unterföhring - 126.6: Sat.1 Multimedia, Berlin - 126.7: Ostfriese Olson - 127.1: Corbis (RF), Düsseldorf - 127.3: Deutsche Bahn, Berlin - 128.1: Mauritius (IPS), Mittenwald - 129.1: AKG, Berlin - 129.2: Picture-Alliance, Frankfurt - 131.2: IFA, Ottobrunn - 132.1, 2: Picture-Alliance (Wittek, Normann), Frankfurt - 133.2: Mauritius (Hänel), Mittenwald, 134.1: Mauritius (Halaska), Mittenwald - 136.1-3: Getty Images RF (Photodisc, Ryan McVay, Photodisc), München - 137.2: Corbis (Ariel Skelley), Düsseldorf - 140.2: Angermayer (Günter Ziesler), Holzkirchen -142.1: Picture-Alliance, Frankfurt - 142.2, 143.1: Das Fotoarchiv, Essen - 144.1: Helga Lade (Gläser), Frankfurt - 146.1: Getty Images RF, München - 148.3: Mauritius (Schlief), Mittenwald - 149.3: Superbild, Unterhaching/München - 150.1: Buschbeck Solartechnik GmbH, Augustusburg - 151.3: Mauritius, Mittenwald - 152.1: Das Luftbild-Archiv, Kasseburg - 152.2: Corbis (Pablo Corral), Düsseldorf - 152.3: Niehoff, Ulrich, Bienenbüttel - 152.4: Das Luftbild-Archiv, Kasseburg - 152.7: Picture-Alliance, Frankfurt - 154.1: Mauritius (Stuewer), Mittenwald - 154.2, 3: Okapia (Dr. C. Rohrbach, NAS, Tim Davies), Frankfurt - 156.1: Quedens, Georg, Norddorf-Amrum - 157.2: ZEFA (Bell), Düsseldorf - 160.2: Picture-Alliance, Frankfurt - 160.3: Das Fotoarchiv, Essen - 162.2, 3: Europäische Zentralbank, Frankfurt - 163.4: Avenue Images GmbH (corbis RF), Hamburg -

Zum Nachschlagen

Runden

Rundungsstelle
(Tausender) — Steht hier eine 5; 6; 7; 8; 9 dann wird **aufgerundet**.

37 589 ≈ 38 000 (aufgerundet)

Rundungsstelle
(Tausender) — Steht hier eine 0; 1; 2; 3; 4 dann wird **abgerundet**.

37 489 ≈ 37 000 (abgerundet)

Addition

Summand plus Summand

$$32 \quad + \quad 16 \quad = 48$$

Summe

Man darf die Reihenfolge der Summanden vertauschen.

Subtraktion

1. Zahl minus 2. Zahl

$$48 \quad - \quad 16 \quad = 32$$

Differenz

Man darf die Reihenfolge der Zahlen nicht vertauschen.

Multiplikation

Faktor mal Faktor

$$6 \quad \cdot \quad 12 \quad = 72$$

Produkt

Man darf die Reihenfolge der Faktoren vertauschen.

Division

1. Zahl durch 2. Zahl

$$72 \quad : \quad 6 \quad = 12$$

Quotient

Man darf die Reihenfolge der Zahlen nicht vertauschen.

Rechnen mit 0

Addition
$4 + 0 = 4$
$0 + 4 = 4$

Subtraktion
$4 - 0 = 4$
$4 - 4 = 0$

Multiplikation
$4 \cdot 0 = 0$
$0 \cdot 4 = 0$

Division
$0 : 4 = 0$
$4 : 0$ hat
keine Lösung

Rechnen mit 1

Multiplikation
$6 \cdot 1 = 6$
$1 \cdot 6 = 6$

Division
$6 : 1 = 6$ $6 : 6 = 1$
$1 : 6 = 0$ Rest 1

Längen

		Millimeter
	1 mm	Millimeter
10 mm	= 1 cm	Zentimeter
10 cm	= 1 dm	Dezimeter
10 dm	= 1 m	Meter
1000 m	= 1 km	Kilometer

Die Umrechnungszahl bei den benachbarten Längenmaßen ist 10, zwischen m und km ist sie 1000.

Gewichte

		Gramm
	1 g	Gramm
1000 g	= 1 kg	Kilogramm
1000 kg	= 1 t	Tonne

Die Umrechnungszahl zwischen g und kg und zwischen kg und t ist jeweils 1000.

Zeitpunkte und Zeitspannen

		Sekunde
	1 s	Sekunde
60 s	= 1 min	Minute
60 min	= 1 h	Stunde
24 h	= 1 d	Tag

Bei den Zeiteinheiten ist die Umrechnungszahl unterschiedlich.

Flächeninhalte

		Quadratmillimeter
	1 mm²	Quadratmillimeter
100 mm²	= 1 cm²	Quadratzentimeter
100 cm²	= 1 dm²	Quadratdezimeter
100 dm²	= 1 m²	Quadratmeter
100 m²	= 1 a	Ar
100 a	= 1 ha	Hektar
100 ha	= 1 km²	Quadratkilometer

Die Umrechnungszahl bei den benachbarten Flächenmaßen ist 100.

Vierecke

Quadrat   Rechteck

Raute   Parallelogramm

Geometrische Körper

Würfel   Quader

Umfang (Rechteck/Quadrat)

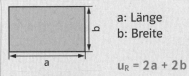

a: Länge
b: Breite

$u_R = 2a + 2b$

a: Seitenlänge

$u_Q = 4a$

Flächeninhalt (Rechteck/Quadrat)

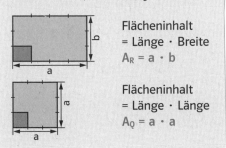

Flächeninhalt
= Länge · Breite
$A_R = a \cdot b$

Flächeninhalt
= Länge · Länge
$A_Q = a \cdot a$